현대 과학과 철학의 대화

적극적 소통을 위한 길 찾기

| 한국철학회 총서 |

현대 과학과 철학의 대화

적극적 소통을 위한 길 찾기

한국철학회 엮음

장회익·허남진·송기원·최종덕·이상훈·
이영의·최무영·이종관·유권종·정재현 지음

한울
아카데미

책머리에

근대과학의 기원을 논할 때, 우리는 고대 그리스의 철학과 그 유산을 떠올리게 된다. 그리스의 철학이 사변철학이지만 전통적인 신화적 자연관 혹은 세계관을 벗어나 합리적 사고와 추론에 바탕 한 우주 개념, 즉 법칙에 따라 움직이는 질서정연한 우주 개념을 정립했기 때문이다. 신화에서 철학으로 혹은 합리적 지식으로의 전이는 인류 지성사에서 그리스철학이 갖는 중요한 역사적 함의다. 그리스철학은 자연에 대한 탈신화적이고 합리적인 사고에서 출발하여, 철학의 범주를 형이상학과 자연학으로 세분화하는 방식으로 이에 대한 사고를 정교하게 다듬고 체계화했다. 여기서 자연학은 오늘날의 과학처럼 자연에 대한 경험적 탐구와 분석을 통해 자연의 질서를 찾는 학문이라면, 형이상학은 이런 자연의 질서 및 사물의 존재에 대한 논리적 근거를 제공하는 역할을 했다. 이는 고대 그리스철학이 근대과학의 기원으로 불리는 중요한 이유다. 실제로 자연에 관한 지식은 17세기 과학혁명을 통해 근대과학이라는 이름으로 철학으로부터 분리되기 전에 철학의 일부분을 형성하고 있었다.

자연에 대한 철학적 탐구의 동기는 자연에 대한 신화적 사고로부터 합리적 사고로의 전환이다. 신들이 주관한다고 생각했던 현상들(제우스는 천둥과 번개를, 포세이돈은 지진을 관장하고 아틀라스는 자신의 어깨 위에 지구를 받치고 있다는 등의 생각), 곧 초자연적인 원인에 의해 발생한다고 믿었던 현상들에 대해 자연적인 설명을 제공하는 것이다. 이는 기원전 5세기 초, 고대 그리스의 밀레토스 지역에 살던 일군의 자연 철학자들에 의해 시작되었다. 고대 밀레토스인들은 자연에서 늘 변화가 일어나고 있고 자신들이 경험한 세계가 환상이 아니라고 믿었다. 그래서 자연 철학자들은 이 변화와 생성의 본질을 이해하고 설명하고자 했다. 이렇듯 자연에 대한 합리적 사고를 위해 그들은 자연에서 일어나는 사물의 끊임없는 변화의 문제와 이러한 변화에도 불구하고 우주를 확고하게 지탱하는 근본 물질의 문제를 중요한 화두로 생각했다.

근대과학의 기원을 고대 그리스철학에 두더라도, 그로부터 계승된 측면과 단절된(혹은 전환적) 측면이 동시에 존재함을 부정할 수 없다. 계승된 측면이라면 (오늘날 대부분 잘못된 내용으로 판명된) 그 구체적인 내용이 아니라, 자연을 합리적으로 탐구하려는 자세와 방법론 그리고 세계관일 것이다. 가령 우주는 무엇으로부터 어떻게 생겨났는가, 사물 나아가 우주를 구성하는 근원적 물질은 무엇인가, 자연에서 운동과 변화는 왜 일어나는가, 그 원인은 무엇인가, 자연에서 운동과 변화는 어떻게 진행되는가 등의 문제의식은 자연을 합리적으로 탐구하려는 자세로서, 고대 그리스철학으로부터 근대과학이 물려받은 훌륭한 유산이라 해도 과언은 아닐 것이다. 또한 이성에 기반한 논리적 사고나 기하학에 바탕을 둔 엄밀한 수학적 분석의 필요성과 (비록 감각에 의존하는 까닭에 완전할 수는 없다 하더라도) 관찰이나 실험과 같은 경험적 탐구의 중요성에 대한 강조는, 방법론상의 매우 중요한 시도로서 역시 근대과학의 등장과 발전에 중요한 의미를 지닌다. 또한 세계에 대한 원자론적 관점은 근대과학의 등장과 발전에서, 그리고 오늘날의 현대 과학에서 여전히 중요한 세계관으로 작용하고 있다고 말할 수 있다. 한편 단절된 측면과 관련해서 기존의 자연학에서 진술된 구체적인 세부 내용과 주장들은 사실상 대부분이 오늘날 잘못된 것으로 판명된 만큼, 단절의 의미가 강하다고 말할 수 있다. 하지만 이 역시 새로운 발견과 내용으로 과학 지식의 진화가 이루어진 것으로 볼 수 있다는 면에서, 단절보다는 오히려 새로운 전환으로서의 의미가 더 적절한 것처럼 보인다.

근대 초기의 철학은 고대 그리스의 자연철학에 비해 근대과학의 형성에 훨씬 더 직접적인 영향을 주었다. 17세기에 전통 철학의 공허함을 역설하고 올바른 사고 방법으로 구축된 새로운 지식체계로서의 과학을 강조하는 두 권의 책이 등장한다. 베이컨의 『신기관(Novum Organum)』(1620)과 데카르트의 『방법서설(Discourse on Method)』(1637)이다. 베이컨이 새로운 지식체계, 곧 과학을 유용성을 목표로 실험과 귀납적 사고를 통해 구축하려 했다면, 데카르트는 이와는 정반대로 명석함을 목표로 이성과 연역적 사고를 통해 구축하려 했다. 오늘날 경험론과 합리론으로 일컬어지는 두 사상은 사실상 모두 과학의 근간을 이루고 있다. 하지만 베이컨의 경우 새로운 지식체계로서의 과학에 관한 언급은 구체적인 분석이 뒤따르지 않는 예언적 수준에 불과했던 반면, 데카르트는 매우 구체적으로 과학에 필요한 중요한 개념과 원리들 그리고 수학적 도구들을 제시했다. 그 가운데 몇몇은 실제로 뉴턴의 자연철학의 바탕이 되어 근대과학의 형성에 매우 중요한 역할을 했다.

(법률가이자 정치가인) 베이컨은 '새 과학'의 내용을 창조한 과학자는 아니지만 '새 과학'의 중요한 방법론과 그것이 가져올 세계에 대한 개혁과 진보의 상을 제시했다. 우선 과학의 참된 목표는 인간의 생활에 새로운 발견과 힘을 부여하는 것이고, 진보는 이러한 과학과 기술을 지배함으로써 얻어진다고 보았다. 또한 실용적 활용과는 무관하게 주로 세계에 대한 사변만을 강조하는 스콜라철학과 같은 기존의 낡은 사상을 비판하고, 인간의 오성 자체에 깊이 내재하고 있는 정신의 혁신을 저해하는 생득적인 요소들을 새로운 학문의 장애 요인으로 비판했다. 나아가 '새 과학'의 방법론으로 실험을 강조하고 귀납의 방법을 올바른 과학적 사고 방법으로 제시했다. 베이컨에게 실험은 자연에 대한 단순히 수동적인 관찰 그 이상의 것이다. 그것은 자연으로부터 발견

된 사실들을 인공적으로 재현하는 것일 뿐 아니라 새로운 사실도 창조한다. 이러한 실험에 대한 강조는 이후 근대과학에서 실험적 전통을 수립하고 '실험과학'을 정립하는 데 매우 중요한 의미를 가진다.

데카르트는 그의 새로운 철학으로 인해 고대와 근대의 갈림길, 자연에 관한 지식이 자연철학에서 근대과학으로 넘어가는 경계에 서 있었다고 말할 수 있다. 즉 세계를 정신과 물질로 구분하고 물질의 세계에 대해서는 철저한 기계론을 적용하여 자연의 규칙성을 해명하려 했다. 그리고 해석기하학을 통해 물질의 세계를 그의 철학이 추구하는 바대로 명석판명하게 이해하려 했다. 그 결과 갈릴레오와 뉴턴의 근대 물리학에서 수학을 자연의 언어로 도구로서 활용할 수 있는 길을 열어주고 근대 물리학의 수학적 전통을 확립하는 데 중대한 역할을 했다.

이처럼 인류 지성사에서 철학과 과학은 상호 긍정적인 영향을 주고받으면서 상보적인 발전을 해왔다. 그 시작으로서의 고대 자연철학은 근대과학의 뿌리라 불릴 만큼 과학적 사고와 방법, 그리고 세계관의 근간이 되는 사유의 토대를 제공했고, 근대 초기의 철학은 근대과학의 실험적 전통과 수학적 전통을 확립하는 데 중요한 기여를 했다. 이에 기반해 성장한 근대과학, 특히 뉴턴 과학은 근대철학에 인식론을 중심으로 한 이성 중심과 경험 중심의 새로운 철학적 흐름을 창출하는 데 크게 기여했다.

20세기에 현대 과학의 혁신적인 발전은 우주, 물질, 생명, 인간의 존재론적 본성과 관련해 과거와 다른 중요한 철학적 함의가 담긴 문제들을 쏟아내면서, 이에 관해 더 심도 깊은 철학적 사유의 필요성이 강조되기 시작했다. 철학 역시 이러한 문제를 목도하면서, 그에 부응해 물리철학, 생명철학, 몸철학, 심리철학, 인지철학, 기술철학, 정보철학과 같은 새로운 철학적 주제들을 탄생시켰다. 하지만 현대 과학의 고도로 전문적인 내용으로 인한 이해와 소통의 한계와 더불어, 과학기술 발전의 산업적 유용성과 경제적 가치 측면에 대한 지나친 중시로 인해, 현대 과학과 철학의 대화는 특정한 성과를 낼 만큼 그렇게 충분하지는 못했다. 더욱이 21세기에 접어들어 신경과학과 인지과학이 쏟아내는 인간 뇌에서의 의식 현상에 대한 한 단계 진전된 새로운 탐구 성과들과, 정보과학에 기반을 둔 자율성을 지닌 새로운 행위적 존재자로서 인공지능(로봇)의 등장, 그리고 나노기술과 합성생물학을 바탕으로 한 생명체의 인위적 조작 및 창조 가능성은 20세기와는 질적으로 다른 보다 근본적인 철학적 질문을 던지고 있다.

이제 철학은 다시금 현대 과학과의 적극적인 소통을 통해 우주, 물질, 정보, 생명, 의식, 지능 등과 관련 현대 과학이 언급한 수많은 내용에 함축된 중요한 철학적 함의들을 보다 적극적으로 사유하고자 한다. 우주 또는 자연의 본질은 무엇인가, 물질의 존재 방식과 그 본성은 무엇인가, 정보란 무엇이고 물질과 정보의 관계는 무엇인가, 생명이란 무엇인가, 의식의 본질은 무엇이고 뇌와 의식의 관계는 무엇인가, 지능이란 무엇이고 인공지능은 어떻게 볼 것인가 등등 이러한 질문들은 제기되는 방식은 달랐어도 과거와 마찬가지로 현재 그리고 미래에도 여전히 중요한 철학의 중심 화두다.

이 책은 이러한 문제의식에서 출발했다. 크게 5부로 구성되어 있는데, 제1부는 '근현대 과학과 동서양의 자연철학: 자연철학의 재발견', 제2부는 '현대 생명과학과 몸철학의 대화: 생명과 몸의 재발견', 제3부는 '현대 뇌과학과 의식철학의 대화: 뇌와 의식의 재발견', 제4부는 '현대 정보과학과 정보철학의 대화: 정보와 지능의 재발견', 제5부는 '현대 과학과 동양철학의 대화: 동양철학의 재발견'이다. 이렇게 5부로 나눈 이유는 주제를 세분화함으로써, 현대 과학과 철학의 대화를 좀 더 구체적이고 체계적으로 이끌어가기 위함이다. 또한 제1부, 제2부, 제3부, 제4부는 각각 과학자와 철학자의 글로 구성되어 있다. 최근에 쟁점이 된 주제에 대해 관련 분야의 전문가인 과학자와 철학자가 진지하게 서로 대화하고 소통하기 위함이다. 마지막 제5부는 최근에 현대 과학과 동양철학 사이의 접점을 찾아 대화와 소통을 주도하면서 관련 주제를 폭넓게 연구해 온 동양철학자들의 글로 구성되어 있다. 각각의 글을 간략히 소개하면 다음과 같다.

제1부 '근현대 과학과 동서양의 자연철학: 자연철학의 재발견'은 과학자인 장회익의「현대 과학의 철학적 수용은 어떻게 가능한가?: '새 자연철학'을 제안하며」와 철학자인 허남진의「서학의 수용과 조선후기 유학의 철학적 변화」로 구성되어 있다.

1장「현대 과학의 철학적 수용은 어떻게 가능한가?: '새 자연철학'을 제안하며」에서 장회익은 뫼비우스의 띠를 모형으로 삼아 인간의 지성 안에 마련된 통합적 관념의 틀이 무엇이며 이를 통해 사유된 우주와 인간의 진정한 모습은 과연 어떠한 것인지에 대해 살펴본다. 우선 인간의 앎이 인간의 지성에 구축된 관념의 틀을 통해 수용된다는 점을 밝히고, 그러한 관념의 틀로 분절적 형태의 관념 틀과 통합적 형태의 관념 틀을 구분하여 제시한다. 그리고 현대 과학이 제시하고 있는 새로운 앎을 분절된 형태, 바로 일상적인 관념의 틀로 받아들이는 경우와 통합적인 관념의 틀로 받아들이는 경우가 어떻게 다르게 나타나는지를 설명한다. 그리고 통합적인 관념의 틀을 통해 과학의 내용에 천착할 경우, '뫼비우스의 띠'로 형상화해 볼 수 있는 온전한 앎의 구조를 파악할 수 있을 뿐 아니라, 과학이 말해주는 내용을 심층적으로 재해석함으로써 우주와 생명 그리고 인간에 대해 기존에 상상하지 못했던 새로운 차원의 이해에 도달할 수 있으며, 또한 자신의 정체성에 대한 심층적 통찰과 함께 삶의 바른 방향의 모색에 임할 수 있음을, '새 자연철학'의 이름으로 강조한다.

2장「서학의 수용과 조선후기 유학의 철학적 변화」에서 허남진은 조선 후기 서양 과학을 가장 적극적으로 받아들인 홍대용과 최한기의 이기론을 통해, 서양 과학의 수용이 조선에 이미 정착한 성리학의 핵심 개념들에 어떤 영향을 주고 어떤 변화를 일으켰는지를 살펴본다. 우선 조선 후기 학문의 큰 두 줄기인 경학(經學)과 이기심성론(理氣心性論) 가운데 이기심성론의 기, 음양, 오행이라는 핵심 개념이 서양 과학을 수용할 수 있는 자연철학적 함의를 많이 담고 있음을 강조한다. 그리고 홍대용이 자신의 기철학을 통해, 전통적인 기론과 서양 과학을 접합시킨 오행에 대한 새로운 해석, 합리적인 물질론으로서의 음양오행설에 대한 평가, 자연현상에 대한 합리적인 설명을 어떻게 이끌어내는지 설명한다. 또한 서양의 과학사상을 바탕에 깔고 있고 유기론적 유물론이라 평가되고 있는 최한기의 기학을 홍대용의 기철학과 비교하면서 자세히 분석하고, 서양 과학이 추구해 온 경험적인 과학적 인식이 이 기학을 통해서는 어떻게 가능한지를 자세히 설명한다.

제2부 '현대 생명과학과 몸철학의 대화: 생명과 몸의 재발견'은 과학자인 송기원의 「질주하는 생명과학 기술과 생명체의 정체성」과, 철학자인 최종덕의 「생명의 자기반성력, 섭동하는 몸」으로 구성되어 있다.

3장 「질주하는 생명과학 기술과 생명체의 정체성」에서 송기원은 생명에 관련된 과학기술의 무한 질주를 분석하면서 이것이 던지는 질문들, 곧 생명이란 무엇인가, 인간이란 누구인가, 생명체와 물질의 경계는 어디인가, 인간과 도구의 관계는 어떻게 설정되어야 하는가와 같은 생명체 및 인간의 정체성의 문제를 살펴본다. 특히 20세기 분자생물학의 등장과 인간 유전체 프로젝트의 발전 그리고 유전체 기계로서의 생명체에 대한 정체성, 이 한계를 넘어서고자 새롭게 등장한 합성생물학과 이에 바탕 하여 생명체를 하나의 통합 시스템으로 바라보는 시스템적 접근, 크리스퍼(CRISPR) 유전자 가위 기술에 의한 유전체 교정·편집과 생명체에 대한 조작 가능성, 뇌과학의 등장 및 뇌지도 작성 프로젝트 그리고 인공지능을 인간의 뇌와 연결시키는 뇌-컴퓨터 인터페이스 기술의 발전과 인간의 기계화 경향이 정체성의 중요한 화두로 다루어진다.

4장 「생명의 자기반성력, 섭동하는 몸」에서 최종덕은 그동안 철학 안에서 몸의 철학, 생명철학에 덧씌워진 이미지를 언급하고, 자연주의 인식론에 기초해서 신비주의와 주관적 상상력을 배제한 몸과 생명의 철학을 전개하며, 이를 통해 몸의 과학과 몸의 철학을 연합하는 하나의 줄기를 구성하고자 한다. 이를 위한 중요한 화두로 몸의 공감성, 몸의 공존성, 몸의 자기 위치성, 몸의 가소성, 몸의 현상학을 강조한다. 여기서 몸의 공감성은 외부 환경과의 공감을 느끼고 그에 따라 모종의 행동을 유발하는 능력을 말하며, 몸의 공존성은 몸과 외부 존재 혹은 자기와 비자기 사이에 벽을 쌓지 않고 타협하고 대화하는 소통의 개방성을 함축한다. 몸의 자기 위치성은 주변 환경과의 상관관계하에 놓여 있는 몸의 연속성을 함의하며, 몸의 가소성은 환경 변화에 적절한 방식으로 반응하는 능력으로서 후성유전학의 중요한 메커니즘이다. 이렇게 섭동하는 몸의 특징을 통해 생명의 철학적 의미를 자연주의적 관점에서 다시금 기술하고 있다. 글의 말미에서는 인간 진화의 소산물인 생명의 자기반성력도 언급하고 있다.

제3부 '현대 뇌과학과 의식철학의 대화: 뇌와 의식의 재발견'은 과학자인 이상훈의 「의식을 과학적으로 연구하기에 생산적인 패러다임을 향한 제언」과, 철학자인 이영의의 「의식철학과 뇌과학의 진정한 만남」으로 구성되어 있다.

5장 「의식을 과학적으로 연구하기에 생산적인 패러다임을 향한 제언」에서 이상훈은 의식과학 그 자체의 내용이 아니라, 의식을 과학적으로 연구하기에 생산적인 패러다임에 대해 논한다. 우선 생산적 논의를 위한 전제로서 칸트의 물자체 개념을 유비로 가져와 정신적-사건-자체, 즉 심자체를 설정하고 이 하위집합으로서 의식을 구성적 관점에서 정의한다. 이어 뇌과학에서 의식을 연구하기에 좋은 패러다임과 그 패러다임이 지녀야 할 중요한 기준에 대해 설명한다. 정신과학의 필수적인 과제가 정신적 사건이 드러나는 신경 도메인과 행동 도메인의 현상들을 연결하는 것인데, 이들을 직접 연결하는 것은 차원상 불균형과 작동 방식의 비상응성으로 인해 어렵기에, 제3의 과제-계산 도메인을 통한 연결을 강조하고, 이러한 도메인들을 통합적으로 연결하는 시스템적 접근이 좋은 패러다임의 요건임을 강조한다. 나아가 정신과학자들이 이 연결 패러다임을 효율적으로 활용하기 위해 취해야 할 방법론적 태도 두 가지도 함께 제안한다.

6장 「의식철학과 뇌과학의 진정한 만남」에서 이영의는 의식을 설명하는 데 있어서 철학과 뇌과학 간 대화와 협업이 필요하다는 점을 강조하면서 그에 대한 방안을 제시한다. 우선 현재 의식철학의 현주소를 신비주의, 이원론, 유물론을 중심으로 기술한다. 의식의 어려운 문제는 원리적으로 해결 불가능하다는 신비주의, 실체 이원론을 부정하면서 속성이원론이나 표상주의 그리고 고차사고이론처럼 점점 세련화되고 있는 이원론, 그리고 물리주의나 동일론이나 기능주의 나아가 제거적 유물론과 같은 세련된 유물론의 관점을 자세히 설명한다. 이어 이 가운데 유물론에 기반하고 있는 뇌과학이 철학에 대해 제기한 도전을, 놀라운 가설과 신경상관자 이론을 통해 설명한다. 자아라고 생각한 것은 존재하지 않으며 신경 상태에 불과하다는 가설, 의식의 쉬운 문제를 신경상관자를 통해 인과적으로 설명할 수 있다는 이론이 바로 그것이다. 이상의 논의를 바탕으로 두 분야가 호혜적 방식으로 대화할 수 있는 방안으로 템플턴 재단의 의식 프로젝트에서 강조된 시험가능성 테제와, 체화된 행위로서의 인지 개념이라든가 신경 현상학과 같은 개념적 혁명을 제안한다.

제4부 '현대 정보과학과 정보철학의 대화: 정보와 지능의 재발견'은 과학자인 최무영의 「정보의 의미: 물리학의 관점」과, 철학자인 이종관의 「디지털 전환, 구글 글래스 & 포스트코로나를 향하는 인간의 눈」으로 구성되어 있다.

7장 「정보의 의미: 물리학의 관점」에서 최무영은 물리학의 관점에서 정보의 의미를 깊이 있게 살펴본다. 먼저 그동안 물리학에서 물질을 중심에 놓고 정보를 진지하게 고려한 적이 별로 없음을 반성적으로 진단하고, 상호작용으로 생성되는 정보가 자연현상을 기술하고 이해하는 데 물질보다 오히려 중요할 수 있음을 제시한다. 확률과 엔트로피 개념을 활용하여 정보를 분석하면서, 정보를 저장할 수 있는 능력의 척도라는 엔트로피의 긍정적 의미를 강조한다. 또한 자연현상에 대한 정보가 관측을 통해 얻어지는 만큼, 정보가 관측자의 주관성과 대상의 객관성이라는 양면성을 지니고 있음을 강조한다. 이를 토대로 세계에 대한 앎은 물질을 통해 얻어지는 것이 아니라 주체와 객체 사이의 관계의 소통으로서 정보에 근원을 두고 있음을 강조한다. 나아가 물질현상뿐 아니라 생명현상이나 사회현상을 정보의 관점에서 통합하여 이해할 가능성도 조심스레 열어놓고 있다.

8장 「디지털 전환, 구글 글래스 & 포스트코로나를 향하는 인간의 눈」에서 이종관은 먼저 정보통신 기술의 출현 과정에서 일어나는 파장을 형이상학에서부터 추적한다. 특히 IT의 발전과 그에 따른 디지털 전환이 모든 것을 디지털로 환원하여 동일성으로 수렴시킴으로써 근대 형이상학을 디지털 컨버전스의 방식으로 완성하는 반면, 동시에 디지털신호의 다양한 배열과 발산으로 존재양상의 다양성을 만들어내는 복잡한 양상을 밝히고 있다. 또한 기술에 의한 새로운 인간의 탄생, 곧 포스트휴먼의 등장을 환호하는 테크노퓨처리즘과 이에 저항하는 인문적 미래주의를 대조한다. 특히 구글 글래스와 애플의 아이패드가 인간의 삶에 깊이 침투한 의미를 위의 두 관점에서 분석하고, 도구가 더 이상 인간에 종속된 수단에 머물지 않는다는 하이데거의 인간-도구의 존재론을 강조한다. 마지막으로 팬데믹을 인간 및 자연에 대한 복합적인 실존적 위기로 보고, 이 모든 것이 결과적으로 20세기 후반부터 본격화된 문명의 디지털 전환에 잠복해 있는 야만의 결과임을 강조한다.

제5부 '현대 과학과 동양철학의 대화: 동양철학의 재발견'은 동양철학자인 유권종의 「앎과 진실에 관한 동양철학 연구와 현대 과학의 상호 연관에 대한

모색: 스펜서-브라운의 구분-지시-재진입의 관점에서」와, 동양철학자인 정재현의 「사단칠정론은 철학이론인가?」로 구성되어 있다.

9장 「앎과 진실에 관한 동양철학 연구와 현대 과학의 상호 연관에 대한 모색: 스펜서-브라운의 구분 - 지시 - 재진입의 관점에서」에서 유권종은 현대 과학의 앎과 진실이 동양철학 연구의 틀과 방식에 근본적 변화를 가져올 수 있다고 보고, 그런 맥락에서 현대 과학의 성과를 동양철학의 연구에 어떻게 전이하고 확장할 것인가를 다룬다. 먼저 현대 과학의 패러다임 전환과 그 의미로, 부분에서 전체로의 전환, 구조에서 과정으로의 전환, 객관적 학문에서 인식론적 학문으로의 전환, 건물에서 그물로 지식체계의 전환, 절대치에서 근사치로의 전환을 강조한다. 특히 산티아고학파의 자기생성 이론을 중심으로 이를 집중적으로 조명하고 있다. 또한 조지 스펜서-브라운이 정립한 비수리적 수학의 방법에 입각하여 인간의 앎과 진실에 관한 구성주의적 형식을 제시하고, 이와 연계하여 동양철학에서 의미 있는 실체에 관한 새로운 접근인 상상력과 가능성 그리고 실재의 삼중적 동일성을 강조한다. 나아가 동양철학 연구가 이러한 현대 과학의 패러다임과 연결되면 어떠한 변화가 가능할지를 탐색하고 있다. 특히 동양철학 연구의 사각지대에 놓여 있던 주제들이 중요하게 주목받음으로써 동양철학 연구의 방향과 틀 자체의 변화를 기대하고 있다.

10장 「사단칠정론은 철학이론인가?」에서 정재현은 철학 이론에 대한 하나의 가정을 제시하고, 이에 바탕 해서 사단칠정론이 왜 적절한 철학이론이 아닌지, 그리고 사단칠정론이 적절한 철학이론이 되기 위해 무엇이 필요한지를 다룬다. 먼저 철학이론이라면 철학적 문제의식과 더불어 철학 문제에 대한 해결 능력을 갖추고 있어야 하며, 과학이론이 그러하듯 어떤 객관적 경험 사실과 연계되어야 함을 주장한다. 그리고 이러한 전제 위에서 사단(四端, 이성적인 것)과 칠정(七情, 감성적인 것)의 관계를 이기론(理氣論)에 바탕 해 해명하려는 사단칠정론은, 특히 이기론이 반박 불가능한 하나의 사변적 형이상학에 불과해 당대의 경험 사실과 연계되지 못했기에 철학이론이 아님을 주장한다. 이어 사단칠정론이 단순한 철학적 논의가 아니라 철학이론이 되려면 경험 사실과 연계되어야 하며, 이를 위해 퇴계와 고봉의 감정이론에 호소하여 특별한 수양 과정을 통해 경험되는 개인적 체험과 구체적인 정치 사회제도에 대한 공적 체험 모두 보편적으로 동의 가능한 경험 사실임을 폭넓게 주장한다.

이 책이 나오기까지 많은 분들의 도움이 있었다. 제일 먼저 철학이 인간과 세계의 본질에 대한 과거의 사유에 안주하지 않고 현대 과학과의 적극적 소통을 통해 한층 심화된 철학적 담론을 만들고자 나서는데, 흔쾌히 공감하고 아낌없는 지원을 보내주신 유미과학문화재단의 송만호 이사장님께 깊은 감사를 드린다. 이사장님의 도움이 없었다면, 이 책이 담고 있는 소중한 소통의 담론과 이를 구현하기 위한 실제적인 대화의 자리인 학술대회(2021 한국철학회 정기학술대회) 모두 빛을 보지 못했을 것이다. 다시 한번 머리 숙여 감사드린다. 또한 "현대 과학과 철학의 대화: 적극적 소통을 위한 길 찾기"라는 막중한 작업에 적극적으로 함께 나서주신 이 책의 필자들인 과학자와 철학자들께도 이 자리를 빌려 진심으로 감사의 뜻을 전한다. 앞으로도 이러한 대화와 소통이 일회성에 그치지 않고 중단 없이 지속되기를 모든 분들과 함께 기대해 본다. 마지막으로 이 책의 출판을 흔쾌히 수락해 주신 한울엠플러스(주)의 김종수 대표님과 꼼꼼하게 편집을 맡아주신 관계자들께도 깊은 감사를 드린다.

2021년 5월
서울 배봉골 산자락에서
한국철학회 회장 이중원 씀

차례

제1부

근현대 과학과
동서양의 자연철학

자연철학의 재발견

제1장

현대 과학의 철학적 수용은
어떻게 가능한가?

'새 자연철학'을 제안하며

장회익 | 서울대학교 명예교수

1. 들어가는 말

현대 과학은 우주와 인간에 대해 많은 새로운 앎을 제공하고 있으나, 이것이 곧바로 현대인의 집합적 지성 안에 수용되는 것은 아니다. 일반적으로 새로운 앎을 수용한다는 것은 새로 접수되는 정보를 이미 우리 안에 마련되어 있는 관념의 틀 위에 적절히 정착시키는 것을 의미한다. 따라서 과학이 밝혀낸 내용을 자기 안에 수용하여 그 내용을 파악하는 것도 각자가 지닌 기존 관념의 틀이 어떠하냐에 따라 모두 달라질 수밖에 없다. 사실 이런 관념의 틀은 누구나 지니고 있으며 모든 사고가 이를 통해 진행되는 것임에도 불구하고 이를 명시적으로 파악하여 의식적으로 검토하는 일은 많지 않다. 예를 들어 우리가 이미 지니고 있는 시간과 공간 그리고 생명 개념이 우리 관념의 틀을 이루는 대표적 바탕 관념에 해당하는 것인데, 우리의 사고 속에서 이들이 어떻게 형성되며 또 구체적으로 어떠한 내용을 지니는지를 먼저 검토하고 사고를 수행하는 것이 아니다. 칸트가 이미 오래전에 지적했듯이, 이러한 것들은 대부분 암묵적으로 전제되는 가운데 이들로 이루어진 관념의 틀 안에서 사고가 이루어진다.

이처럼 과학의 앎이 특정인의 지성에 수용되기 위해서는 수용자가 기존에 지닌 관념의 틀을 경과해야 하는데, 이러한 관념의 틀은 수용자 개개인에 따라 차이가 있다. 이제 이 관념의 틀을 편의상 크게 두 가지로 나누어본다면, 분절적 형태의 관념의 틀과 통합적 형태의 관념의 틀로 구분할 수 있다. 우리의 일상적 사물 이해는 대체로 분절적 형태의 관념의 틀에 바탕을 두고 있으며, 따라서 우리가 통합적 이해를 위해 특별한 노력을 기울이지 않는 한 우리는 현대 과학이 제시하고 있는 새로운 앎을 오직 분절된 형태로 받아들이게 된다. 이러한 분절된 지식은 많은 경우 인간의 생존 여건 향상이나 인간 자신의 건강관리 등을 위해 유용한 측면이 있지만, 이를 통해 우주와 생명 그리고 인간에 대한 총체적 이해에 도달하기는 어렵다. 오직 통합적인 관념의 틀을 통해 과학의 내용을 천착할 경우, 우리는 우주와 생명 그리고 인간에 대해 기존에는 상상하지 못했던 새로운 차원의 이해에 도달할 수 있으며 이를 통해 자신의 정체성에 대한 심층적 통찰과 함께 삶의 바른 방향의 모색에 임할 수 있다.

현대문명이 당면한 가장 큰 위험은 현대인이 일상적 관념의 틀에만 매여 우주와 자신에 대한 심층적 이해에 이르지 못하고 문명의 바른 방향을 제시하지 못하는 데에 있다. 그리고 이러한 상황에 이르게 된 데에는 현대철학에 그 일말의 책임이 있다. 한 시대에 통용되는 다양한 앎을 비판적으로 검토하고 그 내용을 심층적으로 재구성함으로써 바른 삶을 위한 지혜를 제공하는 것이 철학 본연의 자세라고 한다면, 현대철학이 추구해야 할 가장 중요한 과제는 바로 이러한 통합적 관념의 틀을 마련하고 이를 바탕으로 현대 과학의 성과를 심층적으로 재구성해 내는 작업이라 할 수 있다. 그런데도 현대의 과학과 철학은 실질적으로 그 연계를 상실하고 각자 별도의 길을 걷고 있는 것이 오늘의 실정이다. 이렇게 된 데에는 현대 과학의 내용이 너무도 방대하여 철학이 미처 이것을 자체 내에서 소화해 내기 어려운 상황이 그 하나의 원인으로 작용하고 있지만, 이에 못지않게 현대의 과학과 철학이 이 문제의 중요성을 간과하고 이 문제에 대한 현명한 방법론을 마련해 내지 못한 데에도 그 책임을 물을 수 있다.

이 글에서는 이러한 상황을 염두에 두고 하나의 시론으로서 통합적 관념의 틀이 무엇이며 이를 통해 마련된 우주와 인간의 진정한 모습은 과연 어떠한 것인지에 대해 살펴보기로 한다. 본격적인 논의에 앞서 그 주된 논지를 간략히 정리해 보면 다음과 같다.

우주 내의 사물을 통합적으로 이해하기 위해서는 자연의 기본 원리를 바탕으로 우주의 보편적 존재양상을 하나의 일관된 관념의 틀 안에 정합적으로 파악해 내야 한다. 그리고 특히 이 보편적 존재양상의 일환으로 생명이라고 하는 매우 특이한 현상이 어떻게 이해될 수 있으며 그 안에 놓인 인간의 위상, 그리고 주체로서의 '나'가 어떤 성격을 지니는지를 파악할 필요가 있다.

이렇게 할 때 우리는 생명과 인간에 대해 일상적 관념의 틀로 파악된 내용과는 크게 다른 생명과 인간 본연의 모습을 접하게 된다. 즉 생명의 가장 본질적인 단위는 그 안에 각종 생명체들을 담고 있는 '온생명(global life)'이며, 이것이야말로 더 이상 외부로부터의 결정적 도움 없이도 존속할 수 있는 생명의 자족적 단위에 해당한다. 한편 그 안에 '생명을 담고 있다'고 여겨져 온 각종 생명체들은 온생명과의 연결을 통해서만 생명으로의 기능을 하게 되는 조건부적 단위에 해당한다. 한 개체로서의 인간, 그리고 한 생물종으로서의 인류 또한 이러한 단위이며, 따라서 이들은 모두 온생명과의 관계를 통해서만 생명으로서의 기능을 가지게 된다.

　이러한 점에서 인간은 독자적 존재이기에 앞서 온생명의 한 부분이며 집합적 의미의 인간, 곧 인류는 굳이 말하면 온생명의 '두뇌'에 해당하는 존재이다. 따라서 진정한 의미의 '나'는 온생명으로서의 '나', 곧 '큰 나'에 해당하며 개체를 지칭하는 일상적 의미의 '나'는 제한된 의미의 '나', 곧 '작은 나'에 해당한다. '나'와 '내 몸'의 정체성을 이렇게 규정할 때, 우리가 진정으로 소중히 여겨야 할 것이 무엇인지, 그리고 우리가 지향해야 할 문명의 방향이 무엇인지가 분명해진다.

2. 일상적 관념의 틀을 통한 현대 과학의 수용

　현대 과학은 우주와 인간에 대해 종전에는 상상도 할 수 없었던 많은 새로운 앎에 도달하고 있으나 그 분량이 광대하고 그 내용 또한 심오하여 설혹 전문 과학자라 하더라도 그 내용을 모두 파악하는 것은 불가능하다. 더구나 전문적인 학습을 거치지 않은 일반 대중에게는 그 개략적인 이해조차 쉽지 않다. 하지만 관심을 가진 일반인들에게는 이에 접근할 수 있는 한 가지 길이 열려 있다. 유능한 해설가들에 의한 과학 관련 해설서들과 과학 관련 강연들이 그것이다. 이들은 과학이 성취한 새로운 앎의 일정한 면모를 보여주고 있으며 이러한 점에서 우주와 인간에 대한 새로운 이해에 크게 기여하고 있다. 그러나 여기에는 넘어설 수 없는 중요한 한계가 있다. 이것은 오직 일상적인 관념의 틀이 수용할 수 있는 범위 안에서만 가능하다는 점이다. 과학의 해설이란 과학의 내용을 분해하여 수용자가 지닌 일상적 관념의 틀에 담아냄을 의미하는데, 이 과정에서 이에 담기지 않는 많은 본질적 내용들이 부득이하게 제외될 뿐 아니라 심지어는 왜곡될 가능성조차 없지 않다.

하나의 사례로 최근 많이 읽히고 있는 한 책에 나오는 다음과 같은 문장을 생각해 보자.

> 지금으로부터 38억 년 전 어느 날 최초의 생명이 등장했다. 그리고 점진적인 진화 과정 속에서 수많은 생명체가 발생했다. …… 지구는 단세포 생물부터 어류, 파충류, 조류, 포유류에 이르기까지 수많은 종과 형태의 생명체로 뒤덮였다.
>
> 다채로운 생명들 속에서 모든 인류의 조상이 등장했다.…… 4만 년 전, 인류 진화의 최종 형태로서 사피엔스가 등장했다. 이들은 지구 전역으로 퍼져나가며 구인류를 몰아내고 지구상의 유일한 인간 종이 되었다. 그리고 7천 전 문명이 탄생했다 (채사장, 2019: 167~168).

이 문장은 현대 과학이 일반 지성인에게 알리는 매우 중요한 내용들을 담고 있다. 하지만 이것이 말하는 '생명'과 '인간'에 관한 서술 안에는 이미 중요한 한계가 나타남을 알 수 있다. 여기서는 생명이 38억 년 전 어느 날 등장하여 점진적인 진화의 과정을 거쳐 오늘에 이르렀고, 또 이 생명들 속에서 인류의 조상이 등장했다고 하면서, 생명 그리고 인간의 개념에 대해서는 더 이상 아무 설명도 제시하지 않는다. 즉 이 서술이 전제로 하는 관념의 틀 안에는 이미 '생명'과 '인간(인류)'이라는 우리의 일상적 개념들이 자리 잡고 있으며, 과학은 단지 이들이 역사의 어느 시점에 어떠한 과정을 거쳐 존재하게 되었는가를 말해줄 뿐이다. 그리고 더욱 중요한 점은 이들이 어떠한 합법칙적 연관을 통해 등장하게 되었는지도 말해주지 않는다. 여기서 전제로 하는 일상적 관념의 틀 안에는 이미 설정된 '생명', '인간', '등장(출현)'에 해당하는 개념과 상치되는 다른 무엇이 담겨 있지 않기 때문이다. 과학의 내용 안에 이들 개념만으로 서술할 수 없는 좀 더 포괄적인 의미가 담겨 있다 하더라도 이를 일반인들에게 '해설'하기 위해서는 결국 그들이 알아들을 언어, 즉 그들이 지닌 관념의 틀 안에 이미 들어 있는 일상적 개념들로 분절시켜 서술할 수밖에 없는 것이다.

이는 물론 이러한 해설들 그리고 이를 통해 전달되는 내용들이 무의미하다는 것은 아니다. 이것만으로도 기존에 모르거나 잘못 알고 있던 많은 것들을 새로 깨닫거나 시정해 주는 효과가 있다. 생명과 인간이 몇천 년 전에 생겨났다거나 또는 무한히 먼 과거부터 같은 모습으로 존재해 왔으리라고 하는 그릇된 생각에서 벗어나게 하며, 또 자연의 질서를 벗어나는 어떤 초자연적인 주술에 의해 빚어졌다고 하는 믿음에서도 벗어날 수 있게 해준다. 같은 맥락에서, 인간의 유전정보가 신체 내의 일정한 물질적 구조 속에 각인되어 있다는 것을 알게 해주고, 또 신체와 정신 사이에 분리될 수 없는 밀접한 관계가 있다는 것 등도 신경생리학 등의 발전을 통해 유추할 수 있게 해준다.

특히 여기서 괄목할 점은 이러한 이해를 바탕으로 질병의 퇴치를 비롯해 현대인의 신체적 건강을 향상시키는 일에 엄청난 진전을 가져오고 있으며, 그 결과로 인간의 기대수명도 크게 높아지고 있다. 심지어는 인공장기의 발전과 더불어 무제한의 수명 연장 가능성마저 지닌 이른바 트랜스휴먼 개념이 등장하면서 인간의 존재 의미에 대한 새로운 차원의 논의까지 제기되고 있다 (헤롤드, 2020).

문제는 이러한 인간 이해가 현대 과학에 바탕을 둔 인간 이해의 전모가 아님에도 불구하고 일반인들이 지닌 개념적 한계로 인해 현대문명을 이끌어가는 주류 사상이 이 범위에서 벗어나지 못하고 있다는 점이다. 따라서 좀 더 힘들더라도 통합적 관념의 틀에 바탕을 둔 심층적 이해를 도모함으로써 문명의 방향이 오도되지 않도록 해야 한다.

3. 보편적 관념의 틀: 뫼비우스의 띠

근대과학 특히 현대 물리학에서는 기존의 관념 틀로는 파악할 수 없는 현상들이 종종 발생하기에 마지못해서라도 이 관념의 틀을 넓혀나가고 있으며, 이로 인해 이 관념의 틀이 가지는 중요성이 점차 부각되고 있음이 사실이다. 하지만 아직도 대다수의 사람들은 물론이고 적지 않은 전문 과학자들조차도 과학이 말해주는 내용에 관심을 가지면서도 이 관념의 틀 자체를 의식적으로 수용해 내는 데에는 이르지 못하고 있다.

그런데 우주와 인간에 대해 과학이 전해주는 포괄적 이해를 위해서는 과학 자체가 바탕으로 삼고 있는 관념의 틀뿐 아니라 여러 학문 분야들을 그 근간에서 연결하고 있는 더욱 포괄적인 관념의 틀을 의식적으로 마련하고 이를 바탕으로 과학이 말해주는 내용들을 재해석하는 심층적 작업이 요청된다. 이렇게 될 때에 비로소 우리는 우주와 그리고 그 안에 놓인 자신의 참모습을 그려볼 수 있고 이를 통해 우리가 어떻게 살아야 하는지에 대한 새로운 이해에 이르게 된다.

우리의 일상적 관념의 틀이 지닌 가장 큰 약점은 이것이 전체를 통괄하지 못하고 각각의 부분에만 주목하면서 이들 사이의 관계를 오직 피상적으로만 파악하게 된다는 점이다. 이에 비해 통합적 관념의 틀은 전체의 얼개를 한눈에 담아낼 수 있는 틀을 말하게 되는데, 이 두 가지 바탕 틀을 구분해 줄 적절한 비유로, 평면 위에 그려진 지도와 지구본 위에 그려진 지도의 차이를 생각해 볼 수 있다. 부분적인 지도들은 하나의 평면 위에 얼마든지 자세히 그릴 수 있지만 전체를 담을 수 없으며, 무리하게 전체를 담으려 하면 서로 인접한 두 지점이 왼쪽 끝과 오른쪽 끝으로 나뉘어야 하는 모순이 발생한다. 반면 하나의 평면이 아닌 구형의 바탕, 즉 지구본을 바탕 틀로 지도를 그리면 이런 어려움을 피할 수 있다.

그런데 문제는 지도의 경우 지구의 참모습이 구형이라는 것을 알기에 이것이 가능하지만, 앎의 경우에는 앎의 참모습이 어떠한 기하학적 구조를 지니는지 우리가 아직 알지 못한다는 점이다. 하지만 초기의 지도 제작자들도 지구가 둥근 모습을 지녔다는 것을 직접 확인할 수 있었던 것은 아니다. 이들은 어느 시기부터 지구가 둥글다는 가설을 세우고 여러 증거들을 통해 이를 검증해 가며 평면이 아닌 지구본 위에 지도를 그려 이를 들고 지구상의 모든 지역으로 다녀보면서 이를 확인해 나갔다. 마찬가지로 우리도 지금 앎의 기하학적 구조를 직접 확인할 방법은 없지만, 이에 대한 적절한 가설을 설정하고 이를 검증해 나가면서 잠정적으로나마 앎의 '온전한 지도' 곧 '온전한 앎'을 그려볼 수는 있을 것이다.

이를 위해 우리가 먼저 온전한 앎의 구조가 지닐 것으로 예상되는 몇 가지 특성을 살펴보면 다음과 같다. 첫째는 그 안에 논리적 모순이나 단절이 있어서는 안 되리라는 점이다. 그런데 단절이 없는 위상학적 구조로 우리가 잘 아는 것은 원이나 구와 같이 모든 지점이 서로 연결되는 구조이다. 대표적 사례로 지구상의 모든 위치가 반드시 이웃을 지녀야 하며 구(球)라고 하는 기하학적 구조가 이를 만족함을 우리는 잘 알고 있다. 둘째로 '온전한 앎'은 앎을 담는 체계이기에 이것은 앎이 지닌 본질적 성격, 즉 앎의 객체와 주체를 함께 반영해야 하리라는 것이다. 앎을 말할 때에는 반드시 앎의 대상이 있고 이를 알아내는 주체가 있기 마련인데, 성격상 대비되는 그러면서도 서로 밀접한 관련을 맺는 이 두 가지 양상을 함께 담아내면서 이 둘 사이의 관계가 적절히 반영되어야 한다.

이 두 가지 특성들을 간결한 기하학적 구조 속에 반영하고 있는 한 단순한 모형으로 우리는 '뫼비우스의 띠'를 생각해 볼 수 있다(장회익, 2014a: 63~101). 뫼비우스의 띠는 우선 전체적으로 하나의 원형을 이룸으로써 전체를 정합적 관계로 연결하는 것이 가능하고, 표면과 이면을 지님으로써 이를 각각 객체

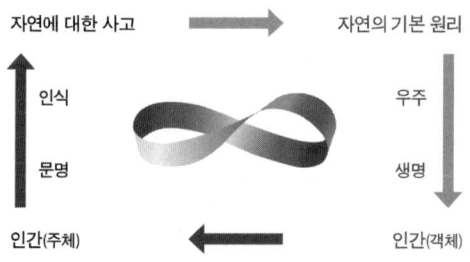

자연에 대한 사고 ➡ 자연의 기본 원리

인식

문명

우주

생명

인간(주체) ⬅ 인간(객체)

그림 1-1 온전한 앎의 '뫼비우스의 띠' 모형

와 주체에 대응시킬 수 있다. 이 띠는 또 표면과 이면이 서로 교체되는 형태를 가지는데, 이것은 객체와 주체의 기능적 역할이 전환되는 관계를 표현하기에 매우 적절하다. 이 모형의 개략적인 모습을 하나의 도식으로 나타낸 것이 **그림 1-1**이다.

그림 1-1 안에는 우리가 생각할 수 있는 앎의 주요 구성 요소들이 뫼비우스의 띠 형태로 배열되어 있다. 이 각 요소는 띠 형태로 서로 맞물려 있기에 그 시작과 끝이 따로 없지만, 그 가운데서도 '자연의 기본 원리'를 출발점으로 택하여 이들 사이의 관계를 살펴나가는 것이 논리의 흐름으로 볼 때 가장 자연스럽다.

우리가 일단 '자연의 기본 원리'를 파악하고 나면 이를 통해 우주의 보편적인 존재양상을 찾아낼 수 있고, 이 존재양상 가운데 한 특수한 사례인 '생명'을 이해할 수 있으며, 다시 그 중요한 한 구성원인 '인간'의 위치를 이 안에서 확인할 수 있다. 그런데 이 '인간'이 지닌 매우 놀라운 성격은 이것이 물질적 구성을 지닌 '객체'인 동시에 정신을 지닌 '주체'이기도 하다는 점이다.

실제로 이 둘이 서로 어떻게 관련되는가 하는 문제는 이른바 '몸/마음 문제 (body/mind problem)'라 하여 오랜 기간 동안 철학적 논란의 초점이 되어왔다. 그러나 근래에 이르러 신체의 신경생리학적 기능에 관한 이해가 깊어지면서 몸과 마음은 서로 분리된 두 개의 실체가 아니라 하나의 실체가 나타내는 두 측면이라는 관점이 큰 신빙성을 얻고 있다. 이는 바로 "이들이 둘이 아닌 하나이면서, 두 측면 곧 밖과 안을 지녔다"라고 하는 '일원이측면론(一元二側面論)'에 해당하는 것인데, 이것이 바로 표면과 이면의 양 속성을 지닌 '뫼비우스의 띠' 모형에 잘 부합되고 있다.

우리가 이제 자연의 기본 원리에서 우주와 생명 그리고 인간의 몸에 이르기까지의 객체적 양상들이 '뫼비우스의 띠'의 표면층에 해당한다고 할 때, 인간에 이르러 그 이면에 있던 주체가 드러나면서 주체로서의 활동이 현격해지는 현상이 바로 뫼비우스의 띠가 이 지점에서 뒤집혀 이면이 표층으로 노출되는 구조에 해당된다. 이렇게 하여 '나' 그리고 나의 의식적 활동으로서의 '삶'이라고 하는 주체적 양상들이 새로운 표면층에 자리 잡고 가시화되며, 이러한 인간의 주체적 활동에 의해 조성되는 모든 결과물이 바로 우리가 통칭 '문명'이라 부르는 것에 해당한다.

한편 이 문명이 이루어내는 중요한 한 요소가 '앎' 곧 사물의 인식 활동이 이루어낸 체계적 지식이다. 이 가운데 특히 '자연에 대한 사고'를 통해 자연을 포괄적으로 이해하는 것이 가능해졌으며, 이러한 이해의 바탕을 이루는 것이 바로 '자연의 기본 원리'이다. 이렇게 하여 우리는 뫼비우스의 띠를 한 바퀴 돌면서 최초의 출발점이던 '자연의 기본 원리'로 되돌아오게 된다. 여기서 특히 주체의 측면에 해당하는 인간의 의식적 사고 활동이 객체의 측면에 해당하는 '자연의 기본 원리'에 연결된다는 점은 그 사이에 '뫼비우스의 띠'가 한 번 꼬임으로써 그 내면과 외면이 서로 연결되는 구조와 잘 부합한다.

이처럼 앎의 주된 내용들이 '뫼비우스의 띠' 위에 자리를 잡게 되면 이들 사이의 논리적 연관 관계가 명료해지며, 따라서 어느 하나의 진리성은 다른 모든 것의 진리성에 맞물려 서로가 서로를 입증해 주는 정합적 진리 체계를 이루게 된다. 물론 이러한 체계의 얼개가 구성되었다고 하여 이것이 곧 앎의 완성을 의미하지는 않는다. 이 안에 담길 하나하나의 세부 사항들은 계속해서 탐색되고 검증되어야 하며, 이러한 점에서 뫼비우스의 띠는 돌고 돌면서 자체 안에 담을 내용을 더욱 풍요롭고 정교하게 다듬어나갈 틀거지에 해당한다고 말할 수 있다. 이는 같은 지구본 위에 담긴 지도라 하더라도 지리적 지식이 증진됨에 따라 그 내용이 풍요롭고 정교해지는 것과 같은 이치이다. 그러나 다소 성근 내용을 지닌 앎이라 하더라도 이것이 일단 뫼비우스의 띠 안에서 바른 위치에 자리를 잡을 수만 있다면, 그 신뢰성은 그렇지 못한 앎들과는 비교도 할 수 없을 만큼 향상될 것이다. 따라서 우리는 이렇게 틀 지어진 앎을 여타의 파편적 앎들과 구분하여 '온전한 앎'이라 부르기로 한다.

이 글의 나머지 부분에서는 이 '뫼비우스의 띠'를 구성하는 이 각 요소와 이들 사이의 연결 과정에 대해 좀 더 자세히 추적함으로써 우리가 현재 생각할 수 있는 '온전한 앎'의 모습이 어떠한가를 살펴보고, 특히 이를 통해서 인간의 자기 이해를 어떻게 성취할 수 있는지를 생각해 본다. 이것이 바로 통합적 관념의 틀을 바탕으로 과학이 말해주는 내용들을 재해석하는 심층적 작업에 해당하는 것인데, 이에 대한 좀 더 자세한 내용은 필자의 최근 저서 『장회익의 자연철학 강의』(앞으로는 『자연철학 강의』로 약칭)에서 찾아볼 수 있다(장회익, 2019).

4. 자연의 기본 원리

현대 과학에서 통용되고 있는 자연의 기본 원리는 크게 두 가지 부류로 구성된다. 그 하나가 '존재의 원리'라 할 수 있는 동역학이고, 다른 하나가 '변화의 원리'라 할 수 있는 통계역학이다. 동역학에서는 '우주 안의 물체들이 놓일 수 있는 가능한 상태(미시상태)들이 무엇인가?' 하는 것을 다루며, 통계역학에서는 '이러한 미시상태들과의 관계 속에서 관측 가능한 형상(거시상태)들이 어떻게 서로 다른 형상들로 변화해 나가는가?' 하는 점을 다룬다. 이들의 내용에 대해서는 『자연철학 강의』에 상세히 서술했으므로 여기서는 오직 이들의 개략적인 줄거리와 함께 우주 내에 발생하는 많은 중요한 현상들이 이들을 통해 어떻게 관련을 맺고 있는지에 대해서만 살펴보기로 한다.

예를 들어 우리의 주된 관심사가 우주 내에 존재하는 물 1킬로그램(H_2O 분자 3×1025개)이라고 해보자. 여기서 이것은 고체 형상(얼음)으로 있을 수도, 액체 형상(물)으로 있을 수도, 기체 형상(수증기)으로 있을 수도 있다는 것이 우리의 상식이다. 이때 각각의 가능한 형상을 결정해 주는 것이 양자역학으로 대표되는 동역학 이론이며, 이들이 어떤 경우에 어떤 형상에 있으며 또 어떤 조건 아래 어떤 형상으로 바뀌는지를 말해주는 것이 통계역학 이론이다. 그리고 이러한 형상의 변화를 서술하기 위해 요구되는 중요한 두 개념이 바로 그 대상이 지닌 에너지(energy: U)와 엔트로피(entropy: S)이다. 여기서 엔트로피는 한 형상(거시상태)에 대응하는 미시상태의 수와 관련된 개념으로, 개략적으로 말해 대상의 짜임새가 '정교하지 못한 정도', 즉 이것이 '흐트러진' 정도를 나타낸다. 한 고립계, 예를 들어 외부와 고립된 물 1킬로그램의 경우 이것의 형상이 내부적 요인만에 의해 변할 수 있는 방향은 그 엔트로피가 증가하는 방향, 즉 점점 더 흐트러지는 방향이다. 그러다가 그 엔트로피값이 최대에 이르는 형상(가장 크게 흐트러진 형상)에 이르면 더 이상 아무 변화도 일으키지 못한다.

그러나 이것이 일정한 온도를 지닌 주변, 예컨대 실내에 있는 공기와 에너지를 주고받을 상황에 있다면 이야기가 달라진다. 잘 아는 바와 같이 주변 온도가 내려가면 물이 얼기도 하는데, 이는 엔트로피가 낮아지는 방향으로의 변화이다. 이는 주변과의 에너지 교환이 있기에 가능한 현상이다. 이러한 상황 아래서 관심 대상(예: 물 1킬로그램)의 변화를 서술하기 위해 요구되는 가장 적절한 개념이 바로 $F=U-TS$로 정의되는 이 대상의 자유에너지(F)이다. 여기서 U와 S는 각각 이 대상의 에너지와 엔트로피이고 T는 주변의 온도(엄격히 말하면 영하 273°C를 기준으로 하는 절대온도)이다. 대상의 자유에너지를 이렇게 정의할 때 대상의 형상 변화에 대한 기본 원리는 '자유에너지가 감소하는 방향으로만 변한다'고 요약할 수 있다. 이것은 확률적 법칙이다. 미시적으로는 그 반대쪽 변화도 가능하나 그 확률에 큰 차이가 있어서 이 방향의 변화가 월등하게 우세하다. 이 원리를 활용하면, 물은 왜 상온에서는 액체로 있고, 또 0°C(절대온도 273K) 이하가 되면 고체가 되는지를 설명할 수 있다. 물의 경우, 상온에서는 액체 형상의 자유에너지가 최소로 되며, 영하의 온도가 되면 고체 형상의 자유에너지가 최소로 되기 때문이다.

이로써 우리는 자연계에 정교성을 지닌 여러 형상들이 어떻게 발생하고 변화하는지를 이해할 기본 이론을 갖추었다. 즉 어떤 대상계의 자유에너지를 몇몇 변수들의 함수로 표현해 내기만 하면, 이 변수 공간에서 자유에너지값이 가장 작아지는 상황을 찾아낼 수 있는데, 이것이 바로 대상계가 지니게 될 형상에 해당한다.

5. 우주의 보편적 존재양상

이러한 자연의 기본 원리를 바탕으로 우리는 이제 우주의 다양한 존재양상을 살펴볼 수 있다. 현대 우주론에 따르면 우리 우주는 대략 138억 년 전에 빅뱅(big bang)이라고 하는 특이한 상황과 함께 출현했다. 이 최초의 상황에서는 시공간을 포함한 모든 것이 극히 작은 영역에 집결되어 있어서 그것의 온도는 극도로 높았고, 따라서 당시 우주의 자유에너지는 엔트로피가 최대로 되는 지점에서 최소치를 가지게 되어 그 안에는 구분 가능한 어떤 것도 존재

하지 않았다.[1]

이후 우주 공간이 이른바 급팽창(inflation)이라는 특별한 과정까지 동반하며 시급히 팽창하게 되었고 이에 따라 그 온도가 급격히 낮아지면서 자유에너지의 최소점은 점점 정교성이 큰 형상에 대응하는 쪽으로 옮겨졌다. 이는 곧 혼돈에서 벗어나 일정한 질서가 나타나게 된 것을 의미한다. 이리하여 극히 짧은 시간 이내에 초기의 기본입자들과 기본 상호작용들이 그 모습을 드러냈고, 대폭발 이후 불과 2~3분 이내에는 이미 양성자와 중성자 같은 핵자들이 나타나, 수소, 그리고 헬륨 등 일부 가벼운 원소들의 원자핵들이 구성되었다. 그러나 이 단계에서는 아직도 온도가 너무 높아 이 원자핵들이 주위의 전자들을 끌어들여 우리가 오늘날 보고 있는 수소 원자, 헬륨 원자 등 중성원자를 이룰 단계에 이르지는 못했다. 그러다가 빅뱅 이후 대략 38만 년이 지난 시기가 되자 온도가 훨씬 더 낮아지면서, 이들 원자핵이 전자와 결합하여 수소 원자 등 가벼운 중성원자들이 출현하게 되었다(이는 곧 이 온도에서는 자유에너지의 최소점이 이들 중성원자들을 구성할 거시상태에 해당하는 것이었음을 말한다).

그 후 수억 년의 시간이 더 지나면서 우주의 온도는 지속적으로 더 낮아졌고, 우주 공간에 떠돌던 수소 원자와 약간의 헬륨 원자들이 요동에 의해 약간의 불규칙한 공간 분포를 이루면서 상대적으로 밀도가 높았던 지역을 중심으로 중력에 의해 서서히 뭉치기 시작했다. 이렇게 뭉쳐진 수소 원자 등의 집단은 그 크기가 점점 커지고 그 중심 부분에서는 강한 압력을 받아 온도가 크게 오르게 된다. 이러한 온도와 압력으로 인해 핵융합 반응이 촉진되어 무거운 원자핵들이 형성되는데, 이때 발생하는 여분의 에너지가 주변으로 뿜어 나오

---

1    $F=U-TS$에서 온도 T가 매우 큰 경우, 엔트로피 S가 조금이라도 더 큰 경우 (에너지 U값에 무관하게) 자유에너지 F의 값이 최소가 된다.

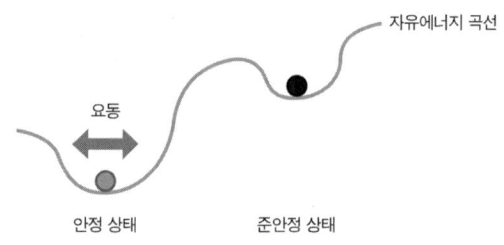

그림 1-2 준안정 상태에 놓인 대상(국소질서)

는 현상을 우리는 별이라 부른다. 지구를 비롯하여 우주 안에 떠도는 대부분의 물질 원소들은 이러한 과정에서 조성된 것이며, 이들은 다시 지구를 비롯한 여러 천체들 위에서 다양한 형태의 물질적 구조물들을 이루게 된다.

이처럼 우주 안에서는 빅뱅이라 불리는 최초의 시점 이래, 우주의 온도가 낮아지면서 여러 형태의 물질적 대상들이 형성되어 왔다. 그런데 이들은 모두 변화의 원리, 특히 온도의 변화에 따른 자유에너지 최소화 효과에 의해 나타난 것들이다. 이렇게 일단 자유에너지 최소점에 도달한 대상들은, 더 이상 자유에너지에 어떤 변화를 줄 영향이 나타나지 않는 한, 비교적 안정하여 그 형상을 지속적으로 유지하게 된다.

그러나 제한된 공간을 점유하는 물체들 가운데에는, **그림 1-2**에 보이는 바와 같이, 주변의 요동으로 인해 우연히 자유에너지 최소점에서 벗어나, 상대적으로 자유에너지의 값이 더 큰 우물 형태의 준안정 상태로 뛰어오를 수도 있다.

이들은 대부분 또 다른 요동으로 인해 짧은 시간 안에 안정된 최소점으로 복귀하게 되지만, 경우에 따라서는 준안정 상태의 우물이 깊어 비교적 오랜 기간 준안정 상태에 묶여 있기도 한다. 이처럼 상대적으로 높은 자유에너지 값을 지니고 비교적 작은 공간 안에서 그 정교성을 준안정적으로 유지하게 되는 대상을 '국소질서(local order: LO)'라 부른다. 그런데 우리가 지구상에서 흔히 보듯이 이러한 국소질서들을 크게 두 가지로 구분해 볼 수 있는데, 그 하나는 비교적 낮은 정교성을 띤 것들이며, 다른 하나는 이에 비해 월등히 높은 정교성을 띤 것들이다. 앞의 것의 사례로는 돌 조각, 눈송이 등이 있으며, 뒤의 것의 사례로는 우리가 흔히 살아 있는 것이라 말하는 다람쥐, 민들레 등이 있다.

6. 자체촉매적 국소질서와 이차질서의 형성

여기서 우리는 '살아 있는 존재'로 불리는 지극히 높은 정교성을 지닌 존재들이 어떻게 출현하게 되었으며 또 어떻게 유지되고 있는가 하는 점에 대해 좀 더 자세히 살펴보자. 이를 이해하기 위해서는 하나의 중요한 새 개념 곧 '자체촉매적 국소질서(auto-catalytic local order)'라는 것을 생각할 필요가 있다. 이것은 자신이 '촉매' 역할을 하여 자신과 닮은 새 국소질서가 생겨나는 데에 결정적인 기여를 하게 되는 국소질서를 의미한다.

일단 이런 성격을 지닌 자체촉매적 국소질서가 우연히 하나 만들어지고 나면, (그리고 이것의 기대 수명 안에 이런 국소질서를 적어도 하나 이상 생성하는 데에 기여한다고 하면) 이러한 국소질서의 수는 기하급수적으로 증가하게 된다. 그러다가 이러한 것들을 생성할 소재가 모두 소진되든가 혹은 이들이 놓일 공간이 더 이상 남아 있지 않을 때 비로소 증가가 그치게 되는데, 그때부터는 대략 소멸되는 만큼만 새로 생겨나게 되어 이후 그 수는 대체로 큰 변화 없이 유지된다.

하나의 가상적 사례로 이러한 자체촉매적 국소질서 하나가 지구 위에 나타났다고 생각해 보자. 편의상 이 국소질서의 크기가 우리가 흔히 보는 미생물

정도라 가정하고 이것의 평균 수명이 대략 3.65일(100분의 1년)이라 생각하자. 그리고 이 수명 안에 평균 2회에 걸쳐 복제가 이루어지고, 주변의 여건으로 인해 개체 수가 대략 10만 개에 이르면 더 이상 증가하지 않고 일정하게 유지된다고 가정하자. 이럴 경우 포화 상태에 이르기까지 대략 17세대(2^{17}=131,072)를 거치게 되고, 시간은 대략 2개월 정도가 소요된다. 이는 곧 대략 2개월 정도가 지나면 이러한 국소질서가 10만 개 정도로 불어나고 그 후에는 이 정도의 숫자가 지속된다는 의미이다.

최초의 자체촉매적 국소질서 하나가 우연히 생겨나는 일은 쉽지 않다. 물질과 에너지의 흐름과 분포가 어떠냐에 따라 다르겠지만, 예컨대 100만 년 정도의 시행착오 끝에 우연히 이러한 국소질서 하나가 형성된다고 가정해 보자. 그러면 앞에서 본 바와 같이 2개월 이내에 이러한 것 10만 개 정도가 생겨날 것이고, 이후 생성과 소멸을 반복하면서 거의 무제한의 기간 동안 지속하게 된다.[2]

여기서 특히 주목해야 할 점은, 일단 한 종의 자체촉매적 국소질서가 발생하여 예컨대 10만 개 정도의 개체군이 형성되면, 이는 새로운 변이가 일어날 수 있는 아주 좋은 토대가 된다는 사실이다. 즉, 이들 가운데 하나에서 우연한 변이가 일어나 이보다 한층 높은 정교성을 지닌 새로운 형태의 자체촉매적 국소질서가 출현할 수 있는데, 이렇게 되면 변이된 새로운 종의 자체촉매적 국소질서가 나타나 본래의 종과 공존하면서 일종의 변화된 '생태계'를 형성하게 된다. 이뿐만 아니라 서로 다른 종에 속한 자체촉매적 국소질서들끼리 결합함으로써 한층 높은 정교성을 지닌 복합적 형태의 자체촉매적 국소

---

2   여기서 거의 무제한의 기간이라고 한 것은 개별 자체촉매적 국소질서의 수명에 대한 상대적 개념이며, 현실적으로는 바탕질서의 여건 변화에 따라 유한한 기간 이후에는 자체촉매적 기능을 상실하여 소멸될 수 있다.

질서도 나타날 수 있다. 이러한 결합체 또한 변이의 일종으로 볼 수 있으며, 새로운 종이 만들어지는 또 하나의 방식이 된다. 그리하여 시간이 지남에 따라 그리고 생태계가 복잡해짐에 따라 여러 유형의 변이들이 자주 그리고 끊임없이 나타날 수 있으며, 그리하여 점점 더 높은 질서를 지닌 다양한 종들이 출현하게 된다.

이러한 변이 과정의 효율성을 실감하기 위해 하나의 변이가 발생하는 데에 소요되는 시간이 얼마나 되는지를 추산해 보자. 우선 한 국소질서 LO_1이 순전히 우연에 의해 발생하는 데 걸리는 시간을 100만 년이라 하자. 그런데 이것이 변이를 일으켜 새로운 종의 국소질서 LO_2가 우연에 의해 나타날 때까지 걸리는 시간은 변이의 모체가 되는 LO_1의 개수가 몇이냐에 따라 크게 달라진다. 예를 들어 LO_1이 지속적으로 하나 존재한다고 가정할 때 이것이 변이를 일으켜 새로운 종 LO_2가 나타날 때까지 걸리는 시간을 다시 100만 년이라 해보자.

만일 LO_1이 자체촉매적 국소질서가 아니라면 100만 년마다 이것이 한 번씩 출현하여 그 수명, 예컨대 3.65일(100분의 1년)만큼 존속하다가 사라진다. 그러니까 100만 년마다 나타나는 3.65일들이 쌓여 다시 100만 년을 이룰 만큼의 긴 시간이 소요된 이후에야 비로소 새로운 종 LO_2가 나타나게 된다. 이제 이 시간을 모두 합쳐보면 100조 년(10^{14}년)이 된다. 즉 100조 년 이후에야 새로운 종 LO_2가 나타난다는 의미인데, 이것은 우주가 출현한 이후 지금까지 지나온 전체 시간인 138억 년의 7000배에 해당하는 시간이다.

그러나 만일 LO_1이 자체촉매적 국소질서라면 이야기는 전혀 달라진다. 위에 제시한 사례에서처럼 이것이 대략 2개월 이후 10만 개 정도가 유지된다고 해보자. 그러면 LO_1의 개수가 항상 10만 개가 있으므로 이를 통해 변종을 일으킬 확률은 한 개만 있을 때의 것에 비해 10만 배로 커질 것이고 따라서 하나의 변종이 출현하는 데에 요구되는 시간은 10만 분의 1로 줄어들 것이다.

이는 곧 100만 년을 10만으로 나눈 값, 즉 10년에 해당한다. 그러니까 LO_1이 자체촉매적 국소질서가 아닐 경우 이러한 질서가 순수한 우연에 의해 나타나는 것은 우리 우주가 7000번이나 되풀이되어야 한 번 나타날 정도의 기적인데, 자체촉매적 국소질서를 경유할 경우에는 이것이 불과 10년마다 나타난다는 이야기다.

이제 자체촉매적 국소질서가 출현하여 하나의 개체군을 이루고, 이것이 변이를 일으켜 다시 한 차원 높은 질서를 가진 새로운 개체군을 이루는 과정이 거듭거듭 반복된다고 생각해 보자. 앞의 사례가 보여주듯이 자체촉매적 국소질서가 아니었으면 100조 년에 한 번 나타날까 말까 한 기적 같은 질서가 10년마다 나타나 지속적으로 축적되어 나간다면, 예를 들어 40억 년 후에는 어떤 일이 벌어질 것인가? 그것은 우리의 상상을 초월하게 될 것이다. 하지만 실제로 이런 현상이 가능하며, 이렇게 만들어진 것이 바로 우리가 '살아 있는 존재'라 부르고 있는, 예컨대 다람쥐나 민들레와 같은 지극히 정교한 대상들이다.

지금까지는 주로 국소질서 자체만을 중심으로 생각했지만, 이러한 국소질서들이 허공에 고립되어 존재하는 것이 아니다. 이들은 오직 '바탕질서' 곧 이를 가능케 하는 배경 물질과 자유에너지의 지속적 공급이 있기에 나타나는 현상이다. 특히 이들이 단순 국소질서에 그치느냐 혹은 자체촉매적 국소질서가 되느냐 하는 것은 이 바탕질서를 구성하는 배경 물질과 자유에너지의 공급이 얼마나 풍요로우냐 하는 점과 밀접히 연관된다. 예를 들어 태양-지구계 안에는 자체촉매적 국소질서가 존재하지만, 대다수의 다른 항성-행성계 안에는 이러한 조건이 갖추어지지 않았을 것으로 예상된다. 우리가 이제 단순 국소질서들만이 형성되어 있는 (바탕질서 및 국소질서) 체계를 '일차질서'라 부르고, 단순 국소질서들에 더하여 자체촉매적 국소질서들까지 형성되고 있는 (바탕질서 및 국소질서) 체계를 '이차질서'라 부르기로 한다면, 대부분의 천체들 안에는 일차질서만 형성되어 있음에 반해 우리 태양-지구계와 같이 극히 예외적인 여건을 갖춘 곳에서만 이차질서가 형성된다고 할 수 있다.

그렇다면 구체적으로 어떤 여건 아래 있는 어떤 국소질서가 형성될 때 이것이 자체촉매적 국소질서로서의 기능을 할 수 있는가? 이 점을 살피기 위해 이를 가능케 하는 아주 간단한 모형 체계 하나를 생각해 봄이 유용하다. **그림 1-3**에 보인 것이 바로 그러한 모형 체계이다.

그림 1-3a는 자체촉매적 국소질서를 이룰 소재로서의 바탕질서를 표시한 것이다. 이 안에는 다섯 종류의 구성성분들이 풍부하게 마련되어 넓은 공간 안에 흩어져 떠돌고 있다. 그리고 **그림 1-3b**에 보인 바와 같이 이들 구성성분 가운데 A형과 B형 사이, 그리고 C형과 D형 사이에는 특별한 친화력이 있어서 잠정적인 결합을 가능케 하는 공액(共軛)관계가 형성된다. 이러한 바탕질서 안에서 우연히 **그림 1-3c**에 보인 것과 같이 일정한 배열을 지닌 구조물 α와 그것과 공액배열을 지닌 구조물 β가 형성되고 또 약간의 간단한 기능(예: α와 β 사이의 간격 조정)을 지닌 특별한 구조물 γ가 만들어져 이 전체가 높은 정교성을 지닌 하나의 국소질서(준안정 단위 구성체) $\alpha \circ \beta \circ \gamma$를 이룬다고 생각하자. 만일 이러한 성격의 구성체가 형성되면 이는 **그림 1-3d, 그림 1-3e, 그림 1-3f**에 나타난 과정에 따라 자신과 닮은 또 하나의 구조물이 출현하는 데에 결정적 기능을 하게 된다.

앞의 사례에서 보는 바와 같이 하나의 자체촉매적 국소질서가 그 기능을 수행하고 또 존속되어 나가기 위해서는 그 주변을 구성하는 바탕질서와 정교한 관계가 유지되어 나가는 것이 매우 중요하다. 예를 들어 같은 구조의 자체촉매적 국소질서라도 이것이 놓인 바탕질서가 어느 정도 이상 달라지면 자체촉매적 기능을 수행할 수가 없게 된다. 그리고 다수의 그리고 다종의 자체촉매적 국소질서들이 이루어졌을 경우에는 이들 간의 상호작용 또한 그 기능과 존속에 결정적 영향을 미친다. 따라서 특히 이차질서의 구성 체계는 각종 국

그림 1-3

그림 1-3a 자체촉매적 국소질서를 이룰 바탕질서

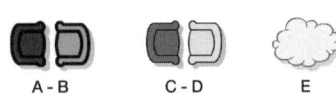

A형과 B형, 그리고 C형과 D형 간에 특별한
친화력이 있어서 잠정적 결합을 가능케 함

그림 1-3b 구성성분들 사이의 공액관계

배열 α와 β는 서로 공액관계를 이루며
구조 γ는 이들 사이의 간격 조정 기능을 함

그림 1-3c 자체촉매적 국소질서의 단위 구성체

그림 1-3d 성분물질의 흐름 안에 놓임

그림 1-3e 자체촉매 작업의 완료

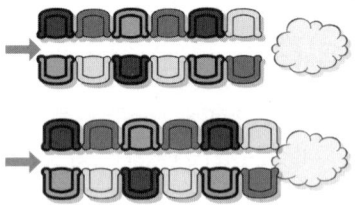

그림 1-3f 다음 세대 자체촉매 작업 개시

소질서들과 바탕질서가 합쳐져서 하나의 정교한 진행형 복합질서 체계를 이루게 된다.

이와 함께 우리가 눈여겨보아야 할 점은 이 진행형 복합질서 안에 자유에너지가 어떻게 공급되고 축적되느냐 하는 점이다. 이 전체를 하나의 독자적 체계로 볼 때, 여기에 어떤 지속적 움직임이 발생한다는 것은 자유에너지가 끊임없이 소모되고 있음을 의미한다. 그리고 장기적으로 점점 더 정교한 체계로 진행해 나간다는 것은 자유에너지가 그만큼 더 높은 상태로 바뀌어나간다는 의미이기도 하다. 그렇다면 이러한 자유에너지는 어떠한 방식으로 충당되는가? 그 해답은 이 전체 체계가 항성-행성계를 이루고 있을 때, 항성 쪽에서 전해지는 에너지 흐름에서 찾아볼 수 있다. 즉, 상대적으로 뜨거운 항성에서 상대적으로 차가운 행성 부분으로 빛에너지가 전달될 때 이 빛의 일정 비율이 행성에서 활용될 자유에너지가 됨을 입증할 수 있다(장회익, 2019: 540~555). 이는 항성에서의 정교성이 줄어든 정도 이내의 범위에서 행성에서의 정교성이 증가하는 것이 열역학 제2법칙의 테두리 안에서 허용되기 때문이다. 그러나 이를 효과적으로 활용하기 위해서는 이렇게 만들어진 복합질서 안에 이를 수용해 낼 정교한 구조가 형성되어 있어야 한다. 그러므로 이차질서, 곧 하나의 복합질서가 형성되고 유지된다고 하는 것은 그 안에 이러한 자유에너지 원천과 함께 이를 변형시키고 분배하여 각각의 부위에서 활용할 수 있게 하는 하나의 정교한 협동체계가 이루어짐을 의미한다.

7. 생명의 이해: 온생명과 낱생명

여기서 우리가 확인하게 될 중요한 사실 하나는 생명에 대해 우리가 지금까지 가져온 관념이 하나의 허상이며, 따라서 실제 자연 속에서 이에 해당하는 실체를 발견할 수가 없다는 사실이다. 우리가 알게 된 것은 앞서 소개한 이차질서가 형성되고 유지될 수 있다는 점인데, 이것이 곧바로 우리가 기존에 가지고 있던 생명 개념과 부합하는 것은 아니다.

그렇기에 우리는 생명이 무엇인지를 안다고 보고 자연 속에서 이에 해당하는 것을 찾으려 하는 대신, 자연 속에 구현될 수 있는 질서들을 먼저 살펴보고, 그 가운데 의미 있는 존재론적 실체를 확인하여 이것이 기존에 우리가 지녀온 생명 개념과 어떠한 관계를 가지는지를 살펴볼 필요가 있다. 즉 우리는 '이차질서'라는 지극히 높은 정교성을 가진 존재를 발견했기에 이것이 우리가 그간 생명이라 생각해 온 것과 동일한 것인지 혹은 아닌지를 검토해 보아야 한다. 이렇게 검토해 본 결과 이것이 지금까지 사람들이 '생명'이라 불러온 것과 별 차이가 없는 것이라면 이를 일러 '생명'이라 불러 큰 문제가 없을 것이지만, 이렇게 발견된 실체가 기존에 우리가 지녔던 생명 관념과 상당한 차이가 있다면, 이를 그냥 '생명'이라 부르는 것은 적절하지 않다.

이러한 논의를 위해 앞에서 살펴본 이차질서의 모습을 **그림 1-4**에 나타낸 바와 같이 간략히 요약해 보자.

그림 1-4에서 Ω_{I} 과 Ω_{II} 는 각각 과거의 바탕질서와 현재의 바탕질서를 나타내고 있으며, $\theta_1, \theta_2 \cdots$ 등은 과거의 자체촉매적 국소질서들, 그리고 $\theta_m \cdots \theta_n$ 은 현존하는 자체촉매적 국소질서를 나타낸다. 그리고 $\{\theta_1\}$와 같이 이들을 괄호 속에 표시한 것은 이들이 일정한 개체군을 지니는 종(species)을 이룸을 나타낸다. 특히 **그림 1-4**의 아래쪽 작은 상자로 둘러싸인 내용은 현재 존속되고 있는 현존 질서를 나타내며, 더 큰 상자로 둘러싸인 전체 내용은 과거에 있었던(있어야만 했던) 존재들을 포함한 진행형 복합질서를 나타내고 있다.

이제 이러한 복합적 구조를 가진 이차질서에 대해 의미 있는 명칭을 부여하기 위해 이것이 지닌 존재론적 성격을 검토해 보자. 우선 이 안에는 존재론적 지위가 서로 다른 세 가지 종류의 존재자(entity)가 있음을 확인할 수 있다.

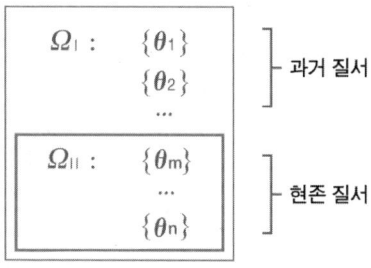

Ω : 바탕질서　　　　θ : 자체촉매적 국소질서

$$\Omega_{\text{I}} : \quad \{\theta_1\}$$
$$\{\theta_2\}$$
$$\cdots$$
과거 질서

$$\Omega_{\text{II}} : \quad \{\theta_m\}$$
$$\cdots$$
$$\{\theta_n\}$$
현존 질서

그림 1-4 진행형 복합질서로의 이차질서

첫 번째 존재자는 개별적으로 본 하나하나의 자체촉매적 국소질서들(θ_1 등)이다. 이는 분명히 우리가 그간 '생명' 혹은 '생명체'라 불러온 것과 가장 가깝게 대응한다. 예를 들어 앞의 『지적 대화를 위한 넓고 얕은 지식: 제로 편』이라는 책에서 인용한 문장 "지금으로부터 38억 년 전 어느 날 최초의 생명이 등장했다"에 보이는 "최초의 생명"이라는 용어는 바로 θ_1에 해당하는 것이라 할 수 있다. 그러나 '생명'이라는 이름을 이러한 존재들에 국한해 적용하는 것은 매우 부적절하다. 첫째로 이것은 사람들이 '생명'이라는 개념 안에 담고자 했던 내용들을 제대로 담아내지 못한다. 예컨대 θ_1과 같은 초기의 자체촉매적 국소질서들은 통상 생명이라는 개념에 연관해 상정되는 질적 성격을 거의 보여주지 않는다. 둘째로는, 자체촉매적 국소질서의 개체들은 복합질서의 한 성분이므로 이 복합질서의 나머지 부분에 대한 존재론적 의존성이 매우 강하다는 사실이다. 만일 한 개체가 이 복합질서로부터 유리된다면 이는 거의 순간적으로 자체촉매적 국소질서로서의 정상적 활동이 정지된다. 따라서 이것에 생명이라는 칭호를 배타적으로 부여하는 것은 매우 부적절하며, 오직 "제한된 의미의 생명"이라는 뜻을 함축하는 개념으로 '낱생명'(혹은 '개체생명')이라는 별도의 명칭으로 부름이 적절할 것이다.

앞서 언급한 이차질서에서 살펴볼 두 번째 존재자는 바탕에 놓인 바탕질서를 제외한 '자체촉매적 국소질서들만의 네트워크'이다. 실제로 이 네트워크 자체를 생명이라 정의하는 학자들도 있다(Ruiz-Mirazo and Moreno, 2011). 이것을 생명에 대한 정의로 보는 것은 서로 분리될 수 없는 자체촉매적 국소질서들 사이의 관계를 잘 반영하면서도, '물리학적' 성격의 바탕질서와 '생물학적' 성격의 자체촉매적 국소질서를 개념적으로 구분하고 싶은 마음에서라고 보인다. 그러나 이 관점은 이 네트워크가 이를 가능케 하는 바탕질서와 실체적으로 분리될 수 없다는 결정적 사실을 간과하고 있다. 엄격하게 말해 바탕질서는 심지어 동물의 몸속을 포함해 네트워크 어디에나 함께하고 있는 것이어서 이를 개념적으로 제외할 경우 그 정의를 현실적으로 존재하는 실체에 대응시킬 수 없다. 더욱 중요한 사실은 바탕질서와 자체촉매적 국소질서는 서로 간에 너무도 밀접히 연관되어 그 어느 한쪽이 조금만 달라져도 복합질서로서의 전체 체계는 유지될 수 없다는 점이다. 예를 들어 초기 지구의 바탕질서 Ω_I에는 현존 생명체들의 생존에 필수적인 산소가 거의 없었으며, 반대로 현존 바탕질서 Ω_{II}는 상당량의 산소를 포함하고 있어서 이는 초기 생명체들은 이 안에서 생존할 수 없는 여건에 해당한다. 따라서 이런 밀접한 관련성을 지닌 상황에서 그 한쪽을 제외하고 나머지만을 독자적 존재자로 규정하는 것은 그리 적절하지 않다.

마지막으로 존재론적 의미가 분명한 또 하나의 존재자를 생각해 볼 수 있다. 이는 곧 분리 불가능한 복합질서로서의 이차질서 전체를 하나의 실체로 보는 관점이다. 이것은 바탕질서 안에 출현한 최초의 자체촉매적 국소질서 이후 긴 시간적 과정을 거쳐 형성되는 것으로, 그간 변형된 바탕질서와 현존하는 다양한 자체촉매적 국소질서 전체로 이루어진 복합질서를 말한다. 이것은 자체의 유지를 위해 더 이상 외부로부터 어떤 지원도 필요로 하지 않는 자족적 실체이기도 하다. 이런 점에서 이것은 생명이라는 관념이 내포하고 있는 모든 속성을 갖춘 가장 포괄적인 존재자라 할 수 있다. 단지 이것은 생명에 관한 우리의 기존 관념과 크게 동떨어진 것이어서, 이를 생명의 정의로 받아들이게 되면 기존의 생명 개념과의 사이에서 오는 엄청난 괴리를 감수해야 한다.

이 세 번째 존재자의 중요성은 이것 안에 생명이 생명이기 위해 갖추어야 할 모든 것이 더도 덜도 아니도록 담겨 있다는 사실 때문이다. 우선 이것에 못 미치는 그 어떤 것도 우주 안에서 독자적인 생명 노릇을 할 수가 없다. 흔히 이것을 다 갖추지 않은 낱생명이 생명인 것처럼 보이는 이유는 그 나머지에 해당하는 부분이 주변 어디에 있음을 당연히 여기기 때문이다. 이들이 모두 갖추어진 우리 지구상에서는 이 점이 너무도 자연스러워 보이지만, 우주의 다른 곳에 이러한 것이 있다면 이는 기적에 해당한다. 반대로 이 개념 안에 포함되지 않은 것까지 끌어들여 (예컨대 우주 전체로까지) 생명 개념을 넓히려고 하는 것 또한 부적절하다. 우리가 생명 개념을 적절히 규정하기 위해서는 이 안에 생명의 출현을 위해 불가피하게 요청되는 모든 것을 포함하면서도 그렇지 않은 것들은 최대한 배제할 필요가 있다. 우리가 여기서 말하는 이차질서로의 생명 개념은 언뜻 지나치게 포괄적인 것으로 보이지만, 실제로 이것은 생명을 나타내기 위해 더 이상 줄일 수 없는 최소치에 해당하는 개념이다.

한편 이러한 논의가 형이상학적 논의에 그치지 않고 하나의 실증과학적 논의가 되기 위해서는 이것이 현대 과학을 포함한 우리의 최선의 지식과 부합하는 것이어야 한다. 예를 들어 이렇게 규정된 생명의 경계가 어디까지 미치는가 하는 점은 생명을 구성할 인과관계에 대한 우리의 과학적 이해가 진전됨에 따라 얼마든지 수정될 수 있다. 현재 우리가 가진 최선의 지식을 통해 보자면, 생명이라 칭할 수 있는 이러한 존재자는 우주 안에서 비교적 드문 현상일 것으로 추측되며, 공간적 차원에서는 우리에게 알려진 우주의 규모에 비해 매우 좁은 영역을 점유하고 있다. 이제까지는 오직 하나의 이러한 생명만이 알려져 있는데, 이것이 바로 태양-지구계 위에 형성되어 약 40억 년간 생존을 유지해 가고 있는 '우리 생명'이다. 이것은 지구상에 형성된 최초의 자체촉매적 국소질서에서 현재 우리들 자신에 이르기까지 우리와 계통적으로 연계된 모든 조상을 비롯해 지금 살아 있거나 지구 위에 살았던 적이 있는 모든 것을 포함한다. 이는 태양을 비롯해 무기물이든 유기물이든 이 복합질서를 가능케 하는 모든 필수적인 요소들을 기능적 전체로 포괄하고 있으며, 이 복합질서에 속하는 것들과 현실적인 연계가 없는 모든 것을 배제한다.

이러한 논의를 종합해 볼 때, 어떤 존재자에 대해 '생명' 혹은 '생명을 지닌 존재'라는 자격을 굳이 부여해야 한다면, 위에 논의한 세 가지 존재자 가운데 세 번째가 가장 적합하다. 그러나 이에 대해 '생명'이라는 호칭을 명시적으로 사용하기보다는 '온생명'이라 부르는 것이 더 적절하리라 생각된다. 그 하나의 이유는 이를 '낱생명(혹은 '개체생명')'의 개념과 대비시키기 위해서다. 앞서 언급했듯이 '낱생명'은 그 자체로는 생명 개념으로 부적절하지만 나름대로 생명의 많은 흥미로운 면모들을 함축하고 있기에 이를 온생명과 대비시켜 생각해 보는 것이 여러모로 유용하다.

이를 통해 우리는 그간 '생명의 정의'가 왜 그리 어려웠는지를 이해할 수 있다(장회익, 2014b: 제3장). 이는 곧 우리의 생명 관념이 '조건부 생명'으로서의 '낱생명'에 머물러 있었음에도 불구하고 이 관념의 틀 안에 '생명'의 본질적 성격, 곧 그 '온생명'이 보여주는 성격마저 담아보려 했던 시도에서 나온 것이라 할 수 있다.

생명에 대한 개념을 이렇게 정리할 때, 그간 우리가 '생명'이라 여겨왔던 낱생명은 온생명의 나머지 부분과 적절한 관계를 맺음으로써만 생명의 기능을 하게 됨을 알 수 있다. 따라서 우리는 '지정된 한 낱생명에 대해, 이와 함께함으로써 생명을 이루는 이 나머지 부분'을 별도로 개념화하여 이 낱생명의 '보생명'이라 부르는 것이 적절하다. 이렇게 할 경우 모든 낱생명은 그것의 보생명과 더불어 진정한 생명, 곧 온생명을 이룬다고 말할 수 있다.

8. 객체와 주체

우리는 지금까지 생명현상을 포함한 우주 내의 모든 물질적 구성체들이 자연의 기본 원리를 통해 모두 이해될 수 있다는 관점을 취해왔다. 이 관점은 적어도 물질적 구성체로서의 현상들을 이해하는 데에 매우 성공적이며 따라서 이들을 이해하기 위해 이것에서 벗어나는 새 관점을 취해야 할 이유는 없다. 그런데 인간의 경험세계 안에는 이 방식만으로는 이해할 수 없는 또 하나의 양상, 즉 (인간의) '주체 의식'이라고 하는 전혀 다른 양상이 자리하고 있다.

흔히 '나'라는 말로 표현되는 이 주체 의식은 기존의 현상들과 동일한 반열에 놓을 수 있는 또 하나의 현상이 아니라 기존 현상의 이면을 구성하는 '숨겨진' 속성에 해당한다. 지금까지 우리가 파악한 모든 현상의 모습을 이것이 지닌 외적 혹은 물적 속성이라고 한다면, 이것은 현상의 내부에서 파악의 주체가 나타나 자기 스스로를 파악하게 되는 내적 혹은 심적 속성이다. 그러니까 이 둘은 실체적으로 구분되는 두 개의 대상이 아니라, 하나의 실체가 나타내는 두 가지 양상, 곧 '객체적 양상'과 '주체적 양상'에 해당하는 것이다. 마치 실체로서의 뫼비우스의 띠는 하나이지만 표면이 있고 이면이 있는 것과 같이, 현상은 하나임에도 이것의 표면적 양상이 있고 또 이면적 양상이 있는 것이다.

이 둘이 하나라고 하는 사실은 우리가 설혹 주체적 양상 아래 주체적 삶을 영위하더라도 이로 인해 이의 외면에 해당하는 객체적 세계가 조금도 달라지지 않는다는 점에서 잘 드러난다. 우리의 모든 행동과 그 결과는 객체적 세계를 통해 나타나며 객체적 세계를 지배하는 자연의 법칙에 한 점의 어긋남도 없이 부합된다. 내가 어떤 생각을 떠올리고 이를 누구에게 전달하려 해도 내 두뇌 속에 있는 신경세포 조직이 이를 수행해 내고 이를 다시 내 발성기관이 주변의 공기를 진동시켜 상대방이 감지할 수 있는 음파를 만들어내야 한다. 이러한 제약 아래 있기는 하나, 우주 내의 한 사물에 해당하는 우리가 '삶의 주체가 되어 우리의 의지에 따라 삶을 영위해 나가게 된다는 것'은 부정할 수 없는 일이다. 설혹 이러한 의지 자체가 이미 우리 몸을 구성하고 있는 물질적 질서 안에서 형성되는 것이라 해도, 일단 이것을 '나'라고 느끼며 나로서 살아가는 한, 나는 내가 원하는 바에 따라 살아가게 된다. 사물을 물리학적으로 이해해 나가는 입장에서 보면 우주 안에 물리적 법칙에 따르지 않는 그 무엇도 없으며, 따라서 물질 차원의 일원론이 성립하지만, 우리가 그 안에 들어가 주체로 행세하는 입장에서 보면 우주의 일부를 내 의지에 따라 마음대로 움직일 수 있게 되는 것이다.

그렇다면 사물의 이면에 주체적 양상이 존재한다는 이 놀라운 사실은 어떻게 입증하는가? 실제로 주체적 양상이 존재한다는 것은 그 주체의 당사자가 되어 이를 직접 느끼는 방법 이외에 알 길이 없다. 예를 들어 외계의 어떤 지적 존재가 지구를 방문하여 사람들의 행동을 관찰하고 심지어 이들과 대화를 나눈다 하더라도 그가 이 지구 사람들이 실제 주체적 양상 아래 놓여 있는지 혹은 아주 정교한 로봇들인지를 확인할 방법은 없다. 그런데도 우리가 어렵지 않게 주체를 말할 수 있는 것은 우리 모두가 이를 직접 경험하고 있는 존재이기 때문이다. 이를 통해 우리는 나 이외의 다른 참여자들도 내가 주체적 양상을 경험하듯이 그들 나름의 주체적 양상을 경험하리라는 점을 받아들인다. 이리하여 우리는 주체로서의 '나'뿐 아니라 주체로서의 '너'도 인정하게 된다.

9. 인간의 집합적 주체와 문명

우리 온생명 안에 있는 다른 모든 동물이나 식물처럼 인간도 온생명의 참여자로 행동하며, 복합질서의 유지를 위해 다른 참여자들과 긴밀한 관련을 맺고 있다. 온생명 안의 이러한 여러 존재들 가운데서도 주체성을 지닌 대표적 존재가 바로 우리 인간이다. 인간 이외의 다른 낱생명들 또한 나름의 주체성을 지니지 않으리라 보기는 어려우며, 그렇기에 인간과 여타 존재들의 주체성 또한 정도의 차이이지 본질의 차이는 아닐 수 있다. 하지만 일단 인간이 되고 난 자의 입장에서 볼 때, '인간의 주체성'이 가지는 의미는 각별하다.

주체성의 의미 자체가 '나'를 떠나서 생각할 수 없는 것이기 때문에 내가 아무리 남의 주체성을 존중하고 이해하려 해도, 이는 불가피하게 내 주체 안에서 생각하는 일이며 내가 남의 주체 속으로 들어갈 수는 없다. 이에 반해 나는 남을 내 주체 안으로 끌어들여 내 주체를 확장할 수는 있다. 우리는 '나'와 대등한 '너'를 인정할 뿐 아니라 '나'와 '너'를 아울러 확대된 '나' 곧 '우리'를 형성하기도 한다. 이는 곧 자신의 주체성을 확장하여 다른 참여자를 더 큰 '나'의 일부로 끌어들이는 것을 의미한다. 이처럼 우리의 주체 곧 '나'라는 것은 하나의 고정된 '작은 나'에 국한되지 않고 주변과의 관계를 인식함에 따라 '더 큰 나'로 그리고 '더욱더 큰 나'로 내 주체성을 계속 확대해 나갈 수도 있는 성격을 지닌다. 이와 더불어 우리는 '너'를 중심으로 형성된('나'가 제외된) 또 하나의 외부 주체가 있음도 이해한다. 이 경우 인간 각자의 주체는 자기들의 작은 '나'를 중심으로 한다는 점에서 모두 다르지만, 서로 의사를 소통함으로써 각자가 서로를 각기 자기의 주체 안으로 끌어들일 수도 있게 된다. 이렇게 될 경우 상호 주체적 연결을 통한 하나의 집합적 주체를 형성하게 되는데, 이것이 바로 인간이 마련하고 또 인간이면 누구나 숙명처럼 속할 수밖에 없는 '집합적 의미의 인간'으로서의 주체이다. 이러한 주체가 형성되는 사회적 공간이 바로 인간의 문화공동체이며, 이러한 주체를 일러 '문화공동체로서의 자아'라 할 수 있다.

역사적으로 보자면 오래전부터 인간은 집합적 주체를 통해 문화공동체를 이루면서 삶의 여건과 삶의 내용을 의식적으로 개선하려는 노력을 기울여 왔다. 그 결과로 이루어진 것이 바로 인간의 문명이며, 이러한 문명을 통해 인간은 다시 자신의 집합적 주체를 심화하고 확장해 왔다. 하지만 최근에 이르기까지도 인간의 집합적 주체 안에 담겨 있던 자아의 내용은 많은 경우 분할된 사회적 집단으로서의 '우리' 의식에서 크게 벗어나지 못하고 있었다. 국가와 민족 단위의 분쟁으로 세계가 평화롭지 못한 것이 그 직접적인 증거이다. 그러면서도 이념적으로는 이미 오래전에 인간의 집합적 자아의 내용이 '인류'에 이르면서 인류의 공영을 가치의 중요한 척도로 삼아온 것이 사실이다. 하지만 이 안에는 여전히 인간을 제외한 온생명의 나머지 부분은 포함되지 않고 있었다. 오랜 기간 인간은 이를 '자연'이라 부르면서 인간에 대립되는 개념으로 생각했고 이를 극복하고 활용하는 것을 문명이 마땅히 지향해야 할 바른 방향으로 여겨왔다.

그러나 앞에서 살펴본 바와 같이 이 '자연'은 인간과 대립되는 개념이 아니라 이들이 합쳐 비로소 생명이 이루어지는 온생명의 한 부분이며, 이에 따라 인간의 생존은 온생명 안에서 온생명의 정상적인 생리에 맞추어 이루어져야 함이 분명해졌다. 이럴 경우 인간의 집합적 주체성 속에는 온생명으로서의 주체가 포함되어 마땅하다. 진정 살아 있는 존재는 온생명이며, 그런 의미에서 진정한 내 몸이 내 온생명이기 때문이다. 하지만 이러한 점을 지적으로 분명히 확인하고 나더라도 이것이 진정 '나'라고 느끼게 되기까지는 넘어야 할 또 하나의 장벽이 있다. 곧 심정적 장벽이다. 우리가 나 아닌 너를 내 주체 속에 끌어들여 더 큰 나, 곧 '우리'를 이루기는 비교적 쉽지만, 온생명을 구성하는 그 많은 것들을 모두 끌어들여 좀 더 큰 나에 이르는 것은 우리의 심정이 쉽게 허용해 주지 않는다. 하지만 우리의 깊은 내면에는 이마저도 넘어설 수 있는 바탕 심성이 깔려 있음을 종종 경험한다. 우리가 흔히 온몸이 건강하고 조화로울 때 평온을 느끼고, 어딘가 조화가 깨지고 무리가 생길 때 아픔을 느끼듯이, 온생명 어느 부분이 상해를 입는 것을 볼 때 마음속 깊이 아픔을 느끼는 일을 경험하기도 하는데, 이것이 곧 내가 온생명을 내 몸으로 느끼고 있다는 하나의 징표에 해당한다.

하지만 설혹 나 자신 그리고 또 다른 소수의 개인들이 온생명을 인식하고 이를 통해 온생명을 나 자신으로 느낀다 하더라도 이것만으로 우리 온생명이 이미 하나의 진정한 주체로 부상했다고 말하기는 어렵다. 아직 대다수의 사람들, 특히 온생명의 신체에 큰 영향을 줄 정치, 경제를 현실적으로 움직이고 있는 사람들의 의식은 아직 여기에 크게 못 미치기 때문이다. 우리 온생명이 스스로 깨어나 명실공히 자신의 삶을 주체적으로 영위하는 단계에 도달한다는 것은 몇몇 개별적 인간의 주체만이 아닌 인간의 집합적 주체가 온생명 그 자체를 자아로 삼고 진정 온생명적 삶을 영위해 나가게 됨을 의미한다. 이렇게 된다면, 마치 인간 신체 안에서 인간의 정신 기능을 두뇌가 담당하고 있듯이, 인간은 온생명 신체 안에서 온생명의 두뇌가 되어 온생명의 정신 기능을 담당해 나가는 존재에 해당한다고 말할 수 있다.

10. '뫼비우스의 띠'를 완결시킨다는 것

지금까지 우리는 자연의 기본 원리에서 출발해 우주 안에 형성된 보편적 존재양상과 그것의 일환으로 생명이 지닌 모습을 고찰했고, 다시 이 안에 출현한 인간에 관해 살펴보았다. 그리고 이 생명 안에는 객체적 양상과 주체적 양상이 함께 나타나게 되는데, 특히 인간의 경우 이러한 주체적 양상이 의식의 표면에 떠오르면서 의식적 삶을 이루고 집합적 주체를 형성하여 문화공동체를 이루게 된다. 이 단계에서 우리는 이러한 문화공동체의 주된 기능 가운데 하나가 사물을 인식하는 것이며, 이 인식의 일환으로 '자연에 대한 사고'가 이루어질 것임을 쉽게 유추할 수 있다. 그리고 여기서 이러한 사고가 우리가 출발점에서 전제했던 '자연의 기본 원리'와 어떻게 연결되는지를 밝히기만 하면 적어도 하나의 굵은 가닥에서 '뫼비우스의 띠'가 완결된다고 말할 수 있다.

그런데 매우 단순해 보이는 이 마지막 연결 과제가 사실은 그리 간단하지 않다. 이것은 예컨대 20세기 초부터 물리학자들과 철학자들 사이에 많은 논란을 일으킨 '양자역학의 해석 문제'와도 관련이 있다. 우리가 자연의 모든 것을 이해하는 것은 물리학을 통해서이지만, 막상 '물리학 자체'를 이해하려면 이를 수행하고 있는 인식의 주체를 함께 논의해야 하기 때문이다. 이를 위해서는 물리학만이 아니라 주체적 양상마저 품고 있는 좀 더 큰 관념의 틀이 요구되는데, 이것이 바로 '뫼비우스의 띠' 구조에서 내면(주체적 양상)을 외면(객체적 양상)과 접합시키는 작업에 해당한다. 이렇게 함으로써 우리는 인식 주체의 '자연에 대한 사고'를 인식 대상에 적용되는 '자연의 기본 원리'와 연결시킬 수 있으며, 이로써 '온전한 앎'의 위상학적 구도, 곧 '뫼비우스의 띠'가 일단 완성된다고 할 수 있다.

이처럼 우리가 우리 앎의 주된 내용을 뫼비우스의 띠 형태로 완결시키고 나면, 이 안에서 우리는 인간과 우주의 관계가 어떻게 서로 맞물려 있는지를 보게 된다. 이 속에 비친 인간은 하나로 연결된 우주의 한 부분이며, 우주의 한 부분인 자신이 다시 그 우주를 파악하게 되는 신비한 순환 관계에 놓이게 된다. 인간에 의한 이러한 우주 이해 속에는, 우주가 인간을 창출하는 모습이 담겨 있으며, 창출된 그 인간이 다시 자신을 창출하는 그 우주를 이해해 나가는 과정이 서로 돌고 돌아가는 경이로운 형태로 펼쳐진다. 그렇기에 우리가 만일 이 관계를 우리의 지적 공간 안에 충실히 담아낼 수 있게 된다면, 이로써 인간과 우주 사이의 내적 연관이 완결되는 것이며, 이는 곧 인간의 자기 이해인 동시에 우주의 자기 이해라 할 수도 있다. 그렇게 될 경우, 인간은 온 생명의 주체일 뿐 아니라 명실상부한 우주의 한 주체로 부상할 가능성도 부정할 수 없다.

11. 맺는말

앞에서 우리는 뫼비우스의 띠를 모형으로 삼아 통합적 관념의 틀이 무엇이며 이를 통해 마련된 우주와 인간의 진정한 모습은 과연 어떠한 것인지에 대해 살펴보았다. 서두에 언급했듯이 이것은 어디까지나 하나의 시론으로 제시된 것이며 결코 완성된 작업은 아니지만, 이를 통해 우리는 다음과 같은 몇 가지 시사점을 얻을 수 있다.

첫째로, 이러한 작업은 단순한 사변을 통해 이루어지는 것이 아니라 지난 수 세기에 걸쳐 인류가 이루어낸 현대 과학의 성과를 통해서 가능해진다는 점이다. 우리가 이미 보았듯이 이를 위해서는 자연의 기본 원리와 그 활용에 대한 심층적 이해가 요청되는데, 이것은 특히 지난 몇 세기에 걸친 현대 과학의 근간에 해당하는 내용들이다.

둘째로는 이러한 내용들을 하나의 통합적 관념의 틀 안에 묶어내는 작업이 요청된다는 사실이다. 이것은 관행적 의미의 과학에서 수행하는 작업이 아니라 과학의 성과들을 바탕에 놓고 이를 다시 심층적으로 연결하고 재구성해내는 메타적 작업에 해당한다. 이 작업은 그 성격상 철학의 과제에 해당한다고 보아야겠으나 아직 관행적 철학에서 이를 진지하게 추구하는 사례는 찾아보기 어렵다.

셋째로, 이 작업이 설득력 있게 수행될 수 있다면, 이것은 인류 문명의 바른 방향을 제시해 줄만한 중요한 길잡이가 될 것이라는 점이다. 우리가 만일 자신의 삶을 가장 온전한 방향으로 이끌어낼 지혜를 추구하려 한다면, 그리고 이를 위해 우리가 신뢰할 수 있는 최선의 길잡이를 찾아보려 한다면, 우리는 결국 앞서 언급된 '온전한 앎'에 도달할 것이고, 이 안에 반영된 우주와 자신의 모습에서 출발해야 할 것이기 때문이다.

문제는 이러한 작업을 현실적으로 어떻게 수행해 낼 것이냐 하는 점이다. 이는 한마디로 현대 과학만의 과제도 아니고 현대철학만의 과제도 아닌 이들 사이의 적극적인 협동을 통해서만 가능한 일이라 할 수 있다. 현대 과학 쪽에서는 전문가들을 위한 학술지나 분야별 학술 서적에 수록될 전문적인 연구를 넘어서서 그 본질적이고 심층적인 내용을 철학자들을 포함한 일반 지성인들이 파악할 수 있는 형태로 정리해 내는 작업을 해내야 한다. 이는 결코 일반인들을 위한 과학의 해설 작업이 아니라 자신들도 미처 생각하지 못한 심층적 이해 작업에 해당하는 일이다.[3] 한편 철학 쪽에서는 자기들의 기존 전문 영역에 안주할 것이 아니라 현대 과학의 심층적이고 핵심적인 내용을 (과학 쪽의 도움을 얻어) 파악한 후 이를 철학적으로 재구성해 내는 작업을 수행해야 한다.

굳이 이러한 작업에 대한 학문적 명칭이 필요하다면 필자는 이를 '새 자연철학'이라 명명하고 싶다. 사실 근대과학이 하나의 독자적 전문 분야로 분가해 나오기 이전까지는 자연을 심층적으로 이해하려는 학문적 시도를 철학의 영역으로 보았으며, 특히 뉴턴이 자신의 주저인 『프린키피아(The Principia)』를 명명했듯이 이를 "자연철학"이라 불렀다. 따라서 이러한 정신을 계승하고 특히 이 안에 현대 과학의 성과를 포함시킨다는 점에서 이를 '새 자연철학'이

---

3   필자가 최근 출간한 『장회익의 자연철학 강의』(2019)가 바로 이러한 취지의 책이며, 실제로 필자는 이 책을 교재로 하여 '철학자를 위한 물리학'이라는 강의를 수행한 바 있다.

라 불러도 좋으리라는 생각이다.

참고문헌

장회익. 2014a. 「뫼비우스의 띠'로 엮인 주체와 객체」. 이정전·이덕환·장회익·김석철·김인환 지음. 『인간 문명과 자연 세계: 자연, 물질, 인간』. 63~101쪽. 민음사.
_____. 2014b. 『생명을 어떻게 이해할까?: 생명의 바른 모습, 물리학의 눈으로 보다』. 한울엠플러스.
_____. 2019. 『장회익의 자연철학 강의: 철학을 잊은 과학에게 과학을 잊은 철학에게』. 추수밭.
채사장. 2019. 『지적 대화를 위한 넓고 얕은 지식: 제로 편』. 167~168쪽. 웨일북.
헤롤드, 이브(Eve Herold). 2020. 『아무도 죽지 않는 세상: 트랜스휴머니즘의 현재와 미래』. 강병철 옮김. 꿈꿀자유.

Ruiz-Mirazo, Kepa and Alvaro Moreno. 2011. "The Need for a Universal Definition of Life in Twenty-first-century Biology." George Terzis and Robert Arp(eds.). *Information and Living Systems: Philosophical and Scientific Perspectives*. MIT Press.

제2장

서학의 수용과 조선후기 유학의 철학적 변화

허남진 | 서울대학교 명예교수

1. 들어가는 말

......

하늘은 누가 만들고 움직이나	圜則誰營度
땅덩어리 허공에 떠 있구나	大塊浮空界
쌓은 기운이 가운데로 모이면	積氣如輻湊
온갖 품물 거꾸로 걸리게 되니	萬品成倒掛
위아래가 일정한 형세가 없고	上下無定勢
멀고 가까움이 달라지네	遠近殊見解
바다 밖엔들 어찌 땅이 없으랴만	海外豈無地

바라보면 물결만 출렁인다　　　　　　平望空澎湃

서쪽 노인 참된 식견 있는데　　　　　西叟眞慧識

눈멀고 귀먹어 괜히 괴이하다 놀라네　　盲聾謾警怪

……

－洪大容, 『湛軒書』, 內集 卷3, 詩, 寄陸篠飮飛[1]

이 시는 1870년경 홍대용(洪大容)이 중국에서 알게 된 육비(陸飛)에게 보내려 쓴 시이다. 이 시에서만 보아도 당시 전래된 서구 과학이 조선의 유학자들에게 얼마나 큰 충격을 주었는지 알 수 있다. 낙론(洛論) 계통의 정통 성리학자인 홍대용이 새로운 서양 과학에 귀를 닫고 눈을 감는 조선 성리학자들을 보며 얼마나 답답해했는지 알 수 있다. 새로운 문화나 사상은 그런 것이다. 우리가 맹인에게 노란색을 설명할 수 없듯이 이미 성리학의 이기음양오행설을 고금의 진리로 알고 있는 사람에게 전혀 다른 형이상학에 근거하고 있는 서양 과학이 참이라는 것을 설득하기는 참으로 난감했을 것이다. 설명을 하자니 기존의 개념들을 써야 하고 기존의 개념으로는 잘 설명할 수 없으니 말이다. 결국 새로운 지식을 위해 토착의 지식과 개념에 약간 수정을 가하는 수밖에 없었을 것이다. 한편으로는 토착 지식 체계에 잘 맞는 서양 과학을 골라 적당히 변형시키고, 다른 한편으로는 기존의 철학 체계가 새로운 사상과 마찰을 일으키지 않게 조정하는 것이다. 이렇게 함으로써 중국을 통해 들어온, 그래서 일차적인 조율을 거친 서양 과학 사상이 조선의 성리학과 융합하지 않았을까 생각한다. 이 글에서는 서양 과학이 조선 후기의 토착 지식에 의해 변형되고 정착되는 과정이 아니라 조선에 이미 정착한 성리학의 핵심 개념들

1　　이하부터 인용한 홍대용(洪大容)의 저서 『담헌서(湛軒書)』는 저자의 이름을 제외한 해당 글의 출처만 밝혔다.

이 서양 과학의 영향을 받아 어떤 변화를 거치는지 보고자 한다.

조선 후기 학문의 큰 두 줄기는 경학(經學)과 이기심성론(理氣心性論)이다. 경학 중 서양 과학을 수용할 수 있는 자연철학적인 바탕을 가진 경전이 『역경(易經)』이고, 역학 중에서 상수학(象數學)이 자연철학적인 함의를 많이 담고 있다 하겠다. 조선 중기 이후 역학에 대한 꾸준한 연구가 있었지만 1700년대에 이르면 새로운 천문학적 지식과 결합하면서 급격히 발전하게 된다. 최석정, 김석문, 서명응 등의 상수학은 서양천문학과 전통 역학이 만난 결과라고 하겠다. 그러다가 18세기 후반에 이르면 과학에 대한 이해가 보다 깊어지면서 상수학으로 해석한 서양 천문학 혹은 서양 천문학의 역학적 해석에 대한 비판적 논의가 제기된다. 서호수, 홍대용, 이가환 등의 학자들이 행한 도서학과 상수학에 대한 비판이 그것이다. 상수학에 입각한 서양 과학의 해석은 이후에도 지속되지만 너무나 복잡하고 그것 자체로 큰 주제라 이 글에서는 더 이상 다루지 못했다.[2]

태극도설부터 시작해 사단칠정론에 이르기까지 조선 성리학의 주된 논의는 이기론이라는 형이상학을 바탕으로 한 심성정론, 즉 인간론이었다. 리(理), 기(氣), 음양(陰陽), 오행(五行), 심(心), 성(性), 정(情) 등의 성리학적 핵심 개념 중 과학적 사유와 주제를 같이하는 것은 기-음양-오행이라는 전통적 자연철학이었다. 그래서 조선과 중국에서 18세기 이후 다시 주목받은 장재와 서경덕의 기일원론적 철학 및 실학, 과학, 근대라는 개념과 연결 짓기도 한다. 율곡학파 자체가 주기론에 기반을 두고 있기는 했지만 임성주, 정약용, 홍대용, 최한기 등의 후기 기철학자들만큼은 기 개념을 철학의 중심에 놓지는 않았다. 심지어 서교의 영향을 받은 정약용 같은 학자는 이기론이 완전히

---

2   이에 관해서는 전용훈(1977), 임종태(2003), 박권수(2006), 문중양(1999) 참조.

쓸모가 없다고까지 말한다.

　그러나 리기의 설은 동쪽이라 해도 되고, 서쪽이라 해도 됩니다. 희다고 해도 되고 검다고 해도 됩니다. 왼쪽으로 당기면 왼쪽으로 기울고, 오른쪽으로 밀면 오른쪽으로 기우는데 세상이 끝나도록 논쟁하며 대대로 물려줘도 끝나지 않습니다. 사람이 살면서 할 일도 많은데 형이나 나는 그럴 겨를이 없습니다.[3](丁若鏞, 『與猶堂全書』, 第十九卷, 書, 「答李汝弘載毅」).

　이제 다산에게는 율곡의 설이 더 논리적인지, 퇴계의 설이 더 심오한지는 문제가 되지 않는다. 퇴계와 율곡을 아무리 죽어라 공부해도 자연을 알고 성인이 되는 데 아무런 도움이 되지 않는다는 것을 깨달았던 것이다. 그래서 이 기성정론의 핵심 개념을 차근차근 혁파하기 시작한다. 성리학이란 무엇인가. 유교 경전에 나오는 여러 가지 용어를 가지고 세운 형이상학적 체계이다. 그래서 성리학을 도덕형이상학이라고도 한다. 이 체계를 떠받치는 주춧돌을 하나씩 본래 자리에 갖다 놓다 보니 공맹으로 되돌아가게 되었다. 이게 이른바 수사학(洙泗學)이다.
　다산처럼 당시의 성리학을 전면 부인하지 않으면서도 과학과 근대를 받아들이고자 하는 학자들도 있었다. 대부분의 실학자들이 여기에 해당한다 하겠다. 실학의 철학적 특성을 탈주자학(지두환, 1987), 공리주의(금장태, 1979)라 하기도 하고 결과적으로는 기의 중시로 나타나기도 한다는(이남영, 1990; 윤사순, 1976) 주장도 있다. 기의 중시가 실학적 사고 내지는 근대적 사상의 태동을 함축하고 있다는 점은 중국사상사의 연구에서도 이미 지적된 바 있다. 야

3　"然理氣之說 可東可西 可白可黑 左牽則左斜 右挈則右斜 畢世相爭 傳之子孫 亦無究竟 人生多事 兄與我不暇爲是也."

마노이 유(山井湧)는 송·명·청 시대의 사상의 흐름을 송의 이학, 명의 심학, 청의 기학으로 크게 나눈 다음, 대진(戴震)에게서 완성되는 기의 철학이 지니고 있는 철학사적 의미를 다음과 같이 지적하고 있다.

리의 철학에서 기의 철학으로 움직임은 첫째, 리라는 관념적·추상적인 것으로부터 기라는 실재적·구체적인 것으로 둘째, 주관적인 것으로부터 객관적인 것으로 셋째, 리라는 초인간적·비자연적인 것으로부터 정욕이라는 지극히 인간적·자연적인 것으로의 이 세 가지 의미를 가진 사상의 움직임으로 이해할 수 있을 것이대야 마노이 유(山井湧), 1980: 168].

또 기철학 자체가 근대지향적이라는 주장은 좀 더 자세히 검토해야겠지만 '기' 개념이 근대 즉 과학과 부합할 가능성이 크다는 점은 부인하기 어렵다. 필자는 이 점에 착안하여 조선 후기의 기철학이 새로이 수용된 서양 과학과 관련이 있을 것이고 이를 분석하면 조선 후기의 성리학이 서양 과학과 어떤 방식으로 접합을 이루었는지를 부분적으로나마 알 수 있지 않을까 생각했다. 이익에서부터 최한기에 이르기까지 많은 유학자들을 모두 다룰 수 없어 서양 과학을 가장 적극적으로 받아들인 홍대용과 최한기의 이기론에 대한 견해를 검토함으로써 성리학이 서양 과학을 받아들이기 위해 어떤 변모를 하고 있는지를 살펴보고자 한다.

2. 기와 우주: 홍대용의 인물균

1) 서양 과학의 수용

홍대용의 북학사상과 기철학에 입각한 새로운 우주론의 연원을 살펴보기 위해서 우선 그의 사승관계를 보면 낙론의 종장 김원행(金元行)의 문하에서 수업했음을 알 수 있다. 그래서 홍대용의 이기심성론도 낙론적인 성격을 띠고 있으리라는 것을 쉽게 짐작할 수 있다. 홍대용의 학맥을 좀 더 자세히 보면 홍대용의 학문이 단순히 낙론적인 성리학이라고 하기는 좀 복잡한 측면이 있다. 홍대용은 이재를 거쳐 김창협과 학맥이 닿아 있고 김창협은 송시열계이기는 하지만 이단상(李端相), 조성기(趙聖期)의 영향을 받고 있으며 나름대로 독자성을 지닌다는 점이다. 김창협(金昌協)·김창흡(金昌翕) 형제의 학문은 김상헌(金尙憲)·김수항(金壽恒)·김창집(金昌集)으로부터 이어지고 있는데 김창흡은 조성기의 영향을 받아 천문지리, 명물도수에 관심이 있었고 육왕학(陸王學) 일파를 공격하면서도 그들이 천문, 병서에 밝은 것을 인정한다(金昌翕,『三淵集』, 拾遺, 卷31, 35a).[4]

이러한 낙론적인 김원행 문하의 분위기와는 별도로 홍대용의 경우 일찍부터 상수학과 우주론에 관심을 두고 있었는데, 그것은 낙론계의 일각을 점하던 김석문(金錫文) 등의 상수학에 영향을 받았기 때문이 아닌가 한다. 김창흡의 문인이었던 대곡(大谷) 김석문은 그동안 많이 연구되지 않았던『성리대전(性理大全)』의 앞부분, 즉 상수론에 관한 부분과 주역을 연구하여「삼대환부공설(三大丸浮空說)」이라는 획기적인 상수론을 수립했던 인물로, 그의 상수학

---

4   "先生曰 陸之所窮天文兵書 近來學者多不知."

은 황재중(黃在中)을 거쳐 성효기(成孝期)와 그의 아들 성대중(成大中)에게로 연결되고 있다(黃胤錫, 『頤齋稿』卷6, 書, 金大谷錫文易學圖解後). 홍대용이 이러한 상수학적인 분위기에 영향을 받아 자연철학 및 우주론에 경도되고 있고 그의 자연철학은 장횡거(張橫渠)나 소옹(邵雍)의 영향을 상당히 받고 있는 것은 사실이지만, 그 상수학 자체가 중국을 통해 들어온 서양 천문학의 영향을 받은 것임을 간과해서는 안 된다. 홍대용이 공부하던 시기에 서양 천문학은 상당 부분 조선 성리학자들 사이에 화제가 되고 있었던 것이다. 홍대용이 29세 때 아버지 홍력의 권유에 따라 만나 혼천의를 제작케 한 나주(羅洲)의 숨은 실학자 나경적(羅景績)은 어떤 경로를 통해 연구하게 되었는지는 몰라도 그때 이미 자명종을 비롯한 자전마, 자전수차 등의 서양 문물에 조예가 깊은 인물이었다.

1631~1634년에 명에서는 방대한 서양 천문학서의 번역 사업이 서광계(徐光啓), 이지조(李之藻)와 함께 등옥함(鄧玉函, Jean Shreck), 나아곡(羅雅谷, Jacques Rho), 탕약망(湯若望, Adam Schall) 등에 의하여 이루어졌는데 그것이 『숭정역서(崇禎曆書)』이다. 청조에 이르러 『숭정역서』는 개편되어 『서양신법역서(西洋新法曆書)』가 되었는데 그 내용은 티코 브라헤(Tycho Brahe)의 천문학적 업적이 중심이 된 것이다. 이리하여 브라헤의 지구를 중심으로 한 우주 구조 체계는 효종 4년(1653) 시헌력법이 조선에 시행될 때를 거의 같이하여 그때까지의 전통우주관이었던 혼천설을 대신하기 시작했고, 18세기 초가 되면 조선의 공인된 우주관으로 확정되어 『문헌비고(文獻備考)』상위고(象緯考)에는 천지에 대하여 마테오 리치(Matteo Ricci)의 12중천설을 정설로 기술하기에 이른다. 홍대용이 이러한 서양 천문학의 영향을 받을 수 있었던 또 하나의 가능성은 홍대용의 집안에 대대로 관상감과 관련한 벼슬을 한 사람이 많았다는 사실이다(김태준, 1988: 105). 이러한 저간의 사정으로 미루어보면 홍대용이 김원행의 문하에서 관심을 지니기 시작했던 상수학은 전통적인 성

리학의 상수학에 서양천문학이 가미된 것이었음을 쉽게 짐작할 수 있다. 이러한 우주의 법칙에 대한 홍대용의 관심 때문에 홍대용의 사상체계는 기(氣)를 위주로 정립되고 법칙(理)의 부분에서는 인과 물이 동일하게 적용된다는 인물균(人物均)의 입장을 취하게 되지 않았을까 추측해 본다.

2) 이기론의 재정립

(1) 리(理)와 인(仁)

홍대용은 일반적으로 기일원론자(氣一元論者) 혹은 주기론자(主氣論者)로 알려져 있는데 그것은 홍대용의 관심이 자연과학적인 데로 많이 기울어져 있었기 때문에 그런 것이지 심성론 부분에서 이기론(理氣論)을 전개한 것을 보면 임성주와 같은 기일원론자는 아니다. 우리가 흔히 주리(主理)니 주기(主氣)니 하고 구분하는 것은 심성론(心性論)에서 성(性)과 리(理)의 일치, 리의 자발성 여부를 가지고 하는 것이고 우주론에서는 주리론자, 주기론자를 막론하고 기에 의한 존재의 생성과 소멸을 논하고 있다. 따라서 모든 존재가 기에 근본하고 있다고 주장한다 해서 반드시 주기론자가 아니며 또 리의 존재를 부정하고 있는 것도 아니다. 홍대용은 율곡의 이통기국설과 이재, 김원행의 인물성동론(人物性同論)을 그대로 이어받으면서 이기(理氣)의 개념적 구분을 더욱 엄격히 하여 인물균의 논리를 전개하고 있다. 여기서 홍대용은 리의 개념은 그대로 두고 리의 내용인 인에서 전통적인 리 개념을 살짝 비틀고 있다.

① 생각건대 리는 리이지 기가 아니다. 기는 기이지 리가 아니다. 리는 형상이 없고 기는 형상이 있으니 이와 기의 다름은 하늘과 땅처럼 현격하다. 리가 있으면 반드시 기가 있으나 리를 말하면 리라고 이를 따름이다. 기가 있으면 리가 있으나 기를 말하면 기라고 이를 따름이다[5](『湛軒書』, 內集 卷1, 23a, 四書問辨, 孟子問疑).

② 무릇 리를 말하는 사람들은 반드시 말하기를 형체는 없으나 리는 있다고 한다. 이미 형체가 없다고 하면서 있다는 것은 무엇인가. 이미 리가 있다고 했는데 어찌 형체가 없으면서 있다고 할 수 있는가[6](『湛軒書』, 內集, 卷1, 1a, 心性問).

③ 천지에 가득 찬 것은 다만 기일 따름이고 리는 그 가운데 있다[7](『湛軒書』, 內集, 卷1, 3b, 心性問, 答徐成之論心說).

④ 무릇 물(物)이란 같으면 다 같고 다르면 다 다르다. 그러므로 리(理)란 천하의 같은 바이고 기(氣)란 천하의 다른 바이다. 이제 무릇 심의 됨됨은 자취가 있고 쓰임이 있어 이를 리라고 일컬을 수 없고 보이지도 않고 들리지도 않으니 이를 기라고 할 수도 없다[8](『湛軒書』, 內集, 卷1,2b, 心性問, 答徐成之論心說).

⑤ 같은 것은 리(理)이고 다른 것은 기이다. 주옥은 매우 보배로운 것이고 똥과 흙은 매우 천한 것이니 이것이 기이다. 주옥의 보배로운 까닭과 흙의 천한 까닭은 인의이니 이것이 리이다. 그러므로 주옥의 리가 곧 똥과 흙의 리이고 똥과 흙의 리가 곧 주옥의 리이다[9](『湛軒書』, 內集, 卷1 2a, 心性問).

---

5 "盖理自理也 非氣也, 氣者氣也 非理也. 理無形而氣有形, 理氣之別 天地懸隔. 有理必有氣 而言理則曰理而已, 有氣必有理 而言氣則 曰氣而已."

6 "凡言理者 必曰無形而有理, 旣曰無形則有者是何物, 旣曰有理則豈有無形而爲之有者乎?"

7 "充塞于天地者 只氣而已 而理在其中."

8 "凡物同則皆同 異則皆異. 是故理者天下之所同也, 氣者天下之所異也, 今夫心之爲物 有迹 有用 不可謂之理也, 不見不聞 不可謂之氣也. 此卽朱先生比理微有迹 比氣自然又靈之意 不可仍此而便謂之非理非氣之物 當活看."

9 "夫同者理也 不同者氣也, 珠玉至寶也 糞壤至賤也, 此氣也. 珠玉之所以寶 糞壤之所以賤, 仁義也, 此理也. 故曰 珠玉之理 卽糞壤之理, 糞壤之理 卽珠玉之理也."

⑥ 인의를 말하면 예지가 그 가운데 있다. 인을 말하면 의가 또한 그 가운데 있다. 인이란 것은 리이다. 사람에게는 사람의 리가 있고 물에는 물의 리가 있다. 리는 인(仁)일 따름이다. 하늘에 있으면 리라 하고 물에 있으면 성이라 한다. 하늘에 있으면 원형이정(元亨利貞)이라 하고 물에 있으면 인의예지(仁義禮智)라 한다. 그것이 사실은 하나이다[10](『湛軒書』, 內集, 卷1, 1b, 心性問).

⑦ 초목의 리가 바로 금수의 리이다. 금수의 리가 바로 사람의 리이다. 사람의 리가 바로 하늘의 리이다. 리라는 것은 인(仁)과 의(義)일 따름이다[11](『湛軒書』, 內集, 卷1, 1b, 心性問).

⑧ 이른바 리는 기가 선하면 역시 선하고 기가 악하면 역시 악하다. 이 리는 주재하는 바가 없고 기가 하는 바를 따를 뿐이다. ……… (이는) 선의 근본이 되고 또한 악의 근본이 되니 이는 물에 따라서 변천하는 것이고 주재하는 것은 전혀 아니다[12](『湛軒書』, 內集, 卷1, 1a, 心性問).

⑨ 요즈음 학자들은 입만 열면 성선을 말하는데 이른바 성이란 것이 선한 줄 어떻게 알아보는가. 어린아이가 우물에 들어가는 것을 보면 측은한 마음이 드는 것은 진실로 본심이라 하는데 만약 신기한 물건을 보고 이익을 꾀할 마음이 생겨 고쳐 생각할 겨를도 없이 바로 실행에 옮기면 어떻게 본심이 아니라고 말하겠는가. 또한 성이란 한 몸의 리이고 리는 소리도 냄새도 없다면 선(善),악(惡) 두 글

---

10 "言仁義則禮智在其中 言仁則義在其中 仁者理也 人有仁之理,物有物之理 所謂理者 仁而已矣 在天曰理 在物曰性 在天曰 元亨利貞 在物曰 仁義禮智,其實一也."
11 "草木之理卽禽獸之理 禽獸之理卽仁之理 人之理卽天之理 理也者仁與義而已矣."
12 "且所謂理者 氣善則亦善 氣惡則亦惡 是理無所主宰 而隨氣之所爲而已 …… 旣爲善之本 又爲惡之本 是因物遷變 全沒主宰."

자가 어디에 붙을 것인가[13](『湛軒書』, 內集, 卷1, 1a, 心性問).

이 인용문에서 볼 수 있듯이 홍대용이 리에 대해서 언급한 것은 대부분 심성 문제와 관련해서이고 성리학의 기본적인 틀을 그대로 유지하고 있다. ①에서 홍대용은 전통적인 성리학의 이기론을 반영한 듯한 이기(理氣)의 불상리(不相離)와 불상잡(不相雜)을 말하고 있다. 그러면서 ②에서는 즉 리와 기가 존재론적으로 다른 차원임을 강조하는 데 있음을 형체와 관련해서 말하고 있는 점이 흥미롭다. ③에서는 리가 기에 내재해 있음을 밝혀 주기론적인 전통에 속해 있음을 알린다. 인용문 ④, ⑤, ⑦에서 홍대용은 리는 보편성의 근거이고 기는 차별성의 근거라고 하여 율곡(栗谷)과 낙론을 이어받은 듯한 이기관(理氣觀)을 보여준다. 인용문 ⑤, ⑥에서는 천리(天理)와 인성(人性), 물성(物性)이 모두 리이고 리는 곧 인이라 하여 성(性), 리(理), 인(仁)을 동일시하는 성리학의 기본적인 골격을 그대로 받아들이고 있음을 알 수 있다. 이처럼 홍대용은 성리학의 골격을 대부분 수용하고 있지만 그 구체적인 내용을 들여다보면 전통적인 성리학의 리와 근본적으로 다름을 알 수 있다. 인용문 ⑥, ⑦에서 볼 수 있는 바와 같이 리가 성(性)이고 하늘의 원형이정(元亨利貞)이 곧 인의예지(仁義禮智)라고 하면서 인용문 ⑤에서는 리, 인을 측은지심(惻隱之心)과 같은 도덕적인 마음으로 보지 않고 주옥의 보배로운 까닭, 똥과 흙의 천한 까닭으로 제한해서 해석했다. 즉 리의 의미를 소이연지고(所以然之故)만으로 제한하고 리는 같지만 그 내용은 다르다는 것이다. 특히 홍대용은 리기(理氣)의 개념 구분을 엄격히 하여 원리로서의 리와 존재로서의 기라는 구분

---

13 "今學者開口便說性善, 所謂性者何以見其善乎. 見孺子入井 有惻隱之心 則固可謂之本心, 若見玩好 而利心生 油然直遂 不暇安排 則何得謂之非本心乎 且性者一身之理 而理無聲無臭矣, 善惡二字將何以着得也."

을 분명히 하고 이 구분에 따라 리의 실재성, 주재성, 윤리성을 부정하고 있다. 홍대용은 있다는 것이 무엇을 의미하는지를 분명히 한 후 여기에 리라는 존재가 끼어들 틈이 없음을 논증하고, 주자학의 리 개념에서 가치를 배제하여 리 개념을 새롭게 정립함으로써 법칙으로서의 리 개념을 분명히 했다. 또 홍대용은 사람의 성과 물의 성이 다 리이고 인이라는 가치 면에서는 동일하지만(인물균) 사람과 물이 가지고 있는 인의 내용에서는 다르다고 함으로써 각구태극(各具太極)의 리 개념을 부정한다. 이로써 천리-인-효제충신이라는 인간 중심의 도덕형이상학에서 벗어난다. 인물성동이론에서의 이와 인은 도덕성이라는 구체적 내용을 지닌 리이고 인이었는 데 반해 홍대용의 리와 인은 각 사물이 그것으로 성립할 수 있는 원리 내지는 각 사물의 속성과 법칙으로 상대화되어 버린다. 홍대용의 이와 같은 이기론은 신유학이 가지고 있는 이의 뜻을 오늘 우리가 가지고 있는 합리성의 리에 한 걸음 더 접근시켜 준 것으로 판단한다(박성래, 1981: 162).

(2) 기와 음양오행

홍대용이 리의 개념 규정에서 전통적인 성리학의 골격을 받아들이면서도 그 내용에 있어서는 성격을 달리했듯이 기를 논함에 있어서도 장횡거 이후 서경덕에까지 면면히 이어온 전통적인 기론의 기본적인 틀을 그대로 받아들이면서 자신의 색깔을 가미한다. 그래서 존재하는 모든 것은 기가 모이고 흩어져 만들어지는 것이며 기는 연속된 무한정자로 스스로 운동하는 활물이며, 기의 운동에 의하여 현상계의 차별상이 전개된다고 한다. 이러한 생각은 성리학적 세계관의 보편적 사유 방식으로 주리론자에 속하는 성호 이익도 "이 세상을 가득 채워 조금도 빈틈을 남겨주지 않는 것이 기"(李瀷, 『星湖僿說』上, 竹筒引水)라고 말할 정도였다. 홍대용도 다른 성리학자들과 마찬가지로 기가 변하여 사람과 물(物), 마음이 된다고 생각했다(『湛軒書』, 內集 卷1, 2b-3a, 答

徐成之論心說). 종래 성리학자들의 기론은 불교의 공(空), 허무적멸(虛無寂滅)을 비판하는 데 주안점이 있었기 때문에 이러한 기가 있음을 말하기만 했으나 홍대용은 이러한 기에 당시 새로이 수용되고 있던 서양 과학의 내용을 접합시키려고 했다. 말하자면 성리학의 형이상학과 서양의 과학을 연결하려고 한 셈이다. 그래서 그는 누구보다도 기라는 존재 그 자체보다 기에 의하여 천지만물이 이루어지는 과정과 현상화된 기의 구체적 모습에 관심을 집중시켰다. 이 과정에서 홍대용의 기 개념은 오늘날의 물질 개념에 보다 가까워지게 된다.

텅 비고 고요한 우주에 가득 차 있는 것이 기이다. 안도 없고 밖도 없으며 시작도 끝도 없다. 기가 쌓이고 모여 질(質)을 이루고 이것이 허공에 두루 퍼져 돌거나 멈추게 되는데 그것이 바로 지구, 달, 별, 해이다[14](『湛軒書』, 內集補遺 卷4, 醫山問答 19).

홍대용의 이 말에서 볼 수 있는 것처럼 기(氣)가 변해서 질(質)이 되고 현상적 존재는 질로 이루어졌다는 생각은 종래의 성리설과 같으나 성리학 일반에서는 태극(太極)을 기준으로 음양(陰陽)이 생기고 음양의 조화에 의해서 사시(四時)와 오행(五行)이 나온다고 하였고, 태극은 리와 음양은 기와 동일시하고 오행을 질(質)로 보거나, 천(天)은 오행의 기(氣), 지(地)는 오행의 질로 보는 데 대해 홍대용은 종래의 음양오행설을 부정하고 보다 구체적으로 설명하고자 한다.

---

14 "太虛寥廓 充塞者氣也 無內無外 無始無終 積氣汪洋 凝聚成質 周布虛空 旋轉停住 所謂地月日星是也."

허자가 묻기를 "해가 남으로 가면 양이 생기고 북으로 가면 음이 생깁니다. 음양이 바뀜에 따라 봄여름이 되고 천지가 닫히면 가을, 겨울이 됩니다. 남쪽이 양이고 북쪽이 음이 됨은 지세의 정국이며 여름이 덥고 겨울이 추운 것은 음양의 변화 때문입니다. 이제 선생께서는 음양의 정국을 버리고 음양 변화의 참기틀을 부인하시며 햇볕이 멀고 가까움에 따라 또 그 직사와 경사에 따라 모두를 설명하니 잘못이 아닐까요?"

실옹이 답하기를 "그렇소. 그런 말이 있지요, 그런데 양의 종류가 여러 가지로 있지만 그것은 모두 불화에 근본을 두었고 음의 종류도 여럿 있으나 그것은 모두 땅에 근본을 둔 것이오. 옛사람들도 여기에 생각한 바 있어 음양설이 생긴 것이지요. 만물이 봄과 여름에 화생하는 것을 '교(交)'라고 하고 가을과 겨울에 거두어 저장하는 것을 폐라 했으니 옛사람이 말을 세운 것도 각각 까닭이 있소. 그러나 근본을 따져볼 때 만물의 변화는 모두 햇볕의 강하고 약함에 달려 있는 것이지 후인들의 주장처럼 천지 사이에 별도로 음, 양 두 기가 따로 있어서 때에 따라 나타났다 사라졌다 하면서 조화를 주관하는 것은 아니"라고 답했다[15](『湛軒書』, 內集補遺 卷 4, 醫山問答, 30).

여기서 홍대용은 음양의 이기가 따로 존재하는 것이 아니라 오행 중의 화(日)와 토(地)의 속성이 모든 존재에 스며 있는 것이라고 하여 이기 관계에서처럼 존재와 속성의 구분을 분명히 하고 있다. 홍대용은 "음양에 얽매이고 의

---

15 "虛子曰 日南至而一陽生 日北至而一陰生 陰陽交而爲春夏 天地閉而爲秋冬 南陽而北陰
地勢之定局也 夏溫而冬冷 陰陽之交閉也 今夫子舍陰陽之定局 去交閉之眞機 率之以日火
之遠近斜直 無乃不可乎.
實翁曰 然 有是言也 雖然 陽之類有萬而皆本於火 陰之類有萬而皆本於地 古之人有見於此
而有陰陽之說.
萬物化生於春夏則謂之交 萬物收藏於秋冬則謂之閉 古人立言 各有爲也 究其本則實屬於
日火之淺深 非謂天地之間別有陰陽二氣隨時生伏主張造化."

리에 빠져 천도를 밝히지 못한 것은 선유의 잘못이다"[16](『湛軒書』, 內集補遺, 醫山問答, 27b)라고 하여 전통적인 음양오행설은 천문학이 발전하지 못했던 시대의 세계에 대한 잘못된 설명으로 여기서 파생되는 상생상극설(相生相克說)이나 재이설(災異說)은 모두 헛된 것이라고 비판하고 마침내는 오행이라는 다섯 성질 혹은 요소도 절대적인 것이 아니라 임의로 나눈 것에 불과하다고 비판한다. 여기서 홍대용은 의리와 천도를 구분할 뿐 아니라 의리가 근원적인 천도가 아님을 암시하고 있다. 말하자면 천도를 유비적 사고(擬)에 의해서나, 자신의 의도에 부합하거나(意), 의논해서 정해지는(議) 것이 아니라 실체가 있는 것(實)을 잘 관찰(察)하여 논리적으로 구성(推測)하는 것이다(『湛軒書』, 內集補遺, 醫山問答 16, 29b). 실천과 깨달음에 입각한 성리학의 인식론에서 과학적 인식론으로의 전환이라고 할 수 있겠다.

허자가 묻기를 "하늘이란 오행의 기요, 땅이란 오행의 질이니 하늘이 그 기를 갖고 땅이 그 질을 갖기 때문에 물의 생성이 절로 갖추어지는 것인데 어찌 태양에만 전속됩니까?" 실옹이 대답하기를 "우하 때 육부를 말했는데 수(水), 화(火), 금(金), 목(木), 토(土), 곡(穀)이 이것이고 『주역』에서 팔상을 말했는데 천(天), 지(地), 화(火), 목(水), 뇌(雷), 풍(風), 산(山), 택(澤)이 이것이며 홍범에서는 오행을 말했는데 수, 화, 목, 금, 토가 이것이고, 불가에서는 사대(四大)를 말했는데 지, 수, 화, 풍이 이것이다. 옛사람이 때에 따라 모범될 만한 말을 세워 만물의 총명을 지은 것은 여기에 한 가지도 보탤 수 없고 한 가지도 줄일 수 없다는 것이 아니고 천지만물에 이런 수(數)가 있다는 것이다. …… 이래서 하늘은 기뿐이요 해는 불뿐이요 땅은 물과 흙일 뿐임을 안다. 만물이란 기의 찌꺼기요, 불의 거푸집이며, 땅의 군살인 것이

---

16   "拘於陰陽 泥於理義 不察天道 先儒之過也."

다. 이 세 가지 중 하나만 없어도 조화가 이루어질 수 없다는 것을 어찌 의심하겠느냐"라고 했다[17](『湛軒書』, 內集補遺, 「醫山問答」, 30).

이러한 홍대용의 생각을 정리해 보면 홍대용은 기존의 음양오행설을 부정하고 화, 수, 토만 존재의 근본 요소라고 생각한 것 같다. 여기에다 화, 수, 토의 근원이 되는 기를 합하면 서양의 사원소설 및 불교의 사대설과 비슷한 학설이 된다.[18] 이러한 홍대용의 오행설 비판이 서양 선교사로부터 전해진 서양의 사원소설의 영향 아래 이루어졌으리라 추측되지만, 또 기를 근본으로 한 일원론의 바탕 위에서 해의 요소인 화, 땅의 요소인 수, 토가 합해지는 상하 구조를 지닌다는 점에서 서양의 4원소설과는 다르다. 전통적인 기론과 서양 과학을 접합시켜 이룬 이러한 홍대용의 오행에 대한 새로운 해석이라고 하겠

---

17 "虛子曰 天者五行之氣也 地者五行之質也 天有其氣 地有其質 物之生成 自有其具 豈其專屬於日乎.
實翁曰 虞夏言六府 水火金木土穀是也 易言八象 天地火水雷風山澤是也 洪範言五行 水火金木土是也 佛言四大 地水火風是也.
古人隨時立言 以作萬物之總名 非謂不可加一 不可減一 天地萬物 適有此數也 ……
是知天者氣而已 日者火而已 地者水土而已 萬物者 氣之粗糟 火之陶鎔 地之疣贅 三者闕其一 不成造化 復何疑乎."

18 홍대용은 근원적인 기(氣)뿐 아니라 현상계에 존재하는 기에 대해서도 말하고 있다. 청몽(淸蒙), 대기(大氣)로 지칭되는 현상의 기, 즉 하늘은 본래의 기가 현상에 병존하는 것인지 땅의 기가 희박해진 것인지 그 성격이 분명하지 않다.
"온갖 물이 생겨날 때는 모두 기가 있어 그것이 휩싸고 있기 때문이다. 체는 크기가 있고 기는 두께가 있으니 마치 새알의 노란자위에 흰자위가 붙어 있는 것과 같다(萬物之生 各有氣以包之 體有小大 包有厚薄 有如鳥卵 黃白相附)"(『湛軒書』, 醫山問答, 21a).
"지금 수, 토의 기가 증발하여 지면을 싸고 있어 밖으로는 삼광의 빛을 약하게 하고 안으로는 사람의 눈을 어둡게 한다. 물처럼 비치고 유리처럼 어리어리하게 하여 낮은 것은 높게 만들고 작은 것은 크게 만든다. 서양 사람은 이에 대한 견해가 있어 청몽이라 이름 하였다. 쳐다보면 작게 보이는 것은 청몽이 얕은 때문이고 비스듬히 보면 크게 보이는 것은 청몽이 두텁기 때문이다(今水土之氣 蒸包地面 外靭三光 內眩人目 映發如水 靉靆如玻瓈 騰卑爲高 幼小爲大 西洋之人 有見於此 命以淸蒙 仰測見小 淸蒙之薄也 橫望見大 淸蒙之厚也)"(『湛軒書』, 醫山問答, 29a).

다. 이러한 홍대용의 기론은 종래의 음양오행설이 지녔던 공명이론으로서의 사변성을 극복하고 보다 합리적인 물질론에 가까이 다가갔다고 평가할 수 있을 것이다. 홍대용은 이러한 기론에 입각하여 지구의 둥긂, 자전, 우주무한을 비롯한 여러 자연현상을 나름대로 합리적으로 설명하고 있는데 역으로 제 자연현상을 관찰하고 설명하기 위하여 이러한 기론이 전제되었다고도 볼 수 있을 것이다.

3. 과학적 인식과 기: 최한기의 신기론

1) 기학(氣學)

최한기의 철학, 즉 기학(氣學)은 조선철학사에서 유기론적 유물론(唯氣論的 唯物論)'(정성철, 1988: 269)으로, 또 박종홍(朴鍾鴻) 교수에 의해 '대담하고도 철저한 경험주의(經驗主義) 사상'(박종홍, 1998: 343)으로 소개되었다. 이후 '역산물리(曆算物理)의 실학으로서 실학과 개화사상(開化思想)의 가교(架橋)'(이우성, 1981: 14)로 '개항 이전에 도달한 사상으로서의 동도서기론(東道西器論)'(박성래, 1978: 292)으로 규정되기도 했는데 서양의 과학사상이 최한기 사상의 근본이라고 여긴 점에서도 모두 비슷하다.

최한기의 철학이 경험주의라고 규정짓는 것은 '최한기의 철학을 경험론의 불완전하고 미성숙한 아류로 만들 우려가 있지만'(한형조, 2000: 170) 필자는 아직도 박종홍의 '대담하고도 철저한 경험주의'라는 규정이 유효하다고 생각한다. 깨달음에서 추측이라는 최한기의 인식론적 전환이야말로 그의 철학체계 전체를 관통하는 것이기 때문이다.

최한기가 스스로 표방한 학문의 명칭은 기학이다. 최한기의 철학에 대한 많은 오해는 이 기학이라는 명칭에 사로잡힌 결과 생기는 경우가 많다. 유학에 관련된 많은 연구들, 특히 최한기의 사상적 맥을 조선조의 성리학에서 찾고자 하고 최한기의 철학을 성리학의 계승 내지 극복으로 보는 연구들이 특히 그러하다. 기학은 이름 그대로 기를 연구하는 학문이다. 기 개념이 철학의 핵심이지만 주기론이나 기일원론을 표방하는 성리학설과는 판이한 내용이다. 주기론, 기일원론을 포함한 조선조의 유학은 기본적으로 이학(理學)이다. 주리론, 주기론을 막론하고 그들은 리를 추구하고 실현하기 위한 학문 즉 성학(聖學)을 추구한다. 그리고 그 리는 기를 연구함으로써가 아니라 심기를 평안히 하고 내면을 관조함으로써 얻는 깨달음을 바탕으로 한다. 이때 기는 제어의 대상이지 연구의 대상은 아니다. 최한기는 기를 대상으로 놓고 관찰하고 경험한다. 그의 기학은 자신의 신기(神氣)를 관조함으로서가 아니라 신기가 지닌 통(通)의 기능으로 기를 연구하여 기의 성질과 법칙을 찾고자 한다. 말하자면 거경궁리(居敬窮理), 함양성찰(涵養省察)로써 리를 현실화하는 것이 아니라 관찰과 추측으로 리를 알아가는 것이다. 기학이 기를 중심으로 하고 리를 밝힌다는 점에서는 성리학과 비슷한 구도를 가지고 있으나 리의 의미와 내용이 다르다. 실제 기학의 근본적인 의미는 이학이 아니라는 데 있다고 본다. 최한기의 기학에 등장하는 성리학의 여러 개념들은 새로이 수용된 서양 과학을 바탕으로 한 그의 철학을 동시대의 유학자들이 쉽게 받아들이게 하기 위한 하나의 방편이었다. 그는 기를 말하지만 허령(虛靈)과 청탁수박(淸濁粹駁)을 논하지 않았고, 자연과 사회 개인의 이치를 말하면서도 함양을 논하지 않았다. 도덕에서는 유학 일반과 비슷한 결론을 내리고 있지만 그 근거를 대는 방법은 완전히 다르다. 현실의 세계에 의거해 자연의 이치를 구하고 현실의 인간과 역사적 경험을 통해 사회의 법칙을 찾아 실현하는 것이 기학의 목표이다. 그 중심에는 경험에 입각한다는 새로운 인식론이 자리 잡고 있다고 생각한다.

2) 신기(神氣)

신기(神氣)는 눈에 보이지 않는 작용 혹은 원인을 알 수 없는 운동을 지칭하는 신이라는 개념과 그 작용 내지 운동의 주체로 간주된 기가 합쳐진 용어로 신령한 기 혹은 정신 현상을 가능하게 하는 기라는 의미로 사용되었다. 이러한 신기 개념이 더욱 확충되어 철학의 중심 개념으로 사용된 것은 최한기의 기학(氣學)에서이다.

말하자면 신기는 활동운화(活動運化) 하는 기의 별칭이다. 신기도 천지지기(天地之氣)와 마찬가지로 현상의 세계와는 별도로 존재하는 어떤 것이 아니라 기의 한 측면 혹은 한 성격을 나타내는 것일 뿐이다. 신을 기의 펼침(伸)으로 본다든지 운동능력(良能)으로 보아 기와 신을 동일시함(崔漢綺, 『人政』卷5, 「運化善不善」)[19]은 이전의 기철학자와 같으나 최한기는 신기를 알 수 없는 신비한 그 무엇이 아니라 인식과 운동변화(力行)를 가능하게 하는 형적이 있는 기의 한 형태라고 본다[20](崔漢綺, 『神氣通』卷1, 「知覺優劣從神氣以生」). 즉 신기는 활동운화하는 기 바로 그것이며 존재양태에 따라 천지의 신기와 형체의 신기로 구분되기는 하나 본질적으로 성격이 다른 것은 아니다[21](『神氣通』, 卷1, 神卽氣). 그렇기 때문에 최한기는 인간에게 주어진 형체의 신기로 현상의 기의 활동운화를 인식하여 천지의 신기의 본모습을 추측할 수 있다고 보았고

---

19 "神卽氣. 神者 氣之伸也. …… 幷言神氣 則神包氣中, 單言神 則氣之功用現著也. 氣卽神 神卽神."
   이하부터 인용한 최한기(崔漢綺)의 저서 『신기통(神氣通)』, 『추측록(推測錄)』, 『인정(人政)』은 저자의 이름을 제외한 해당 글의 출처만 밝혔다.

20 "神者 氣之精華, 氣者 神之基質也. 知覺從神明之閱歷而生, 運行從氣力之進就而成."

21 "氣者 天地用事之質也, 神者 氣之德也. 大器所涵 謂之天地之神氣, 人身所貯 謂之形體之神氣. 夫天人之神氣 已自我生之初, 相通而相接 終始不違. 維人之知覺 旣是自得之物, 從其所見 而所主不同, 從其所主 而所通亦異."

그 근거를 신기의 보편성에서 찾았다. 신기는 지각작용 그 자체는 아니나 지각을 가능케 하는 기의 한 속성이고 동시에 지각의 대상인 셈이다.

신기는 지각의 근원이고 지각은 신기의 경험이니 신기를 지각이라고 이를 수 없고 지각을 신기라고 이를 수도 없다. 경험이 없으면 신기만 있을 따름이니 경험이 있어야만 신기가 지각을 갖게 된다[22](『神氣通』, 卷1, 「經驗乃知覺」).

이러한 말들로 미루어볼 때 최한기 기철학에서의 신개념은 기에 내재된 기의 운동능력(氣之良能), 기의 작용 변화(氣之伸)라는 전통적인 규정을 그대로 쓰고 있으나 기의 운동 및 변화 모두를 지칭하고 있는 점이 다르다. 그래서 최한기는 "(기의 속성인) 활동운화가 신이 된다"고 하고, 나아가 "신이란 운화지능(運化之能)을 가리키므로 운화지기(運化之氣)가 곧 신이다"라고 하여 기와 신을 동일시하기도 한다. 말하자면 형체 있는 사물을 구성하는 요소와 사물의 운동을 가능하게 하는 근원이 별개의 것이 아니라는 것이다.

따라서 이러한 신개념과 합해 형성된 신기도 형체지기(形體之氣)·운화지기(運化之氣)·천지지기(天地之氣) 등과 구분되는 별개의 기가 아니라, 어떤 존재로 형성된 기가 지니는 작용 내지 운동의 측면에서 그 기를 규정짓는 기의 다른 이름일 뿐이다. 최한기는 "형질이 크면 그 신기도 크고 형질이 작으면 그 신기도 작다"라고 한다. 기의 측면에서는 천지만물이 동일하지만 기가 천·지·인·물의 형체를 이루고 있는 상태에서는 각각의 존재가 각각의 운동 법칙과 속성을 지니게 되고 그 측면에서 각각의 존재는 서로 다른 작용 즉 신기를 가지게 된다는 것이다. 인간의 신기도 다른 사물의 신기와 마찬가지로 사람

---

22 "神氣者 知覺之根基也, 知覺者 神氣之經驗也. 不可以神氣謂知覺也, 又不可以知覺謂神氣也. 無經驗 則徒有神氣而已, 有經驗 則神氣自有知覺耳."

이 외물에 반응하고 대응하는 작용일체를 지칭하지만, 경험적 인식과 추측을 가능하게 한다는 점에서 특히 중요한 의미를 지닌다. 최한기는 사람의 신기가 형성되는 과정을 다음과 같이 설명하고 있다.

> 사람의 몸에 신기를 생성하는 요소는 네 가지이니 첫째는 천(天)이요, 둘째는 토의(土宜)요, 셋째는 부모의 정혈(精血)이요, 넷째는 견문염습(見聞染習) 하는 것이다. 위의 세 조목은 이미 품수한 바가 있는 것이므로 소급해 고칠 수 없지만, 아래의 한 조목은 실로 변통하는 공부가 된다[23](『神氣通』 卷1, 「四一神氣」).

또한 최한기는 개인의 몸에서 신기가 형성되고 작용하는 과정을 설명하기도 한다. 최한기에 의하면, 신기는 여러 감각기관과 몸체가 모여 형성되는 것인데 인간이 외부의 대상을 인식할 때 여러 감각기관의 신기가 먼저 움직이고 혈액과 장부가 이어 응한다고 한다. 인간의 신기는 천지를 포함한 사물이 지니는 작용, 즉 사물의 신기를 지각하고 인식하는 인간의 능력을 지칭하는 것이고, 역으로 천지만물의 신기를 얼마나 잘 파악하느냐에 따라 각 개인의 능력 즉 개인의 신기도 달라지는 것이다.

이러한 최한기의 신기에 관한 논의를 종합해 보면 신기는 기의 형체와 운동 작용이라는 두 측면 중 운동 작용의 측면을 지칭하는 용어로 인간에 있어서는 명지(明知), 즉 지각과 추측이라는 인식 능력을 주로 의미한다고 볼 수 있다.

---

23 "人身神氣生成之由有四 其一天也 其二土宜也 其三父母精血也 其四聞見習染也 上三條 旣有所禀 不可追改 下一條 實爲變通之功夫."

3) 추측(推測)과 리

리와 기, 수, 신 등의 개념을 완전히 새로이 해석하면서 최한기는 그의 경험론적인 인식론을 전개할 수 있는 형이상학적 토대를 마련했다. 사람이 자신의 입장에서 대상을 마음대로 해석하지 않고 대상을 바르게 보고 신기의 통으로 알게 된 경험적 지식에서 보편적, 법칙 즉 운화의 리를 끌어내기 위해서는 추측과 검증이라는 과정이 필요하다. 최한기는 기학의 운화지리와 성리학의 리가 결정적으로 다른 점은 바로 이 추측의 과정에 있다고 본다. 최한기는 추측이라는 인식론적 과제는 격물(格物)과 혈구(絜矩)와 통한다고 보았다.

하늘을 이어 이루어진 것이 인간의 본성이고 이 본성을 따라 익히는 것이 추(推)이고 이를 바르게 재는 것이 측(測)이다. 추측은 예로부터 모든 사람들이 함께하는 대도(大道)이다 [24](『推測錄』, 序).

추측을 어떻게 해석해야 할지 정확하게는 모르겠으나 신기의 통으로 생긴 개념들의 논리적 구성 정도로 생각하면 될 것 같다.

리는 기의 조리이다. …… 이는 기보다 앞선 적도 뒤선 적도 없는데 이것이 천지유행지리이다. 사람의 마음에는 추측의 능력이 있어 이미 지나간 것을 헤아려서 아직 생기지 않은 것을 예상하는데 이것이 마음이 지닌 추측의 리이다. 유행의 리는 세계의 원리이고 추측의 리는 사람의 마음이 만든 것이니, 먼저 힘써 천지의 법칙을 궁구하고 다음에 다시 천지의 도로 추측한 리를 징험한다 [25](崔漢綺, 『推測錄』, 卷2,

---

24   "繼天而成之爲性 率性而習之爲推 因推而量之爲測 推測之門 自古蒸民所共由之大道也."
25   "理是氣之條理 …… 未嘗後於氣 是乃天地流行之理也 人心自有推測之能 而測量其已然

流行之理推測之理).

바로 여기서 추측과 궁리는 궤를 달리한다. 성리학의 격물궁리는 절대적인 무형의 리 그 자체를 추구하므로 객관적이고 보편적인 인식을 끌어낼 수 없을 뿐 아니라 검증도 불가능한 지식을 양산할 뿐이다. 유형의 기에 근거해 리를 찾으면 유행지리에 점차 근접해 가는 추측지리라도 확보할 수 있지만, 무형의 리를 바로 구하면 허망함만 남게 된다(『推測錄』, 卷6, 無推皆虛).

신기가 감각기관을 통해 인정과 물리를 거두어 모아, 각각 우열을 비교하고 거듭하여 성패를 시험하면 지혜를 밝히는 신기의 능력이 차츰 열리고 안에 습염된다. …… 이때는 분별의 능력만 있고 다른 것이 터럭 하나도 쌓여 있는 것이 없다[26](『神氣通』 卷1, 知覺優劣從神氣而生).

마치 경험론의 순수 인상을 논하는 것 같은 느낌이다. 추측하는 주체는 신기 즉 감각기능과 추리의 능력을 갖춘 보편적 인간이고 재료는 감각으로 파악되는 형적이 있는 기이다. 경험을 통해 지각된 것이 모여 관념을 형성하면 추측이 시작된다. 이 추측으로 법칙을 찾아 미래를 예상하고 다시 미래의 경험으로 이 법칙을 검증한다. 이것이 추측론의 대강이다. 말하자면 궁리는 자료 없는 추측인 것이다.

又能測量其未然 是乃人心推測之理也 流行之理 天地之道也 推測之理 人心之功也 先以功求道 次以道驗功."

26　"從神氣之通於諸竅諸觸 而收聚人情物理一事二事 比較優劣 再度三度 試驗成敗 神氣之明知漸開 而習染于內者 …… 如彼則利 如彼則害 如斯則難 如斯則易 更無他一毫積累."

4) 경험과 윤리

최한기의 과학적 인식은 윤리 규범 내지 도덕 법칙의 인식 문제에서도 관철되고 있을까. 앞에서도 언급했듯이 최한기가 인식의 궁극적 목적으로 삼은 것은 대기운화의 법칙, 즉 유행지리(流行之理)였다. 하위의 통민운화나 일신운화의 리를 추측해 냈다 해도 그것이 상위의 대기운화의 리와 어긋나면 안 되는 것이다. 따라서 통치의 규범이나 윤리 규범을 통민운화, 일신운화의 리로 세운다 하더라도 절대적인 진리치를 가지기에는 부족할 수밖에 없다. 그래서 기학이라는 형이상학적 틀을 마련한 후반부의 저작에서는 윤리를 경험적이 아닌 연역적 틀로 설명하고자 승순과 천인관계를 언급하게 되고 승순과 천인관계를 언급하게 된다. 이런 식의 설명은 적어도 겉으로 보기에는 성리학의 그것과 별 차이가 없는 것처럼 보이기도 한다. 하지만 최한기는 그러한 도덕에 대한 설명이 전통적인 경학이 취하는 바와는 다르다고 한다 [27](『人政』, 卷14, 選經術).

최한기도 경전의 해석을 통한 윤리규범의 정립이 가능하지 않은 건 아니나 경전의 뜻을 해석함으로써 가능한 것이 아니라 그것이 대기운화의 리에 부합하는지를 살펴야 한다는 것이다. 그런데 문제는 대기운화의 리에서 통민 일신운화를 어떻게 끌어낼 수 있는지를 말하지는 않는다. 대기운화의 리는 경험과 실험으로 추측해 나갈 수 있지만 윤리규범은 그럴 수 없음을 암시하고 있

---

[27] "承順天氣運化 以建人道經常 卽聖經本義 後來訓詁也 章句也 義理也 皆所以解釋經義 而無違於聖人之旨差易 無違於運化之氣誠難 合於運化氣 而無違於聖人之旨 乃是善釋經義也 以一身運化 測驗大氣運化 以爲統民運化 乃是善學經常也 不見大氣運化 疑或神靈 只以心理 究明聖賢之言 乃是附演經說也 捨今學古 引證羣書 云有所得 實無準的 乃是口耳傳習之學也 選擧經術者 當以方今措施經常之道 取擇諸人 上順大氣運化 下合統民運化 可取之善釋經義 善學經常也 運化形質 曾未見得 從心自得 飽飣古說 不可取之附演經說 口耳傳習也."

다. 바로 이런 이유로 최한기의 철학에서 성리학의 본성론을 다시 끄집어 내기도 한다. 최한기의 기학이 성리학의 여러 개념을 재해석하여 설명하는 것은 초기의『기측체의』에서부터 후기의『인정』에서까지 볼 수 있는데 인의예지(仁義禮知)가 사람의 본성이라고 말하기도 하고[28](『推測錄』, 卷3,「人物性情」), 다른 한편에서는 인의예지가 본래부터 인간의 본성에 갖추어져 있다는 성리학적 명제를 비판하면서 인의예지는 추측으로 형성되는 것이라고도 한다(『推測錄』, 卷3,「仁義禮知」).[29]

이렇게 언뜻 보아서는 모순되는 말 같지만 본성의 개념을 달리하면 그럴수도 있다. 본성에 대한 최한기의 진술이 모순되어 보이지만, 결국 '사람과 사물에 리(理)가 내재해 있고 이것이 바로 성임'을 의미한다고 보아 성리학적 틀에서 최한기를 보기도 하고. 다른 한편에서는 '추측의 경험적 공부를 통해서만 비로소 사후적으로 인의예지라는 덕목을 실현할 수 있다'고 주장하여 최한기의 기학이 성리학의 틀을 완전히 벗어나 있다고 보기도 한다(백민정, 2009: 80~81). 좀 어설픈 절충이기는 하나 필자는 두 주장 다 일리가 있다고 생각한다. 최한기가 자신의 철학적 체계에 어긋나는 개념이기는 하나 본성이라는 개념으로 인의예지를 설명하는 이유는 일차적으로는 당시 보편화되어 있던 성리학의 용어를 빌려야만 다른 사람이 알아들을 수 있기 때문이고 철학적으로는 사람이라는 형체의 기가 천지라는 대기의 한 부분이기 때문이다.

---

28 "人物之受天氣而稟地質者 莫不有性情 指其生之理曰性 指其性之發用曰情 蓋生之理難見而性之發用易知 故推其情 以測其性.
人與物 俱有性情 以人性情 參稽於物之性情而得其一本之規 則所認之性情 庶不偏矣 人之性 仁義禮知也 情 喜怒哀樂也 金石草木之性 堅剛柔勒 也 情 旱焦雨潤也 以人之喜怒哀樂之情 測其仁義禮知之性 如以金石草木旱焦雨潤之情 測其堅剛柔靭之性也."

29 "推測之中 自有生成之仁 適宜之義 循序之禮 勸懲之知 然操則存捨則亡 人物之生 各具形質 而權度於這間者 惟有推測之條理 …… 人或以爲仁義禮知 素具於我性 其流之弊 遺物而只求於我 烏可論其求得之方也."

앞에서 말했듯이 대기와 신기 등의 형체 없는 기와 활동운화라는 기의 속성은 최한기 철학의 형이상학이다. 최한기의 형이상학적 도식에서는 일신과 통민은 대기의 범위 안에 있다. 따라서 인의예지라는 윤리적 규범 즉 일신운화의 리도 대기운화의 리, 즉 유행지리의 범위 안에 있을 수밖에 없다. 그러니 대기운화의 리만 알거나 깨달으면 일신운화의 리는 거기서 연역해 낼 수 있게 된다 [30](『人政』, 卷14, 選經術).

형이상학적 측면에서는 이렇게 되어야 하나 문제는 대기운화의 리를 깨달아서 알 수 없다는 것이다. 앞에서 누누이 말했듯이 절대 궁극의 법칙인 대기운화의 리, 즉 대기가 유행하는 이치 내지 법칙(大氣流行之理)은 선험적으로 혹은 내성을 통하여 알 수 있는 것이 아니라 거꾸로 형체 있는 사물들을 경험하고 관측하여 추측해 낼 수 있는 것이다. 따라서 당시의 과학이 밝힌 대기운화의 리는 어디까지나 유행지리에 가장 근접한 추측의 리(推測之理)이다. 천도와 인도가 같고 내 마음속의 인을 깨달아 체인하면 바로 천도에 이르는 성리학의 인식론과 반대 방향임을 짐작할 수 있다. 최한기가 성이라는 개념으로 인의예지를 설명하는 데 있어서도 유행지리와 추측지리라는 두 가지 층차를 염두에 두고 보면 모순되는 듯이 보이는 두 주장이 연결될 수 있음을 알 수 있다.

최한기는 윤리적 규범 인식도 수양이나 선험적으로 이루어지는 것이 아니라 추측에 입각한 것임을 분명히 하고 있다. 이에 관련된 구절들을 살펴보면 최한기의 경험주의가 과학에서만이 아니라 윤리설에서도 관철되고 있음을 알 수 있다. 최한기는 신기(神氣)라는 형이상학적 전제를 바탕으로 추측에 의

---

30 "承順天氣運化 以建人道經常 即聖經本義 後來訓詁也 章句也 義理也 皆所以解釋經義 而無違於聖人之旨差易 無違於運化之氣誠難 合於運化氣 而無違於聖人之旨 乃是善釋經義也 以一身運化 測驗大氣運化 以爲統民運化 乃是善學經常也."

한 인식의 보편성을 확보한다. 윤리적 인식도 마찬가지이다. 명덕이라는 윤리적 인식도 기본적으로는 감각기관에 의해 시작된다. 인간은 감각을 통해 외부 정보를 수용하여 축적하고 이를 종합하여 어떤 원칙을 찾아내고(推) 이를 다른 유사한 경험에 적용한다(測). 이것이 추측에 의한 인식이다. 최한기에 의하면 사람이 본래 갖추고 있는 것은 기를 통하는 감각기관과 사지 그리고 이를 종합하여 유행지리를 추측해 나가는 능력이다[31](『神氣通』 卷1,「知覺推測皆自得」). 인의예지는 리가 우리의 내면에 갖추어진 것이 아니라 신기가 추측하여 갖추어가는 것이다. 말하자면 인의예지는 수천 년의 역사적 경험에 의해 추측된, 적어도 최한기 당시로서는 일신의 유행지리에 가장 근접한 것이라 보고 그래서 이를 인간의 윤리적 본성이라고 볼 수 있다는 것이다.

추측(推測)하는 가운데, 자연히 생성(生成)의 인(仁)과 적의(適宜)의 의(義)와 순서(循序)의 예(禮)와 권징(勸懲)의 지(知)가 있다. 다만 이것은 잡으면 보존되고 놓으면 없어진다(『推測錄』, 卷3,「仁義禮知」).[32]

갓 태어난 인간은 인의예지를 갖추고 있지 않으며 경험 속에서, 추측을 활용하여 이를 갖추어가야 한다. 전통적인 성리학에서는 인의예지가 곧 본성이고 수양을 통해 이를 현실화하면 된다고 하여 거경궁리, 함양성찰, 미발공부

"人之所稟于天者 乃一團神氣與通氣之諸竅 四肢則須用之具 如斯而已 更無他分得來者矣."

32 "推測之中 自有生成之仁 適宜之義 循序之禮 勸懲之知 然操則存捨則亡.
人物之生 各具形質 而權度於這間者 惟有推測之條理 惡戕害喜生成者曰仁 脆脆於過差 而妥帖於適宜 故適宜者曰義 亂於失緒 而成於循序 故循序者曰禮 非獨視聽言動而已 能勸能懲 是爲知也 自陷於戕害者曰不仁 脆脆於過差者曰不義 雜亂無倫序曰非禮 摘埴而無勸懲曰不知也 天下之不仁不義無禮不知者 多以其無攸得於推測也 若有得於推測 則不必待古訓 而自有仁義禮知可循之方 參酌乎物 而得之在我 旣得乎我 而成之在行與事矣 人或以爲仁義禮知 素具於我性 其流之弊 遺物而只求於我 烏可論其求得之方也."

등 내면적 수양을 강조하나 최한기의 경험적 인식론에서는 이는 기의 본모습을 잘못 인식한 것이다. 최한기가 본성을 언급하기는 하지만 그때의 본성은 성리학의 본성과는 격을 달리하고 있다[33](『推測錄』, 卷5, 性同習異). 최한기의 본성은 글자 그대로 태어날 때부터 갖춘 것(生之所具有)에 지나지 않는다. 여기에 식욕, 색욕 등에 윤리적 본성이 추가된 광범위한 본성이다. 이 본성들이 질적으로 같다면 기후에 따라 다른 옷을 입듯이 사회적 관계, 개인 관계에서도 다른 윤리 규범이 적용될 수 있다고도 해석할 수 있지 않을까. 따라서 본성은 수양을 통해 보편적으로 실현해 나가야 하는 규범의 원천이 아니라 본성을 잘 인지하여 통하거나 인지하지 못하여 막히거나(通塞), 인지한 본성을 따르거나 인지했지만 다른 욕망으로 인해 거스르거나(順逆)할 뿐이다. 천지의 유행지리가 있듯이 사람에게도 윤리의 유행지리가 있다고 하는 것은 형이상학적 전제이고 현실에서는 모두가 갖춘 본성을 미루어 짐작하여 추측할 뿐인 것이다[34](『推測錄』, 卷3, 反喜怒). 인간이 지켜야 할 이치도 역사적 경험을 통해 형성하고 추측해 가면서 이루어나간 것이다. 최한기 당시 도덕적 본성으로 인정되고 있던 인의예지라는 본성도 이루어진 본성이고 이루어졌다고 하

---

[33] "人與我性則同 而習有異 故我能擧其同而測其異 性若有異 則何能擧其異而測其異哉.
人與我有所不同者 以其所處所習自異 而聞見亦異 聞見旣異 趨向亦異 語其生之所具有 則
無有不同 內而五性七情 次而渴飮饑食 夏褐冬裘 以至于君臣父子夫婦長幼朋友之倫 我旣
有此 人亦有此 所謂不同者 莫不由此所具有 而有通塞順逆之別而已."

[34] "當喜而反怒者 只能測其面前之怍情 不能推乎本來之成性.
七情之中 旣有喜有怒 則當怒而怒 當喜而喜 是眞喜怒也 若當喜而怒 當怒而喜 是妄喜怒
也 喜怒之眞妄 由於性情之異用 蓋性有順逆 情有善惡 情之流於善者 性亦順其理 情之流
於惡者 性亦拂其理 勸誘爲善之人 使爲善 則不當怒 以其性之已順也 挽回爲惡之人 使之
爲善 則是當喜而反怒者 以其性之已逆而反以逆爲順也 肇自情之善惡幾微 終至於性之順
逆倒置 如外感受病 沈染轉深 竟致戕害性命 則操存功夫在發用 涵養功夫在本源 不可偏廢
性順時氣和而靜 性逆時氣激而動 情善時喜怒得當在物 而己性亦順 情惡時喜怒變換 使氣
使心而害及於性."

면 자연에 대한 과학적 진리처럼 바뀔 가능성도 있는 것이다.

　단지 기의 순역에서 생기는 선악과 호오를 가지고 심성(心性)의 고유한 바탕으로 삼아, 선악과 호오가 유래한 근원을 알지 못한다. 옛날부터 학문이란 것이 거의 이와 같았으니, 기화(氣化)의 가르침이 어찌 참으로 중대(重大)한 것이 아니겠는가.[35](『人政』, 卷8, 「氣順逆生善惡」)

　이 글에서 보면 최한기는 우리가 나면서부터 가지고 있다고 생각하는 것이 사실은 경험과 교육에 의한 것이라는 것을 되풀이하여 강조하고 있다. 고추장이 한국인의 고유성을 대표하는 것처럼 생각해 왔는데 알고 보니 우리가 고추를 먹기 시작한 것이 불과 200~300년밖에 되지 않았다는 것을 알게 되면 우리의 고유한 본성에 고추장이 있다는 말을 하기 어려울 것이다. 한국인의 고유한 감성이라는 것이 결국 음식이나 의복, 인간관계에서 드러난다고 하면 한국인의 고유한 감성은 본래 있었던 것이 아니라 최근 200~300년의 생활환경으로 말미암아 이루어진 것이 된다. 본성은 감성으로 미루어 알 수 있다고 하면 결국 본성이라고 하는 것도 수천 년간의 삶이 온축되어 형성된 것이 된다. 물론 최한기는 목표로서의 변하지 않는 그리고 아직 도달하지 못한 유행

35　"敎所以捨逆氣取順氣 爲善道去惡事 奉親知孝 出於見不孝而惡之 事君盡忠 出於見不忠而誅之 日用萬事 莫不有勸懲 勸出於懲 懲出於勸 知斯義者 可以受敎於人 亦可以施敎於人也 人自落地以來 呼吸運化之氣 通彰一身之氣 所喜悅者 內外之氣和順 至於飮食言辭動用之氣 人物交接之氣 無不要和順也 所惡嫉者 內外之氣 少違於和順 飮食言語動用之氣 或有忤逆 人物交接之氣 觸犯不平也 以此本然之好惡 自幼至長 有此習熟 不及思惡而知好 雖不思好而知惡 有若自然之性 不思而得 然其實 已有漸累所致也 凡人之所見 常忽於已往積累 而每神奇於目前之能行 所謂生知 所謂不學不慮而得者 皆出於此也 以若顯著誠實之氣 人常潛養於其中 故見得未易 而順逆亦難辨 只以生於氣順逆之善惡好惡 爲心性固有之本 不知善惡好惡所由之源 從古學問 率多若是 氣化之敎 顧不重且大歟."

지리로서의 본성이 있음을 형이상학적으로는 인정하고 있다. 그렇지만 당시 조선의 성리학자들이 변하지 않는 본성으로 든 유교적 인륜, 즉 인의예지와 더 구체적으로는 삼강오륜이 기가 운화(運化), 유행(流行) 하는 법칙 그 자체 라고는 생각하지 않은 듯하다. 인간이라면 본래 지니고 있어야 할 것 같은 보편적 감각이 없는 것은 아니나 그것은 기 자체를 인지하고 수학적으로 측정했을 때만 가능하고 좋아하고 싫어하는 감정과 연결되는 순간 보편성은 상실된다. 음식을 먹어 생을 이어감은 같으나 각 민족 간, 지역 간, 더 나아가서는 사람마다 식성은 다르고, 평화롭고 조화된 사회를 지향한다는 점에서는 동일하나 행동 양식은 다 다르다. 형이상학적으로 전제된 기의 보편성은 모두 가지고 있으므로 모두 동질적인 기로 이루어져 있다면 그 기의 성질을 본성이라고 하고 거기서부터 윤리 규범을 연역해 낼 수 있겠다. 그러나 "천하 만물이 받은 기는 하나이므로 서로 같지 않음이 없다. 그렇지만 형체를 이루면서 사람과 물이 다를 뿐 아니라 그것의 처음과 끝에도 서로 다르며, 처하는 곳과 익히는 것에 따라서도 각각 달라진다"(『推測錄』, 卷3,「性有同異」)[36]라고 하고 있듯이 기는 순수한 기 자체로 존재하지 않고 형질을 이루며 각각의 속성을 가지게 된다. 최한기는 이것을 본성이라고 한 것 같다. 내용은 인물성동이론에서 다루어진 본연지성 기질지성의 관계와 비슷하나 본성과 습속을 연결하여 설명한다는 점에서 성리학적인 본성과는 완전히 다르다 하겠다. 그래서 결국 일신, 통민운화가 대기운화에 포괄되듯이 보편적 윤리도 대기운화의 리를 승순하여 연역적으로 끌어낼 때라야 천하일통의 보편성을 확보할 수 있다. 최한기는 기학이 바로 그 역할을 할 수 있다고 자신하나 그것은 그 시대가 낳은 또 하나의 이념일 뿐이었다.

---

36 "凡天下之物 其所稟氣 則一也 故無處不同 其所成質 非但人物不同 一物終始亦異 所處所習 亦有異焉."

역사적으로 지역적으로 형성된 기의 성질이 다르므로 최한기는 인간의 본성에 입각한 보편적인 윤리를 주장하지 않는다. 양지양능, 측은지심, 인의예지, 사단칠정 등이 인간의 본성을 드러낸 것이 아니고 역사적·지역적인 특성을 안고 형성된 것, 교육된 것에 지나지 않는다고 하면 최한기의 철학에서 유교의 중요성을 배제되는가. 그렇지는 않다. 최한기는 "군신유의·부자유친·부부유별·장유유서·붕우유신을 오륜의 조목을 삼고, 인의(仁義)와 예악(禮樂)을 교화의 방법으로 삼아야 하니, 이것은 실로 인도(人道)의 고유한 것"[37] (『神氣通』, 卷1, 「通敎」)이라고 하며 수천 년간의 역사로 검증된 유교의 윤리 규범이 그래도 가장 인간이 도달할 수 있는 보편윤리에 가깝고 인간의 본성을 실현하는 가장 실제적인 길이라고 확신한다. 본연지성과 절대적 보편성은 없지만 그래도 당시로서는 가장 기의 실상에 가장 근접해 있고 그래서 유용하다는 최한기의 유교적 윤리설에 대한 입장을 '상대주의적 윤리설'로 규정하기도 한다(최춘영·김용헌, 1994: 18). 최한기의 주장이 상대주의, 공리주의로 해석될 여지는 있지만 기학이라는 그의 형이상학에 대한 자신감을 감안하면 최한기의 인식론을 경험론만이라고 할 수 없듯이 온전한 상대주의라고도 하기 어렵다. 최한기는 현재의 여러 학설이 절대적이 아니라고 했지 절대가 없다고 하지는 않았기 때문이다. 그리고 유학이 절대적은 아니나 절대와의 거리는 그래도 가깝다고 하기 때문에 종래 절대적 진리치를 지녔다고 여겼던 유학을 상대화했다고는 말할 수 있어도 윤리 자체가 상대적이라고 보지는 않았다.

그는 장차 "천하의 사람을 다 헤아리고 동양과 서양의 같고 다름을 조화시켜 하나의 규범(一統)을 만들고 남북의 풍속을 비교하여 공통점을 알게 된

---

37 "君臣有義 父子有親 夫婦有別 長幼有序 朋友有信 以爲倫常之目 仁義禮樂 以爲導化之方 是實人道之所固有."

다."[38](『人政』, 卷12, 「推擴測人」)고 하며 언젠가는 보편적이고 절대적인 윤리 규범을 알게 될 것이라는 희망을 피력하고 있다. 유학에 대한 다음 글을 보면 그러한 최한기의 생각을 잘 볼 수 있다. 유학을 유교, 유도라고 하지 않고 유술이라고 한 것은 유학을 다른 통치술과 동일한 차원에 놓고 비교했기 때문일 것이다. 그 결과 적어도 통민운화에서는 유학에 비견할 만한 것을 찾지 못했다는 말이기도 하다[39](『人政』, 卷11, 敎人門 4, 儒術).

어쨌건 최한기는 당시로서는 유술(儒術)이 경험적으로 역사적으로 볼 때 일신운화와 통민운화의 리에 가장 근접한 학설이라고 생각한 듯하다. 그렇지만 당시의 최한기가 볼 때에는 이제 글로벌한 새로운 시대에 유학적 규범만으로는 약간은 부족했던 것 같다. 그래서 유학의 오륜에다 조민유화(兆民宥和)를 덧붙여 육륜(六倫)을 제안하기도 하고[40](『人政』, 卷18, 畎畝敎法兆民有和) 마침내는 성리학을 대체할 새로운 학문으로 자신의 기학을 제창한다.

기학(氣學)이 밝아지게 된 것은 실로 성리학(心學)이 끝까지 궁구하다가 병폐가 있는 데까지 이른 것에 힘입은 것이다. 만약 기학이 심학보다 앞에 나왔다면 심학에서 밝힌 바가 있어 후생들의 노고를 덜어주게 되었을 것이다. 사람의 지각 운화는 시대가 감에 따라 자연히 점차 밝아지는지라 기학이 심학의 뒤에 생겨나게 된

---

38 "惟天下之測人 東西異同 參和而見其一統 南北風俗 比較而知其一般."

39 "儒術 乃統民運化之道也 明人道而講人義 立紀綱而尙忠節 貴廉讓以避爭奪 賤貪鄙以遠恥辱 開政敎之導化 重生靈之襃貶 百王損益 統貫沿革 世或汙隆 而斯道長存 統羣生歸一統 非此術 何以成哉 若以一時一人之饔飱生涯論之 雖無儒術 似無不可 至於百官萬姓 同寅協恭 制化政敎 因治而慮亂 因亂而圖治 不可無儒術 雖古之所無 宜倡於今 況自堯舜周孔 以來 統民制治 皆尊此術乎 但迂儒俗士 過激其論 刻薄其義 反傷統民之道 以爲死法 不達 運化之爲活法 治平世界 此術在上 靡爛邦國 此術在下."

40 "五倫之敎 至矣盡矣 而推擴天下 自有萬國咸和 父子有親 君臣有義 夫婦有別 長幼有序 朋 友有信之下 添一兆民有和一句 以著五倫通行 兆民致和之實效 五倫之敎."

것이다(『人政』, 卷11, 敎人門 4, 知覺之源).[41]

4. 맺는말

필자를 비롯한 보통 사람은 기본적으로 보수적이다. 특히 어릴 때부터 성인이 되기까지 형성된 지식과 신념 체계를 성인이 된 이후 바꾸기는 힘들다. 특별한 계기가 있으면 자신의 신념을 통째로 바꾸는 경우가 있는데 조선 후기의 성리학자들의 경우가 그랬다. 시대적 상황은 새로운 사상을 요구하고 그래서 어떤 유학자는 서양 과학을 또 어떤 유학자는 천주교가 그 새로운 사상이 될 수 있다고 믿었다. 그렇다고 해서 성리학이라는 500년간 쌓아온 바탕을 버릴 수는 없었다. 우선 성리학적인 틀에 벗어나서 서양 과학이나 천주교를 다른 사람에게 설명하기가 난감했을 것이다. 바로 여기서 성리학의 변형, 즉 사상의 접합이 일어난다고 생각한다. 조선 성리학이 추구한 바는 도덕적 사회였고 따라서 조선성리학은 심성론, 수양론이 주를 이루게 된다. 성리학에 자연철학적 요소가 없지는 않았지만 윤리를 강조하다 보니 태극(太極)-리(理)-성(性)-인(仁)으로 이어지는 도덕형이상학이 되었다. 새로운 과학사상을 받아들인 성리학자들은 기존의 철학체계를 유지하면서 이를 기의 철학이라는 자연철학으로 탈바꿈시킨다. 그 대표적인 사람으로 홍대용과 최한기를 꼽을 수 있다.

홍대용과 최한기는 리와 기의 의미를 달리함으로써 도덕형이상학을 자연철학으로 바꾸어놓는다. 홍대용은 기존의 인물성동론을 그대로 원용하여 인

---

[41] "斯敎之得明 實賴心學之到抵窮蔽 至有病蔽 若使斯敎 出於心學之前 心學庶有所明 爲後生減勞苦 而自有生靈知覺運化 隨時漸明而發於心學之後."

물균을 제시하는데 이때 리가 인이라는 걸 그대로 두면서 리와 인의 내용에 변화를 준다. 가치의 면에서는 동일하지만 그 내용, 즉 인간과 물의 속성이 다르다는 것이다. 약간의 논리적 괴리가 있지만 요지는 인간의 윤리가 보편적 성이 아니라는 데 있다. 최한기는 한 걸음 더 나아가 가장 포괄적인 리는 대기유행지리(大氣流行之理)라고 한다. 최한기의 기론에서는 인의예지가 통민과 일신이라는 하위의 리가 된다. 그리고 그 리는 수양에 의해서가 아니라 추측이라는 경험적 방법으로 알 수 있다고 한다.

기 개념도 마찬가지이다. 홍대용과 최한기는 장재, 화담의 기일원론을 잇지만 태허일기로부터 음양-오행으로 연결되는 종래의 기철학과는 다른 기론을 제시한다. 기는 먼저 형체(연장성)와 맛, 소리, 촉감으로 우리에게 지각된다. 불, 하늘처럼 형체 없는 것도 있고 한열조습(寒熱燥濕)의 성질만 지닌 기(氣)도 있으나 이도 모두 신기 즉 감각에 포착되기는 마찬가지다. 이것이 통(通), 즉 인식의 시초이다. 최한기에 의하면 이 모든 기의 운동은 활동운화로 요약되고 현상에서는 한열조습의 사원성(四元性)으로 드러난다고 한다. 개별 형체의 경험적 탐구를 바탕으로 한 추측을 통하여 지식을 축적하고 검증을 통해 수정함으로써 추측은 차츰 실체에 접근하게 된다. 추측의 리와 유행의 리가 일치할 때 자연에 대한 참된 지식(通)은 완성된다. 이뿐만 아니라 기에 수를 연결시켜 과학적 지식과 조화될 수 있는 길을 모색했다. 그는 우선 허즉기(虛卽氣), 일기무형(一氣無形)을 부정하고 모든 기는 유형·유적이므로 연장성을 지니고, 한열조습의 사원성을 지니므로 기용(器用)의 학(學)에 의해 수로 표시될 수 있다고 보았다. 수는 기의 운화를 객관적으로 그리고 보편성을 가지고 드러내므로 자연현상을 계수·계량화하여 설명하는 역산물리의 학이 세계의 진상을 가장 정확하게 드러내는 학문 분야가 된다. 더 나아가서 최한기는 기의 운화법칙이 바로 수학적이라고까지 생각했다. 홍대용과 최한기의 기철학은 과학적인 사유 방식으로 나아가는 과정에서 성리학을 리모델링한 사상

체계라 할 수 있다. 서구의 물질론과 비슷하지만 기에 활동이라는 속성을 부여한 점이 다르다. 아마도 선교사의 저술에서 신학 부분을 제거하고 나니 운동의 궁극 원인이라는 요소가 결여되어서 그랬던 것 같다. 여기서 우리는 유학이 서양 과학의 영향으로 어떻게 바뀌며, 서양 과학과 전통기론이 어떤 방식으로 접합하는지 그 일면을 볼 수 있다.

참고문헌

금장태. 1979. 「한국실학파의 공리사상에 대한 고찰」. ≪철학연구≫ 제14권.

김태준. 1988. 『홍대용평전』. 민음사.

문중양. 1999. 「18세기 조선 실학자의 자연지식의 성격: 상수학적 우주론을 중심으로」. ≪한국과학사학회≫, 제21권 1호.

박권수. 2006. 「조선후기 상수학의 발전과 변동」. 서울대학교 박사학위 논문.

박성래. 1978. 「한국근세의 서구과학 수용」. ≪동방학지≫, 제20권. 292쪽.

_____. 1981. 「홍대용의 과학사상」. ≪한국학보≫, 제23권.

박종홍. 1998. 「최한기의 과학적 철학사상」. 『박종홍전집』 5. 민음사(「최한기의 경험주의」, ≪아세아연구≫, 통권20호 , 1965의 재수록).

백민정. 2009. 「최한기 철학의 변모 양상에 관한 일고찰: 전후기 사상의 연속 및 불연속 문제를 중심으로」, ≪철학사상≫, 제33권.

윤사순. 1976. 「실학사상의 철학적 성격」. ≪아세아연구≫, 제56권 2호.

이남영. 1990. 「호락논쟁의 철학사적 의의」. 『동양문화국제학술회의 논문집』. 성균관대학교 대동문화연구원.

야마노이 유우(山井湧). 1980. 『명청사상사의 연구』. 도쿄대학. 149~175쪽(「明淸時代におけゐ氣の哲學」, 1951, ≪철학잡지≫, 제66권 711호).

이우성. 1981. 「해제」. 『명남루 전집』. 14쪽.

임종태. 2003. 「17·18세기 서양 지리학에 대한 조선·중국 학인(學人)들의 해석」. 서울대학교.

전용훈. 1997. 「김석문의 우주론: 역학24도해를 중심으로」. 『한국천문력 및 고천문학: 태양력 시행 백주년기념 워크샵 논문집』.

정성철. 1988. 『조선철학사』 상(조선철학사연구, 도서출판 광주, 1988, 재간행).

지두환. 1987. 「조선후기 실학연구의 문제점과 방향」. ≪대동고전연구≫, 제3권.

최춘영·김용헌. 1994. 「최한기의 철학에 나타난 윤리설」. ≪현대이념연구≫, 제9권.

한형조. 2000. 「혜강의 기학: 선험에서 경험으로」. 한형조·최진덕·권오영·손병욱·신원봉 지음. 『혜강 최한기』. 청계.

金昌翕. 『三淵集』, 「拾遺」.
李瀷. 『星湖僿說』.
丁若鏞. 『與猶堂全書』, 第十九卷, 書, 「答李汝弘載毅」.
崔漢綺. 『神氣通』.
_____. 『推測錄』.
_____. 『人政』.
洪大容. 『湛軒書』, 內集, 內集補遺 「醫山問答」.
黃胤錫. 『頤齋稿』.

제2부

현대 생명과학과
몸철학의 대화

생명과 몸의 재발견

제3장

질주하는 생명과학 기술과 생명체의 정체성

송기원 | 연세대학교 생화학과

1. 들어가는 말

우리가 의식하던 의식하지 못하던 세계관은 우리의 사고 체계를 결정하고 과학을 탐구하는 방법을 결정한다. 16세기 과학혁명과 중세의 신 중심의 사고를 극복한 인간 중심의 근대적 세계관은 자연과 인간을 분리하고 자연을 대상으로 인식하여 물질과 운동의 법칙으로 설명하는 합리적·기계론적 접근의 토대를 제공했다. 자연에 대한 기계론적 접근은 물체를 과학적으로 탐구

---

*   이 글은 2019년 10월 '네이버 논단' 발표 내용을 기본 근간으로 작성했음을 밝힌다.

하는 데 매우 유용한 수단을 제공하여 근대 자연과학 발달의 사상적 배경이 되었고, 물체를 더 작은 단위로 계속 환원시켜 그 중심 속성을 이해하는 환원론적 접근 방법을 발달시켰다. 이러한 세계관을 바탕으로 급격히 발전하게 된 과학과 기술이 우리의 삶의 물질적 조건을 개선하고 자연의 폭력에서 인간을 자유롭게 할 수 있었다는 사실은 재론의 여지가 없다. 그러나 이러한 과정은 과학과 기술 그리고 인간의 힘의 과잉 발달에서 야기되는 에너지 고갈과 지구온난화 및 생태계의 위기를 초래했다. 인간은 모든 지구 생명체와 마찬가지로 지구의 다른 생명체들과 긴밀히 연결되어 있다. 우리의 생명현상을 구성하는 화학물질들은 1년 이내 98% 이상 지구 환경의 새로운 물질로 끊임없이 대체되고 있다. 우리는 다른 생명체들과 동일하게 지구와 지구 생명체를 떠나서는 유지가 불가능한 생명 그물의 한 종(種)에 불과한 것이다. 따라서 현재의 환경적·생태적 위기에 인간이라는 종이 지구에서 함께 살아남기 위해서 인류는 인간 중심의 근대적 세계관에서 파생된 여러 가지 문제점을 극복하고 상호 관계성과 생태에 기반한 새로운 세계관으로의 전환을 요구받고 있다.

한편, 생명현상에 대한 환원적 접근을 통해 20세기에 급격히 발달한 분자생물학은 건강과 장수에 대한 인간의 욕망을 자본과 결합시키며 생명과학 기술을 빠르게 발전시켜 왔다. 생명과학 기술은 인간 유전체 계획의 실현과 함께 21세기를 맞은 후 인간에 의한 생명체의 지적 설계를 통칭하는 합성생물학과 이런 추세를 가속화하는 유전자 가위 기술의 획득을 통해 자연에서의 인간의 위치를 급속히 변화시키고 있다. 또한 컴퓨터 과학과 함께 발달한 뇌과학, 뇌-컴퓨터 접속 장치 및 인공 장치 등 새로운 생명과학 기술의 발달은 인간의 물리적 확장을 가능하게 하고 있고 그 가능성의 속도는 빨라지고 있다. 이러한 생명에 관련된 과학과 기술의 질주는 '생명이란 무엇인가, 인간이란 누구인가, 생명체와 물질의 경계는 어디인가, 인간과 도구의 관계는 어떻

게 설정되어야 하는가' 등등의 생명체의 정의와 종(種)으로서의 인간의 정체
성에 대해 질문을 던지고 있다. 이 글에서는 빠르게 발전하고 있는 생명과학
과 관련된 기술에 대해 간략히 살펴보고 우리가 어떤 사고의 틀과 세계관으
로 이들의 발전을 수용할 수 있을지 그 논의를 제안하고자 한다.

2. 생명체의 특징

우리 모두 생명을 갖고 있는 존재이지만 누가 '생명이 무엇입니까?' 하고
물어오면 쉽게 대답할 수 있는 사람은 드물다. 과학적으로도 '생명'을 설명하
기는 쉽지 않다. 과학에서는 현상을 그 원인이나 전제 그리고 도출된 결과를
가지고 설명하는 경우가 많은데, 생명은 어디서 어떤 조건으로 왔는지 원인
이나 전제 그리고 그 결론으로 도달되는 죽음 모두가 우리가 논리적으로 설
명할 수 없는 부분이기 때문이다. 그래서 우리는 생명을 설명하기 위해 '생명'
대신 '생명현상'을 나타내는 구조물인 '생명체'의 특징에 대해 이야기한다.

일반적인 생명체의 특징은 자기복제 능력인 생식, 항상성을 유지하기 위한
대사, 자극에 대한 반응, 자기조직화, 성장과 발달 및 죽음의 시간성, 진화 등
으로 정의된다. 그러나 생명체와 생명체가 아닌 무생물을 구별할 수 있는 단
하나의 정의는 존재하지 않는다. 즉, 우리가 '살아 있는 것'은 모두 포함하고
'살아 있지 않은 것'은 모두 배제할 수 있는 생명체의 특징을 찾고자 한다면
이는 불가능하다. 생명체는 한편으로 외부와 물리적으로 구분되는 닫힌계
(closed system)이면서 또 한편으로 외부 환경과 계속 물질을 교환해야 유지
될 수 있는 열린계(open system)이기도 하다. 생명을 얻어 생명체가 되는 순
간부터 변화는 연속적으로 일어나며 모두 비가역적이다. 이러한 변화 가운데
서 생명체는 계속 외부와의 물질교환을 통해 영양분과 에너지를 얻는다. 그

리고 이 에너지를 이용하여 외부의 환경 변화에 반응하면서 열역학 제2법칙을 거슬러 무질서도가 낮은 개체를 유지하고 생명현상을 수행한다. 그러나 생명이 없어지는 순간 개체는 더 이상 외부 환경의 물질을 이용한 에너지 변환이 불가능하므로 낮은 무질서도의 형태를 유지하지 못하고 결국 탄소, 수소, 질소, 산소 등 원래의 구성 원소들로 분해되어 우주로 다시 회귀한다(송기원, 2014: 22~24).

우주의 극 일부인 우리 태양계 중 지구에서 생명체가 존재하게 된 것은 확률로는 거의 불가능한 놀랍도록 신비로운 사건이다. 과학은 아직 어떻게 지구에서 처음 생명체가 가능할 수 있었는지 밝히지 못하고 있다. 생명체는 우주에 존재하는 다른 모든 물질처럼 다양한 원소로 구성된 화합물로 이루어져 있고, 특히 탄소를 기반으로 하는 화합물이다. 또한 생명체는 이를 구성하는 화합물들의 정교한 화학반응에 의해 유지된다. 분명한 것은 생명체의 근간을 이루는 주요 물질을 구성하는 원소들은 별의 일생을 통해 우주 저 너머에서 합성된 것이다. 따라서 별 먼지라고 일컫는 이 원소들에 의해 지구에서 생명체의 탄생과 영속이 가능했고 가능하다는 것이다.

그렇다면 어떻게 물질에서 생명체가 만들어졌고 어떻게 생명현상이 가능할까? 아직 과학은 그 신비를 풀지 못하고 있다. 뒤에 언급할 합성생물학도 이 질문을 풀기 위한 시도로도 볼 수 있다. 과학적으로 기전을 이해하지는 못했지만 물질에서 유래한 생명체에서 생명현상이 가능할 수 있는 것을 간단히 자기조직화와 창발(emergence) 현상으로 요약해서 설명해 볼 수 있겠다. 생명체의 생성은 물이라는 용매와 단백질, 핵산, 지질, 탄수화물 등 생체 구성 분자들이 만나서 자발적으로 이루어지는 구조로부터 가능했을 것으로 유추한다. 그리고 이들이 모여 진행된 자기조직화(autopoiesis)가 세포, 기관 등 더욱더 복잡한 단계로 확대된 과정으로 이해될 수 있다(마투라나·바렐라, 2007: 43~64). 또한 각 단계마다 그 구성물질만으로는 설명할 수 없는 작용과 기능이 나타나는 창발 현상을 특징으로 생각할 수 있다. 생명체에서 그 구성 물질이나 세포, 조직, 기관들을 분리하면 분리된 단계보다 더 높은 단계의 조직, 기관 및 개체로서의 생명체가 가지고 있던 고유한 기능과 현상들이 사라지므로 많은 학자들은 생명현상 자체도 창발된 특징으로 이해한다(Capra and Luisi, 2014: 129~135).

3. 20세기 분자생물학의 발전과 인간 유전체 프로젝트

16세기 과학혁명과 그 뒤를 이은 아이작 뉴턴(Isaac Newton) 등 과학자들은 자연을 수학적 법칙으로 이해하는 방법론을 제시했고 이에 기반한 근대의 세계관은 자연과 인간을 분리하고 자연을 대상으로 인식하여 물질과 운동의 법칙으로 설명하려는 합리적이고 기계론적 접근의 토대를 제공했다. 기계론적 접근은 생명체에도 그대로 적용되어 생명체를 기계처럼 취급함으로써 과학적으로 이해할 수 있을 것이라는 기계론적 생명관의 발달을 가져왔다. 이러한 세계관은 생명체 안에서 한편으로는 물리적·화학적 원리를 따라 움직이면서 다른 한편으로 생명체의 뚜렷한 속성을 설명해 주는 법칙과 실재를 찾는 노력으로 나타나게 되었다. 속성상 이러한 기계론적 모델은 생명현상을 이해하기 위해 생명체를 그 구성성분으로 쪼개어 내려가는 환원적 접근을 특성으로 하여 전개되었고 이는 근대 생물학의 발전과 20세기 분자생물학의 발전을 가능하게 했다. 아마도 생물학 분야에서 처음 찾아낸 모든 생명체에 적용할 수 있는 일반화된 법칙은 19세기 현미경의 발견으로 제시된 '세포이론(cell theory)'이었다. 동물, 식물 등 모든 생명체는 세포로 이루어져 있다는 것이다. 그 후 세포의 기능을 이해하려는 노력이 현대 생물학의 핵심 질문이 되었다. 또한 지구상 모든 생명체의 출현 방법을 설명하는 다윈의 진화론이나 생명체의 가장 핵심적인 특징인 유전 현상을 수학적으로 설명한 멘델의 유전 법칙도 모두 이러한 세계관과 접근 방식을 통해 가능했었다.

생물학의 관점에서 20세기를 한 단어로 요약하면 '유전자의 세기'였다고 이야기할 수 있을 것이다. 20세기에 들어서며 기계론적 세계관의 관점에서 생명체 안에서 물리적·화학적 원리를 따라 움직이며 생명체의 뚜렷한 속성을 설명해 주는 실체로서 유전자가 발견되었다. 또 유전자를 이루는 물질인 DNA의 발견과 그의 화학적 구조를 밝히는 연구가 이어졌고, 유전자 작동 방식에 대한 연구가 가속화되어 분자생물학의 시대를 열게 되었다.

분자생물학은 말 그대로 분자 수준에서 생물체의 작동 방식을 연구하는 접근으로 유전적 코드와 유전자의 발현을 조절하는 방식을 제시했다. 이러한 기계론적 환원적 접근의 성공으로 우리는 '센트럴 도그마(central dogma)'라고 불리는 'DNA를 정보로 이를 mRNA 형태로 읽어내고 이를 주형으로 유전적 코드에 따라 단백질을 합성한다'는 모든 생명체가 생명의 기능을 수행하는 단선적 원리를 성공적으로 규명해 낼 수 있었다. 이러한 발견은 물질 수준에서 생명의 작동 법칙을 밝힌 놀라운 결과였고 분자생물학을 연구하는 과학자들은 곧 생명의 법칙을 모두 밝혀낼 수 있으리라는 자신감에 차게 되었다. 환원적 접근인 분자생물학을 통해 생명의 비밀을 밝혀낼 수 있을 것이라는 자신감은 자크 모노(Jacques Monod)의 『우연과 필연』에도 잘 표현되어 있다. 그는 "생명의 비밀이 밝혀진다고 하는 것은 화학적 구성의 수준에서의 작업이다. 만일 우리가 화학적 서열뿐만 아니라 조립되는 법칙까지도 언급할 수 있다면, 생명의 비밀은 공개적으로 선언될 것이며 논쟁의 종지부를 찍을 수 있을 것이다"라고 말했다(Monod, 1974).

기계론적 환원주의 방법론을 기반으로 한 20세기 분자생물학의 발전은 다윈의 진화론을 입증했고, 지구의 모든 생명체가 모두 DNA라는 동일한 유전 정보로부터 동일한 방법으로 생명을 유지함을 밝혔다. 분자생물학이 제공한

DNA 염기의 1차원적 배열 순서가 생명의 정보를 모두 담고 있고 이들이 유전자 스위치와 암호를 구성하여 단백질을 합성하고 기능을 수행한다는 단순하고 선형적인 생명체 작동 방식에 대한 이해는 인간 유전체 정보 전체를 읽어내고자 하는 욕망을 가속화했다. DNA 염기배열 순서에 의해 생명체가 작동한다면 배열된 DNA 정보 전체를 읽어내면 작동 방식을 이해할 수 있을 것이라는 기대가 증폭되었기 때문이다. 그리고 이 기대는 현실화되어 인간의 유전정보 전체의 염기서열을 읽어내는 '인간 유전체 프로젝트(Human Genome Project)'가 1990년 시작되었고 2003년 종결되었다. 인간 유전체 프로젝트의 결과로 우리는 인간의 유전정보가 30억 염기쌍으로 구성되고 그중 유전자는 1% 정도로, 인간은 지렁이와 비슷하게 2만 개가 조금 넘는 수의 유전자를 가지고 있다는 것을 알게 되었다.

인류는 인간 유전체의 암호를 전부 읽어내면 생명현상의 본질을 이해할 수 있을 것이란 희망을 품고 이 프로젝트를 진행했다. 이런 희망 속에서 한때 유전체 프로젝트가 생명의 청사진을 규명하는 작업으로 불리기도 했다. 그러나 21세기에 들어서면서 종결된 프로젝트는 기대와는 달리 우리에게 생명의 정보가 어떻게 작동하는지에 대한 답을 줄 수 없었다. 우리는 생각했던 것과는 달리 유전체와 그 안에 저장된 유전정보가 생각보다 훨씬 더 정교하고 섬세하게 조절되고 있음을 알았다. 그리고 이제야 '어떻게'에 대해 질문하기 시작했다. 유전체의 고작 1% 정도에 불과한 유전자를 위해 유전체 대부분을 차지하는 DNA 염기서열과 이들이 만들어내는 다이내믹한 3차 구조가 스위치로 작동될 수 있다는 것을 알게 되면서 유전자가 아닌 다양한 조절 스위치에 대한 이해가 결국은 생명현상의 핵심을 이해하기 위한 질문임을 막 깨우쳤다 (송기원, 2018: 228~229). 또한 이러한 스위치의 조절에 DNA 염기서열에 쓰인 정보뿐 아니라 후성유전학(epigenetics)이라고 불리는 다양한 환경적 요소와의 상호작용이 매우 중요함이 밝혀지기 시작하면서 유전자에 의한 결정론이 퇴색되었다.

　나는 개인적으로 인간 유전체 프로젝트의 완결이 생명과학의 발전 과정에 여러 가지 중요한 전환점이 되었다고 생각한다. 가장 중요한 사실은 더 이상 단순한 유전자라는 물질의 기능 연구만으로는 생명체의 작동 원리를 이해할 수 없다는 것을 알게 되었다는 것이다. 즉, 생명체의 작동 방식을 이해하기 위한 기계론적이며 환원적 접근만으로는 한계에 달한 것으로도 볼 수 있다. 유전체 프로젝트 이후 포스트 게놈 시대는 이러한 한계를 극복하기 위해 생명과학 연구 방법에서 큰 변화를 가져왔다. 생명체를 시스템으로 인식하고 통합적으로 생명현상을 이해하려는 시도가 시작되었고, 생명체를 각각의 구성 부분들이 가지고 있지 않은 전체의 특성으로 파악하려는 시스템 생물학(systems biology)이 본격화되었다. 또, 포스트 게놈 시대를 맞으며 다양한 생명체의 막대한 유전체 정보가 축적됨에 따라 인간 유전체 프로젝트 이후의 생명과학 연구는 데이터 및 컴퓨터공학과 연계하여 전체 생명체의 구성 시스템과 이들의 상호 관계 네트워크를 이해하려는 거시적 접근으로 바뀌어가고 있다. 인간 유전체 프로젝트의 결과로 우리는 생명체를 이해하기 위해 기존의 기계론적인 근대의 세계관에서 관계성 속에서 전체를 조망하는 새로운 세계관으로의 전환이 필요함을 깨닫게 된 것이다.

4. 합성생물학 시대의 도래

　인간 유전체 프로젝트의 또 다른 기여나 결과는 생명체의 유전정보 전체인 유전체 DNA를 읽어내는 기술을 비약적으로 발전시켰다는 것이다. 21세기에 들어서며 인간을 포함한 다양한 생명체의 유전체를 아주 적은 비용으로 쉽고 빠르게 해독할 수 있게 됨에 따라 생명체를 정보로 인식하는 유전체 시대가 열리게 되었다. 이렇게 빠르게 축적되는 유전체 정보를 기반으로 인간의 의도에 따라 인간 자신을 포함한 생명체를 설계하고 제작하는 새로운 시대로 들어서게 된 것이다. 일반 대중은 아직 유전체 변형 생물체인 GMO에 대해서도 그 두려움을 해소하지 못하고 있지만 생명과학은 2003년 인간 유전체 사업이 끝난 이후부터 발전 속도가 더 빨라지면서, 인간이 생명체를 설계하고 필요한 형태로 만들어내는 '합성생물학'의 시대로 옮겨가고 있다. 합성생물학이란 생명체의 기본 구성단위인 유전자 수준부터 직접 설계하고 합성해 하나의 온전한 생명체나 세포 소기관, 단백질들로 구성되어 있는 생체 시스템을 만들어내는 것을 통칭한다(김웅빈 외, 2017: 16~46). 즉, 인간이 생명체를 지적으로 설계하는 새로운 시대가 시작된 것이다.

또한 처음에는 세균에서 시작했지만 그 대상도 점차 복잡한 생명체로 변하고 있다. 최근에는 멸종 동물을 재생하거나 여러 생물체의 유전체를 재설계하고, 인간 유전체를 합성해 생명의 작동 방식을 실험하려는 시도가 이어지고 있다. 합성생물학은 "생명의 비밀이 밝혀진다고 하는 것은 화학적 구성의 수준에서의 일이다. 만일 우리가 화학적 서열뿐만 아니라 조립되는 법칙까지도 언급할 수 있다면, 생명의 비밀은 공개적으로 선언될 것이며 생명에 대한 논쟁의 종지부를 찍을 수 있을 것이다"(Monod, 1974)라고 했던 자크 모노의 기계론적 생명론에 대한 확대의 결정판으로도 볼 수 있으며, 궁극적으로 물질에서 생명체로의 생명의 조립 법칙에 대한 이해를 추구한다. 또한 합성생물학은 공학적인 개념을 생물학에 적용하여 생물체의 설계를 통해 현재의 생물계로서는 할 수 없는 일을 수행할 수 있도록 재설계 과정을 거쳐 생물체나 바이오시스템을 만드는 것을 목적으로 하고 있다(Endy, 2005: 449~453). 즉, 자연 세계에 존재하지 않는 생물의 구성 요소와 시스템을 설계하고 제작하거나 자연 세계에 이미 존재하는 생물 시스템을 재설계해 새로이 제작하는 분야이다. 이러한 관점에서 합성생물학은 '생명체를 합성해 내는 학문'으로 인간이 조물주의 영역에 가장 가깝게 다가가려는 시도로도 해석될 수 있다(송기원, 2018: 23~32).

2003년 '인간 유전체 정보를 모두 읽어내자'라는 목표로 시작되었던 인간 유전체(게놈) 프로젝트가 종료되자 이 프로젝트를 주도했던 과학자 중 한 명인 크레이그 벤터(Craig Venter)는 게놈 프로젝트의 여운이 가시기도 전에 '합성생물학'이라는 새로운 개념을 이야기했다. 벤터 박사는 유전체 프로젝트에 이어 인류가 성취해야 할 생명과학의 다음 목표로 생명체의 정보인 DNA 수준부터 인간이 직접 디자인하여 생명체를 '조립해 내는' 합성생물학을 제시했다. 그가 제시한 합성생물학의 개념은 생명체에서 유전자 몇 개를 바꾸는 기존의 유전자 재조합 기술과는 차원이 다른 수준이었다. 이제 인간이 다양한 생명체의 유전자를 다 읽어낼 수 있는 능력을 갖게 되었으니, 역으로 유전정보를 조립하여 새로운 생명체를 만들어내는 것도 가능하게 될 것이라 주장한 것이다(김응빈 외, 2017: 18~46).

크레이그 벤터는 합성생물학을 실현하기 위해 2006년 자신의 이름을 딴 유전체 연구기관을 설립하고 2010년 5월 '화학적 합성 유전체에 의해 제어되는 세균 세포의 창조'라는 제목의 논문을 ≪사이언스(Science)≫에 발표했다. 이 논문은 합성된 유전체 정보만으로 유지되는 새로운 생명체를 만들었다는 내용을 담고 있다. 미코플라스마 미코이데스(Mycoplasma mycoides)라는 동물의 장(臟) 속에 기생하는 아주 적은 수의 유전자(약 530개 정도)를 갖고 있는 세균의 유전체를 인공적으로 합성한 후 이를 이 세균에 이식시키고 원래 가지고 있던 유전체는 제거함으로써 합성된 유전체 정보만으로 유지되는 새로운 생명체(Syn 1.0)를 만들었다고 발표한 것이다. 이렇게 만들어진 세균은 생명의 가장 큰 특징인 자기복제에 의한 재생산과 대사 등 정상적인 생명체로서의 기능을 수행할 수 있었다. 이로써 데이터베이스의 유전정보를 이용하여 생명체를 디자인하고 디자인에 따라 유전체를 합성하여 생명현상이 유지되도록 생명체가 조립되는 새로운 시대가 열리게 되었다(김응빈 외, 2017: 18~46).

벤터 그룹은 이 연구를 더 발전시켜 2016년 Syn 1.0의 유전체 크기를 반으로 줄이고 유전자를 채 500개도 갖지 않은 생명체를 만들었다고 다시 ≪사이언스≫에 발표했다. 생존 생명체 중 유전자 수가 가장 적은 생명체를 만든 것으로, 이 연구로 생명체를 구성하고 생명을 유지하기 위한 최소의 유전정보와 유전자 수를 밝혀냈다(송기원, 2018: 28~32). 이러한 합성생물학의 시도는 여러 과학자들에게 확대되어 벤터 박사의 예측대로 생명과학의 주 연구 분야가 되었다. 2016년 인간 유전체 전체를 합성해 작동을 시험하는 것을 목표로 하는 인간 유전체 프로젝트 쓰기(human genome project-write)가 시작되었다. 2018년에는 인간 세포와 동일한 진핵세포인 효모의 16개 염색체에 나뉘어 있던 유전체 전체의 정보를 합성하여 염색체 1개나 2개로 이어 붙여도 생명현상이 그대로 유지됨을 보였다(송기원, 2018: 94~98). 이런 효모를 기존 효모와 같은 종으로 인정해야 할지 아닐지 여전히 학계에서 논란이 되고 있다. 또한 최근에는 기존 생명의 작동 법칙을 인위적으로 뛰어넘으려는 시도가 성공했다는 보고가 이어지고 있다. 예로 2019년에는 4메가베이스(megabase)의 유전체를 갖는 대장균인 *E. coli*의 유전체 전체를 합성하고 기존 유전자 코드 등을 임의로 편집하여 생명현상이 그대로 유지됨을 보였다(Fredens et al., 2019).

과학자들이 합성생물학 연구를 통해 지향하는 것은 무엇일까? 한 문장으로 합성생물학의 목적을 정의하기는 힘들다. 왜냐하면 '합성생물학'이라는 단어 아래 다양한 지적 기반을 가진 연구자들이 서로 다른 목적을 가지고 합성생물학 연구를 수행하고 있기 때문이다. 그러나 크게 세 가지로 합성생물학의 방향성과 목적을 정리해 볼 수 있다.

크레이그 벤터로 대표되는 첫 번째 접근은 합성생물학을 이용해 지구에서 처음으로 생명체가 탄생한 그 비밀을 밝히겠다는 것이다. 즉, 어떻게 물질에서 생명으로 급격한 변화가 가능했는지의 과정을 이해해 생명의 본질을 밝혀내는 것을 목적으로 한다. 실제로 크레이그 벤터 연구 그룹은 최초의 합성생물체 Syn 1.0을 만들면서 그 합성 유전체의 염기서열 내에 연구에 참여한 연구원 전원의 이름과 물리학자 리처드 파인만이 죽기 전 남겼다는 경구 "What I can not create, I do not understand(만들 수 없는 것은 이해하지 못한다)"를 새겨 넣었다. 이 경구가 크레이그 벤터가 추구하는 합성생물학의 목적을 한 문장으로 요약하고 있다. 만들 수 없는 것은 이해하지 못한 것이므로 생명체를 진정으로 이해하기 위해서는 이를 인공적으로 만들어보아야 한다는 것이다. 합성생물학을 통해 궁극적으로 생명체에 대한 완벽한 근본 지식을 얻겠다는 의도이다. 실제로 크레이그 벤터는 그의 자서전 『인공생명의 탄생(Life at the Speed of Light)』에서 "나는 진정한 인공생명을 창조해서 우리가 생명의 소프트웨어를 이해하고 있다는 사실을 보여줄 생각이다"(벤터, 2018)라고 말했다. 이러한 목적으로 합성생물학 연구를 수행하고 있는 과학자들은 화학물질에서 시작해 생명체의 구성 요소를 만들고 더 나아가 궁극적으로 생명체까지 만들어가는 과정을 통해 생명의 작동 원리를 밝히고자 하는 것이다.

합성생물학에 대한 두 번째 접근은 생명체와 그 구성단위인 세포를 하나의 복잡한 기계장치로 바라보는 인식에서 시작한다. 공학자 그룹이 중심이 된 접근 방법이다. 실제로 생명체는 굉장히 높은 에너지 효율성을 가지고 있으며 복잡한 구조의 화합물을 효과적으로 생산해 내는 생체반응 경로를 가지고 있다. 이들은 생명체의 이런 장점을 이용하여, 생명체를 디자인해 인간이 원하는 기능을 수행하게 하거나 원하는 물질을 만들어내는 것을 목표로 합성생물학을 연구하고 있다. 이 목적의 합성생물학은 생명체를 'DNA라는 소프트웨어가 담긴 유전자 회로로 구성된 하나의 기계' 정도로 인식하고, 생명체의 부품들을 직접 만들어 이 세포라는 기계를 재조립하고, 또 기계에서 필요한 부품들만을 꺼내어 새로운 장치를 만드는 데 관심을 두고 있다. 즉, 이들은 '가장 효율적인 유전자를 이용한 생산 설비의 구축'을 목표로 한다. 세포를 생산 공장으로 이용하겠다는 것이다. 이런 시도는 막대한 경제적 가능성으로 화학, 식품, 의약품, 재료 등 모든 분야에서 현재 무한히 확대되고 있으며, 세포로 공장을 대치하려는 시도가 가속화되고 있다. 현재 의약품 생산, 환경오염 물질 제거, 에너지 생산 등 인간의 다양한 목적대로 재디자인된 생명체를 이미 개발했거나 개발 중에 있다. 이러한 합성생물학의 추세는 공장 중심의 대량생산이라는 근대의 산업 개념을 통째로 바꾸고 있으며 미래의 산업구조를 개편할 동력으로의 기능을 수행하며 그 영역을 무한히 확대하고 있다.

세 번째로는 기존의 생명체와는 다른 특성을 갖는 새로운 생명체를 만들어 내고자 하는 접근이다. 지구상의 모든 생명체는 기본 생체분자의 구성 성분, 염기서열의 구조 및 20세기 생명과학이 밝혀낸 '센트럴 도그마' 등 많은 특성들을 공유하고 있다. 이 진영의 연구 목적은 이런 현재의 생명현상 유지 기전에서 벗어나는 완전히 다른 생명체를 만들고자 하는 것이다. 즉, 지구상의 생명체들과는 다른 화합물로 이루어진 생명체를 직접 디자인하고 만들어내려는 시도이고 현재 성과가 조금씩 축적되고 있다. 최근에는 기존 네 종류의 염기에 더하여 인위적인 두 종의 염기를 DNA 유전정보로 갖는 반인공적(semi-synthetic) 생명체를 만들었고(Zhang et al., 2017.2.7), 이 정보들를 인식하여 생체 기능을 수행하는 단백질로 만들기 위해 필요한 세포 내 존재하는 mRNA, tRNA, 리보솜(ribosome)을 모두 인위적으로 만들어 성공적으로 생명체를 작동시켰다는 보고가 있었다(Zhang et al., 2017.11.30). 이렇게 반인공적 생명체를 만들어 지구 생명체와 다른 화합물로 생명을 유지시킬 수 있는 생명체를 디자인하는 연구를 진행하고 있는 과학자들은 이런 시도로 생명체의 유전정보의 양을 늘릴 수 있고 이것이 새로운 형태와 기능의 생명체를 만들어내는 플랫폼이 될 것으로 예측하고 있다. 이러한 시도는 NASA에서 진행하고 있는 지구와 물질 구성이 다른, 지구가 아닌 행성이나 위성 등의 환경을 지구와 비슷하게 만들기 위해 인공 생태계를 구성하여 인간이 살 수 있도록 만들고자 하는 테라포밍 계획의 일부로도 진행되고 있다. 지구가 아닌 곳에서 생명현상이 가능할 수 있는 생명체를 만들어내려는 것이다. 이러한 연구는 앞으로 생명에 대한 정의를 근본부터 바꾸어놓을 수 있는 연구이며 미래에 큰 영향력을 행사하게 될 가능성이 높다.

5. 크리스퍼 유전자 가위 기술에 의한 유전체 교정·편집[1]

2013년부터 과학계에서 확산되기 시작한 크리스퍼(CRISPR) 유전자 가위 기술은 생명체의 유전체를 아주 쉽게 교정·디자인·변형할 수 있게 해주는 기술로 합성생물학의 추세에 기름을 붓고 불을 붙이는 효과를 가져왔다. 2013년 이후 모든 생물체에서 그 유전정보 전체인 유전체 내 특정의 유전정보를 마음대로 교정하거나 편집할 수 있는 'CRISPR-Cas9'이라고 불리는 유전자 가위 기술이 빠르게 확산되어 대부분 생명체에 성공적으로 적용되었거나 현재 적용이 진행 중이다. 한 단어로 CRISPR-Cas9을 정의하자면 유전체 내에서 원하는 특정 유전자 부위만을 선택적으로 자를 수 있도록 해주는 특이성이 탁월한 유전자 가위이다. 이 유전자 가위는 유전체 내에서 자르고자 하는 유전자 부위를 지정하는 역할을 하는 CRISPR 유전자와 실질적으로 유전자를 자르는 가위 역할을 하는 Cas9 단백질로 구성되어 있다.

합성생물학을 비롯한 생명과학·생명공학 분야에서 유전자 가위는 굉장히 중요한 방법적 위치를 차지하는바, 이는 외부로부터 유전체 내로 원하는 유전자를 도입하거나 생명체가 원래 가지고 있는 유전자를 잘라내는, 혹은 다

---

1   이 절은 송기원(2018; 101~179쪽)을 수정·보완한 것이다.

른 유전자로 바꾸는 과정을 쉽게 가능하게 하여 유전체 내에서 유전자 정보가 개편된 새로운 유전형질을 가지고 있는 생명체를 손쉽게 제작할 수 있게 해주기 때문이다. 이 기술은 분자생물학적 연구에만 제한되어 사용되지 않고 이미 세균부터 곤충, 다양한 동식물, 사람에 이르기까지 적용되지 않은 생물체가 없을 정도로 많은 생물체에서 다양한 목적으로 적용되고 있다. 또한 2017년 7월에는 크리스퍼 유전자 가위 기술을 인간의 수정란에 성공적으로 적용했다는 논문이 발표되었고, 2018년 11월에는 중국의 과학자가 이 기술을 인간 수정란에 적용시켜 쌍둥이 여아가 탄생했다는 보고가 있었다. 즉, 올더스 헉슬리(Aldous Huxley)가 1932년에 쓴 공상과학 소설 『멋진 신세계(Brave New World)』나 1997년 공상과학 영화 〈가타카〉, 1993년 공상과학 영화 〈쥬라기 공원〉 등에서 등장하던 생명과학 기술이 기술적으로는 현실화된 세계를 우리가 마주하게 된 것이다. 현재 유전자 교정이나 편집을 인간 수정란에 적용하는 기준이 세계적으로 과학계의 가장 중요한 화두로 떠오른 상태이다.

6. 기계로 확장되는 인간

현대 생물학이 아직 풀지 못한 두 가지 근본 질문이 있다. 하나는 앞에서 언급한 '어떻게 물질에서 생명체가 만들어졌는가'이고 이 질문에 대한 답을 찾고자 하는 시도가 현재 합성생물학을 중심으로 진행되고 있다고 이미 기술했다. 두 번째 질문은 '어떻게 물질로 이루어진 생명체에서 의식이 생겨나게 되었는가'이다. 20세기 이후 꾸준히 발전해 온 심리학과 인지과학의 발달은 인간의 정신이나 마음으로 표현되던 의식을 뇌의 작동 방식과 호르몬과 신경 전달물질 등 물질의 환원적 작동 방식으로 이해하고자 하는 연구를 가속화시켰다. 현재 생명체에 대한 이해와 연구는 이제 유전체를 지나 뇌에 대한 연구로 빠르게 진화하고 있다. 2013년에 시작된 인간 뇌의 1000억 개 신경세포의 연결망을 이해하기 위한 뇌지도 작성 프로젝트(Brain-Mapping Project)가 15~20년 후 완성을 목표로 진행 중이다.

뇌에 대한 이해와 더불어 급속히 발전하고 있는 인공지능(artificial intelligence: AI)의 기능을 인간의 뇌 기능과 연결하려는 뇌-컴퓨터 접속 장치도 빠른 속도로 발전하고 있다. 뇌-컴퓨터 인터페이스(Brain-computer interface: BCI)라고 일컬어지는 뇌-컴퓨터 접속 장치는 뇌와 컴퓨터의 직접적 소통을 의미한다. 즉, 뇌의 활동이 컴퓨터에 직접 입력되어, 마우스나 키보드 같은 입력장치가 없이도 컴퓨터와 소통할 수 있는 장치를 말한다. 뇌가 운동신경을 통해 근육을 움직이지 않고도 순수한 뇌 신호만으로 컴퓨터나 주변 기기들을 제어해 인간의 의도대로 작동할 수 있게 하는 것이다. 이는 다양한 사고 등으로 운동신경에 장애가 있는 환자들에게 매우 유용한 기술이 될 것이며, 상용화되면 일반인의 인지나 학습, 생각만으로 먼 곳에 있는 기기를 작동시키는 등 공상과학영화에서나 볼 수 있었던 것들이 가능해지면서 삶에 큰 변화를 가져올 수 있다. 이제는 생명이 자극에 반응하는 것이 아니라 생명체로 인식된 자극에 의해 기계가 반응하는 세상을 향해 가고 있는 것이다(송기원, 2014: 237~258).

우리는 이제 더 이상 노화와 죽음이 자연현상이 아니라 치유되고 극복되어야 할 병리현상으로 인식하는 사회에 살게 되었다(싱클레어·러플랜트, 2020: 24~38). 이런 현상의 단적인 예가 바로 구글에 의해 설립된 인간의 영생을 꿈꾸는 바이오테크 회사인 캘리코(Calico)에 의해 수행되고 있는 길가메시 프로젝트(Gilgamesh Project)이다. 인간의 수명 연장에 대한 욕망은 손상되었거나 상실된 신체 일부의 기능을 대신할 수 있는 '프로스시시스(prosthesis)'라고 불리는 인공장기 및 인공 신체의 발달에 의해 더욱 그 실현 가능성에 탄력을 받고 있다. 이 기술은 단지 장애가 발생한 신체의 기능을 기계가 대치하는 단계를 넘어 인간에게 존재하지 않는 새로운 기관을 인간에 연결하여 인간의 물리적 기능이 확장되는 시대를 향해 빠르게 질주하고 있다.

7. 맺는말 : 질주하는 생명 과학과 기술이 던지는 질문

서두에 언급한 것처럼 세계관은 우리의 사고 체계를 형성하고 과학을 탐구하는 방법을 결정하기도 하지만, 역으로 하이데거가 간파한 대로 현대의 기술은 우리의 존재와 사고 체계의 틀을 형성(enframing)한다. 이 글은 생명체의 정의로 시작했다. 그리고 합성생물학 및 유전자 가위 기술을 이용한 인간을 포함한 생명체의 재설계와 유전체 편집, 뇌과학, 뇌-컴퓨터 접속 장치 및 인공 장치 등을 통한 인간의 확장 등 새로운 생명과학 지식과 기술에 대해 논의했다. 생명체의 정의를 글 서두에 언급한 것은 필자가 개인적으로 생명체에 대한 지식과 기술이 확장될수록 생명체를 정의하는 것이 더 어려워짐을 느끼기 때문이었다. 이 글에서 논의했던 합성생물학, 유전자 가위 기술을 이용한 생명체의 유전체 편집 등의 생명과학 기술의 발달과 그 속도는 생명이란 무엇인가, 생명체와 물질의 관계는 어떻게 설정되어야 하는가, 우리가 생명체를 어떤 가치관과 세계관 속에서 바라보아야 하는가 등을 우리에게 질문하고 있다. 또한, 뇌-컴퓨터 접속 장치 및 인공 신체를 통한 인간의 인지적·물리적 능력의 확대는 종(種)으로서의 인간의 정체성에 대해 질문을 던지고 있다. 이러한 생명을 대상으로 한 새로운 기술은 우리를 어떤 존재로 형성하고 우리에게 어떤 사고의 틀을 만들어가고 있는 것일까?

생명과학과 기술의 발달은 가까운 미래에 기술을 통해 인간의 기본 능력이 무한히 확장되고 생로병사가 극복되어, 인류가 현재의 인간의 능력을 넘어선 존재가 되는 것이 가능할 것임을 시사한다. 이러한 인류를 '포스트휴먼(posthuman)'이라고 부르고(Bostrom, 2003: 493~506), 이러한 경향 또한 아이러니하게도 '포스트휴머니즘(post-humanism)'으로 불린다. 근대의 인간 중심에서 벗어나려는 새로운 세계관인 포스트휴머니즘과 구분하기 위해 '트랜스휴머니즘(trans-humanism)'이라고 불리기도 한다. 트랜스휴머니즘을 옹호하는 맥스 무어는 트랜스휴머니즘은 "생명을 촉진하는 원리와 가치들의 인도를 받아 과학과 기술의 수단을 이용해 현재의 인간 형태와 한계를 뛰어넘어서 지적인 생명의 진화를 계속하고 가속화하고자 하는 생명에 대한 철학의 집합"이라고 정의한다. 포스트휴먼 논의를 촉발했던 닉 보스트롬은 "중요한 것은 '현재의 인간 종 혹은 인간이 어떠한 존재인가'가 아니라 앞으로 어떤 존재가 될 수 있는가"라고 이야기한다(Bostrom, 2005: 202~214). 그러나 프랜시스 후쿠야마는 생명공학의 눈부신 발전은 인간의 본성마저도 변화시킬 수 있는 엄청난 영향력으로 인간을 인간으로 만들어주는 우리의 본질을 위협하며, 더 이상 인간이 아닌 인간의 후예, 즉 포스트휴먼의 새로운 역사를 예고한다고 하면서(Fukuyama, 2003), 포스트휴먼의 위험성을 경고하고 있다. 우리 자신을 포함한 생명체를 대상으로 하는 기술 앞에서 우리가 '욕망' 이외에 인간을 인간으로 만들어주는 본질이라고 특징 지을 수 있는 것이 있는지 자문하게 된다. 모든 생명체의 지적 설계자가 된 인간이 욕망하는 것은 무엇이며, 인간은 어떤 존재여야 하는지 질문하지 않을 수 없다.

참고문헌

김웅빈·김종우·방연상·송기원·이삼열. 2017. 『생명과학, 신에게 도전하다: 5개의 시선으로 읽는 유전자가위와 합성생물학』. 동아시아.

마투라나, 움베르토(Humberto R. Maturana), 프란시스코 바렐라(Francisco J. Varela). 2007. 『앎의 나무: 인간 인지능력의 생물학적 뿌리』. 최호영 옮김. 갈무리.

벤터, 크레이그(Craig Venter). 2018. 『인공생명의 탄생: 합성생물학은 어떻게 인공생명을 만들었는가』. 김명주 옮김. 바다출판사.

송기원. 2014. 『생명: 그 아름다운 비밀에 대해 과학이 들려주는 16가지 이야기』. 로도스.

_____. 2018. 『송기원의 포스트 게놈 시대: 생명 과학 기술의 최전선, 합성 생물학, 크리스퍼, 그리고 줄기 세포』. 사이언스북스.

싱클레어, 데이비드 A.(David A. Sinclair)·매슈 D. 러플랜트(Matthew D. Laplante). 2020. 『노화의 종말: 하버드 의대 수명 혁명 프로젝트』. 이한음 옮김. 부키.

Bostrom, Nick. 2003. "Human Genetic Enhancement: A Transhumanistic Perspective". *Journal of Value Inquiry,* Vol.37, No.4, pp.493~506.

_____. 2005. "In Defence of Posthuman Dignity." *Bioethics,* Vol.19, No.3, pp. 202~214.

Capra, Fritjof and Pier Luigi Luisi. 2014. *The systems View of Life: A Unifying Vision.* Cambridge University Press, pp.129~135.

Endy, Drew. 2005. "Foundations for engineering biology." *Nature,* Vol.438, pp.449~453

Fredens, Julius et al. 2019. "Total synthesis of Escherichia coli with a recoded genome." *Nature,* Vol.569, pp.514~531.

Fukuyama, Francis. 2003. *Our posthuman Future: Consequence of the Biotechnology Revolution.* Picador USA.

Monod, Jacques. 1974. *Chance and Necessity: An essay on the natural philosophy of modern biology.* Fontana/Collins.

Zhang, Yorke·Brian M. Lamb·Aaron W. Feldman·Anne Xiaozhou Zhou·Thomas Lavergne·Lingjun Li and Floyd E. Romesberg. 2017.2.7. "A semi-synthetic organism engineered for the stable expansion of the genetic alphabet." *Proceeding of the National Academy of Sciences of the United States of America(PNAS).* Vol.114, No.6, pp.1317~1322.

Zhang, Yorke·Jerod L. Ptacin·Emil C. Fischer·Hans R. Aerni·Carolina E. Caffaro·Kristine San Jose·Aaron W. Feldman·Court R. Turner and Floyd E. Romesberg. 2017.11.30. "A semi-synthetic organism that stores and retrieves increased genetic information". *Nature* Vol.551, pp.644~647.

제4장

생명의 자기반성력,
섭동하는 몸

최종덕 | 독립 학자; philonatu.com

인간의 몸은 인간의 정신을 표현하는 가장 훌륭한 그림이다.

– 비트겐슈타인, 『철학적 탐구』, II iv

1. 들어가는 말: 몸과 생명

1) 몸과 생명에 대한 철학적 이미지

'몸의 철학'의 원조는 논란의 여지없이 메를로퐁티의 『지각의 현상학』(1945) 이다. 데카르트 실체론 철학을 비판하면서 시작하는 『지각의 현상학』 1부 '신 체론'에서 '대상화된 신체'와 '기계론적 생리학의 신체'의 개념적 도구를 거부 하고 새로운 신체관을 제시했다. 기계론을 거부하는 철학으로 출발한 메를로

퐁티의 신체관이 실존주의와 포스트모더니즘의 지적 파도를 타더니 급기야 고전과학을 대신하는 새로운 과학과 합리성에 대한 대안으로까지 확산되었다. 『지각의 현상학』이 류의근에 의해 한국어로 처음 번역된 것은 2002년인데, 당시 번역서에는 '몸'이라는 단어가 나오기 전이며 "신체"라는 말이 사용되었다. 이후 조광제 등에 의해 '몸'이라는 단어로 대치되면서 "몸의 철학"이라는 메타포가 문학, 예술, 미학계에 선풍적인 인기를 얻게 되었다. 이후 '몸'이라는 단어는 새로운 이미지를 획득하게 되었다. 데카르트의 기계론적 신체관을 비판하면서 신체지만 신체가 아닌 듯한 의미가 '몸'에 부여되었다. 그래서 마치 신체라는 단어와 전혀 다른 표현인 양 행세하게 되었다. 모호한 느낌의 수준에서 왠지 과학이 넘볼 수 없는 인간적인 멋, 왠지 이성으로는 건드릴 수 없는 삶의 깊은 맛, 왠지 현미경 측정으로는 턱도 못 차는 실존의 풍요로움을 '몸'이라는 용어가 포괄적으로 담고 있는 듯 여겨졌다. 단어의 이미지가 단어의 내용을 변동시킨 사례로 여겨진다. 『지각의 현상학』 일본어판은 1974년 다케우치에 의해 출간되었는데, 지금까지도 일본 철학계와 지식사회에서는 여전히 '신체(身体)'라는 말을 쓰고 있으며, 우리말 몸에 해당하는 '가라다(からだ)'라는 말을 쓰지 않는다. 그래서 그런지 일본 지식인의 철학적 상상력의 파급력은 몸의 철학이 갖는 한국인의 철학적 이미지만큼 크고 넓지 않은 듯하다.

생명이라는 단어 역시 몸과 같은 문화변동의 역사를 담고 있다. 앙리 베르그손(Henri Bergson)과 조르주 캉길렘(Georges Canguilhem), 그리고 들뢰즈(Gilles Deleuze)의 생명철학이 한국 지식사회에 널리 퍼지기 전부터 국내에서는 독특한 차원의 생명철학이 존재했다. 그것은 '생명사상'이다. 전통 동학사상과 함석헌의 씨알사상, 그리고 김지하의 생명론과 생명운동가인 장일순의 근대 협동조합 운동으로 연결된 지식운동이 '생명사상'이라는 이름으로 묶여졌다. 한국 사회만의 독특한 생명사상은 1970년대 독재 권력에 맞서 개인과 사회의 생명을 살리자는 실천사상이다(최종덕, 2016: 11장). 이는 마치 미셸 푸코(Michel Foucault, 1926~1984)의 생명정치와 조선 동학 사상의 결합체에 비슷해 보인다. 푸코 생명정치에서 말하는 '생명의 철학'은 정확히 정의되는 단일개념은 아니지만 최소한 '생명의 과학'과 다른 범주여야 한다는 당위성을 갖고 있다. 이렇게 '몸의 철학'과 '생명사상'이 갖는 기존 이미지는 마치 현대 과학을 거부하는 듯한 정서를 갖고 있다. 그래서 많은 인문학자들도 과학에 대한 비판을 할 때 물리과학이 아니라 생물학 분야를 겨누는 경우가 많다.

몸의 철학을 신비한 이미지에서 벗어나도록 해야 한다는 것이 필자의 논지다. 그래야만 과학과 건강한 소통이 가능해지기 때문이다. 예를 들어보자(송기원, 2018: 6~7부). 배아복제에서 최근 크리스퍼 유전자 편집 기술에 이르기까지 논란이 되고 있는 분야에서 윤리적 반성이 반드시 필요하다. 윤리적 반성이 실질적인 변화로 이어지려면, 첫째, 미래 과학에 대한 막연한 공포심을 떨궈내야 하며, 둘째, 생명과학의 발전을 거부하거나 비난만 해서는 안 될 것이다. 다른 물리과학의 역사와 다르게 생기론이나 우생학이 근대유럽사 막바지까지 횡행했었다는 점을 볼 때 생명과학 분야에서 과학기초론 논의가 더 깊이 더 신중히 더 넓게 그리고 더 대중적으로 다뤄져야 한다.

2) 전개 방법과 내용

이런 관점에서 신비주의와 주관적 상상력을 배제한 몸과 생명의 철학을 전개하려 한다. 논제 방법론은 자연주의 인식론을 기초로 하며, 글쓰기 서술 방법론은 다음과 같다. 첫째, 여기서 다루는 몸과 생명의 담론은 철학의 논점이지만 과학의 논거를 중시한다. 둘째, 추상적 형이상학의 접근 대신에 구체적인 연구 사례 기반 위에서 기술한다. 셋째, 분석적 논증으로 구성된 논문 양식이 아니며 사례 중심으로 몸의 사유를 전개한다. 넷째, 몸의 과학과 몸의 철학을 연합하여 하나의 줄기로 구성한다.

글의 내용과 전개는 ① 몸의 공감성, ② 몸의 공존성, ③ 몸의 자기위치성, ④ 몸의 가소성, ⑤ 몸의 현상학으로 구성했고, 섭동하는 몸의 특징을 통해 생명의 철학적 의미를 기술한다. 에필로그 삼아 인간 진화의 소산물인 생명의 자기반성력을 언급한다.

2. 공감하는 몸

1) 공감의 의미

동물의 투명한 감정(emotion)과 달리 인간의 감정은 숨겨져 있다(베코프, 2008: 44). 거꾸로 말해서 숨겨진 감정 밑 깊숙이 서로에게 투명한 감정의 원형을 찾아볼 수 있다. 여기서 말하는 투명성은 인간의 몸과 연관하여 두 갈래 의미를 갖는다. 욕망의 부정적 입장에서 투명한 감정은 본능을 그대로 노출시키면서 영국 시인 앨프레드 테니슨(Alfred Lord Tennyson, 1809~1892)의 유명한 표현대로 "피 묻은 이빨과 발톱(red in tooth and claw)"이라는 포식자의 무자비성으로 비유된다(Gould, 1992). 거꾸로 긍정적으로 볼 때 감정의 투명성이란 나와 너 사이에 감정 상태를 서로 나눌 수 있다는 공감 능력의 원천으로 비유될 수 있다. 이 점에서 공감(empathy) 능력을 갖는 몸의 특징을 살펴보는 일은 중요하다. 공감이란 측은심(compassion)의 뜻을 포괄하며, 공감하는 몸의 특징은 타자의 감정 상태와 현재의 나의 감정 상태가 서로 교차되는 데 있다(Hoffman, 2000: 4). 특별한 교육 없이도 나의 몸은 선천적으로 타인의 몸에서 우러나오는 동작과 행동으로부터 타인의 감정을 읽을 수 있다. 몸의 감정능력은 감정전염(emotional contagion)이라는 용어로 표현되기도 한다 (Hatfield, Cacioppo and Rapson, 1994). 감정전염은 의식상태만이 아니라 표정과 목소리나 몸동작같이 행동을 흉내 내는 소위 '카멜레온 효과(chameleon effect)'라고 하는 행동의태(mimicry)의 결과이기도 한다(Chartrand and Bargh, 1999). 감정전염과 몸의 행동의태는 사람들 사이에서 상호작용과 소통기능에 도움을 준다는 점에서 그 의미가 크다(Bavelas et al., 1986).

진화 관점에서 감정은 외부 환경의 자극에 대하여 개체 생존에 도움이 되는 방향으로 반응하는 신체적 표현 방식이라고 설명된다. 마찬가지로 공감력도 보상과 처벌의 자극에 따라 반응하는 상호감정으로 설명된다. 혹은 상황에 따라 좋고 싫어하는 자극에 반응하는 뇌의 작용으로 설명되기도 한다(Lazarus, 1991: Chap.2). 현대 인지과학에서 공감은 뇌 발달과정의 소산물로 파악된다. 예를 들어 디세티는 공감을 나의 특수한 상황에서 타자의 관심과 이미지를 취할 수 있는 몸의 인지능력으로 정의한다(Decety and Jackson, 2004). 자기몰두에 빠진 근심을 덜어버리고 타자 지향의 관심을 키우기 위해 타자의 감정 상태를 의식하는 공감 능력은 뇌 발달과정의 소산물로 보는 입장도 있다(de Vignemont and Singer, 2006).

2) 마음이론

공감의 인지과학은 심리학과 철학의 마음이론과 연관된다. 공감의 인지적 측면인 마음이론(theory of mind: ToM)이란 감수적 공조 외에 마음의 추론적 작용을 통해 타자의 마음 상태를 파악하는 작용이다. 마음이론을 처음 제시한 우드러프의 정의에 따르면 마음이론이란 나와 다른 믿음, 의지, 기만, 관점, 지식 등이 남에게도 있다는 것을 이해할 수 있는 능력이다(Premack and Woodruff, 1978). 다른 말로 해서 인간은 다른 사람의 마음에 저마다의 다양한 욕구, 의도, 신념과 정신상태가 있다는 것을 선천적으로 이해할 수 있으며, 이러한 욕구, 의도, 신념, 정신상태가 무엇인지에 관해 어느 정도 정확하다는 확신을 갖고 있다(가자니가, 2009: 71~72).

마음이론의 현상적 근거는 무수히 많은 실험을 통해서 입증되었으나, 그 해부학적 근거는 리졸라티(Giacomo Rizzolatti)의 거울신경 연구 성과에 있다. 2004년 리졸라티의 짧은꼬리 원숭이 실험을 통해 다른 원숭이가 하는 행동(엄지와 중지를 이용한 손 운동)을 보기만 해도 실험 원숭이 뇌 복측 전운동(ventral premoter) 감각뉴런이 활성화되는 경우를 확인했다. 감각과 운동의 이중 기능을 하는 뉴런을 거울뉴런(mirror neuron)이라고 불렀다(Gallese et al., 2004; Rizzolatti et al., 1996). 거울신경을 발견한 초기에는 거울신경세포라는 특정의 국소적 부위를 찾고자 했으나 현재에는 특정 부위가 아니라 뇌의 시스템으로 작동된다는 것을 알게 되었다. 타인의 동작과 행동을 반영하는 특수한 신경세포들의 그룹을 말한다(Rajmohan and Mohandas, 2007). 이후 거울신경이라는 용어 대신에 거울신경계(Mirror-Neuron System: MNS)라는 용어를 사용하여 마음이론을 설명하려고 해왔다(Iacoboni and Dapretto, 2006).

실험심리학에서 거울신경계가 인간에게도 적용될 수 있다는 실험적 추론을 시도하면서, 기존의 마음이론과 거울신경계이론의 병합가능성을 도모했다. 병합이론에 따르면 거울신경계의 의미는 ① 공감능력이 뇌의 작용으로 설명될 수 있다는 점과, ② 자아와 타자 사이의 사회적 관계망의 구체적 연관성을 찾을 수 있다는 데 있다. 그리고, ③ 타자를 경청함으로써 자아를 성숙시킬 수 있다는 철학적 성찰을 포함한다. 즉 타인의 행동 유형을 관찰함으로써 나는 타인의 긍정적인 점을 따라 하고 나의 긍정적 습성으로 발달시키는 일이다. 나아가, ④ 나 자신을 성찰함으로써 사회 인식을 발달시킬 수 있다는 점이다. 나의 행동과 타인의 행동 사이의 신경계적 동등성이 확증되기만 하면 결국 타인에 대한 공감을 통해 나 자신을 알 수 있음을 보여주며, 나아가

나 자신의 성찰을 통해 타자 혹은 사회적 타자들의 사회적 집단을 더 많이 그리고 더 잘 이해할 수 있게 되며, 거꾸로 집단 안에서 나 자신의 행동 유형을 객관적으로 진단할 수 있다고 리졸라티는 말한다(Rizzolatti, 2005).

3) 공감과 도덕감

몸의 공감 능력은 '감춰진 공감 능력'과 '드러난 공감 능력'으로 구분된다. 감춰진 공감력은 공감의 행동을 유발하는 내적 동기가 되지만 반드시 행동으로 표현되는 것은 아니다. 몸의 드러난 공감력은 공감을 느끼고 그 공감에 따라 모종의 행동을 유발하는 그런 공감 능력을 말한다. 몸이 갖는 감춰진 공감력은 직관주의 도덕성의 생물학적 기반이 된다. 예를 들어 맹자(孟子)가 말하는 측은지심은 일종의 감춰진 공감 능력에 해당한다. 몸의 공감은 선천적 능력이지만, 보통은 드러나지 않고 감춰진 의식 상태로 머문다(최종덕, 2016: 50).

몸의 감춰진 공감성은 직관주의 도덕성의 생물학적 기반이 된다. 이를 위해 한스 요나스(Hans Jonas, 1903~1993)의 '공포의 발견술(Heuristik der Furcht)' 개념을 설명해 보자. 요나스에 따르면 악으로 상징되는 욕망과 불의를 접하여 사람은 유혹에 빠지게 된다. 욕망의 유혹이 먼저 떠오르는 것은(in dubio pro malo) 몸의 생물학적 본능에 해당하기 때문이다. 욕망의 악을 의심하기는 하지만 나의 몸은 욕망에 치우쳐 행동하게 될 우려가 높아진다. 그러나 욕망의 유혹이 잘못된 것임을 우리는 본능적으로 느낄 수 있다. 나의 몸은 악을 직면하고는 '앗, 이게 아닌데' 하면서 거꾸로 선을 찾아가려는 다른 본능의 몸이 작동된다는 것이다. 이런 본능의 특성이 바로 요나스 특유의 설명 구조인 '공포의 발견술'이다. 이런 점에서 『책임의 원칙』(1979)이라는 책에서 드러난 요나스는 도덕적 직관주의자이다(요나스, 1994: 2장). 다시 말해서 몸은 도덕적 선과 악의 차이를 선천적으로 안다는 것이다. 이는 자연주의 인식론의 관점이며 나아가 도덕적 직관주의의 한 가지 특징이다. 결국 몸의 공감력은 생명 현상의 근원이며 도덕적 직관주의의 근거이다. 이렇다면 앞서 말한 측은지심이란 '측은함을 느끼는 마음'이 아니라 '측은함을 공감하는 몸'이라고 표현해도 괜찮다.

3. 미생물과 타협하는 몸

1) 팬데믹 위기

코비드-19의 위협은 지속되고 있다. 백신은 나왔지만 여전히 바이러스의 저항도 만만하지 않다. 다른 감염성 질병과 달리 코로나바이러스는 왜 이렇게 오래 지속되는지 사람들은 짜증을 낸다. 초기 발병 이후 2차, 3차 유행기를 거치면서 유럽이나 미국 등 전 세계에서 더 많은 확진자 수 증가로 이어지는 변이 바이러스가 퍼졌다. 변이 코로나바이러스의 대체적인 특징은 치사율이 낮아졌지만 감염성이 더 수월해졌다는 데 있다. 변이 바이러스 진화의 부정적 의미는 기존 백신의 효과가 줄거나 없어질 수 있다는 데 있다. 한편 그것의 긍정적 의미는 치료제나 개발 가능한 어떤 종류의 백신 개발도 따라서 개선될 수 있다는 점이다. 스파이크 당단백질 변이가 일어난 D614G 변이 코로나바이러스는 스파이크 플립 변형으로 숙주세포(비강 상피세포)에 침투를 쉽게 할 수 있어서 전염력이 커질 수 있다. 한편 그런 결과는 백신이나 치료제 효과까지를 동반할 수 있다. 기생체와 항기생체는 서로에게 대척 관계이지만 원리적으로 동일한 메커니즘으로 활성화되기 때문이다. 변이 D614G 바이러스에서 전염력은 커지면서 독성은 완화되고 있다는 뜻이다(Hou et al., 2020).

2) 공생자로서 몸

이런 상황을 이해하는 데 폴 이월드(Paul W. Ewald)의 진화역학(evolutionary epidemiology)은 큰 도움이 된다. 이월드 진화역학은 첫째, 감염의 상황을 숙주 중심이 아니라 감염 원인자인 기생체 중심으로 볼 때 비로소 질병에 대해 더 개선된 치료 효과를 기대할 수 있다고 한다. 코로나바이러스 같은 기생체가 진화의 주체라는 점을 이해하는 것이 중요하다. 둘째, 이월드는 질병을 생태주의 입장에서 재해석한다(Ewald, 1987).[2] 이월드는 자연의 생태적 관계가 미시적 감염성 질병 기생체와 숙주인 우리 몸 사이의 감염 관계에도 적용된다고 말한다. 생태 관계이기 때문에 대상을 공략하여 박멸하고 제거한다는 단순한 물리적 방법론으로 감염성 질병 치료를 수행하기 어렵다고 이월드는 강조한다(Ewald, 1980). 박테리아나 바이러스 같은 감염성 기생체는 ① 그 원류가 분명하게 찾아지지 않으며, ② 항상 변하고(돌연변이 진화) 있으며, ③ 상시적인 변화 때문에 대상을 제거하는(nullify the underlying cause) 방법도 일정하지 않다고 이월드는 말한다. 감염성 질병을 이해하고 방어하려면 인간의 관점에서 벗어나 바이러스의 관점에서 질병을 보아야 한다고 그는 말한다. 바이러스 변이를 바이러스 자체의 자연적인 진화 과정으로 볼 수 있다면 그때 비로소 우리는 감염성 질병을 이해할 수 있고 대처할 수 있다고 한다(Ewald, 1994: Chap.2).

2　질병을 일으키는 일반 기생충에서 박테리아나 바이러스에 이르는 질병 기생체는, ① 우리 몸에 큰 피해를 주지 않고 부드럽게 영향을 미치든가 아니면, ② 아예 숙주인 우리 몸 안에 감염되었는지조차 모르게 지나가는 경우도 있으며, ③ 어떤 질병유기체는 몸에 치명적일 정도로 아주 심각한 증상의 영향을 끼치는 것도 있다. 진화역학이란 숙주인 우리 몸에 미치는 증상이 다양한 질병유기체마다 서로 다른 이유를 질문하는 인식론적 태도이며, 역학의 방법론과 진화론의 인식론을 결합한 진화의학의 한 영역이다.

미생물 수준의 기생체를 제어하는 방식은 박멸(to knock down) 방식과 길들이기(to domesticate) 방식으로 나눠볼 수 있다. 박멸하는 방식은 병원체 대상을 박멸하고 제거하는 일종의 전쟁 방식이다. 길들이는 방식은 병원체 대상을 객관화하여 제거하려는 의도이기보다는 객관과 주관 사이의 경계를 모호하게 하여 치열하게 싸우지 않고 같이 살려는 공생 방식이다. 병원체를 길들이는 목적은 병원체의 독성을 감소하여 인간에게 발현되는 증상을 약화시키는 데 있다. 항생제나 백신 등으로 기생체를 제어하는(interventions) 박멸 방식을 이용하여 우리는 질병 치료 기술을 향상시켜 왔다. 한편 감염성 기생체도 따라서 끊임없는 자기 진화를 통해서 인간의 제어 방식에 방어하고 대항하는 형질로 계속 돌연변이 진화 중이다. 박멸 방식은 병원체의 변이 진화를 가속화한다. 그래서 이월드는 박멸 방식이 아닌 길들이기 방식을 강조했다(최종덕, 2020: 360).

병원체를 순하게 길들이는 (자연적인 사례는 논외로 하더라도) 인위적인 사례는 백신이다. 백신의 작용은 내 몸의 시선에서 볼 때 면역력의 중간 매체 역할을 하지만, 기생체 입장에서 볼 때 스스로 순해지는 점진적 과정이다. 자연 상태에서 스스로 순하게 진화된 유기체의 대표적인 것이 감기 바이러스이다. 대부분의 감기 증상 원인이 되는 라이노 바이러스는 순하게 적응진화된 질병 기생체의 한 사례이다. 감기 바이러스 입장에서 숙주인 인간의 몸을 치명적 질병 상태로 유도하는 것보다 침대에 누워 있지 않을 정도의 신체 상태를 유지시키는 것이 그들, 즉 감기 바이러스에게 오히려 유리할 것이다. 감기와 달리 독감에 걸린 몸은 집 밖으로 이동하는 데 어려움을 겪는다. 독감 바이러스 입장에서 볼 때 독감으로 인한 중증 환자의 몸은 바이러스 자신의 유전자 전파와 확산에 불리하다. 기생체 입장에서 본다면 사람 몸에 강한 독성을 주기보다는 부드러운 확장 방식이 더 유리하다. 강한 독성 증상을 우리 몸에 발현시키는 천연두는 바로 그 강함 때문에 인간의 징을 맞아 사라지고 말

왔다. 감기 바이러스보다 더 순한 방식으로 진화한 사례는 내 몸 안 장내 박테리아의 경우이다. 장내 박테리아는 순하고 부드러우며 나아가 다른 유해한 박테리아 질병체를 방어하고 있기 때문에 결과적으로 내 몸에도 유리함을 가져다준다. 그래서 몸의 면역체계와 장내 박테리아 사이의 관계는 박멸의 전쟁 관계 대신에 생태적 공존 관계로 진화되었다. 이런 진화는 장내 박테리아로 하여금 자신의 증식 확대와 유전자 확장에 도움이 된다. 생태적 공존 관계를 공생 관계라고 하는데, 공생 관계는 장구한 시간에 걸쳐 장내 박테리아로 하여금 더더욱 순하고 부드러운 상태로 진화하게 한 선택압력에 해당한다 (Ewald, 1994: Chap.2, 6). 공생 관계는 공생자(symbionts) 양쪽 모두에게 자신들의 유전자를 확장하는 적응진화의 소산물이다(Ewald, 1987). 그래서 내 몸의 가장 중요한 특징은 몸과 외부 존재 혹은 자기와 비자기 사이에 벽을 쌓지 않고 타협하고 대화하는 소통의 개방성에 있다(최종덕, 2020: 452~453).

4. 몸의 GPS

1) 위치세포와 지도-형 구조 기억

나는 내 몸의 존재를 나 혼자 독립적으로 파악(인식)할 수 없으며, 내 몸이 놓인 상대적 좌표에 의해서 내 몸을 인식한다. 마찬가지로 세계에 대한 나의 '인식'은 세계 자체를 인식하는 것이 아니다. 지도 위에서 과거에 내가 차지했었던 격자점과 현재 차지하고 있는 격자점의 차이를 비교함으로써 세계를 파악하는 일이 인식의 첫 단계이다. 이런 생각을 현대 자연주의 관점에서 처음으로 표현한 것은 격자세포를 발견한 모세르 연구팀이다(Hafting et al., 2005; Moser et al., 2008). 2014년 노벨 생리의학상을 수상한 모세르 부부(Edvard Moser,

May-Britt Moser) 및 그 연구팀은 장소(place cell)와 경계(border cell), 그리고 큰 공간에서 차지하는 방향과 상대 간격을 파악하는 격자세포(grid cell)라는 뇌신경세포의 존재의미를 제시했다. 통칭해서 이를 '위치세포'라고 말할 수 있다면 위치세포의 의미는 변화하는 환경에서 운동하는 자신이 어디에 있는지를 파악할 수 있는 능력이 뇌신경세포에 적혀 있다는 데 있다(Moser·et al., 2014).

격자세포 내 가상 위치좌표에서 대상을 지향하는 방향과 실제로 움직이는 행동과 운동력을 변수로 하여 이전의 위치로부터 변화된 위치의 상대적 지점을 예측한다(Kropff et al., 2015). 갈릴레오의 낙하법칙과 투사거리 수학식을 몰랐던 우리의 선조 후기 구석기인도 돌을 던지고 화살을 겨냥하여 사냥을 했고, 15세기 전쟁 포수도 대포알을 적절히 투척하여 적을 물리치기도 했다. 본능의 방식으로 운동하는 몸은 외부 환경에 대해 위치와 방향을 종합하여 더 적합한(더 낫고, 더 효율적인) 행동 양식을 지향한다. 생명 개체가 자신이 위치한 장소를 파악하지 못한다면 그 생명체는 존재하지 못했을 것이다. 장소를 기억해야만 섭생과 생식이 가능하다. 운동을 한 이후 처음의 장소와 변화된 위치를 기억하는 것은 생명 존속의 가장 중요한 기본 요소이다. 위치 기억은 두 종류를 같이 수행해야만 하다. 하나의 위치 기억은 내가 움직이고 있기 때문에 나중에 내 몸이 어떤 위치로 얼마나 이동했는지를 기억하는 일이다. 그런 기억이 있어야만 처음의 위치를 찾을 수 있을 것이다. 다른 종류의 위치 기억은 내가 가만히 있다고 해도 세계(주변)가 움직이고 있기 때문에 상대적으로 나는 나의 원래 위치를 기억해야만 하는 그런 기억이다. 필자는 은유적으로 전자를 '주체 위치 기억'으로 또한 후자를 '객체 위치 기억'으로 이름붙이고 있다. 위치 기억은 주체 위치 기억을 통해 나의 운동 변화를 인지하고 객체 위치 기억을 통해 세계의 환경 변화를 인지하고 파악해서 대처하는 몸의 자연적 작용이다. 다시 말해서 그렇게 위치를 기억하는 몸은 진화의 소산물이라는 뜻이다. 위치 기억의 두 방식을 신경세포 차원에서 설명하려 한 제프 호킨스(Jeff Hawkins)는 격자세포와 위치세포 및 경계세포를 기반으로 사물과 개념의 지도(maps of objects and concepts) 모형을 내놓았다. 지도-형 구조(map-like structures)의 원형은 진화론적으로 피질 이전 내부 뇌에 이미 존재한다. 호킨스 연구팀은 이런 구조물의 원형이 진화하면서 신피질로 확장되었고, 그런 진화의 소산물로서 우리는 지도-형 구조의 신경세포를 통한 세계 인식 능력을 갖추게 되었다고 한다(Hawkins et al., 2017).

신경세포의 지도-형 구조는 고정된 건축 설계도면과 달리 다양한 기준틀(reference frame)을 갖는다. 설계도면은 처음 시작되는 땅의 위치가 정해진 대로 고정된 x축과 y축에 맞춰 설계가 이루어진다. 반면 인식의 구조는 상황, 기호, 신호 혹은 관성에 따라 기준틀이 변동된다. 자연주의 인식론으로 말해서 절기에 따라, 밤낮에 따라, 저장된 양식에 따라, 우두머리 상대 후보나 갈등 관계에 있는 이웃 부족의 파워에 따라, 혹은 지형에 의존하는 관습이나 의례에 따라 인식의 기준틀이 달라진다. 호킨스의 지도-형 구조는 세상을 바라보는 모델을 창조하는 생성자 구실을 한다. 호킨스가 말하는 세계의 모델화란 우리가 세계를 인식할 때 상대적 대상의 위치에 인식하며(everything has a location relative to everything else) 혹은 개념의 상관성에 따라 상황적으로 인식한다는 것을 의미한다.

2) 기준틀과 환경-상관적 몸

호킨스는 세상을 바라보는 모델을 통해서 장소에 대한 상대적 인식만이 아니라 개념에 대한 상대적 인식이 가능하다고 말한다. 예를 들어 '데모크라시'라는 개념을 생각해 보자. 우리는 그런 개념을 만질 수도 없고 느낄 수도 없다. 우리 몸은 경험으로 직접 지각할 수 없는 개념을 파악할 수 있는 인식력이 있는데, 호킨스는 그런 인식력을 '모델'이라고 설명한다. 그래서 우리는 사물이나 개념을 직접 지각하는 것이 아니라 그것에 맞는 모델화를 생성하여 세계를 파악한다. 이를 이해하기 위하여 존 로크(John Locke, 1632~1704)의 『인간지성론(An Essay concerning Human Understanding)』의 '관념'을 접근하면 좋다. 데모크라시라는 개념은 로크식으로 말하면 복합관념에 해당한다. 복합관념은 '양태', '실체관념', '관계관념'으로 나눠볼 수 있는데, 데모크라시 같은 복합관념은 인과, 시공간, 도덕 판단, 자유와 필연 등의 관념과 같은 계열의 '관계관념'으로 분류될 수 있다(로크, 2014: I). 복합관념은 단순관념들의 연결체인데, 마구잡이로 연결되는 것이 아니라 반성적 기준이 필요하다. 아마 로크의 반성적 기준에 해당하는 것이 호킨스의 지도-형 구조에서도 필요한데, 호킨스는 그런 반성력을 '기준틀(reference frame)'이라고 부른다. 호킨스가 말하는 기준틀은 모델을 생성하기 위한 주변 환경과의 상관적 관계를 그린 지도이다. 기준틀 개념은 사유의 지도를 그리기 위한 가장 중요한 요소이다.

수학기호나 방정식에 대한 개념 모델을 생성하기 위한 기준틀의 차원과 커피 잔과 같은 사물의 지각 모델을 생성하기 위한 기준틀의 차원은 다를 것이다. 개념 사이에도 차이가 많다. 정치인이 사용하는 기준틀과 수학자가 사용하는 기준틀 사이에는 차이가 크다. 행동의 목적이 다르고, 사유의 환경도 다르면 그런 세계를 인식하는 모델도 거기에 맞춰 다를 수밖에 없다. 환경으로부터 내가 받는 감각 자료는 시시각각 변하여 한시라도 동일한 것이 없다. 갈릴레오나 존 로크 시대의 자연철학은 사물의 1차 성질과 2차 성질 사이의 구분을 세계관의 혁신으로 보았다. 1차 성질이란 사물의 크기나 부피 혹은 무게처럼 사물 자체가 원래 가지고 있는 불변의 객관적 성질이고, 2차 성질이란 맛이나 색깔처럼 사물이 사람에게 지각되는 변화의 주관적 성질이라고 그들은 생각했다. 현대 자연과학이 발달하면서 그런 구분의 의미는 퇴색되었다. 옹스트럼 단위로 2차 성질을 객관화할 수 있는 기술이 생겨났으며, 미시 측정

장비의 도움으로 불변이라고 믿었던 1차 성질조차도 그 미시적 변화량이 측정될 수 있기 때문이다. 모델이란 1, 2차 성질에 무관하게 모든 외적 세계는 모델화를 통해서 인식된다는 것을 말하고, 그런 일이 우리 뇌신경세포에서 일어난다고 말한다. 호킨스의 모델이 말하는 의미는 인식의 주관성에 있지 않고 환경 상황에 맞춰 우리 몸이 활성화된다는 데 있다. 그런 점에서 미시의 신경세포 차원에서부터 거시의 세계 인식, 나아가 사회관계 인식에까지 우리 몸은 환경-상관적이다.[3] 여기서 환경-상관성을 상대주의 인식론으로 오해할 수 있다. 호킨스나 모세르 연구팀 등이 이뤄낸 장소-위치-격자-경계 세포의 존재를 거론하는 연구 성과들은 환경-상관성을 활성화하는 세포가 내 몸 즉 존재론적으로 전두엽과 해마 부위 혹은 신피질 전역에 걸쳐 존재한다는 사실을 말하고 있다. 이 사실은 몸의 형이상학에서 벗어나 몸의 자연주의 인식론 기초를 제공한다. 나는 이런 환경-상관성을 몸의 생리학적 섭동이라고 표현한다.

내 몸은 연속성의 존재이다. 세계가 항상 변화하고 나의 몸도 항상 변화하는 가운데 내 몸의 감각과 행동은 단절 없이 연속적일 수밖에 없다. 연속적이지 않다면 내 몸은 이미 세계로부터 분리된 미아가 되고 결국 나는 몸 없는 존재가 된다. 몸 없는 나는 신 아니면 기계지능 둘 중의 하나이다. 연속성의 몸을 가진 주체가 바로 나의 현존이다.

---

3   내 몸은 세상을 모델화하는 주체이므로 거꾸로 세상을 오도하고 편향하는 오류의 모델을 형성할 수 있다. 절단된 팔다리 부위에 여전히 극심한 고통이 오는 환상통증(환지통), 혹은 착시나 믿음의 환상들, 편향확증도 모델화의 부정적인 측면일 수 있다. 이에 대한 논의는 이 글에서는 하지 않았다.

5. 몸의 발생학적 가소성

1) 후성유전학과 발생학적 가소성

우리 몸은 발생학적 변화를 품은 담지자이다. 발생학적 변화는 수정란 상태의 생명 초기부터 개체 생명의 죽음에까지 생명 개체의 형태와 구조가 변화하는 양상을 말한다. 발생은 한 개체의 생존 기간에 걸친 유전자 발현 조절에 의해 일어난다(Maynard-Smith, 2000: 181). 발생 과정은 유전적 프로그램의 순차적 발현이지만, 그렇다고 해서 사전에 모든 유전적 발현의 목록이 결정된 것은 아니다. 발생학은 유전학으로 설명되지만 후천적인 변화 가능성을 허용한다. 나의 몸은 발생학적 경로를 따라가는 여정에 놓여 있지만 그 경로는 경직된 결정 구조가 아니다. 나의 몸이 어떤 환경에서 어떤 처지와 어떤 행동 습관을 갖느냐에 따라 미래의 내 몸이 겪게 될 발현의 폭이 미세 조정될 수 있다. 이러한 후천적 변화 가능성을 가소성(plasticity)이라고 하며, 가소성은 유전체학 연구를 통해 많은 부분이 설명되고 있다(Sterelny, 2000: 370).

가소성의 특징을 갖는 몸은 환경 변화에 적절한 방식으로 반응한다. 첫째, 급격한 환경 변화가 오면 몸은 이에 대항하고 자신을 보전하려는 반응을 보인다. 둘째, 환경 변화의 기간이 더 길어지면 몸은 이를 극복하기 위해 이미 노출된 표현형질을 임시로 바꾸거나 일시적 적응도를 높임으로써 자신을 보호하려는 가소성을 보인다. 가소성은 내 몸이 마주친 급변 환경에 대처할 수 있는 기능을 발현하게 한다(Gilbert and Epel, 2009: 245). 몸의 가소성을 가져오는 유전학적 메커니즘은 후성유전학의 범주 안에 있다. 후성유전학은 유전학과 발생학의 종합적 성과물이다. 후성유전학은 유전자가 환경에 영향을 받아서 유전자 정보 자체가 변화하는 것은 아님에도 불구하고 차이 나는 형태의 유전적 발현을 보이는 현상을 연구하는 분야이다(Sterelny, 2000: 371).

동일 유전정보에도 불구하고 이런 차이가 생기는 이유를 설명하는 이론적 메타포가 바로 그 유명한 유전자 스위치 개념이다. 현대발생학의 제안자인 자크 모노(Jacques Lucien Monod, 1910~1976)는 박테리아의 락토스 유전자 스위치를 발견하여 1965년 노벨상을 받았다. 유전자 스위치란 유전자의 발현을 켜고 끄는 정보유전자 밖의 조절 기능이다. 스위치 메타포를 발견하면서 유전정보를 가진 유전자를 활성화하도록 스위치를 켜거나 아니면 활성화를 잠재우도록 스위치를 끄는 스위칭 작용의 의미를 알게 되면서 가소성 논의는 더 활발해졌다(The ENCODE Project Consortium, 2012: 61).

유전학은 염기서열 자체가 형질을 표현하거나 변형시키는 결정적 요인이라고 본다. 유전자가 형질로 표현되는 것을 발현이라고 하며, 유전자 발현은 히스톤에 감겨져 있는 DNA가 풀리면서 풀린 DNA에 메틸기 CH3-가 없을 때 가능하다. 다시 말해서 유전정보를 담고 있는 유전자 염기서열이 동일해도 메틸기의 변화DNA 메틸화(methylation) 혹은 히스톤의 변형(histone modification)에 따라 그 유전자가 발현되는 기회와 방식은 다를 수 있다. 이렇게 유전자 염기서열 자체가 아닌 다른 외적 요소에 의해 유전자가 조절되는 것을 연구하는 학문이 후성유전학이다(최종덕, 2014: 221).

임신 중 극심한 영양결핍 상태였던 엄마의 사회적 환경이 원인이 되어 태어난 아이가 성인이 되어 대사성 질병에 쉽게 노출될 수 있다는 역학조사 성과인 바커 가설(Barker's Hypothesis)은 유명하다. 선천적 요인 외에 환경이 미치는 후천적 몸의 변화를 기술한 것이다(Gilbert and Epel, 2009: 246). 태아 시기 감염성 이물질의 노출, 지나친 활성산소의 환경, 엄마의 비정상 음식 섭취 등, 일상적이지 않은 환경에서 태어난 아이가 성인이 된 이후 고혈압이나 2형 당뇨와 같은 후발성 질환(late-onset diseases)을 겪는 경우들이 후성유전학의 사례이다. 또한 암의 질환도 발생 구성이 잘못 매치될 경우 혹은 후성유전학적 오류가 발생할 경우 생기는 것으로 이해할 수 있다(Gluckman and Hanson,

2007: 203~204).

후성유전학의 철학적 의미는 우리 몸을 고정된 실체로 보는 것이 아니며 몸을 이루는 요소 사이의 신체 이상(abnormalities)들이 변화하는 과정 자체를 몸의 실재라고 보는 데 있다. 처음에는 같은 세포지만 나중에 뇌, 심장, 안구 등으로 각기 다른 조직이나 기관으로 분화하는 배아의 변화 과정도 발생학적으로 다양해지는 유전적 발현(expression)의 한 가지 경로다. 마찬가지로 성체로 성장한 우리 몸도 생애에 걸쳐 변화하는 발생학적 발현의 과정 자체이다. 몸은 이렇게 변화의 담지자이며 과정적 존재이다(최종덕, 2020: 507).

2) 발생계 이론과 니치구성체로서 몸

우리 몸은 주변 환경에 맞춰 공존하는 니치구성체이다. 니치구성체 개념은 발생학과 진화론에 기반을 둔 발생계이론(Developmental System Theory: DST)의 중요 내용이다. 발생계는 분자 차원의 유전자, 개체 그리고 개체군과 종 차원에서 서로 간의 상관성 및 개체와 환경과의 상관성에 의해 발생과 진화가 이뤄지는 생물학적 시스템을 말한다. 우리 몸도 그런 발생계의 한 표본이다. 우리 몸은 자기안정성을 도모하는 항상성과 후성유전학의 가소성이 상호작용 되는 시스템이다. 내 한 몸의 생애는 발생적으로 구성되는 것이며, 결정론적 전성설처럼 계획된 프로그램대로만 발현되는 것이 아니다. 발생계 이론을 잘 정리한 길버트와 에펠은 이런 양상을 구성적 상호주의(constructivist interactionism)라고 표현했다(Gilbert and Epel, 2009: Chap.15). 나의 몸은 너의 몸과 상호작용 하며, 다른 생명종과 상호작용 하며, 무생명을 포함한 주변 환경 및 생태계와 상호작용 한다(Oyama, 1985: 123). 오카사는 이런 상관성을 니치-구성체라고 표현했다. 오카사가 말하는 '니치-구성(niche-construction)'이란 하천에 사는 비버가 댐을 쌓거나 거미가 거미줄을 치거나 또는 인류가 땅을 경작해 온 것처럼 생명체가 환경에 대처하고 적응하는 능력을 뜻한다(Okasha, 2005: 2). 다시 말해서 우리의 몸은 암세포와 장내세균이나 피부 기생 세균들까지를 포섭하는 하나의 니치를 구성하게끔 진화된 소산물이다. 우리 몸은 기생체를 포함한 몸 밖의 유기체/무기체와 절연될 수 없으며 공존과 공생의 니치 속에서 운동 중이다(Ibrahim-Hashim et al., 2017).

6. 몸의 현상학

1) 현상학의 한 가지 내러티브

구체적인 내러티브 하나를 들어보자. 숨이 차다고 호소하는 87세의 여성 환자가 의사를 찾았다. 의사는 그녀를 성의껏 진단했으며, 진단 결과 그녀의 대동맥 판막과 관상동맥에 문제가 있음을 확인하고 환자에게 알려주었다. 87세의 그녀는 이미 개심술에 관한 의료 정보를 알고 병원을 찾았으며, 그녀는 수술을 요청했다. 처음에 담당 의사는 그녀가 개심술을 받기에는 너무 많은 나이라고 생각했다. 그러나 의사는 개심술을 결정했다. 환자의 의지와 의사의 적극적 동참으로 대동맥 판막 교체 우회수술을 했다. 이 환자는 5년 이상 더 살았다. 담당 의사 조지 티볼트(George Tibault)는 87세 환자의 관점에서 이런 임상 상황을 논문으로 발표했는데, 그 논문 제목이 "87세, 내 나이가 어때서 (Too Old For What)"이다(Tibault, 1993).

이 여성의 상황을 통해서 몸의 현상학을 접근할 수 있다. 보통 의사와 보호자를 포함한 주변 사람들에게 이처럼 수술을 원하는 87세 그녀의 의지가 자칫 지나치고 분에 넘치는 요구로 여겨지기 쉽다. 하지만 이런 생각은 편견이나 선입관에 해당한다. 그 나이에 살아 있다는 것만 해도 다행이라고 마음속으로 말하고 싶은 것이 바로 편견과 선입관이라는 뜻이다. 그녀가 87세가 아니라 37세라면 이런 선입관을 갖지 않았을 것이다. 환자의 의지는 87세의 환자에서나 37세의 환자에서나 질적으로 같다는 사유구조가 바로 현상학적 관심의 시작이다. 그녀의 의식을 이해하려면 87세라는 신체를 사상시켜야만 가능하다. 87세의 신체를 사상(捨象)시키고 동시에 37세의 신체조건을 사상(捨象)시킨다면 우리는 87세의 그녀가 개심술을 요청한 의식의 상황을 충분히 이해할 수 있다. 그러한 87세의 신체와 37세의 신체조건을 사상시키는 일을 현상학적 환원이라고 말한다. 신체를 괄호 안으로 '에포케(epoche)'시킴으로써 의식을 분명히 조우할 수 있다(최종덕, 2020: 543).

2) 해석학적 접근

후설 현상학에서 말하는 '에포케'를 통해 신체에 대한 물리적 판단을 유보함으로써 몸과 의식이 하나라는 점을 파악하는 것이 몸의 현상학이며[4] 몸의 해석학의 요점이다. 나의 몸이 분석 대상에 제한되지 않고 한 몸, 한 몸마다 의미 있게 해석되고 있는지 질문하는 것은 몸의 철학의 핵심이다. 몸의 철학

---

[4] 후설 현상학은 경험과 의식, 의식과 삶, 관심과 지향의 키워드로 설명될 수 있다. 의식의 삶이란 나의 관심을 어떻게 그리고 어디에 두느냐에 달렸다. 그런 의식으로 드러난 행동은 지향적이다. 관심과 지향을 통해 사물은 나에게 의식으로 떠오른다. 경험은 직접적이지 않으며 관심을 통해 우회되어 나에게 온다. 그러한 관심과 지향을 그 자체로 파악하려는 것이 현상학적 태도이며, 그런 태도를 자연적 태도(natural attitude)라고 부른다. 자연적 태도를 통해서 관심과 지향의 상태 그 자체를 알기 위하여(Zu den Sachen Selbst) 관심과 지향의 대상이 되는 실재세계를 괄호 안에 넣어 유보시켜야 가능하다. 이를 현상학적 환원이라고 말하기도 한다. 이를 보통 '판단중지' 혹은 용어는 다른 뜻이지만 의미는 비슷한 '에포케'라고 부른다. 에포케는 본질적 환원(eidetische Reducktion)의 한 수단이며, 이는 곧 본질직관에서 가능하다. 이는 외형의 가변성을 배제하고 본질적인 것을 포착하는 방법을 말한다(최종덕, 2020: 541)

은 형이상학에 종속되어서 안 되고, 몸의 과학은 생물학만이 갖는 지적 소유도 아니다. 몸의 철학에서는 주관적 인식과 객관적 인식이 분리되지 않고 몸이 세상을 조우하는 하나의 통로임을 말해준다. 세상을 인식하는 통로가 주관적인지 아니면 객관적인지를 따지는 논쟁은 플라톤 이후 2500년간 지속되어 왔는데, 몸의 철학에서는 둘 중의 하나를 선택해야 하는 배중률의 논쟁이 아니라 공존의 관계론이 관심의 주제이다.

공존의 관계론의 모든 것을 체현하는 것이 바로 우리의 몸이다. 예를 들어 간지럼 현상을 보자. 간지럼은 대표적인 예상감각(expected sensation)의 하나이다. 예상감각은 운동기능을 담당하는 소뇌의 주요 특징이다. 다니엘 월퍼트(Daniel Wolpert) 연구팀이 실험한 내용이 이와 관계된다. 체성감각피질(somatosensory cortex)과 소뇌 사이에서 트레이드오프 현상이 있음을 밝힌 실험 결과였다. 나는 남으로부터 간지럼을 타는데, 내가 내 몸을 간지럽혀도 간지럼을 타지 않는다. 내가 자신에 행한 자극은 나의 예상감각 안에 있기 때문이다. 예상감각은 자극운동의 소뇌 명령에서 체성감각피질에서 신호를 억제한다. 그래서 자기 스스로 자극하는 간지럼 자극은 자신에게 간지럼을 주지 못한다(린든, 2009: 19쪽에서 재인용). 예상감각 해당 피질의 의미는 주관적 지각도 실재하는 객관적 존재에 연관된다는 데 있다. 인식론에서 볼 때 몸의 주관과 객관의 경계는 모호하다. 주관과 객관이 합치되는 공간이 바로 나의 몸이다.

몸은 분석의 대상에 그치지 않고 해석의 주체이다. 분석의 대상으로 몸은 전형적으로 데카르트가 말하는 신체 개념이다. 데카르트의 신체는 해부학의 대상이며 기계화된 실체이다. 이렇게 분석대상으로서 몸이란 ① 교체 가능한 부품들로 구성된 '분열된 신체(fragmented body)', ② 측정 자료로 환원되는 '표준화된 신체(standardized body)', ③ 영상 촬영장비로 표현되는 '투명한 신체(transparent body)', ④ 광고 수단이 되고 병원에 맡겨진 '멀어진 신체

(estranged body)'의 모습이다(Frank, 2002: 53). 분석 대상으로서 몸의 존재론적 의미를 부정할 수 없다. 그러나 해석 주체 없는 분석 대상으로서 몸은 소외와 불안만 남는 몸, 혹은 소외와 불안조차 없는 사이보그이다(최종덕, 2020: 545). 앞서 말했듯이 데카르트의 기계론적 실체를 비판하는 것으로 시작한 메를로퐁티(Maurice Merleau-Ponty, 1908~1961)의 '몸의 철학'은 이미 유명하다. 메를로퐁티가 말하는 몸은 운동하며 지향하며 참여하며 실천하는 신체이다. 우리의 몸은 자유를 지향하는 실존적 존재라는 뜻이다. 메를로퐁티는 그런 신체를 "체험된 신체(le corps vécu)"라고 표현했다. 물론 체험된 신체조차 습관에 빠지기도 하며, 환지통 환자처럼 착각과 오류에 빠지기도 한다(Merleau-Ponty, 1962/1945: 1부). 의철학자 마컴은 이를 생활세계 속의 몸이라고 했는데, 그는 몸을 분석대상에서 해방되어 해석의 주체가 되어야 한다는 "체화된 주체"라고 표현했다(Marcum, 2004; 2008: 53).

몸은 관념이 아니라 실존이다. 관념의 몸과 실존의 몸은 양파와 바나나 차이로서 은유될 수 있다. 원숭이에게 바나나를 주면 껍질을 벗겨내 버리고 맛있는 속만 먹는다. 그렇게 영리한 원숭이에게 양파를 던져주면 바나나처럼 껍질을 벗겨내고, 벗겨내니 또 껍질이 있어서 다시 벗겨내고 보니 나중에는 아무것도 남지 않게 된다. 관념의 실체를 찾는 형이상학은 마치 양파를 바나나로 착각한 원숭이의 행동에 비유될 수 있다. 이렇듯 관념의 몸이 아닌 행동과 반성, 공감과 소통을 실행하는 실존의 몸을 체화된 주체라고 본다.

7. 맺는말: 인간, 생명의 자기반성력

모든 생물종은 생겨났다가 언젠가 사라지며, 한 번 사라지면 "두 번 다시는 나타나지 않을 것"이다(다윈, 2019: 432). 양쯔강 돌고래는 2007년 멸종됐고,

갈라파고스 핀타섬 땅거북은 2012년 멸종되었다. 세계자연기금(WWF) 보고에 의하면 1970년부터 2016년까지 지난 50년 동안 세계에서 동물 개체군의 68%가 사라졌다고 한다(WWF, 2020). 진화사의 시간으로 볼 때 아주 최근인 5만 년에서 3만 년 전 사이에 맘모스 코끼리나 호주 땅의 자이언트 웜뱃 같은 무수히 많은 대형동물들이 멸종됐다. 좀 멀게는 6500만 년 전 즈음에 그렇게 번성하던 공룡들도 모두 멸종했다. 2억 년 가까이 긴 시간을 존속했던 공룡도 멸종했듯이, 인류도 언젠가 멸종된다. '공룡 멸종'이라는 사건이 인식되고 있다는 의미는 첫째, 멸종된 생명체의 화석이 남아있었고 둘째, 그 화석이 다른 존재이자 다른 생명체에 의해 발견되었으며 셋째, 공룡 이후에 생성된 인간이라는 존재가 있었으며 넷째, 인간이 그 화석의 의미를 해석했다는 데 있다. 공룡 이후 인간이 존속했기 때문에 멸종된 공룡 화석과 그 의미가 인식될 수 있었다는 뜻이다.

마찬가지로 인간이 멸종된다면 그 이후 인간 멸종을 인식할 수 있는 어떤 존재(생명체 혹은 유사 생명체)가 가능할까라는 질문은 인간의 미래를 가늠하는 존재론적 의문의 하나이다. 인간종이 수행하고 있는 현재형의 현대 과학은 영화 〈쥬라기 공원〉을 부분적으로 실현시킬 수도 있어서 다른 생물종을 "두 번 이상도 다시 나타나게 할 수 있지만", 그런 행위를 하는 인간이 멸종되면 말 그대로 인간종은 "두 번 다시는 나타나지 않을 것"이다. 인간의 존재는 다른 생명종과 연속적이지만, 이런 점에서 인간종은 유별나다. 유별나다는 뜻의 핵심은 인간의 두 가지 생명의 자기반성력에 있다.

인간이 누리는 생명의 첫째 자기반성력은 질문하는 능력이다. 다른 생물종은 문제를 해결하려고만 했는데 인간은 무엇이 문제인지 질문을 던지고 있다는 점이다. 질문을 올바르게 던질 때 그 질문에 대한 답은 이미 반 이상 질러간다. 호모사피엔스 최근 2500년의 역사에서 볼 때 과학과 철학의 공유점이 있는데, 그것은 올바른 질문을 찾아 나섰다는 데 있다. 장막에 가려진 그늘에만 살아왔던 인간이 그늘의 존재를 의심하지 않았다면 벌써 멸종했을 것이다. 그늘을 의심하니 비로소 장막을 피할 수 있었다. 그렇게 햇빛을 찾아가는 주광성(phototaxis)이라는 생물학적 지향성이 바로 오늘의 나를 만들었다. 누군가에 의해 주어진 질문을 의심하지 않은 채 주어진 그늘 아래에서 정답 찾기에만 몰두되어 있었다면 그 어떤 답도 얻을 수 없을 것이다. 질문을 행위로 바꾸려는 일은 과학함이며, 질문의 의미를 던지는 일은 철학함이다.

인간만이 갖는 생명의 둘째 자기반성력은 자신의 현재 상태를 알아차리는 능력이다. 우리 사회 안에 가득 들어찬 편견과 선입관, 몰과학과 반논리, 신비주의의 탈을 쓴 생활 미신과 콘텍스트 없는 언어의 독사(doxa)들에서 탈출하도록 도와주는 생각의 지도를 그릴 수 있게 하는 힘이 현존을 알아차리는 생명의 자기반성력이다. 그런 지도 그리기 능력은 '합리성'이라고도 하고 '양지(良知)'나 '통찰력'이라고도 일컬어졌다. 인간에게서 생명의 자기반성력은 자신의 생명을 월담하도록 하는 수단을 제공해 왔다[5](Skidelsky, 2000.8.18). 우리는 여전히 동물류의 일반 생명에 지나지 않지만 동물과 차이 나는 유별난 생명의 반성력을 갖고 있다. 그것은 앞서 말한 한스 요나스의 '공포의 발견술' 같은 것이다. 사람마다 차이가 있지만 우리에게는 한순간에 '앗, 이게 아닌데'라고 하는 순간적이고 직관적인 자기 알아차림이 있다. 그런 직관력이 바로 인간을 인간답게 하는 생명의 자기반성력이다. 생명의 자기반성력을 통해 우리는 합리성의 지도를 확장할 수 있다.

---

[5]   "Biology has supplied us with the tools to transcend biology."

참고문헌

가자니가, 마이클 S.(Michael S. Gazzaniga) .2009. 『왜 인간인가?: 인류가 밝혀낸 인간에 대한 모든 착각과 진실』. 박인균 옮김. 추수밭.

다윈, 찰스(Charles Darwin). 2019. 『종의 기원』(1859). 장대익 옮김. 사이언스북스.

로크, 존(John Locke). 2014. 『인간지성론』 1, 2(1690). 정병훈·이재영·양선숙 옮김. 한길사.

린든, 데이비드 J.(David J. Linden). 2009. 『우연한 마음: 아이스크림콘처럼 진화한 우리 뇌의 경이와 불완전함』. 김한영 옮김. 시스테마.

베코프, 마크(Marc Bekoff). 2008. 『동물의 감정: 동물의 마음과 생각 엿보기』. 김미옥 옮김. 시그마북스.

송기원. 2018. 『송기원의 포스트 게놈 시대: 생명 과학 기술의 최전선, 합성 생물학, 크리스퍼, 그리고 줄기 세포』. 사이언스북스.

요나스, 한스(Hans Jonas). 1994. 『책임의 원칙: 기술 시대의 생태학적 윤리』. 이진우 옮김. 서광사.

최종덕. 2014. 『생물철학: 생명의 역사를 관통하는 변화의 철학』. 생각의힘.

_____. 2016. 『비판적 생명철학』. 당대.

_____. 2020. 『의학의 철학: 질병의 과학과 인문학』. 씨아이알.

Bavelas, Janet B.·Alex Black·Charles R. Lemery and Jennifer Mullett. 1986. "I show you how you feel." *Journal of Personality and Social Psychology,* Vol.50, No.2, pp.322~329.

Chartrand, Tanya L. and John A. Bargh. 1999. "The chameleon effect: The perception-behavior link and social interaction", *Journal of personality and Social psychology,* Vol.76, No.6, pp.893~910.

de Vignemont, Frederique and Tania Singer. 2006. "Empathic brain: How, when and why?" *Trends in Cognitive Sciences*, Vol.10, No.10, pp.435~441.

Decety, Jean and Philip L. Jackson. 2004. "The functional architecture of human empathy." *Behavioral and Cognitive Neuroscience Reviews*, Vol.3, No.2, pp.71~100.

Ewald, Paul W. 1980. "Evolutionary Biology and the Treatment of Signs and Symptoms of Infectious Disease." *Journal of Theoretical Biology*, Vol.86, No.1, pp.169~176.

_____. 1987. "Transmission modes and evolution of the parasitism-mutualism continuum." *Annals of the New York Academy of Sciences*, Vol.503, pp.295~306.

_____. 1994. *Evolution of Infectious Disease.* Oxford University Press.

Frank, Arthur. W. 2002. *At the Will of the Body: Reflections on Illness.* Boston, MA: Houghton

Gallese, Vittorio·Christian Keysers and Giacomo Rizzolatti. 2004. "A Unifying view of the basis of social cognition." *Trends in cognitive science,* Vol.8, No.9, pp.396~403.

Gilbert, Scott F. and David Epel. 2009. *Ecological Developmental Biology, Integrating Epigenetics, Medicine, and Evolution.* Sinauer Associates Publishers.

Gluckman, Peter and Mark Hanson. 2007. *Mismatch: Why Our World No Longer Fits Our*

Bodies. Oxford Univ. Press.

Gould, Stephen Jay. 1992. "Red in tooth and claw." *Natural History,* Vol.101, No.11, pp.7~14.

Hafting, Torkel·Marianne Fyhn·Sturla Molden·May-Britt Moser and Edvard I. Moser. 2005. "Microstructure of a spatial map in the entorhinal cortex." *Nature,* Vol.436(7052), pp.801~806.

Hatfield, Elaine·John T. Cacioppo and Richard L. Rapson. 1994. *Emotional Contagion.* Cambridge Univ. Press.

Hawkins, Jeff·Subutai Ahmad and Yuwei Cui. 2017. "A Theory of How Columns in the Neocortex Enable Learning the Structure of the World." *Frontiers in Neural Circuits* (25. Oct. 2017).

Hoffman, Martin L. 2000. *Empathy and moral development.* Cambridge Univ. Press.

Hou, Yixuan J. ·Yoshihiro Kawaoka and Ralph S. Baric et al. 2020. "SARS-CoV-2 D614G variant exhibits efficient replication ex vivo and transmission in vivo." *Science,* Vol.370, No.6523(12 Nov. 2020).

Iacoboni, Marco and Mirella Dapretto 2006. "The Mirror neuron system and the consequences of its dysfunction." *Nature Reviews Neuroscience,* Vol.7, pp.942~951.

Ibrahim-Hashim, Arig·Robert J. Gillies·Joel S. Brown and Robert A. Gatenby. 2017. "Coevolution of Tumor Cells and Their Microenvironment: "Niche Construction in Cancer". *Ecology and Evolution of Cancer,* Chap.8.

Kropff, Emilio·James E. Carmichael·May-Britt Moser and Edvard I. Moser. 2015. "Speed cells in the medial entorhinal cortex." *Nature,* Vol.523, pp.419~424.

Lazarusm, Richard. 1991. *Emotion and Adaptation.* Oxford Univ. Press.

Marcum, James A. 2004. "Biomechanical and phenomenological models of the body, the meaning of illness and quality of care." *Medicine, Health Care and Philosophy,* Vol.7, pp.311~320.

_____. 2008. *An Introductory Philosophy of Medicine: Humanizing Modern Medicine.* Springer.

Maynard-Smith, John. 2000. "The Concept of Information in Biology." *Philosophy of Science,* Vol.67, No.2, pp.177~194.

Merleau-Ponty, Maurice. 1962/1945. *The Phenomenology of Perception*(trans.). Colin Smith Humanities Press.

Moser, Edvard I., Emilio Kropff and May-Britt Moser. 2008. "Place Cells, Grid Cells, and the Brain's Spatial Representation System." *Annual Review of Neuroscience* Vol.31, pp.69~89.

Moser, Edvard I. ·Yasser Roudi·Menno P. Witter·Clifford Kentros·Tobias Bonhoeffer and May-Britt Moser. 2014. "Grid cells and cortical representation." *Nature Reviews Neuroscience,* Vol.15, pp.466~481.

Okasha, Samir. 2005. "On Niche Construction and Extended Evolutionary Theory." *Biology and*

Philosophy, Vol.20, No.1, pp.1~10.

Premack, David and Guy Woodruff. 1978. "Does the chimpanzee have a theory of mind?" *Behavioral and Brain Sciences,* Vol.1, No.4, pp.515~526.

Rajmohan, V. and E. Mohandas 2007. "Mirror neuron system." *Indian Journal of Psychiatry.* Vol.49, No.1, pp.66~69.

Rizzolatti, Giacomo. 2005. "The Mirror Neuron System and Imitation." in S. Hurley and N. Chater(eds.). *Perspectives on imitation: From neuroscience to social science, Vol.1. Mechanisms of imitation and imitation in animals.* MIT Press. pp.55~76.

Rizzolatti, Giacomo and Laila Craighero. 2004, "The Mirror-Neuron System." *Annual Review of Neuroscience,* Vol.27, No.1, pp.169~192.

Rizzolatti, Giacomo·Luciano Fadiga·Vittorio Gallese and Leonardo Fogassi. 1996. "Premotor cortex and the recognition of motor actions." *Cognitive Brain Research,* Vol.3, No.2, pp.131~141.

Skidelsky, Edward. 2000.8.18. "Where Darwin meets Matthus." *Times literary Supplement.*

Sterelny, Kim. 2000. "Development, Evolution, and Adaptation." *Philosophy of Science,* Vol.67, pp.S369~S387.

Susan, Oyama. 1985. *The Ontogeny of Information: Developmental systems and evolution.* Cambridge Univ.

The ENCODE Project Consortium. 2012. "An integrated encyclopedia of DNA elements in the human genome", *Nature,* Vol.489.

Tibault, George. 1993. "Too Old For What." *The New England Journal of Medicine(NEJM)*, Vol. 328, pp.946~950.

WWF. 2020. "Living Planet Report 2020, Summary." livingplanet.panda.org/

제3부

현대 뇌과학과
의식철학의 대화

뇌와 의식의 재발견

제5장

의식을 과학적으로 연구하기에 생산적인 패러다임을 향한 제언

이상훈 | 서울대학교 뇌인지과학과

1. 들어가는 말

이 글로 내가 의도하는 것은 의식에 관한 뇌과학의 최신 연구 결과나 흥미로운 이론들을 소개하는 것이 아니다. 이 글은 '의식을 과학적으로 연구하기에 생산적인 패러다임(a productive paradigm for consciousness science)'에 관한 것이다. 즉 이 글이 겨누는 대상은 '발견', '이론' 자체가 아니라, 의식에 관한 '새롭고 의미 있는 과학 발견들(novel and meaningful scientific discoveries)'과 '힘차고 정직한 과학 이론들(powerful and honest theories)'을 효과적으로 부추기는 생산적인 패러다임(Kuhn, 1962), 따라서 좋은 패러다임(a productive, thus good, paradigm)이다.

구체적으로, 나는 이러한 패러다임을 겨냥한 채 세 겹으로 접혀진 인식을 차례로 펼쳐보일 것이다. 첫째, 나는 뇌과학 일반(the brain sciences in general)에 이상적인 패러다임에 관한 과학철학적 논의들과 나 자신의 직접적인 뇌과학 연구 경험에서 건져 올린 직관들에 기대어 의식과학이란 특정 분과(conscious science as a specific discipline of the brain science)에 특수하게 좋을듯 한 패러다임이 지녀야 할 중요한 기준들은 무엇인지 생각해 보았다. 둘째, 나는 현재 진행되고 있는 의식과학의 활동들을 이끌고 있는 암묵적인, 즉 공공연하게 선포되진 않았지만 잘 살펴보면 공유되고 있고 세련되게 다듬어지고 있는 중인 패러다임들(implicitly practiced, adolescent paradigm)을 후보로 삼아 그중 앞서 고려한 기준들에 가장 근접한 패러다임을 찾을 것이다. 셋째, 나는 그렇게 선정된 의식과학에 적절한 패러다임 안에서 연구를 실행하는 과학자들이 받아들어야 할 구체적 태도, 혹은 관행은 무엇일지 논의할 것이다.

이 세 편의 인식들은 각각 다루고 있는 질문들에 관한 결론이라기보다 이 질문들에 대한 논의를 시작하는 서론으로 받아들여졌으면 한다. 달리 말하자면, 현재의 의식과학을 둘러싼 이러저러한 핵심 포인트들이 있음을 사유의 탁자 위에 올려놓고, 그 논의의 탁자로 의식을 탐구하는 뇌과학자들, 심리학자들, 그리고 철학자들을 초청하는 안내 팸플릿 같은 어떤 한 전망(a perspective)으로 이 글이 사용되길 나는 바란다.

2. 의식을 정의하기, 생산적 논의를 위한 전제로서

앞서 말한 논의의 탁자 위에 올려둔 포인트들이 가리키고 있는 대상, 즉 '의식(consciousness)'이란 무엇인가? 아직 제대로 여물지 않은 지적 이해의 대상(an object of intellectual understanding)에 대한 탐색적 접근이 무릇 그러하듯, 의식과학을 위한 좋은 패러다임에 핵심적 포인트를 관찰할 전망대에 입장하기 전에 논점의 혼란을 피하기 위해선 불가피하게 '당분간 사실로 간주해야 할 최소한의 작업적 전제(working presupposition)'를 마련해야 한다. 이 작업적 전제는 지적 이해의 대상으로서의 의식이라는 개념의 구성체적 정의(a constructive definition)이다. 당연하게도, 이 정의는 스스로 명확한 논거를 통해 확립된 일반 명제(a general self-evident proposition)가 아니며, 또한 모든 연구자들이 예외 없이 동의를 해주어 확립된 합의[a (virtually) unanimous consensus]도 아니다. 그대신에 내가 내리려고 하는 정의는 상식 수준에서 그럴싸한, 즉 심각한 모순이 있다거나 논리적으로 큰 하자가 있어 보이지는 않는, 대체로 연구자들이 무리 없이 동의할 만한 선에서 자연언어가 아닌 과학적 언어로서 이 글에서 지칭할 의식의 의미와 그 범위(meaning and scope)에 대한 정의이다.

나는 칸트(Immanuel Kant)의 '물자체(物自體, ding an sich, things-in-themselves)'(Kant and Smith, 1929)를 빌려와, 다음과 같이 한 문장의 주격의 자리에 어떤 '정신적 사건 자체, 즉 심자체(心自體, mental-events-in-themselves)'를 일단 설정하고 그 심자체의 특정 하위집합으로 형용하여 정의하면 꽤 안전하면서도 쓸만한 정의가 된다고 본다.

이 세계에서 어떤 일을 수행하기 위해 어떤 정신활동을 하는 에이전트에게 어떤 '정신적 사건 자체'가 실재할 수 있는데, 그것들 중 '에이전트가 그 표상이나 작동에 접근하거나 부분적으로 개입할 수 있는 종류의 일부 정신적 사건 자체'를 가리켜 의식이라 한다.

여기서 '자체', 즉 '-in-themselves'로 형용된 것은 칸트의 누메나(Kantian

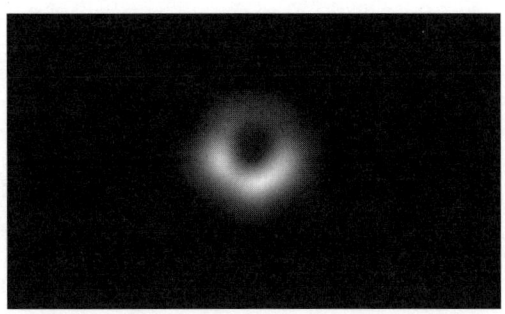

그림 1 존재의 지평 망원경에 의해 최초로 관측된 지구로부터
5500만 광년 떨어진 처녀자리 은하의 가장 큰 성단인 비르고 성단 M87 중앙부의 블랙홀.
자료: https://www.nasa.gov/mission_pages/chandra/news/black-hole-image-makes-history

noumena)에 유비될 수 있으며, 더 세련된 형태의 지적 상응을 찾자면 현대
과학, 정확히는 확률추론통계(statistics of probabilistic inference)의 '잠재변수
(latent variables)'(Gallager, 2014)에 해당하는 것이다. 마치 블랙홀은 인류와
상관없이 물질세계에 객관적으로 존재하는(혹은 거의 존재한다고 여겨지는) 물
자체이지만 우리가 직접 관찰할 수 없고 다만 어떤 증거나 상관물[예를 들어
사건의 지평 망원경(Event Horizon Telescope)을 통해 촬영된 수많은 데이터들과
그 이미지들의 합성으로 된 콜라주(**그림 1**)]을 통해 추론될 뿐인 것처럼, 직접 관
찰될 수 없고 기본적으로 독립적인 어떤 정신적 사건 그 자체가 정신세계에
존재(한다고 전제)할 수 있다. 그럴 때, 에이전트에게 벌어지는 그 정신적 사건
들 모두가 에이전트에게 접근 가능한 것은 아니며, 그중 접근 가능한 일부 사
건들을 의식이라고 부르자는 것이다[관찰될 수 없는 것들을 굳이 '무의식(uncon-
sciousness)'이라 명명하는 것을 피하고 싶다]. 즉, 나는 여기서 물질세계의 블

---

6   군이 명명하자면 무의식이라 부를 수 있으나, 프로이트(Sigmund Freud)적 의미의 무의
    식으로 오해받을까 봐 피하려 한다. 프로이트는 정직하지 않은, 즉 나쁜 이론과 연구윤
    리[거짓 데이터 조작(Michel Onfray, 2011)]의 문제로 인한 해악이 심각해서 개인적으로

랙홀처럼 정신세계의 의식은 일부 접근 가능하다 해도 직접 관찰될 수 없고 어떤 측정이나 증거를 통해 추론될 뿐인, 즉 표상되거나 부분적으로 개입될 수 있을 뿐인, 인식론상의 그 어떤 자체, 즉 칸트의 누메나로 여기자고, 그렇게 전제하자고 하는 것이다. 그러면 앞으로 의식 문제를 논의하기에 상당히 근사(近似, approximately good)한 토대가 마련된다고 나는 생각한다.

나는 이런 의식의 정의에 고개를 갸우뚱하며 선뜻 동의하기 어려운 독자들이 많이 있을 것이라 짐작하며, 그들이 이 지점에서 이 글을 읽는 것을 중지해도 나는 이해할 수 있다. 하지만 다른 한편 나는 내심 이 시점에서 독자들이 아주 바쁘지만 않다면 조금만 더 인내의 마음을 내서 전체 이야기를 한번 듣기를 권한다(여기서 '인내의 마음을 내'는 정신적 - 사건 - 자체는 독자라는 에이전트에 의해 접근 가능하고 부분적으로 개입될 수 있는 정신적 - 사건 - 자체이므로 의식의 한 예이며, 나는 바로 이 문장을 통해 독자들이 그 의식에 부분적으로 개입해 보라고 부추기는 것이다!). 이렇게 권하는 까닭이 있는데, 이 글이 마무리될 무렵 상당수의 독자들은 이렇게 내가 논의의 탁자 위에 올려둔 이 의식의 정의가 생산적 논의를 위해 그런대로 꽤 쓸 만한 것이라고 동의하거나, 적어도, 내 직업적 처지를 고려하자면, 뇌과학자들이 자신들의 과학의 대상으로서 의식을 이렇게 정의할 수밖에 없는 그 저간의 사정이라도 양해해 줄 것으로 예상하기 때문이다.

나는 이런 요청에 더해, 논의를 시작하는 이 시점에서도 이러한 물자체 - 심자체 유비에 기대어 의식을 정의하자고 제안하는 것에 두 가지 그럴듯한 장점을 댈 수 있다. 첫째, 이 유비는 '접근성(accessibility)' 및 '개입성(interference)'이라는 측면에서 전체 집합 공간의 부분 공간을 특정할 수 있다는 점에서 꽤

과학계에서는 반드시 퇴출되어야 할 인물이라고 생각하며 철학, 문학, 사상사에서도 퇴출을 고려하기를 권하고 싶다.

적절하다. 물자체라는 집합 공간의 모든 요소들이 물리적 세계를 관찰하고 세계에서 벌어지는 사건들을 파악하고 그 사건들 속에서 일하는 에이전트에게 간접적으로나마 관측되지도 않고 부분적으로도 아예 개입되는 것은 아니다. 명료한(어디까지나 개념적으로 명료한) 예로는 '전우주 대 관측 가능한 우주(The universe versus the observable universe)'를 들 수 있겠다. 정확한 값은 이론과 고려되는 변수에 따라 다르지만, 관측 가능한 우주는 "현재 우주 시간으로는 약 28.5기가파섹(930억 광년 또는 $8.8 \times 1026m$)의 구의 형태"(Wikipedia)이며, 이 관측 가능한 우주의 바깥, 즉 그 "어떤 부분에 대해서든 직접적인 실험을 통해 어떤 것도 알아낼 수 없는" 부분을 포함한 전우주(The universe)는 물리학자들에 따라 다소 차이가 있긴 하지만 적어도 관측 가능한 우주의 250배(Vardanyan·Trotta·Silk, 2011)에서 무려(Page, 2007) 10의 10승이 10승의 122배에 이른다는 주장이 있다. 마찬가지로 심자체라는 집합 공간 역시 그 모든 요소들이 정신활동을 하는 에이전트에게 접근 가능하거나 부분적으로 개입 가능한 것이 아니다. 우리는 우리의 신경계에서 벌어지는 모든 정신적 사건들에 접근하거나 개입할 수 없다. 예를 들어, 네덜란드를 여행하는 내 친구가 크뢸러뮐러 뮤지엄에 걸린 반 고흐가 그린 〈밤의 카페 테라스〉(1888)의 밤하늘과 카페 차양이 만나는 지점에 시선을 던진 그 순간, 즉 그 부분의 그림 표면에 반사된 빛 파동들이 내 친구 망막의 움푹 파인 중심와 부근(the foveal region)의 표면을 침투할 때, 물리적 빛의 파장(wavelength)의 차이를 결국 파랑-노랑의 대비로 변환하게 될 일련의 활동이 시작되는 바로 그 어떤 정신적-사건-자체에 고흐의 예술이 던지는 어떤 메시지를 전해 받고자 먼 이국의 장소 크뢸러뮐러 뮤지엄에서 밤의 카페를 응시하고 있는 한 에이전트, 내 친구가 접근하거나 개입할 수 없다. 하지만 내 친구는 그 망막에서 생화학적 사건으로 변환된 빛의 대비가 뇌신경을 타고 뇌의 감각피질과 두정엽, 측두엽, 해마, 전두엽에 촉발한 신경적 사건들과 관련된 정신적-사건-자체들 중 어떤 일부에는 접근하거나 개입하는 듯하다. 예컨대, '20여 년 이상을 반 고흐를 흠모해 왔다는 자신에게 벌어져 온 정서적 사건들', '무려 2년 전부터 이 여행을 위한 비용을 마련하고 일정을 치밀하게 계획하는 데 벌어진 그 정신적 사건들', '자신이 바로 이 순간 처음으로 반 고흐의 천재성을 알아보고 반 고흐의 그림을 수집하여 공동체에 기증해 버린 크뢸러뮐러의 이름을 딴 네덜란드의 소도시 오텔로에 있는 한 뮤지엄에 들어와 그중 한 그림을 보고 있다는 이 정신적 사건들' 등에는 내 친구는 접근하고 부분적으로 개입할 수 있다. 즉 관찰자에게 전우주의 일부로서 관측 가능한 우주가 있는 것처럼, 밤의 카페를 바라보는 내 친구에게 일어나는 모든 정신적 사건들 중에 일부로서 의식이 있다는 유비가 꽤 적절하다는 것이다.

둘째, 이 유비는 그 실재성 유무를 당장 판별하기 어려운 어떤 대상이나 사건을 '가설적 존재(a hypothetical entity)'로 일단 받아들이고 (일상어로 실감 나게 표현하자면 '있다 치고') 차후에 여러 경험과 논리들을 통해 제거(eliminate) [제거적 유물론에서 믿음, 욕망 등과 같은 정신적 사건들을 지칭하는 포크 사이콜로지 용어들을 과학의 담론에서 설 자리를 제거하고자 했듯이(Churchland, 1986)] 되거나 아니면 더욱 세련된 대상과 사건으로 다듬어지고, 분화되고, 실험실에서 연구되거나 체계적으로 관찰될 수 있고 그에 관한 성숙한 과학이론들도 개발될 수 있는 그런 잠재적 변인을 일단 허용하자는 어떤 '방법적, 전략적, 탐색적 태도(a methodological, strategical, explorative attitude)'라 할 만한 개방성과 유용성을 허용한다는 점이다. 물리적 세계의 좋은 예는 '빛'에 대한 과학적 접근, 즉 광학(optics)의 역사이다. 간단히 축약하자면, 빛은 애초에 아마도 밝고, 반사되고 시각적인 경험을 불러일으키는 그 무엇 '그 자체'로 지칭되며 자연언어의 일부로 등장했을 테지만, 기원전 이집트, 메소포타미아, 아시리아, 그리스 등 여러 문명권에서 발명 혹은 발견된 렌즈(lenses)에 의해 체계적 관찰이 가능해진 이래, 방출설(emission theory), 송입설(intromission theory)

등 여러 빛에 관한 이론들에 의해 설명되다가, 뉴턴에 의해 광학이라는 정상과학의 궤도에 진입한 후, 입자와 파동으로서의 측면으로 분화되었다가, 물리학 전체의 틀 속에서 더 세련되고 의미 있는 대상으로 그 실재(reality)를 확보해 왔다. 빛의 과학이 세련되는 동안 최초에 설정되었던 빛에 대한 개념의 상당 부분은 제거되어 과학적 논의의 테이블에서 사라졌다는 것에 주목할 필요가 있다. 하얀색과 관련된 괴테의 빛이 뉴턴의 프리즘 실험(Newton, 1998)에 의해 물리학의 논의에서 제거된 것처럼. 마찬가지로, 비록 어떤 자연언어로서 지칭되는 정신적 사건들은 정신적-사건-자체로서 일단 받아들여지는 것이 필요하다. 이러한 허구로 판명될 어떤 정신적 사건을 '그-자체로서 받아들임'의 해로움은 오늘날 SNS의 세계를 범람하는 가짜 뉴스보다 훨씬 덜한데, 그것을 과학의 대상으로 받아들여 경험적·이론적 연구를 하는 데 들어가는 비용과 노동 정도이다. 대신 폐쇄적인 집단에서 검증 없이 증폭되고 확장되는 가짜 뉴스와 달리 허구라 판명될 정신적-사건들-자체는 과학의 엄밀한 도구와 검증이라는 효과적인 여과 장치에 의해 결국 퇴출될 것이기 때문이다. 예를 들어, 1882년 프레더릭 마이어스(Frederic W. H. Myers) 등에 의해 주장된 '텔레파시(telepathy)'라는 정신적 사건은 처음에 정신과학의 한 가설적 대상으로 받아들여졌으나 곧 많은 수의 과학적 실험들의 검증을 통과하지 못하면서 사이비과학(의사과학, pseudoscience)의 영역으로 퇴출되었다(Planer, 1980: 218). 어떤 현상이나 상상에 의해 있음직한 어떤 정신적 사건들을 단지 그 현재의 정의나 이론이 세련되지 못하다고 해서 아예 과학의 테이블로 들이지 않는 것은 어떤 의미에서 매우 폭력적이고 현재 과학의 부족함을 겸허하게 수용하지 않는 지적 우월주의, 차별주의, 귀족주의의 잘못을 저지를 수 있는 위험한 습관이다. 제도적 폭력의 남용을 막기 위해 범행을 확증하는 증거가 발견되기 되기 전에는 무죄를 추정하는 것처럼, 일체의 정신적 사건들에 대해 일단 가설적 존재로서의 실재를 부여하고 과학의 법정에서 재판받게 하는 것이 올바른 접근이라고 본다. 그냥 시인이고 문학 하는 자가 하는 주장이라며 논의조차 하지 않는다면 나름대로 일련의 체계적 관찰과 실험을 통해 빛에 대한 이론적 체계를 만드느라 꽤 상당한 지적 노동을 한 괴테(Goethe, 1982)로서는 무척 억울한 일이다.

3. 뇌과학을 위한 좋은 패러다임

앞서 내려진 논의를 위한 대전제를 받아들이는 것은, 어떤 한 에이전트가 외부 환경을 향할 때 벌어지는 대상 및 사건을 물자체로, 내부 환경을 향할 때 벌어지는 대상 및 사건을 심자체로 받아들이는 것을 의미한다. 그렇다면 정신과학은 물자체를 꽤 성공적으로 탐구해 온 선배 과학인 자연과학처럼 심자체를 잘 탐구할 수 있을까? 심자체를 과학적으로 탐구하는 정신과학에 좋은 패러다임은 무엇일까?

여기서 "좋은 패러다임은 무엇인가?"라는 질문을 잘 이해하려면 과학철학적 담론에서 중요한 개념들(개인적으로, 이 개념들을 정립하고 구분함으로써 과학철학은 현장에서 벌어지는 과학이 좋은 관행을 찾아가는 데 크게 기여하고 있다고 생각한다)에 관해 (이 개념들이 낯선 독자들은) 배우고 (이 개념들이 익숙한 독자들은) 현 논의의 맥락에 적절하게 환기될 필요가 있다. 그 개념들은 바로 '패러다임(paradigm)'과 '이론(theory)'의 구분이다(Lakatos, 1976). 과학의 패러다임이란 어떤 한 과학공동체가 과학의 대상 및 사건을 관찰하고 분석을 행하는 관습(practices)과 그것들을 설명하고 예측하는 이론들을 생성하는 어떤 틀(framework)을 가리키는 것이다(Kuhn, 1962). 다른 한편, 그 패러다임을 공유한 과학 공동체의 구성원들은 그 패러다임이 권장하고 허용하는 방법을 사용해서 중요하다고 생각하는 탐구의 대상 혹은 사건들에 초점을 맞추고 그

대상 및 사건들에서 벌어지는 현상을 예측하고 설명하기 위한 어떤 체계 (system or mechanism)를 고안하고 실험이나 통제된 관찰을 통해 그 체계를 검증하는데 그 체계를 '이론'이라 부른다. 여기서 중요한 것은 패러다임과 이론에 기대되고 요구되는 덕목이 서로 다르다는 것이다. 한 이론을 좋은 이론으로 만드는 데 핵심 덕목은 '현상을 다루는 힘(powerfulness)'과 '반증가능성 (falsifiability)' (Popper, 1959)이다. 즉, 좋은 이론이란 현상을 잘 예측하고 설명하면서도 동시에 경험적 관찰에 의해 스스로 기각(reject)될 조건들을 솔직하게 명시하는 '지적 솔직함(intellectual honesty)'을 지닌 이론이다. 이론을 생성하는 상위에 있는 패러다임의 핵심 덕목은 '생산성(productivity)'이다. 즉 좋은 과학 패러다임이란 좋은 이론, 즉 '힘차고도 정직한' 이론들을 많이 생성해서 설명하려는 대상과 사건에 대한 이해를 효율적으로 전진시키는 틀이다.

정신과학에 좋은 패러다임은 무엇일까? 다시 풀어서 묻는다면, 정신적-사건-자체에 관련된 현상들을 힘 있게 다루면서도 자신들이 퇴출될 조건을 솔직하고 분명하게 적시하는 좋은 이론들은 어떤 특성을 갖춘 패러다임에서 잘 자라나고 발전하는 것인가? 나는 앞선 의식의 정의와 마찬가지로 연구자의 입장과 견해에 따라 동의하지 않을 수도 있는, 정신과학 연구를 위한 좋은 패러다임의 특성을 물리 세계의 자연과학과 차별되는 정신과학만의 특수한 상황에서 유도하고자 한다. 내가 이 유도 과정에서 크게 기대고 있는 토대는 두 가지인데, 그 하나는 뇌과학자 동료들이 즐겨 보는 주요 대표 학술지들에 논문으로 발표되어 현장 뇌과학자들 사이에 상당한 울림을 일으켰던 과학철학적 논의들이며, 다른 하나는 토머스 쿤(Thomas S. Kuhn)의 과학 발달 기준에 따르자면 청소년기에 해당할 뇌과학을 직업적으로 십여 년 동안 직접 가르치고 행하며 쌓은 나 자신의 현장 경험이다.

내가 제안하고자 하는 패러다임은 다른 과학과 달리 정신과학에 주어진 독특한 상황이 있다는 사실에 근거를 두고 있다. 그 상황이란 바로 정신적-사

건-자체가 '신경 도메인(neural domain)'과 '행동 도메인(behavioral domain)'
이라는 매우 다른 두 도메인에서 관찰된다는 것이다. 따라서 정신적-사건-
자체에 관한 과학적 설명이란 그 정신적-사건-자체가 자신을 드러내는 두
관찰 도메인을 동시에 연결(linking)하는 일을 필수적으로 포함해야 한다. 그
런데 이 연결 작업은 매우 어려운데, 신경 도메인과 행동 도메인 사이엔 엄청
난 수준의 '차원상 불균형 문제(granularity mismatch problem)' 및 '작동방식의
비상응성 문제(ontological incommensurability problem)'가 존재하고 있기 때
문이다(Poeppel and Embick, 2005: 103~118). 차원상 불균형 문제는 행동 도
메인의 현상을 이루는 단위의 개수는 헤아릴 수 있을 만큼 적은 데 비해 신경
도메인을 이루는 단위의 개수는 비교할 수 없을 정도로 많다는 것으로 인해 발
생하는 어려움을 가리킨다. 예를 들면, '시각작업기억(visual working memory)'
이라는 정신적 사건과 관련하여 행동 도메인의 현상은 에이전트가 어떤 시각
자극을 본 다음 일정 시간이 흐른 후에 다시 그 자극을 보고할 때 그 보고의
정확성, 신뢰성, 빠르기 등이 실험의 어떤 조건에 따라 어떻게 변화하는지를
보는데 대개 3, 4차원을 넘어서지 않는다. 반면 에이전트가 그런 과제를 하고
있을 때 신경계에서 벌어지는 현상은 엄청난 수의 뉴런들과 그 연결들을 포
함한다. 차원상 불균형 문제가 차원의 양적 불균형 때문에 서로 직접 일대일
로 연결하기가 어렵다는 것을 가리킨다면, 작동방식의 비상응성 문제는 두
도메인 내에서 벌어지는 현상이 드러나는 작동방식이 매우 달라서 발생하는
직접 일대일 연결의 어려움을 가리킨다. 앞선 시각작업기억의 예를 다시 들
면, 행동 도메인에서 정신적-사건은 어떤 시각정보를 '부호화(encoding)'하고,
'유지(maintenance)'하고, '재생(retrieval)'하는 작동들로 기술되지만, 신경 도메
인에서는 '활성적 활동(excitatory activity)', '억제적 활동(inhibitory activity)', '활
성-억제 간 균형(excitatory-inhibitory balance)' 등 신경회로에 중요한 작동들
로 기술되고 있다. 시각작업기억에 관련된 행동과 신경과정에 기초적인 지식

을 갖춘 뇌과학자라면 대번에 이 두 도메인 간에 직접적 일대일 연결은 난망한 일임을 바로 인정하게 될 것이다. 정신과학의 필수적인 과제가 정신적 사건이 드러나는 신경 도메인과 행동 도메인의 현상들을 연결하는 것인데, 이 두 도메인을 직접 연결하는 것이 차원상 불균형과 작동방식의 비상응성으로 인해 어렵다면 어떤 해결책이 있을까? 나는 이 질문에 대한 대답이 바로 정신과학을 위한 생산적인 패러다임이 무엇인지를 결정하는 질문이라 생각한다.

이 지점에서 나는 뇌과학자로서, 혹은 이 논문의 맥락에 맞추어 부른다면 '정신과학자'로서, 연구 현장에서 일하면서 '그래 그 말 일리 있는 것 같아, 정말 그런 면이 있지'라고 내게 뚜렷한 울림을 일으킨 과학자들의 생각들을 소환한다. 특히 그 울림의 순간들 중 '내가 이해하려고 한 정신적 사건에 대해 나의 이해가 확실하게 진전된' 그래서 '그 정신적 사건이 행동 도메인과 신경 도메인에서 드러내는 현상들이 조화롭게 설명되고 또한 앞으로 어떤 조건에서 어떻게 변화될지 짐작이 가게 해주는' 그런 충만한 이해(full understanding)(Marom et al., 2009)의 상태를 가져다준 논문들과 나 스스로의 연구에 근거하여 정신과학을 위한 생산적 패러다임에 대해 고민해 보았다. 그 고민의 결과물은 신경적 도메인과 행동적 도메인 외에 제3의 도메인을 받아들여야만 하고(Carandini, 2012: 507~509), 이 세 도메인들 사이를 연결해 주는 어떤 다리를 건설해야 한다는 것이다. 여기서 제3의 도메인은 바로 '과제-계산 도메인(task-computational domain)', 즉 어떤 환경적 조건에서 어떤 목표를 이루기 위해 에이전트에게 부여된 과제가 계산적으로 정의되는 도메인(Marr, 1982/2010)이다. 그리고 이 세 도메인들을 연결해 주는 다리는 '알고리즘으로 지어진 다리(bridge of algorithms)', 즉 어떤 주어진 과제를 특정 방식으로 실행(execute)하는 알고리즘들의 집합을 가리킨다. 여기서 알고리즘이란 어떤 정보의 '표상들(representations)'과 그 표상들에 연산을 가하는 일련의 '작동들(operations)'을 수학적 형식(mathematical formalism)으로 기술한 것이다(Cooper and Peebles,

2015: 243~258). 알고리즘으로 지어진 다리들은 '과제', '신경', '행동'이라는 세 도메인들을 연결해 주는 시스템으로 이해될 수 있는데, 시스템 신경과학 (systems neuroscience)의 활동을 구조적으로(structurally) 가장 잘 표현하고 있는 수학의 언어, 즉 선형대수(linear algebra)의 행렬곱(matrix multiplications)들로(Strang, 2019) 다음과 같이 단순화하여 표현될 수 있다.

$$N_{it} = BR_{ik}^{N}A_{kt} + \epsilon_{it}^{N} \quad \text{(식 1)};$$

$$B_{jt} = BR_{jk}^{B}A_{kt} + \epsilon_{it}^{B} \quad \text{(식 2)},$$

여기서 A_{kt}는 한 에이전트가 주어진 과제를 수행하는 데 사용하는 알고리즘을 k개의 차원을 가지는 표상들의 상태가 시행 t(trial)에 걸쳐 변화하며 작동되는 하는 행렬로 표현한 것이며, N_{it}은 에이전트가 주어진 과제를 수행하는 동안 i개의 차원을 가진 신경 도메인에서 벌어지는 현상들(예, i개의 뉴런들이 t시행들에서 변화되는 패턴들)을, B_{jt}은 역시 에이전트가 주어진 과제를 수행하는 동안 j개의 차원을 가진 행동 도메인에서 현상들(예, j개의 행동 특성들이 t시행들에서 변화되는 패턴들)을, BR_{ik}^{N}과 BR_{jk}^{N}은 동일한 알고리즘 A_{kt}를 각각 신경 도메인과 행동 도메인으로 건너가게 해주는, 즉 번역(translate)하는 다리 역할을 하는 것이다. 식 1과 2를 잘 음미하면 왜 이러한 시스템이 정신과학에 독특한 연결 상황과 그 연결의 두 문제를 명료하게 드러내며, 또 그 문제들을 어떻게 풀어가는지 잘 이해할 수 있다. 즉, 신경 도메인과 행동 도메인의 차원불균형은 N_{it}과 B_{jt}에서 전자의 차원 i가 후자의 차원 j보다 매우 크다는 것으로, 작동방식의 비상응성은 N_{it}과 B_{jt}을 구성하는 차원의 속성자체가 아예 다름을 나타낸다. 그리고 신경 도메인과 행동 도메인은 직접 상응될 수 없고 대신 각각의 다리, 즉 BR_{ik}^{N}과 BR_{jk}^{N}을 건너가서 식1과 식2에 공유된 행렬 A_{kt}에서 연결된다는 것이다. 그리고 이 A_{kt}는 주어진 과제를 실행하는 데 소집되는 어떤 정신적 사건들로, 과제에 대한 계산적 분석(computational analysis) Ψ-과제에 주어진 환경과 목적을 고려할 때 필요한 계산들이 무엇인지를 파악한 결과로 생성되는 것으로 가정된다.

$$A_{kt} + \epsilon_{Task}^{A} = \Psi(Task) \quad \text{(식 3)}$$

이렇게 정의된 식 1, 2, 3은 함께 정신과학의 활동, 즉 정신적-사건-자체에 관련되어 벌어지는 신경 및 행동 도메인에서 관찰 가능한 현상들의 연결이 어떤 가정 속에서 어떤 방식으로 이루어져야 하는가에 대한 패러다임적 정의를 내린다. 즉, 에이전트는 자신에서 어떤 과제가 설정되면 주어진 조건에서 그 과제를 실행할 어떤 알고리즘을 정신적-사건-자체로 정의하고, 이 정신적 사건은 신경 도메인의 사건들과 행동 도메인의 사건들로 동시에 번역되는 하나의 연결된 시스템으로 이해되는 것이다.

따라서 이런 패러다임에서 정신과학자의 과학 활동의 핵심은 중요한 과제를 실행하는 에이전트가 사용한 진짜 알고리즘을 찾는 것에 있다. 그것을 찾는 방법도 식 1, 2, 3에서 드러나는데 세 도메인들의 제약들(constraints)을 동시에 만족시키는 알고리즘을 찾는 것이다. 신경 도메인과 행동 도메인의 제약은 주어진 과제를 수행할 때 에이전트의 신경계와 행동계에서 수집된 측정치와 알고리즘의 예측이 서로 잘 상응해야 하는 것, 즉 식 1, 2의 에러 텀 ϵ_{it}^{N}, ϵ_{it}^{B}을 최소화할수록 좋은 알고리즘이며, 과제-계산 도메인의 제약은 알고리즘이 주어진 조건에서 해당 과제를 해결하는 데 규범적인(normative) 알고리즘[식 3의 Ψ(Task)에 해당]에서 최소한으로 이탈되어 있어야(식 3의 에러 텀을 최소화할수록 좋은 알고리즘)한다.

이 패러다임이 좋은 이유, 즉 생산적인 이유, 즉 힘차면서도 정직한 이론들을 잘 생산하여 현상들을 설명하지 못하는 자격 미달의 이론들은 논의의 탁자에서 퇴장시키고 살아남은 이론들은 더욱 압박하여 더 세련된 이론으로 단련하는 이유는, 바로 알고리즘의 생성은 가능한 자유롭게 부추기되 대신 알고리즘으로 하여금 계산, 행동, 신경 도메인에서 강력하고 분명한 시험을 보게 만든다는 데 있다. 알고리즘은 에이전트가 일단 주어진 과제를 수행하는 알고리즘이기만 하면 시스템의 한 요소로 느슨하게 입장할 수 있으니 자유로운 알고리즘이 그 과제를 수행하는 데 관여하는 정신적-사건-자체로 전제될 수 있을 것이다. 하지만 일단 입장하고 나면 신경 도메인과 행동 도메인을 동시에 잘 설명해야 하며 중요한 현상을 설명하지 못할 때 퇴장당하고, 잘 설명해 내면 과제-계산적, 행동적, 신경적 도메인을 동시에 설명하는 충만한 이해(full explanation)를 제공하는 이론으로 살아남는 것이다. 또한 이 패러다임은 경쟁하는 알고리즘이 있다면 파시모니(parsimony) 등의 기준을 적용하여 상대적으로 어떤 알고리즘이 더 나은지 양적으로 비교도 가능할 장치 또한 갖추고 있다.

위에서 제안된 패러다임을 간단히 '연결 패러다임(linking paradigm)'으로 부르겠다.

4. 연결 패러다임을 효율적으로 사용하기 위해 중요한 두 가지 관행

연결 패러다임은 정신과학에 관한 충만한 이해를 제공하는 이론들을 생산하는 플랫폼을 제공하지만, 어떤 정신과학 공동체가 실제로 지속 가능한 진전을 이루어 성숙한 과학에 이르려면 이 패러다임을 효율적으로 잘 활용해야 한다. 그러한 활용을 위한 중요한 두 가지 관행이 언급될 수 있다.

첫째 관행은 중요한 과제를 선정하는 것이다. 중요한 과제란 에이전트가 생태학적 환경에서 실제로 자주 수행하는 생존(혹은 진화론적 관점에서 번식)에 중요한 과제이거나, 현재 과학 공동체를 지원하고 있는 더 큰 공동체가 해결을 필요로 하는 과제일 수 있다. 실험실 안에서만 특수하게 활용될 뿐 실제 관찰되고 있는 비인간 동물이나 인간들의 생태적 환경에서 거의 요구되지 않는 과제에 대한 연구는 (예를 들어 박쥐로 하여금 시각적 판단을 하는 과제 수행을 연구하는 것은) 그 대표성도 취약하지만 에이전트의 정신적 사건들에 대한 잘못된 이해로 이끌 수 있다(Krakauer, 2017: 480~490). 공동체가 해결을 필요로 하는 과제들의 예로는 사회 구성원들의 삶의 질을 심각하게 위협하는 치매, 정신질환에서 심각하게 저하되는 과제들(예: 작업기억 능력의 저하), 또는 대형 인적재난으로 이어지는 원인이 되는 과제들 (예: 불확실하거나 애매한 상황에서 의사결정을 내리는 것)을 들 수 있다. 후자의 경우는 과학 공동체가 지속 가능한 과학 활동을 하기 위해 필요한 자원 (연구펀딩, 교육환경 구축)을 마련하는 데 무시하지 못할 요인이 된다.

둘째 관행은 주어진 과제에 대한 후보 알고리즘을 평가하기 위한 명확한 기준을 마련하는 것이다. 구체적으로 과학자들은 세 가지 도메인 각각에서 중요한 평가의 구체적인 벤치마크를 과학 공동체에서 합의된 형태로 선정할 필요가 있다. 시각작업기억에 관한 한 연구 공동체의 움직임을 한 예로 들 수 있는데(Oberauer et al., 2018: 885~958), 과제－계산 도메인에서는 '부호화', '유지', '인출'의 계산적 정의가, 행동 도메인에서는 기억인출 시 나타나는 '편향(bias)'과 '변산성(variability)'이, 신경 도메인에서는 뇌의 여러 곳에서 나타나는 '지속적 뇌활동(sustained activity)' 및 '고요한 상태 표상(activity-silent representation of states)'등으로 연구 공동체의 합의를 통해 각 도메인별 구체적인 벤치마크가 마련되고 있다. 이는 최근 인공지능 연구 분야의 연구자들이 해당 알고리즘이 설명하고 구현해야 할 벤치마크를 명확히 설명하고 그것을 목표로 선명한 알고리즘들의 평가를 통해 문제 해결을 위한 알고리즘들의 발견을 유도하며 눈부신 성장을 이룬 것에 착안한 움직임이다.

5. 맺는말: 의식을 과학적으로 연구하기에 좋은 패러다임을 위한 제언

의식을 과학적으로 연구하기에 좋은 패러다임은 무엇인가? 앞에서 전제한 대로, 의식은 에이전트가 접근 가능하고 부분적으로 개입할 수 있는 정신적 사건, 즉 일반적 정신적 사건의 부분 집합적 공간이므로 의식과학을 위해 좋은 패러다임과 관행은 위에서 언급된 연결 패러다임과 그것을 위한 관행이 모두 적용된다 할 것이다. 의식과학에 대한 이러한 접근은 '의식(consciousness)'은 다른 정신적 사건의 많은 범주들(categories) 중 하나일 뿐 그것에 다른 범주들과 차별화된 특별한 지위를 부여하지 않는다는 것이다. 즉, 각각 어떤 한 정신적 사건의 범주를 연구하는 정신과학자들은 자신들이 연구하는 대상의 특별한 취급과 지위를 요구할 필요가 없으며, 다만 (앞서 시각작업기억 분야의 연구자들이 예시한 것처럼) 그 범주의 정신적 사건 연구에 중요하다고 여겨지는 핵심 과제들을 선정하고, 또 그 선정된 과제들을 실행하는 데 에이전트가 사용할 것이라고 제안된 후보 알고리즘들을 제약할 벤치마크들을 과제-계산, 신경, 행동 도메인에서 명확히 선정하고 연결 패러다임의 플랫폼 위에서 그 벤치마크를 만족시키는 최선의 알고리즘을 탐색·검증하면 되는 것이다. 따라서 의식과학의 연구자들이 효율적이고 지속 가능한 진전을 이루려면, 다른 범주들의 정신적 사건들을 연구하는 정신과학자들과 마찬가지로 연결 패러다임이라는 플랫폼 위에서 동일한 방식으로 연구활동을 하되, ① 의식이란 한 범주에 해당하는 정신적 사건에 아주 중요한 과제들을 선정하고, ② 그 과제들을 실행하는 후보 알고리즘들을 검증할 세 도메인의 벤치마크를 명확하게 정립하는 데 집중하는 것이다.

이 글에서 펼쳐 보인 나의 입장은 '정신적-사건-자체의 하위 집합으로서의 의식에 대한 정의'와 '정신적 사건을 연구하는 생산적인 패러다임으로서의 연결 패러다임과 그 사용법'으로 요약된다. 이런 입장에서 현재 의식과학자들의 활동을 볼 때 별로 생산적이지 않은 흐름과 생산적인 흐름, 두 흐름들이 동시에 관측되고 있다. 생산적이지 않은 흐름은 세 가지 특징을 보이는데, '의식'이 다른 정신적 사건들과 아주 다른 특별한 지위를 부여해야 한다고 주장하는 것, '의식'이라는 정신적 사건이 필수적으로 개입되는 과제들이 무엇인지 적시하지 않고 거의 광범위한 과제들에 관여한다는 인상을 준다는 점, 마지막으로 경험적으로 검증될 명확한 벤치마크들을 정립하려 들지 않는다는 것이다. 독자들이 오해하지 말 것은, 나는 이런 흐름이 '틀렸다(incorrect)'고 보는 것이 아니라 '비생산적(non-productive)'이라고 주장하는 것이다. 즉 의식의 과학적 이해의 효율적, 지속 가능한 전진에 이러한 흐름이 좋지 않다고 주장하는 것이다. 이 비생산적임에도 이런 흐름이 지속되는 한 이유는 연구자들 자신이 에이전트이고 '의식'은 그 에이전트인 자신이 접근 가능하고 부분적으로 개입 가능한 무엇이기에 특별하다고 느끼는 면과 어느 정도 관련이 있다고 본다. 나는 그러한 특별한 점(Koch, 2018)에 공감하지만, 그와 별개로 그런 사건에 대한 과학적 연구를 위한 생산적 패러다임과 올바른 관행을 마련하는 데 그러한 '의식특수설'은 큰 도움이 되지 않으며 심지어 해로울 수 있다고 생각한다. 문화인류학자들이 자신들에게 익숙한 문화를 연구할 때 '낯설게 하기(defamiliarization)'의 방법론으로 어떤 객관화를 시도한(Marcus and Fischer, 1986) 이면에는 자신에 관련된 문화를 객관적으로 볼 수만은 없는 편향이 문화인류학의 생산적 진전을 방해한다는 인식이 있었다고 본다. 그런 인식이 의식을 특수하게 보는 편향을 교정하는 데 적용되면 좋지 않을까 한다.

최근 3~4년 사이에 의식과학 연구자들 사이에 생산적인 흐름들이 일어나고 있는 것은 매우 반가운 소식이며, 그중 주목할 만한 두 흐름을 소개하고자 한다. 첫째, 흐름은 의식이란 정신적 사건이 개입하는 중요한 과제들에 집중하는 흐름이다. 최근 인간 행동과 신경과학을 다루는 ≪네이처(Nature)≫의 자매지인 ≪네이처 휴먼 비헤비어(Nature Human Behavior)≫란 학술지에 뇌과학, 심리학, 의학, 철학, 컴퓨터 공학 등 다양한 분야에서 의식을 연구하는 과학자들이 함께 "성숙한 의식과학을 위한 기회와 도전들(Opportunities and challenges for a maturing science of consciousness)"이라는 글을 기고했다(Michel et al., 2019: 104~107). 이 기고에서 연구자들은 경험적으로 검증 불가능한 의식에 관한 거대 이론들에 관한 비생산적인 논쟁에서 벗어나 우리 공동체가 당면한 문제, 공동체가 의식과학계에서 시급히 해결해 주었으면 하는 과제와 관련된 의식 연구에 집중하자고 제안한다. 이러한 제안은 연결 패러다임에 사용하는 중요한 관행 중 첫 번째 관행, 즉 '중요한 과제를 선정하기'에 해당한다고 해석될 수 있다. 이 연구자들에 따르면, 의식이라는 정신적 사건에서 매우 중요한 과제의 한 예는 중증의 의식장애 환자들 중 식물인간 상태(vegetative state)와 미미하지만 의식이 남아 있는 상태(minimally conscious state)를 구분하는 일이다. 이러한 문제를 해결하는 것은 매우 시급하고 중요한 문제이며 이 문제를 해결하면서 의식에 대한 과학적 이해도 크게 진전하리라 기대된다. 그 외에도 다른 의료, 교육, 법률 등의 현장에서 시급히 요구되는 의식과학의 필요성에 대해 집중하자는 저자들의 호소는 매우 경청할 만하다.

두 번째 주목할 만한 흐름은 이 글에서 전제하고 있는 의식에 관한 정의와 관련된 것이다. 구체적으로 주관성, 직접성 등에 기반하여 의식에 특별한 지위를 부여하지 않고 정신적 사건의 한 범주일 뿐이라는 이 글의 전제와 일치하는 매우 진전된 주장이 최근 ≪사이언스(Science)≫에 리뷰 논문의 형태로 발표되었다. 스타니슬라스 드앤(Stanislas Dehaene), 하콴 라우(Hakwan Lau), 시드 쿠이더(Sid Kouider)는 다소 자극적인 제목 "의식이란 무엇인가? 기계도

의식을 지닐 수 있을까(What is consciousness, and could machines have it)?"
라는 제목하에 정신적 작용은 뇌에서 벌어지고 있는 정보처리의 계산들로 이
해되어야 하며, 그런 정보처리적 계산들 중 두 가지 종류의 소수의 부분들을
가리킬 뿐이라고 주장한다(Dehaene·Lau·Kouider, 2017). 저자들이 C1이라고
지칭하는 종류는 '전역적 방송(global broadcasting)'의 접근과 개입이 가능한 형
태의 계산이며, C2라고 지칭하는 종류는 그러한 C1 계산들을 '자기 관찰(self
monitoring)' 하는 유형의 정보처리 계산들로 보고 있다. 이런 정의는 이 글에
서 전제의 일부인 하위집합으로서의 의식에 대한 정의, 즉 에이전트가 접근
가능하고 부분적으로 개입하고 있는 유형의 정신적 사건이라는 정의와 일치
하며 그것을 매우 구체적인 수준에서 정의해 내고 있는 매우 흥미로운 접근
이라 생각된다. 이 저자들의 접근들을 받아들이게 되면, 독자들은 자연스럽
게 기계들도 의식을 가지게 될 수 있다는 결론에 이르게 될 아주 도발적인 주
장이기는 하다. 그것에 대한 동의 여부를 떠나 이러한 태도는 의식에 특별한
지위를 부여하여 특별대우를 주장하지 않는 한편 의식이라는 것이 정보처리
를 위한 계산을 행하는 에이전트이기만 하다면 기계에서이든 인간에서이든
차별 없이 잠재적으로 생겨날 수 있는 어떤 정신작용으로 간주한다는 것으로
이 글에서 견지하고 있는 태도와 결을 같이하는 것이다.

참고문헌

Carandini, Matteo. 2012. "Fromcircuits to behavior: a bridge too far?" *Nature Neuroscience*. Vol.15, pp.507~509.
Churchland, Patricia Smith. 1986. *Neurophilosophy: Toward a Unified Science of the Mind-Brain*. The Bradford Book.
Cooper, Richard P. and David Peebles. 2015. "Beyond single-level accounts: the role of

cognitive architectures in cognitive scientific explanation." *Topics in Cognitive Science*, Vol.7, No.2, pp.243~258.

Dehaene, Stanislas·Hakwan Lau and Sid Kouider. 2017. "What is consciousness, and could machines have it?" *Science*. Vol.358, No.6362, pp.486~492.

Gallager, Robert G. 2014. *Stochastic Processes: Theory for application.* Cambridge University Press.

Goethe. 1982. *Theory of Colours.* trans. by Charles Lock Eastlake. Cambridge, MA: MIT Press.

https://www.nasa.gov/mission_pages/chandra/news/black-hole-image-makes-history

Kant, Immanuel and Norman Kemp Smith. 1929. *Immanuel Kant's Critique of Pure Reason.* Boston: Bedford Print.

Koch, Christof. 2018. "What is consciousness?" *Nature*, Vol.557, No.9.

Krakauer, John W.·Asif A. Ghazanfar·Alex Gomez-Marin·Malcolm A. MacIver and David Poeppel. 2017. "Neuroscience needs behavior: correcting a reductionist bias." *Neuron* Vol.93, No.3, pp.480~490.

Kuhn, Thomas S. 1962. *The Structure of Scientific Revolutions.* University of Chicago Press.

Lakatos, Imre. 1976. "Falsification and the Methodology of Scientific Research Programmes." in Sandra G. Harding(eds.). *Can Theories be Refuted?* Synthese Library, Vol.81. Dordrecht: Springer. https://doi.org/10.1007/978-94-010-1863-0_14

Marcus, George E. and Michael M. Fischer. 1986. *Anthropology as Cultural Critique: An Experimental Moment in the Human Sciences.* Chicago: University of Chicago Press.

Marom, Shimon·Ron Meir·Erez Braun·Asaf Gal·Einat Kermany and Danny Eytan. 2009. "On the precarious path of reverse neuro-engineering." *Frontiers in Computational Neuroscience.* Vol.3, No.5.

Marr, David. 1982/2010. *Vision: A Computational Approach.* MIT Press.

Michel, Matthias·Diane Beck·Ned Block et al. 2019. "Opportunities and challenges for a maturing science of consciousness." *Nature Human Behaviour,* Vol.3, pp.104~107.

Newton, Isaac. 1998. *Opticks: or, a treatise of the reflexions, refractions, inflexions and colours of light. Also two treatises of the species and magnitude of curvilinear figures.* Commentary by Nicholas Humez. Octavo(ed.). Palo Alto, Calif: Octavo(*Opticks* was originally published in 1704).

Oberauer et al. 2018. "Benchmarks for models of short-term and working memory." *Psychol Bull,* Vol.144, No.9, pp.885~958. doi: 10.1037/bul0000153.

Onfray, Michel. 2011. *Le Crepuscule D'une Idole: L'affabulation Freudienne.*

Page, Don N. 2007. "Susskind's challenge to the Hartle–Hawking no-boundary proposal and possible resolutions." *Journal of Cosmology and Astroparticle Physics,* Vol.2007.

Planer, Felix. 1980. *Superstition.* Cassell.

Poeppel, Daivd and Daivd Embick. 2005. "Defining the relation between linguistics and neuroscience." *Defining the Relation between Linguistics and Neuroscience*. A.E. Cutler (ed.).(Lawrence Erlbaum). Twenty-First Century Psycholinguistics: Four Cornerstones. pp.103~118.

Popper, Karl. 1959. *The Logic of Scientific Discovery*. Julius Springer.

Strang, Gilbert. 2019. *Linear Algebra and Learning from Data*. Wellesley-Cambridge Press.

Vardanyan, Mihran·Roberto Trotta and Joseph Silk. 2011. "Applications of Bayesian model averaging to the curvature and size of the Universe" *Monthly Notices of the Royal Astronomical Society: Letters*, Vol.413, No.1(May 2011), pp.L91~L95.

Wikipedia. "Observable universe." https://ko.wikipedia.org/wiki/%EA%B4%80%EC%B8%A1_%EA%B0%80%EB%8A%A5%ED%95%9C_%EC%9A%B0%EC%A3%BC (검색일: 2020.12.20)

제6장

의식철학과 뇌과학의
진정한 만남

이영의 | 고려대학교 철학과

1. 들어가는 말

1988년에 출간된 퍼트리샤 처칠랜드(Patricia S. Churchland)의 저서 『신경철학: 심뇌에 관한 통합적 이해를 위해(Neurophilosophy: Toward a Unified Understanding of the Mind-Brain)』는 의식철학의 흐름을 바꾸어놓았다. 그동안 철학의 입장에서 뇌과학의 철학적 토대를 구축하고자 했던 기존의 '신경과학철학'과는 달리 이 책은 뇌과학의 성과를 철학적 문제를 해명하는 데 적용하는 '신경철학'의 구체적 예를 보여주었다. 이제는 신경철학 외에도 신경윤리학, 신경교육학, 신경법학, 신경경제학 등 '신경(neuro-)'이라는 접두어를 달고 있는 다양한 학문 분야들이 등장했지만, 그 당시에는 신경철학은 매우 혁신적인 분야였다.

이 글은 '현대 뇌과학과 의식철학의 대화: 뇌와 의식의 재발견'이라는 주제를 의식철학의 입장에서 접근한다. 현대 뇌과학은 의식철학에 중요한 도전을 제기하고 있다. 예를 들어 "자아란 존재하지 않는다"라는 주장이나 "자유의지는 존재하지 않는다"와 같은 주장이 타당하다면, 자아와 자유의지를 기본 전제로 하는 형이상학, 인식론, 윤리학은 성립할 수 없게 되고, 뇌과학은 더는 철학이 필요치 않게 된다. 이와 관련하여 철학자들은 의식을 연구하는 데 있어서 철학의 필요성을 설득력 있게 주장해 왔다. 그들은 감각질, 설명적 간극, 의식의 어려운 문제 등을 통해 뇌과학이 의식을 모두 설명할 수 없으며 철학적 설명이 필요하다고 주장했다.

나는 이 글에서 의식을 설명하는 데 있어서 철학과 뇌과학 간 대화와 협업이 필요하다는 점을 강조하면서 그에 대한 방안을 제시하고자 한다. 논의 순서는 다음과 같다. 먼저 2절에서는 현재 의식철학의 현주소를 신비주의, 이원론, 유물론을 중심으로 정리한다. 3절에서는 유물론에 기반한 뇌과학이 철학에 대해 제기하는 도전을 '놀라운 가설'과 신경상관자 이론을 통해 살펴본다. 이상의 논의를 바탕으로 4절에서는 두 분야가 호혜적 방식으로 대화할 수 있는 방안으로 시험가능성과 개념적 혁명을 제안한다.

2. 현대 의식철학

20세기 의식철학은 크게 전반부와 후반부로 구분된다. 20세기 전반부는 행동주의(behaviorism)가 의식철학을 주도했고, 후반부는 행동주의를 비판하는 이론들이 주도권을 잡았다. 행동주의는 이전 세기에 의식 연구를 주도했던 내성주의의 주관적이고 비과학적 성격에 대한 반발로 등장했는데, 크게

철학적 행동주의와 방법론적 행동주의로 구분된다.[1]

철학적 행동주의는 논리실증주의의 심리이론으로 심적 상태는 행동이나 행동하려는 경향이라고 주장한다. 마음은 실재하지 않는다. 그렇다면 마음에 대한 진술은 어떻게 의미를 갖는가? 철학적 행동주의에 따르면, 의미는 공개적으로 관찰 가능한 행동이나 상황에 관한 용어들에 의해 정의되어야 한다. 예를 들어, "X는 폭력적이다"라는 진술은 "X가 이런 상황에 부닥치면, X는 저런 행동을 하는 경향이 있다"라고 조작적으로 정의될 수 있다. 여기서 강조되는 조작 가능성은 논리실증주의의 검증 원리를 충족하기 위한 장치이다.

철학적 행동주의가 마음의 본성과 마음 진술의 의미에 주목한 데 비해, 방법론적 행동주의는 마음을 연구하는 데 적합한 방법론에 초점을 둔다는 점에서 그것은 심리학 이론이다. 방법론적 행동주의에 따르면 심리학의 연구 대상은 마음이 아니라 행동이다. 행동주의 심리학을 개척했던 존 왓슨(John B. Watson)은 "의식은 정의될 수 있거나 이용 가능한 개념이 아니다. 그것은 단지 고대의 '영혼'을 지칭하는 또 하나의 단어에 불과하다"(Watson, 1930: 3)라고 주장함으로써, 마음을 과학적 탐구 영역으로부터 추방하고자 했다. 유기체의 심성 내용은 과학적으로 파악될 수 없는 '블랙박스'이다. 블랙박스의 내적 구조가 관찰 가능한 자극-반응 관계로 충분히 설명될 수 있는 경우를 제외하고는 심리학자들은 그것의 내적 구조를 언급하지 않아야 하며, 유기체의 행동은, 단순하건 복잡하건 간에, 자극-반응의 관계로 설명되어야 한다. 학습은 자극-반응 관계의 수정이다. 즉, 주어진 자극에 대해 바람직한 반응이

---

1   두 가지 행동주의는 실제로는 분명히 구분되어 나타나지 않았다. 철학적 행동주의는 루돌프 카르나프(Rudolf Carnap)의 경우를 제외하고는 거의 시도되지 않았고, 흔히 철학적 행동주의자로 분류되는 길버트 라일(Gilbert Ryle), 루트비히 비트겐슈타인(Ludwig Wittgenstein), 윌러드 콰인(Willard Quine)의 이론은 오히려 방법론적 행동주의에 더 가깝다.

표 6-1 찰머스의 구분

유형	중심 내용	이론
A	논리적으로 수반을 수용한다	제거론, 행동주의, 환원적 기능주의
B	논리적 수반은 부정하지만, 유물론을 수용한다	비환원적 유물론
C	논리적 수반과 유물론을 동시에 부정한다	다양한 종류의 이원론

표 6-2 20세기 후반의 의식철학

이론	의식의 어려운 문제에 대한 대답	찰머스의 구분
신비주의	원칙적으로 해결할 수 없다	유형 C
이원론	과학을 통해 해결할 수 없다	유형 C
유물론	과학을 통해 해결할 수 있다	유형 A, B

나타나면 적절히 보상하고 그렇지 않으면 처벌하는 방식으로 바람직한 반응
이 학습된다. 방법론적 행동주의는 블랙박스의 내적 구조와 기능을 강조하는
인지주의(cognitivism)의 등장으로 인해 쇠퇴하기 시작했다.[2]

20세기 후반의 의식철학은 인지과학과 뇌과학의 발전에 대한 철학적 반응
으로 나타났다. 행동주의가 몰락한 이후에 나타난 의식철학은 그것의 다양한
유형에도 불구하고 의식은 뇌에 기반을 두고 있다는 믿음을 공유하고 있다.
20세기 후반의 의식철학의 주제는 어떻게 의식이 뇌로부터 발생하느냐는 문
제로 집약된다. 데이비드 찰머스(Chalmers, 1996)는 논리적 수반과 유물론의
수용 여부에 따라 의식철학을 세 종류로 구분한다(표 6-1 참조).

이 글에서는 20세기 후반의 의식철학을 의식의 어려운 문제에 대한 대답을
기준으로 신비주의, 이원론, 유물론으로 구분한다. 여기서 제시된 구분과 찰
머스의 구분과의 관계는 **표 6-2**에 나타나 있다.

2　그 변화는 Noam Chomsky(1959)에 의해 촉발되었다. 촘스키는 행동주의 학습 이론은
　인간의 언어 수행을 설명하기 어렵다고 비판하면서 그 능력은 언어 사용을 규제하는 인
　지 구조를 가정하지 않고서는 설명될 수 없다고 주장했다.

이 두 가지 구분의 주요한 차이는 찰머스가 유물론을 '환원론적 유물론'과 '비환원적 유물론'으로 구분하는 데 비해, 나는 찰머스가 이원론으로 분류한 이론들을 다시 '신비주의'와 '이원론'으로 구분하는 데 있다. 이후의 논의를 통해 드러나듯이, 의식에 대한 부분적 설명 가능성의 인정 여부는 20세기 의식 철학을 이해하는 데 매우 중요한 기준으로 작용하는데, '유형 C'로 분류되는 여러 가지 이론은 그 기준에 따라 재분류될 수 있다.

1) 신비주의

신비주의는 의식의 어려운 문제는 원리적으로 해결 불가능한 것이라고 주장한다. 신비주의에는 두 가지 유형이 있다. 존재론적 신비주의에 따르면, 의식은 본래적으로 신비로워서 어떤 방식으로든 그 신비를 파헤칠 수 없다. 이와 반면에, 인식론적 신비주의에 따르면, 의식은 본성상 신비로운 것은 아니지만, 그것을 설명하는 것은 인간의 인지능력을 넘어서 있다.

존재론적 신비주의는 토머스 네이글(Thomas Nagel)에서 볼 수 있다. 네이글은 의식은 심신 문제를 실제로 해결하기 어렵게 만드는 진정한 요인이라고 지적한다. 네이글에 따르면 하나의 유기체가 의식적인 심적 상태를 갖는다는 것은 "그 유기체가 된다는 것(something that it is like to be)"이다(Nagel, 1974: 436). 여기서 '그것이 된다는 것'은 경험의 주관적 특징이다. 예를 들어 인간이 박쥐와 같이 생활하더라도, 박쥐가 세상을 살아가면서 경험하는 의식, 즉 '박쥐가 된다는 것'을 경험하거나 이해할 수 없다. 여기서 네이글은 유물론이 거짓이라고 주장하지 않는다. 그가 주장하는 것은 물리주의가 참이라고 하더라도, 즉 주관적 의식이 물리적이거나 물리적인 것에 논리적으로 수반된다고 하더라도, 어떻게 그럴 수 있는지를 이해할 수 없다는 것이다.

인식론적 신비주의는 콜린 맥긴(Colin McGinn)에서 나타난다. 맥긴의 신비주의는 두 가지 핵심 주장으로 구성되어 있다. ① 의식은 그 자체로 완전히 자연적이어서 전혀 신비롭지 않다. ② 그러나 인간의 인지능력은 의식의 비밀을 파헤치기에는 역부족이다. 이런 의미에서 의식에 대해 우리는 인지적 닫힘(cognitive closure)의 상태에 있다. 인지적 닫힘은 다음과 같이 정의된다. 마음 유형 M이 속성 P(또는 이론 T)와 관련하여 인지적으로 닫혀 있다는 것은 M이 자유롭게 개념을 형성하는 절차가 P를 포착하는 (또는 T를 이해하는) 데까지 이르지 못한다는 것이다(McGinn, 1989: 529). 여기서 우리는 인지적 닫힘이 인지 자체에 적용되는 것이 아니라, 인지를 산출하는 뇌의 속성인 의식에 대한 것이라는 점에 유의할 필요가 있다.

또 다른 인식론적 신비주의는 설명적 간극(explanatory gap)을 주장한 조셉 레빈(Levine, 1983)에서 발견된다. 레빈에 따르면, 설명적 간극은 경험의 현상적 성질과 뇌의 물리적 성질 간 차이이다. 예를 들어 "고통은 C-섬유의 활성화이다"라는 설명은 뇌과학적으로 타당할지 모르지만 어떻게 고통이 느껴지는지를 이해하는 데는 도움이 되지 못한다. 물론 고통이 C-섬유의 활성화라는 점을 알게 되면 설명되는 것이 있다. 물리 과정의 인과적 역할이 그것이다. 그런데도 레빈이 강조하는 것에는 그런 인과적 역할 외에도 중요한 것이 빠져 있는데, 그것은 바로 고통의 질적 특징으로서 어떻게 그것이 느껴지는지에 대한 것이다. 이런 점에서 "고통 = C-섬유의 활성화"라는 설명은 완전한 동일성을 제공하지 못한다. 왜냐하면, 그 동일성이 실제로 성립하더라도, 왜 C-섬유가 활성화될 때 고통이 발생하는지는 여전히 설명되지 않은 채로 남아 있기 때문이다. 이처럼 레빈은 유물론이 참이라고 하더라도, 그것은 주관적 의식을 이해하는 데 필요한 설명을 제공하지 못한다고 주장한다.

2) 이원론

20세기 후반에 등장한 이원론은 여러 가지 종류로 나타났는데, 그것들은 실체이원론을 반대한다는 공통점이 있다. 이런 상황은 20세기 초반과 비교된다. 20세기 초반에는 실체이원론을 지지하는 철학자들과 뇌과학자들이 제법 있었다. 찰스 셰링턴(Charles S. Sherrington, 1942), 존 에클스(John Eccles, 1951), 로저 스페리(Roger Sperry, 1969), 칼 포퍼(Karl Popper, 1977) 등이 그 대표적인 예이다. 그러나 20세기 후반 뇌과학이 급속도로 발전함에 따라 의식에 관한 철학적 논의는 대부분 유물론에 대한 찬반 논의로 나타났고 그 결과, 이원론이라고 하더라도 물질에 독립적인 의식의 존재를 주장하기는 어렵게 되었다.

(1) 속성이원론

20세기 후반에 등장한 이원론 중 가장 강력한 이론은 속성이원론(property dualism)이다.[3] 속성이원론에 따르면 물질만이 실체이며 마음은 실체가 아니다. 뇌는 다른 물리적 대상과 마찬가지로 다양한 물리적 속성을 갖고 있으면서도 다른 물리적 대상이 갖고 있지 않은 비물리적 속성, 즉 심적 속성을 갖고 있다. 여기서 중요한 점은 심적 속성과 물리적 속성의 관계는 동일성, 수반, 환원의 관계가 아니라는 점이다. 속성이원론은 물리적 속성과 심적 속성이라는 두 가지 속성을 인정한다는 점에서 이원론이고, 물질만을 실체로 인정한다는 점에서 유물론이며, 심적 속성이 물리적 속성으로 환원 불가능하다고 주장한다는 점에서 비환원론이다. 이런 다양한 성격 때문에, 속성이원론

---

3 이 글에서 논의된 이원론 외에도 부수현상론(epiphenomenalism)이나 존 설(John Searle)의 생물학적 자연주의(biological naturalism)처럼 특정 학자가 주장한 비실체이원론이 있다.

은 심신 문제를 해결하고, 의식에 대한 과학적 접근을 지지하면서 의식의 존재론적 독립성을 주장하려는 사람들에게 매력적인 이론이다.

이런 장점에도 불구하고 속성이원론은 심적 속성과 물리적 속성 간의 관계를 설명해야 하는 어려운 문제를 안고 있다. 만약 그것에 대한 설명을 내놓지 않으면, 속성이원론은 인식론적 신비주의와 차이가 없어진다. 인식론적 신비주의자들이 '인지적 닫힘'과 자연적 한계를 활용할 수 있는 것과는 달리, 속성이원론자들은 마치 데카르트가 정신과 물질 간 상호작용을 설명해야 했던 것처럼, 서로 다른 두 가지 속성 간 상호작용을 설명할 의무가 있다. 만약 속성이원론자들이 그런 설명을 제공할 수 있다면, 그것은 4절에서 논의될 시험가능성을 갖는 가설 생성이라는 요청을 충족할 수 있고 그 결과 의식에 관한 과학적 탐구를 위한 작업 가설로 활용될 수 있다는 점에서 의식철학과 뇌과학 간 대화를 위한 중요한 후보가 될 수 있다.

속성이원론을 지지하는 여러 가지 논변이 있는데 여기서는 두 가지 논변을 살펴보기로 한다. 먼저 프랭크 잭슨(Frank Jackson, 1982)이 제시한 지식 논변(knowledge argument)이 있다. 뇌과학자 메리는 시각에 관한 완벽한 과학적 지식을 갖고 있지만, 평생 흑백색으로 된 방에서만 생활해 왔기 때문에 그 두 가지를 제외한 어떤 색도 경험하지 못했다. 어느 날 그녀가 흑백의 방을 나와 실제 세계에 있는 빨간 장미를 보았을 때 그녀의 시각 지식에 추가된 것이 있는가? 이 질문에 대해 잭슨은 "그렇다"라고 대답했다. 메리는 이미 시각에 관한 모든 사실을 알고 있으므로, 그녀가 새로 배운 것은 물리적 지식일 수 없다. 그녀가 새로 배운 것은 '붉은 장미를 보는 것은 어떤 느낌인가(What it is like to see a red rose)?'라는 의식적 경험에서 비롯된다. 이로부터 뇌과학은 시각에 관한 완벽한 지식을 제공하지 못한다는 주장이 도출된다. 그러나 속성이원론자들은 여기에 머물지 않고, 그 이상을 주장하고자 한다면, 즉 뇌과학이 설명하는 물리적 속성 외에 비물리적 속성이 존재한다고 주장한다면,

이것은 인식론적 전제로부터 존재론적 결론을 유도하는 것이다(Loar, 1990; Tye, 1986). 이런 추론이 정당화되기 위해서는 속성이원론적 전제가 필요한데, 만약 그 전제가 추가되면, 그것은 논점선취의 오류를 범하는 것이다.

이제 찰머스가 제시한 좀비 논변(Zombie argument)을 살펴보기로 하자. 찰머스의 논변에 등장하는 좀비는 철학적 좀비이다. 철학적 좀비는 모든 점에서 정상 인간과 같고, 오직 감각질을 갖지 않는다는 점에서만 차이가 난다. 좀비 논증은 다음과 같이 전개된다(Chalmers, 1996: 93~171). 철학적 좀비는 상상 가능하다(conceivable). 만약 어떤 것이 상상 가능하면, 그것은 형이상학적으로 가능하다. 그러므로, 철학적 좀비는 형이상학적으로 가능하다. 유물론에 따르면 철학적 좀비는 형이상학적으로 불가능하다. 그러므로 유물론은 부당하다.[4]

찰머스가 좀비 논변을 통해 유물론은 부당하고 속성이원론이 타당하다는 것을 주장하려고 하지만 속성이원론은 유물론으로부터의 강력한 비판에 직면한다. 김재권(Kim, 1989; 2005)이 주장하듯이, 속성이원론은 그것이 가정하는 심적 속성과 같은 비환원적 속성의 존재를 정당화해 줄 인과 이론을 제시하기가 어렵다. 만약 물리 세계가 인과적으로 닫혀 있다면, 즉 특정한 물리적 속성의 모든 예화의 원인이 또 다른 물리적 속성의 예화라면, 비물리적 속성은 물리 세계에서 어떤 인과적 영향도 미치지 못하거나, 아니면 다른 물리적 속성의 예화를 인과적으로 중복 결정한다. 그런데 인과적 중복 결정은 배제되어야 하므로 비수반적 속성은 물리 세계에서 인과적 힘을 상실한다. 속성이원론이 주장하는 비환원적 속성은 인과력이 없다는 점에서 물리적 속성의 부수현상에 불과하다. 이는 곧 속성이원론이 부수현상론의 한 형태라는 점을

4 　좀비 논변에 대한 다양한 비판적 논의가 있는데, 그 초점은 좀비 개념의 건전성, 좀비의 상상 가능성, 상상 가능성으로부터 형이상학적 가능성의 유도와 관련되어 있다.

의미한다.

지금까지 보았듯이, 신비주의자와 이원론자에게 중요한 문제는 어떻게 의식을 과학적으로 설명할 수 있느냐는 것이다. 이와 관련하여 찰머스(1995a)는 과학적 설명의 가능성에 따라 의식의 문제를 쉬운 문제(easy problem)와 어려운 문제(hard problem)로 구분했다. 쉬운 문제는 인지과학의 표준적 연구 방법을 통해 의식을 계산적이나 신경적 기제에 의해 설명하는 문제이다. 이 문제에 속하는 것으로는 환경적 자극을 구별하고 범주화하고 반응하는 능력, 인지 체계에 의한 정보 통합, 심적 상태의 보고 가능성, 자신의 내적 상태에 접근하는 체계의 능력, 주의 집중, 정교한 행동 통제, 각성과 잠의 차이 등이 있다. 이 중 상당수는 현재 인지과학에서 충분히 설명되고 있지 않지만, 원칙적으로는 만족스럽게 설명될 수 있다는 점에서 '쉬운' 문제에 속한다.

이에 비해 어려운 문제에 속하는 의식은 인지과학의 표준적 방법으로 설명될 수 없다. 그중 가장 어려운 문제는 현상적 의식에 관한 것이다. 우리가 무언가를 경험할 때 언제나 뇌에서 물리적 과정이 진행되고 있는 동시에 주관적 느낌을 경험한다. 찰머스는 이런 주관적 느낌이 바로 네이글이 말한 '무엇으로 사는 것'이고 감각질(qualia)이라고 생각한다. 쉬운 문제가 '쉬운' 이유는 그것이 인지 기능을 설명하는 문제이기 때문이다. 인지 기능을 설명하기 위해서는 그것을 수행하는 특정한 물리적 기제를 명시하는 것으로 충분하며, 인지과학은 그에 적합한 방법을 갖추고 있다. 반면에 어려운 문제가 진정 '어려운' 이유는 현상적 의식을 경험하는 것이 논리적으로 물리적 사실에 의해 함축되지 않는다는 데 있다.

(2) 표상주의

속성이원론이 현상적 의식을 중심으로 의식의 문제에 접근하는 데 비해, 두 번째 이원론은 현상적 의식보다 더 오랜 기원을 갖는 표상과 지향성을 통해 의식의 문제에 접근한다. 여기에는 크게 두 가지 이론이 있는데, 표상주의 (representationalism)와 고차사고 이론(high-order thought theory)이 그것이다.

표상주의는 의식을 표상의 한 형태로 간주한다(Tye, 1995; Dretske, 1995; Byrne, 2001; Chalmers, 2004). 의식과 표상 간 관계에 따라 표상주의는 다시 강한 이론과 약한 이론으로 구분된다. 강한 표상주의에 따르면, 심적 상태의 현상적 특징인 의식은 표상 상태와 같거나 그것에 수반한다(Tye, 1995). 이와 반면에 약한 표상주의에 따르면, 의식은 표상 내용뿐만 아니라 표상적 특징 (태도와 양상)에 의해 결정된다(Crane 2001; 2009).[5] 표상주의는 유물론적 동기 에서 제안되기도 한다. 만약 현상적 의식을 표상적 속성으로 환원하고, 그리고 다시 표상적 속성을 기능적 역할이나 뇌의 물리적 속성으로 환원할 수 있다면, 의식의 문제는 유물론적으로 해결될 수 있기 때문이다. 이처럼 의식적 경험의 현상적 속성은 경험의 표상적 속성에 의해 환원적으로 설명될 수 있다. 이와 달리 표상주의는 현상학적 동기에서 나타날 수도 있다. 예를 들어, 마음을 관 점을 갖는 것으로 보아야 한다는 견해(Crane, 2001)나 모든 심성적 사실은 표 상적 사실이라는 견해(Dretske, 1995)에 의해 촉발될 수 있다. 그러므로, 표상 주의는 강한 이론이건 약한 이론 간에 반드시 환원론을 수용할 필요는 없다.

(3) 고차사고 이론

고차사고 이론의 창시자인 데이비드 로젠탈(David Rosenthal)에 따르면, 심 적 상태는 사고 주체가 그것에 대해 적절한 방식으로 고차적으로 사고할 때

---

5   찰머스(Chalmers, 2004)는 이를 각각 순수 지향주의(pure intentionalism)과 비순수지향 주의(impure intentionalism)로 구분했다. 모든 심성 표상이 의식되는 것은 아니며, 네드 블록(Block, 1990)의 '전도된 지구 논증(Inverted Earth argument)'에서 제시되었듯이, 현상적 의식은 같지만, 심성 표상은 다를 수도 있다. 이에 대한 표상주의자의 답변은 마 이클 타이(Tye, 1995)의 패닉 이론(PANIC theory) 참조.

의식이 된다(Rosenthal, 1986; 2005). 더 정확히 표현하면, 사고 주체 S의 심적 상태 M이 의식이 되는 것은 오직 S가 또 다른 표상 M*을 갖고 있을 경우이다(여기서 M*는 M에 대한 적절한 표상이다). 이처럼 1차 사고 M은 S가 그것에 대해 실제로 생각하고 있을 때, 즉 2차 사고 M*을 갖고 있을 때, 의식이 된다. 그러나 심적 상태가 의식이 되기 위해서는 S가 M을 적절한 방식으로 생각하고 있어야 한다는 조건은 강한 조건으로 보인다. 이런 이유로 고차사고의 조건을 다르게 보는 이론들이 등장한다. 예를 들어, M이 의식이 되는 것은 오직 S가 M을 사고할 경향이 있을 경우이다(Carruthers, 2003). 다른 한편으로 고차 관계는 사고 영역이 아니라 지각 영역에서 나타난다고 보는 이론도 있다. (Lycan, 1996).

표상주의가 심적 상태의 본성으로 의식을 설명하는 데 비해 고차사고 이론은 심적 상태에 관한 표상으로 의식을 설명한다. 다시 말하면 전자는 일차 이론이고, 후자는 이차 이론이다. 표상주의의 경우, 일부 심적 상태는 그것의 지향성에 의해 의식이 되는 데 비해 고차사고 이론의 경우 심적 상태는 오직 그것이 또 다른 심적 상태의 대상이 될 때만 의식이 된다. 우리는 여기서 고차사고 이론에 대한 네드 블록(Ned Block)의 비판에 유의할 필요가 있다. 블록은 의식을 현상적 의식(phenomenal consciousness)과 접근 의식(access consciousness)으로 구분한다(Block, 1995: 382~386). 현상적 의식은 감각 경험을 통해 나타나는 것으로 감각, 느낌, 지각, 사고, 욕구, 정서를 포함하는데, 인지, 지향성 등은 배제된다. 접근 의식은 추리, 행위, 발화를 직접 의식적으로 통제하는 데 이용되는 것으로, 보고 가능성을 갖는다. 블록에 따르면, 그 두 가지 의식은 다른 하나가 없이도 가능하다. 만약 블록의 주장이 옳다면, 고차사고 이론은 곤란한 상황에 부닥치게 된다. 왜냐하면 그 이론에 따르면 의식은 접근 의식인 데 비해 블록의 이론에 따르면 접근 의식이 없는 현상적 의식이 가능하기 때문이다.

3) 유물론

(1) 물리주의

20세기 후반은 유물론의 세상이다. 역사상 유물론이 철학에서 이처럼 큰 힘을 발휘한 적은 없었다. 다양한 종류의 유물론이 등장했는데, 그중 가장 먼저 등장한 것은 1930년대 논리실증주의자들이 제시한 물리주의(physicalism)이다. 루돌프 카르나프(Rudolf Carnap, 1932)는 주관적인 기초관찰문장(protocol-sentence)의 의미를 결정하는 문제와 관련하여, 그 문장은 상호 주관적인 물리학의 언어로 번역될 수 있다고 주장했다. 이 주장은 나중에 모든 문장은 물리학의 언어로 번역될 수 있다는 견해로 확장되었다. 이런 견해를 언어적 물리주의(linguistic physicalism)라고 하자. 앞에서 논의되었듯이, 철학적 행동주의는 바로 언어적 물리주의가 심리 영역에 적용된 형태이다. 물리주의는 문장이 아니라 존재에도 적용될 수 있다. 존재론적 물리주의(ontological physicalism)에 따르면, 존재하는 것은 모두 물리적이다. 즉 모든 존재는 물리적 요소로 구성되어 있다. 존재론적 물리주의는 신비주의나 속성이원론과 양립 가능하며, 전통적인 유물론의 20세기 버전이다. 존재론적 유물론과 구별되는 세 번째 물리주의에 따르면 존재하는 모든 것은 물리학의 언어로 완벽하게 기술될 수 있다. 세 번째 물리주의는 심적 상태를 기술하는 이론은 뇌과학의 이론으로 환원되어야 한다고 주장하는 환원론이나 뇌과학 이론으로 환원될 수 없는 통속심리학(folk psychology)은 제거되어야 한다고 주장하는 제거론으로 나타난다.

(2) 동일론

두 번째 유물론은 1950년대 존 스마트(John Smart)와 울린 플레이스(Ullin Place) 등이 주도한 동일론(identity theory)이다. 동일론은 심적 상태는 두뇌 상태와 동일하다고 주장하는데, 그것은 다시 유형동일론(type identity theory)과 개별자동일론(token identity theory)으로 구분된다. 유형동일론에 따르면, 심적 사건은 물리적 사건이다(Kim, 2005: 102). 예를 들어, "열 = 분자의 평균 운동에너지"이듯이 "심적 상태 = 두뇌 상태"이다. 과학 법칙들은 바로 이런 유형 동일성을 기반으로 구성된다. 개별자 동일론에 따르면, 개별자의 심적 상태는 각기 다른 두뇌 상태에 대응하기 때문에, 특정 고통에 대응하는 두뇌 상태는 각각 다를 수 있다. 개별자동일론의 대표적인 예는 도널드 데이비슨(Donald Davidson, 1970)의 무법칙적 일원론(anomalous monism)이다. 무법칙적 일원론에 따르면, 동일한 고통에 대응하는 물리적 상태의 대응이 무법칙적이므로 심적 속성은 물리적 속성으로 환원 불가능하고 그 결과 의식에 대한 일반 법칙은 성립될 수 없다.

(3) 기능주의

세 번째 유물론은 기능주의(functionalism)이다. 기능주의에 따르면, 심적 상태는 그것이 수행하는 인과적 기능과 역할에 의해 규정된다. 더 구체적으로 말하면, 특정 심적 상태는 그것이 감각적 자극, 다른 심적 상태들, 행동과 맺는 인과적 관계들의 함수이다. 기능주의가 주목하는 인과적 관계는 다양한 물리적 기반에서 구현될 수 있다는 점에서 복수실현 가능성(multiple realizability)이 성립한다. 이런 이유로 심적 상태는 두뇌 상태와는 관련이 없는 일종의 소프트웨어이다. 복수실현 가능성은 기능주의의 장점인 동시에 아킬레스건이다. 왜냐하면 속성이원론이 강조하는 주관적 느낌이 기능주의를 비판하는 무기가 될 수 있기 때문이다. 정상 인간과 기능상 동일하지만 주관적 느낌을 갖지 못하는 로봇을 가정해 보자. 그 로봇은 정상 인간이 장미에 대해 보이는 반응을 보일 수 있지만 주관적 느낌을 갖고 있지는 않다. 그렇다면 두 명의 인간도 이와 동일한 상황에 부닥칠 수 있지 않겠는가? 이런 가능성 때문에 기능주의는 인간 마음에 대한 적절한 이론이 될 수 없다는 비판을 받아왔다. 그러나 기능주의가 굳이 소프트웨어만을 강조하고 물리적 기제를 외면할 필요는 없다. 예를 들어, 기능주의는 "심적 상태 = 소프트웨어 + 하드웨어"라고 주장함으로써 유물론적 기능주의, 또는 기능주의적 유물론이 되어 복수실현 가능성과 관련된 문제에서 벗어날 수 있다.

(4) 제거적 유물론

제거적 유물론(eliminative materialism)은 앞에서 논의된 세 번째 물리주의의 20세기 후반 이론이다. 제거의 대상은 믿음, 고통, 희망, 두려움 등으로 구성된 믿음 체계를 이용하여 행위를 설명하고 예측하는 통속심리학이다. 퍼트리샤 처칠랜드에 따르면, 제거적 유물론은 다음과 같이 세 가지 주장으로 구성되어 있다(Patricia. S. Churchland, 1986: 396). ① 통속심리학은 이론이다. ② 통속심리학은 심적 현상을 설명하기에 부적합하므로 근본적으로 수정되든가 아니면 철저하게 대치되어야 한다(제거주의). ③ 통속심리학을 궁극적으로 대치하는 것은 성숙한 뇌과학의 이론적 틀이다(유물론).

처칠랜드는 의식의 어려운 문제를 다음과 같은 이유로 사이비 문제라고 본다(Churchland, 1996; 2002: 179~180). ① 어떤 문제가 쉽고 어떤 문제가 어려운지를 예측할 수 없다. ② 감각질 개념은 치밀한 분석을 견딜 수 있을 정도로 충분히 정의되어 있지 못하다. ③ 쉬운 문제와 어려운 문제의 구분은, 쉬운 문제라고 지목된 것이 이해되고 나면 무언가 설명되지 않은 것, 즉 우리는 갖고 있지만 좀비는 갖고 있지 않은 것이 남아 있을 것이라는 잘못된 직관에 근거하고 있다.

제거적 유물론이 환원론과 구별되는 것은 일차적으로 환원과 제거의 차이에 있다. 환원론적 동일론은 통속심리학이 가정하는 심적 상태가 실제로는 두뇌 상태라고 보기 때문에, 전자에 관한 이론인 통속심리학은 후자에 관한 이론인 뇌과학으로 환원되어야 한다고 주장한다. 이와 반면에 제거적 유물론은 통속심리학이 그런 환원이 불가능할 정도로 매우 부적합한 이론이기 때문에 제거되거나 아니면 미래의 환원을 통해 대치되어야 한다고 주장한다. 처칠랜드는 이론 간 동일화(cross-theoretic identification)를 중심으로 환원을 세 가지 유형으로 구분한다(Churchland, 1986: 282~284). ① 이론 간 동일성을 통한 부드러운 환원(smooth reduction), ② 이론 간 동일성이 성립하지 않아 선행 이론에 등장한 핵심 개념들의 수정이 필요한, 매끄럽지 못한 환원(bumpy reduction), ③ 이론 간 동일성이 불가능한 철저한 제거(outright elimination), 여기에서 볼 수 있듯이 제거는 환원의 특수한 형태이다. 환원하는 새로운 이론을 T_B라고 하고, 환원되는 이론을 T_R이라고 하자. 이제 부드러운 환원은 T_R이 바로 T_B로 환원되는 경우이다. 부드럽지 못한 환원인 ②와 ③은 다음과 같이 두 단계로 진행된다(Churchland, 1986: 282~283).

- 1단계: T_B 안에서 T_R의 법칙 등으로 구성된 유사체 T_R^*을 구성한다.
- 2단계: T_B와 초기 조건들의 합으로부터 T_R^*을 도출한다.

여기서 유사체(analogue)는 T_R^*의 문장이나 법칙으로서 T_R로부터 T_B로 위상학적으로 변환된 결과이다.

제거적 유물론에서 환원이나 제거는 두 이론의 문장들 간 연역 관계로 정의되고 있다는 점에서 어니스트 네이글(Ernest Nagel, 1961)이 제시한 환원 모형과 구조적으로 동일하지만 순수한 환원이 아닌 제거를 제시했다는 점에서 차이가 난다. 처칠랜드의 모형의 근본 문제는 유사체 T_R^*을 구성할 수 없는 경우에 대한 고려가 없다는 점이다. 만약 T_R^*을 구성할 수 없다면 T_R이 T_B에 의해 제거될 수 없을 것이다. 처칠랜드가 이 문제를 분명히 알고 있었다는 것은 통속심리학의 제거에 대한 설명에서 나타난다. 현재의 통속심리학(T_R)은 현재의 뇌과학(T_B)에 의해 제거될 수 없는데, 그 주된 이유는 현재의 뇌과학이 제거를 수행할 정도로 충분히 성숙하지 못했기 때문이다. 다른 차원에 속하는 이론들은 상대 이론에 유익한 정보를 제공하고 상대 이론을 교정하며, 만약 한 이론이 환원되기 어렵다면 환원을 목적으로 더 발전할 필요가 있다. 이처럼 제거가 수행되기 위해서는 그 중간 과정이 중단되지 않도록 양 분야 간 상호 협력이 필요하다는 점에서 환원과 제거는 상호진화적(co-evolutionary)이다(Churchland, 1986: 363). 그러나 처칠랜드는 상호진화적 환원을 위한 구체적 이론을 개발하지는 않았다.

우리에게 필요한 것은 T_R이 T_R^*로 수정 불가능하거나 T_R이 T_B^*에 의해 제거되는 경우를 설명할 수 있는 모형이다. 이와 관련하여 케네스 샤프너(Kenneth Schaffner)는 처칠랜드의 이론을 보완하여 일반환원·제거모형(general reduction-replacement model, GRR 모형)을 제안했다(Schaffner, 1992: 320~ 321)(그림 6-1 참조).

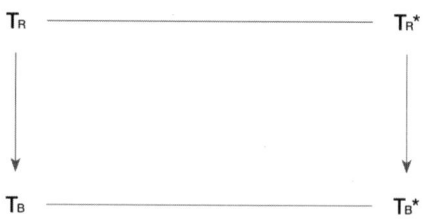

그림 6-1 샤프너의 GRR 모형

GRR 모형은 다음과 같은 점에서 처칠랜드의 이론을 보완한다. ① 환원, 부분적 환원, 제거를 허용한다. ② T_R뿐만 아니라 T_B도 수정된다. ③ T_R이 T_R^*로 수정될 수 없으면, 그것은 T_B나 T_B^*에 의해 대치된다. 그 모형에 따르면 통속심리학은 다음과 같은 과정을 거쳐 제거될 것이다. ④ 현재의 통속심리학(T_R)이 미래의 통속심리학(T_R^*)으로 발전한다. ⑤ 현재의 뇌과학(T_B)이 미래의 뇌과학(T_B^*)으로 발전한다. ⑥ T_R^*이 T_B^*로 환원된다.

과학철학의 역사에서 볼 수 있듯이 환원은 단순히 상위 차원의 이론을 하위 차원의 이론으로 환원하려는 것만이 아니라 더 큰 목적에서 주장된다. 환원론자들은 환원을 통해 이론들이 연결되어 통합되며, 그런 통합을 통해 과학은 체계성과 일관성을 갖게 되어 발전한다는 것이다. 그렇다면, 이론 간 환원은 이 글이 의도하는 의식철학과 뇌과학 간의 대화를 위한 하나의 유력한 방안이 될 수도 있다. 그리고 이런 가능성은 우리가 지금까지 살펴본 의식철학 이론 중 신비주의를 제외한 이원론과 유물론에 모두 내재되어 있다.

3. 현대 뇌과학의 도전

20세기에 들어 뇌과학이 급속도로 발전함에 따라, 뇌과학의 형이상학도 급격히 변하고 있다. 현대 뇌과학의 주된 형이상학은 유물론이다. 현대 뇌과학자들은 경험적 연구를 기반으로 하여 다양한 존재론을 제시하고 있는데, 그중 가장 근본적인 내용은 자아 및 자유의지의 부정이다. 의식의 주체로서의 자아의 존재를 부정하고 윤리적 주체의 가능성인 자유의지를 부정한 것은 의식철학의 기반을 위협한다는 점에서 이것은 의식철학에 대한 심각한 도전이다.

1) 놀라운 가설과 신경상관자

(1) 놀라운 가설

놀라운 가설(Astonishing hypothesis)은 프랜시스 크릭(Francis Crick)이 제시한 것으로서 그 중심 내용은 우리가 자아라고 생각하는 것은 존재하지 않으며 신경 상태에 불과하다는 것이다.

 '당신', 당신의 기쁨과 슬픔, 기억과 야망, 개인 정체성, 자유의지에 관한 당신의
 느낌은 실제로는 오직 신경세포들과 그것과 관련된 분자들의 거대한 집합의 행위
 에 불과하다. …… '당신'은 단지 신경세포들의 꾸러미에 지나지 않는다(Crick,
 1994: 3).

  인용문을 통해 알 수 있듯이 놀라운 가설은 모든 대상이 물리학의 언어로
완벽하게 설명될 수 있다고 주장하는 환원적 물리주의에 기반을 두고 있다.
앞서 "3항 (1) 물리주의"에서 논의되었듯이 환원적 물리주의는 환원론이나
제거론으로 나타날 수 있는데, 크릭의 가설은 신경상관자의 발견을 통한 환
원론에 해당한다.
  크릭은 놀라운 가설이 현대 뇌과학에 의해 충분히 정당화되었지만 사람들
은 그것을 '놀라운 이론'으로 받아들일 것이라고 예상했다. 왜 그런가? 거기
에는 다음과 같은 세 가지 이유가 있다(Crick, 1994: 7~10). ① 사람들은 의식
을 뇌과학적 차원으로 환원시키는 것을 좋아하지 않는다. 크릭은 환원론에
대한 기존 비판들은 모두 잘못이며, 환원론이야말로 현대 과학의 발전을 이
끈 중요한 이론적 방법이라고 생각한다. ② 사람들은 의식의 주관성을 믿기
때문에, 뇌과학이 의식을 모두 설명할 것으로 기대하지 않는다. 이에 대해 크
릭은 감각질을 환원론적으로 기술하는 것은 당장은 어렵지만 그것의 신경상
관자를 발견하는 것은 가능하다고 생각한다. ③ 사람들은 자유의지를 믿기
때문에 놀라운 가설이 잘못이라고 생각한다. 크릭은 다음의 논증을 통해 자
유의지는 환상이라고 주장한다. 뇌의 어떤 부분은 미래의 행위를 위한 계획
을 세운다. 뇌가 그런 계획을 세우기 위해 수행하는 계산은 의식되지 않고 단
지 계산 결과인 계획만이 의식된다. 그러므로 행위 계획은 자유의지에 의한

것이 아니라 뇌의 계산에 의한 것이다(Crick, 1994: 265-266).

많은 현대 뇌과학자들의 주요 관심사는 그들이 보기에 과학적 근거가 없음에도 불구하고 사람들이 자아가 존재한다고 생각하는 이유를 제시하는 데 있다. 빌라야누르 라마찬드란(Vilayanur Ramachandran)은 신경 상태가 자아라는 '신화'를 낳는 이유를 제시하는 것은 어렵지 않다고 본다. 그에 따르면, 자아는 다음과 같은 일곱 가지 요소로 구성되어 있다. ① '하나'라는 느낌을 주는 단일성, ② 정체성을 갖고 시간에 걸쳐 자신을 투사하는 연속성, ③ 몸과 부분이 자신에게 속하는 체화성, ④ 경험과 심적 삶이 자신의 것이라는 사밀성, ⑤ 자신을 사회적 환경의 일부로 보는 사회적 구현성, ⑥ 여러 가지 대안 행위 중 어느 하나를 의식적으로 선택할 수 있다는 자유의지, ⑦ 자기의식. 이상의 요소들은, 마치 탁자 다리처럼, 우리가 '자아'라고 부르는 탁자를 떠받치고 있지만, 환상, 망상, 장애에 매우 취약하다(Ramachandran, 2011: 250~253).

토머스 메칭거(Thomas Metzinger)는 라마찬드란과 마찬가지로 자아 형성을 진화론적으로 설명한다. 그에 따르면, 자연은 현상적 자아 모형(phenomenal self-model: PSM)이라는 내적 도구를 만들었다. PSM은 세계의 부분을 전체로서의 '나'라는 내적 상 안에서 통합하는 신경 활동의 독특하고 정합적인 패턴이다(Metzinger, 2009: 115). 예를 들어 고무손 환상(rubber-hand illusion) 실험에서 피험자들은 고무손에서 감각을 느끼고 고무손을 자신의 손으로 느낀다(Botvinick and Cohen, 1998). 메칭거는 피험자들의 느낌이 PSM의 내용이며 자아라고 주장한다. 자아는 존재하지 않으며, 생존을 위해 PSM이 만들어낸 것이다. 메칭거의 이론은, 2절에서 논의된, 환원론적 동기에서 제시된 표상주의에 가깝다. 의식은 세계를 표상하는 역할을 하며, 표상 내용이 의식적 경험이다. 의식은 물리적 세계의 부분으로서 진화하는 생물학적 현상이지만 다른 생물학적 현상과는 다른 기능도 갖고 있는데, 그것은 바로 실재를 자신 안에 표상하는 기능인 '내향성(inwardness)'이다(Metzinger, 2003: 15).

안토니오 다마시오(Antonio Damasio, 1999; 2010)는 체화된 인지 이론의 관점에서 자아가 환상이 아니라 구성되는 것이라고 주장한다. 그에 따르면 자아는 세 단계, 즉 원자아(proto-self), 핵심 자아(core self), 자전적 자아(autobiographical self)를 거쳐 구성된다. 원자아는 유기체의 안정적 상태에 대응하는 신경 패턴이다. 핵심 자아는 유기체가 대상과의 상호작용을 통해 원자아가 수정되고, 대상에 관한 상이 수정될 때 생성된다. 자전적 자아는 유기체의 생존 과정에서 과거 경험과 예측된 미래와 같은 다양한 대상이 원자아와 상호작용 하고 핵심 자아가 대규모로 진동할 때 나타난다. 자전적 자아는 독립된 실재가 아니라, 평생에 걸쳐 자신의 삶에 대해 수행된 내러티브를 통해 구성된다(Damasio, 2010: 181~182).

(2) 신경상관자

프랜시스 크릭(Francis Crick)과 크리스토프 코흐(Christof Koch)는 시각을 중심으로 의식을 연구하면서 뇌과학의 방법으로서 신경상관자(neuronal correlates of consciousness: NCC) 이론을 주장했다. 그들은 의식의 어려운 문제가 본래적으로 대부분 감각질과 관련되므로, 현재 뇌과학의 지식 수준에서 그 문제를 해결하려고 하는 것은 시기상조라고 보았다. 그들은 뇌과학자들이 취할 수 있는 전략으로 의식의 문제를 쉬운 문제와 어려운 문제를 구분하고 전자를 공략할 것을 추천했다. "우리는 인과적 용어로 신경상관자를 설명할 수 있을 때, 감각질 문제를 더욱더 분명히 할 수 있을 것이라는 희망을 품고 그것을 발견하려고 한다"(Crick and Koch, 2003: 119). 이런 점에서 찰머스는 그들의 NCC 이론을 쉬운 문제에 관한 이론으로 보았다(Chalmers, 1995b: 64). 그러나 찰머스의 이런 판단은 문제가 있다. 크릭과 코흐가 NCC를 주장한 것은 상관을 거쳐 인과를 발견하려는 목적을 갖기 때문에, NCC 이론을 오직 쉬운 문제에 관한 이론으로만 볼 필요는 없기 때문이다.

신경상관자는 다음과 같이 학자마다 조금씩 다르게 규정되고 있다.

- 크릭: 지각한다는 것은 특정 뇌신경세포들(과 분자들)이 어떤 방식으로 행동한다는 것이다(Crick, 1994: 9).
- 코흐: 신경상관자는 특정한 의식적 느낌의 발생에 충분한 뇌의 기제들과 사건들의 최소한의 집합이다(Koch, 2004: xv~xvi).
- 찰머스: 최소한 중립적 체계 N으로서 특정 신경상관자는 N의 상태로부터 의식상태로의 대응 관계에 있다. 여기에서 N의 상태는, 조건 C에서, 대응하는 의식 상태를 산출하기에 충분하다(Chalmers, 2000: 31).

신경상관자 이론이 구체적으로 적용된 사례는 결합 문제(binding problem)이다. 크릭과 코흐(Crick and Koch, 1990)는 고양이의 시각 피질을 연구하면서 많은 수의 신경세포들이 동시에 활성화되는 진동 폭(35~75Hz)을 발견했다. 그들은 이로부터 다음을 주장했다. ① 특정 대상의 성질들을 다루는 신경세포들은 동시적으로 활성화됨으로써 그것들을 함께 결합한다. ② 35~75Hz 진동에서 동시화된 활성화는 시각 지각의 신경상관자이다. 구체적으로 시상은 동시화를 통해 함께 결합될 성질들을 선택함으로써 주의를 통제한다. 그러나 크릭과 코흐(2003)는 35~75Hz 가설을 포기하고, 그 대신 하나의 대상이나 사건의 성질들이 신경세포들의 하나의 일시적 연합의 부분을 형성할 때 그 성질들이 함께 연합되는데 이때 동시화의 일차적 역할은 의식을 위한 경쟁에서 하나의 연합을 돕는 것이라는 가설을 주장했다.[6]

신경상관자를 연구하는 표준적 방법은 대조 방법(contrastive method)이다.

---

6   그 가설에 관한 뇌전도(EEG) 연구는 Tallon-Baudry(2003)를 참조.

그것은 신경계의 특정 기능을 측정하고 이어서 그것과 의식적 경험에 관한 보고와의 상관을 추적하거나(Metzinger, 2000), 주어진 행위나 지각이 의식적일 때의 신경 기능의 측정치를 그것이 의식되지 되지 않을 때의 측정값과 비교한다(Bernard J. Baars, 1997). 후자의 대표적 예는 양안경합(binocular rivalry) 연구이다. 니코스 로고테티스(Nikos K. Logothetis)와 데이비드 샤인버그(David L. Sheinberg)는 뇌전도(EEG) 측정장치를 이용하여 처음으로 수평 쇠창살과 같은 특정한 시각 자극에 대응하는 히말라야 원숭이의 시각 신경세포를 확인했는데, 승리한 시각 지각과 하측두엽과 상측두구 신경세포들의 활동 간 유의미한 관계가 있음이 드러났다(Sheinberg and Logothetis, 1997: 3413). 실험자들은 이 결과는 특정한 신경세포들이 시각 경험의 차이를 낳는 것을 보여주는 좋은 예라고 보았다.

신경상관자 이론에 대한 다양한 비판들이 있다. 무엇보다도, NCC가 특정 의식 상태를 지시하는지 아니면 전체 의식 상태를 지시하는지의 문제가 있다. 내용 특수적 NCC는 특정 의식 내용에 대응하는 신경세포들의 집합이고, 전체 NCC는 모든 가능한 경험 내용과 상관된 내용 특수적 신경상관자 집합의 집합이다. 앞에서 언급된 상관을 거쳐 인과로 나아가는 점진적 전략을 고려하면 현재의 NCC 연구가 대부분 내용 특수적이라는 점을 이해할 수 있다. 그런데 NCC 지지자인 메칭거(2000)는 NCC는 전체 신경상관자여야 한다고 주장한다. 찰머스의 정의에서 나타나는 하위체계 N의 내용은 실제 경험 내용을 명시하기에는 충분치 못하며, 의식은 신경계의 전체 상태와 상관되어야 한다는 것이다. 메칭거의 주장은 한편으로는 "정상적인 일상적 의식에는 순수하게 시각적 경험, 순수하게 청각적인 경험, 순수하게 촉각적인 경험과 같은 실재가 없다"라고 주장하는 마이클 타이(Michael Tye)의 전체론적 비판에 대처할 수 있는 좋은 근거를 제공하지만 다른 한편으로는 경험적으로 확인된 사실들, 예를 들어 양안경합 실험 결과의 타당성을 의심할 수 있다. 샤인

버그와 로고테티스의 실험은 원래는 내용 특수적 NCC를 탐색하기 위한 것이었는데 메칭거의 주장에 따르면 완전히 다르게 해석되어야 할 것이다. 즉 그것은 NCC를 발견하기 위한 것이 아니라 어떻게 하면 그것을 발견할 수 없는가를 보여주는 실험으로 분류되어야 한다.

이보다 더 근본적인 문제는 NCC가 장소를 지시하는가 아니면 신경 상태를 지시하는가에 관련된다. 만약 NCC가 장소에 대응한다면, 데니얼 데닛(Daniel Dennett)이 주장한 데카르트적 극장(Cartesian theatre)의 문제가 발생한다. 장소와 관련된 NCC 개념은 또한 맥스 베넷과 피터 헤커(Max Bennett and Peter Hacker, 2003)가 주장한 부분-전체의 오류(mereological fallacy)를 범한다고 비판받을 수 있다. 부분-전체의 오류는 심적 속성을 전체로서의 인간이 아니라 인간의 부분인 뇌에 귀속하는 오류를 말한다. 예를 들어, "뇌는 경험하고, 믿고, 정보에 기반을 두어 단서를 해석하고 추측한다"라는 주장이나(F. Crick), "뇌는 범주화를 하고 개념적으로 규칙을 조작한다"라는 주장(G. Edelman) 등이 그것이다. 베넷과 해커는 비트겐슈타인의 이론에 근거하여 현대 뇌과학의 개념 체계가 심각하게 오염되어 있다고 주장한다. 인지와 지각을 몸을 가진 유기체의 차원에서 설명하는 행화주의자들은 베넷과 해커가 제기한 이유와는 다른 이유로 장소와 관련된 NCC를 비판한다. 예를 들어 앨버 노에와 에번 톰슨(Alva Noë and Evan Thompson, 2004)은 장소 대응적 NCC 개념은 지각이 몸을 가진 인간의 활동이라는 점을 간과한다고 지적한다.[7]

신경상관자 이론가들은 대체로 NCC 접근의 최종 목적을 '의식의 인과'를 추론하는 것으로 본다. 존 설(John Searle)은 그 접근이 다음과 같이 세 단계로 구성된다고 보았다(Searle, 2004: 151). ① NCC 발견, ② 발견된 상관이 인과

---

7   노에와 톰슨은 이를 대응-내용 주의(matching-content doctrine)의 문제라고 부른다(Noë and Thompson, 2004: 3~4).

인가를 검사, ③ 인과 이론의 정립. 설은 그 접근의 타당성에 대해 의문을 표시했다. 이 외에도 그 접근에는 더 근본적인 문제가 있다. 즉 상관으로부터 인과로 나아가는 경호는 한 가지만 있는 것이 아니며, 적어도 다음과 같이 네 가지의 경로가 가능하다. N(neural state)과 M(mental state)의 상관은 ① N이 M의 원인이다, ② M이 N의 원인이다, ③ $N = M$, ④ M과 N의 공통원인이 있다. NCC 전략은 경로 ①을 선택하지만 나머지 경로(②-③)도 이론상 가능하다. 그중 어느 것이 타당한지가 경험적으로 드러날 수도 있지만, 의식 신비주의가 주장하듯이 그것을 결정하는 일이 우리의 인식의 한계를 넘어서 있을 수도 있다. 특히 공통원인의 문제는 비단 의식의 문제에 국한되지 않고 귀납을 비롯한 다양한 추론 문제에도 관련된다. 공통원인의 문제의 본질은 인과와 상관을 구별하는 문제이고 그것은 다시 제3의 원인의 존재 여부를 확인하는 문제이다. 우리는 경험을 통해 다양한 상관을 경험하고 그중 일부가 인과관계에 있다고 생각하지만, 흄이 강조했듯이, 우리는 인과를 직접 경험하지는 못한다. 경험을 통해 드러난 N과 M간의 통계적 상관은 "$N \rightarrow M$" 또는 "$M \rightarrow N$"이라는 인과로 발전할 수 있다. 그러나 어떤 이유로 공통원인이 경험적으로 드러나지 않고 N과 M만이 경험되는 경우 N과 M간의 인과관계를 주장하는 것은 마치 기압계의 눈금이 하강하는 것이 태풍 발생의 원인이라고 주장하는 것이나 다름이 없다.

2) 리벳실험

우리는 앞에서 자유의지는 자아라는 환상을 뒷받침하는 주요 요소에 속한다는 놀라운 가설을 살펴보았다. 그렇다면 현대 뇌과학은 자유의지 그 자체를 어떻게 보고 있는가? 이와 관련하여 벤저민 리벳(Benjamin Libet, 1985)은 자유의지의 존재를 확인하기 위한 실험을 수행했다. 리벳의 실험에서 피험자

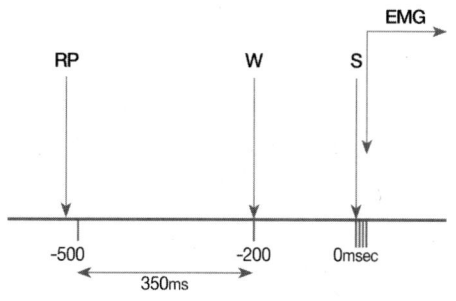

그림 6-2 리벳실험의 결과

앞에는 버튼 하나가 놓여 있고, 피험자는 그가 원하는 시간에 자유롭게 버튼을 눌러도 된다. 그 실험에서 세 가지 시간이 측정되었다. ① 버튼을 누르려는 의지가 발동하는 시간, ② 동작 발생을 위한 뇌의 반응 시간, ③ 버튼을 누르는 동작 발생 시간. 피험자들의 의지 발동의 시간(W)은 정교한 시계를 이용하여 측정되었고, 뇌의 반응인 준비전위(RP)는 뇌전도(EEG)에 의해 측정되었고, 마지막으로 손가락 움직임의 시작은 근전도(EMG)로 측정되었다. 만약 자유의지가 존재한다면, W가 가장 앞서고, RP와 EMG가 차례로 나타날 것이다.

실험 결과는, **그림 6-2**에서 나타나듯이, 놀랍게도, RP가 W보다 평균 350ms(0.35초) 앞섰고, EMG보다는 평균 550ms(0.55초) 앞서는 것으로 나타났다. 뇌의 신호는 초당 100m의 속도로 진행한다는 것과 시각 자극이 뇌에 전달되는 데 20~40ms 걸린다는 점을 고려하면 350ms의 차이는 상당히 긴 시간에 해당한다. 실험 결과는 피험자가 자신의 손가락을 자유의지에 따라 움직이려고 결정하기 0.35초 전에 이미 뇌는 손가락을 움직이는 데 필요한 과정을 시작하고 있었다는 것을 의미한다.

리벳실험의 결과는 자유의지를 부정하는가? 많은 사람은 그렇다고 보았다.[8] 그러나 실험을 진행한 리벳은 이 문제에 대해 다른 입장을 취했다. 그는 자유의지에 따른 의식적 개입은 존재하지 않으며 의식적 통제는 환상이라고 믿을 수 있지만 그런 입장은 심적 현상을 인정하는 이론보다 덜 매력적이고 심지어는 유물론자도 바라는 바가 아니라고 생각했다(Libet, 1999: 56). 그 결과 리벳은 흥미로운 해석을 제안했는데, 그것은 바로 의식적 통제는 최종 동작 이전에 자발적 결과를 선택하거나 통제하는 방식으로 진행될 수 있다는 것이다. 무의식적으로 촉발된 자발적 과정은 의식적으로 동작의 완성으로 나아가거나 아니면 의식적으로 '거부'될 수 있다는 것이다(Libet, 1985: 536~537). 이런 해석을 통해 리벳은 '자유' 개념이 확보될 수 있다고 보았다. 즉 W로부터 EMG까지 걸린 시간은 약 200ms이고, 뇌의 신호가 실제로 손가락을 움직이게 만들기까지는 150ms 정도 걸리므로 남은 시간 50ms 동안 진행되고 있는 과정을 중단할 가능성이 있다. 그 가능성이 바로 자유이다. 그러므로 우리는 행위를 선택하는 '자유의지'가 아니라 행위를 '중단할 자유'를 갖고 있다는 것이다.[9]

$$RP \xrightarrow[350ms]{} W \xrightarrow[150ms]{} S(중뇌\ 처리) \xrightarrow[50ms]{} EMG$$

리벳이 확보한 자유는 일상적으로 이해되고 있는 의지의 자유가 아니라는

---

8   예를 들어 Sean A. Spence(1996), Susan Pockett(2004)이 있다.

9   리벳실험의 타당성에 대해 다양한 비판이 제기되었다. 우선, RP가 뇌 반응을 측정하기에 적절하지 못하다는 비판이 있다(Charles C. Wood, 1985). 또한 W가 의지의 발동을 측정하지 못한다는 비판도 있다. 데닛(Dennett, 1991)은 어떤 것이 의식으로 들어오는 정확한 순간이 있다는 가정은 비물질적 자아가 실재한다고 보는 데카르트적 극장의 오류를 범하고 있다고 지적한다.

점은 분명하다. 자유의지를 뇌 사건에 의해 야기되는 부수현상으로 보는 대니얼 베그너(Daniel Wegner, 2002: 317)가 주장했듯이, 리벳은 자신의 실험이 자유의지를 부정한다고 말했어야 한다. 그러나 리벳실험이 이원론을 지지한다고 보는 학자들도 있다. 예를 들어, 존 에클스(John Eccles, 1994)는 리벳실험이 자신의 실체이원론을 지지한다고 보았다. 데이비드 로젠탈(David Rosenthal, 2008)은 그 실험의 결과는 고차사고 이론이 예측하는 것이라고 주장했다. 왜냐하면, 심적 상태는 오직 그것이 고차 심적 상태의 대상이 될 때만 의식되기 때문이다.

4. 의식철학과 뇌과학의 만남

이제 지금까지의 논의를 바탕으로 의식철학과 뇌과학의 만남을 검토해 보자. 그 두 가지 분야가 상호 진화적으로 만나서 대화할 가능성은 크게 두 가지가 있다.

- 환원적 만남
- 비환원적 만남

환원적 만남을 뒷받침하는 대표 이론은 제거적 유물론이다. 제거적 유물론의 제거 대상은 통속심리학이다. 그러나 신비주의나 이원론은 통속심리학에 기반을 두고 있거나 그것을 정당화하고 있고, 유물론 중 비환원적 물리주의나 기능주의도 제거의 대상이 될 수 있다는 점에서, 그리고 비록 제거적 유물론이 관련 분야들의 상호진화를 주장하지만, 한 분야의 학문적 독립성이 유지되지 않는 상호진화는 진정한 만남이 아니라는 점에서, 제거적 유물론이 제시하는 환원과 제거라는 공간에서 의식철학과 뇌과학이 호혜적으로 만나기는 어려울 것으로 보인다. 크릭은 놀라운 가설을 제안하면서 의식의 문제는 과학의 문제라고 선언했다. 그러나 노에(Noë, 2009)도 지적하듯이, 그 선언이 타당하더라도 그로부터 의식의 문제가 더는 철학의 문제가 아니라는 것이 귀결되지는 않는다. 크릭은 자신의 주장도 특정한 철학적 입장, 즉 환원적 물리주의에 의존하고 있다는 점을 간과하고 있다.

이런 이유로 나는 이 마지막 절에서 비환원적 만남의 가능성을 위한 두 가지 방안을 제안한다. 그 첫 번째는 온건한 방안으로서 양 분야의 핵심 주장을 경험적으로 검사할 수 있는 방식으로 가설을 구성하는 것이다. 두 번째 방안은 첫째보다 더 급진적인 것으로서 해당 분야의 공준, 원리, 방법을 혁명적으로 변경하는 것이다. 토머스 쿤(Thomas Kuhn)의 이론을 적용하면 전자는 정상과학적 방안이고 후자는 혁명과학적 방안이다.

1) 시험가능성

의식철학과 뇌과학이 호혜적으로 만나기 위해서는 양자 간 학문적 대화와 소통을 위한 가교를 확보해야 한다. 그런 가교는 양 분야에서 접근 가능한 것이어야 하는데, 나는 그 방안으로 시험가능성(testability)을 갖는 가설 구성을 제안한다. 논리실증주의가 주장한 검증가능성이나 포퍼가 주장한 반증가능성, 결정적 시험 등은 과학의 객관성을 확보하기 위한 중요한 방법론적 요소이다. 내가 여기서 주장하는 시험가능성은 이상의 이론 중 어느 하나를 전제로 하지 않으며 단순히 가설의 참을 검사하기 위해 실험을 설계할 가능성을 의미한다.

이런 의미에서의 시험가능성을 확보하는 것은 결코 쉬운 일이 아니다. 예를 들어 가설연역적 방법(Hypothetico-deductive method)에서 특정 가설을 실험에 부치기 위해 그것으로부터 실험가능성을 갖는 시험 명제를 도출해야 한다. 뇌과학은 과학이므로 당연히 뇌과학의 주장은 모두 시험가능성을 갖는 것으로 생각될 수 있지만 실제로는 그렇지 않다. 예를 들어, "자아는 존재하지 않는다"라는 주장만 하더라도 그 타당성을 검사할 수 있는 실험을 설계하는 것은 어려운 일이다. 이런 사정은 의식철학의 경우는 더 심각하다. 의식철학의 주장들은 대부분 시험가능성을 염두에 두지 않고 제시되었으므로 그로부터 시험 명제를 구성하는 일은 매우 어렵다. 2절에서 논의된 의식철학 중 신비주의는 처음부터 시험가능성을 부정한다. 속성이원론은 쉬운 문제의 시험가능성을 인정하지만 어려운 문제의 시험가능성을 부정한다. 이에 반해 환원론적 표상주의와 고차사고 이론, 그리고 유물론은 정도의 차이가 있지만 모두 시험가능성을 인정한다.

의식에 관한 철학이론이 어떻게 경험적으로 시험될 수 있는가? 이에 대한 좋은 예는 템플턴 세계자선재단(Templeton World Charity Foundation, TWCF)의 '의식 프로젝트'에서 발견된다. TWCF는 2019년 시카고에서 개최된 '49회 뇌과학학회 연례모임(the 49th Annual Meeting of the Society for Neuroscience)'에서 총 2000만 달러를 지원하여 대표적 의식 이론들을 직접적으로 비교 시험하는 실험을 후원한다고 발표했다. 의식 프로젝트의 첫 실험에 참여하는 경쟁 이론으로 전역작업공간이론(GWT)과 통합정보이론(IIT)을 선정했다(Sara Reardon, 2019).

전역작업공간이론(Global workspace theory: GWT)은 버나드 바스(Bernard Baars)가 제안한 이론이다. 의식은 작업기억이라는 무대에서 조명을 받는 곳에서 발생한다(Baars, 2005: 47). 백스테이지는 현재의 맥락을 생성하는 곳이고 연기자들은 의식이라는 무대에 출연하기 위해 경쟁하는 감각이나 관념이다. 관객은 의식적 내용을 해석하는 무의식적 신경적 활동이다(**그림 6-3** 참조).

템플턴 프로젝트의 첫 실험에 참여하는 GWT는 바스의 이론이 아니라 그

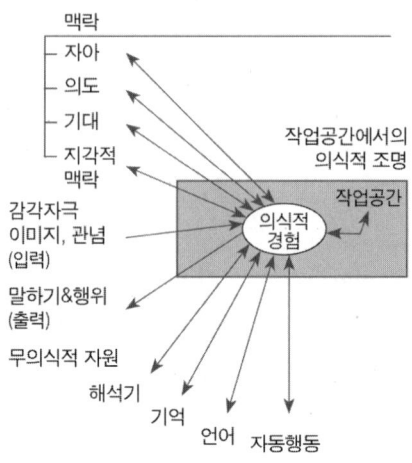

그림 6-3 전역작업공간이론
자료: Baars(2005: 47)

이론의 후속인 스타니슬라스 드앤(Stanislas Dehaene)의 신경 전역작업공간
모형(neuronal global workspace model)이다. 신경 전역작업공간 모형에 따르
면, 어떤 정보나 과정도 의식되거나 의식 안으로 들어오지 않는다. 전두엽이
중앙컴퓨터로 작용하여, 감각이 제공하는 정보를 수집하고 그것들의 순위를
결정한다. 의식은 순위를 결정하는 과정이다(Dehaene, 2009: 468). 그다음 전
두엽은 해당 정보를 뇌의 다른 부분에 방송하여 그것들이 과제를 수행할 수
있게 만든다.

통합정보이론(Integrated information theory: ITT)은 줄리오 토노니(Giulio
Tononi, 2004)가 제럴드 에델먼(Gerald Edelman)과 공동으로 수행한 연구에 기
초하여 제시한 것인데, 그 중심 내용은 정보가 통합될수록 체계는 더 의식적
이 된다는 것이다. 의식은 통합된 정보이며, 그 양은 구성 요소들의 복잡성에
의해 생성된 정보적 관계인 변수 Φ로 측정된다(Tononi, 2008: 217). 의식은 정
보를 소통하는 체계의 능력에 비례하여 증가한다. 어떤 체계가 매우 큰 Φ를

갖게 되면, 그것은 의식적이 되고 자유의지를 갖는다. GWT와 ITT는 모두 분산된 역동적 과정의 중요성을 강조하고 의식을 경험적 변수로 간주한다. 그 두 가지 이론의 차이점은 GWT의 경우 작업장소의 내용이 의식적인 데 비해, ITT에서는 뇌의 다른 부분에 영향을 주는 분산된 힘 외에는 극장적 방송이나 전역적 이용 가능성이 없다는 데 있다.

GWT와 ITT를 어떻게 비교 검사할 수 있는가? 템플턴 프로젝트는 두 이론에 대한 결정적 실험(Crucial experiment)을 구성한다. 결정적 실험은 프랜시스 베이컨(Francis Bacon, 1620)이 주장했듯이 하나의 실험을 통해 경쟁 가설 중 참인 가설을 가려내는 실험이다. 피에르 뒤엠(Pierre Duhem, 1914)이나 윌러드 콰인(Willard Quine, 1951)이 전체론을 기반으로 결정적 실험의 가능성을 부정했지만 많은 사람이 1919년 행해진 아서 에딩턴(Arthur Stanley Eddington)의 실험을 아인슈타인의 일반상대성이론과 뉴턴 이론에 대한 문자 그대로의 '결정적'은 아닐지라도 일반상대성이론의 참을 '매우 강력하게' 검증한 실험으로 간주하고 있다. 결정적 실험의 구성에서 가장 중요한 것은 경쟁 이론이 갈라서는 지점, 즉 서로 다른 결과가 나오도록 실험을 설계하는 데 있다. GWT는 전두엽이 감각 입력으로부터 정보를 수집하고 우선순위를 매기는 중앙컴퓨터 역할을 한다고 본다. 이와 반면에 ITT에 따르면, 뇌신경망의 상호 연결성에서 의식이 발생하는 과정이 신경세포들이 격자 모양으로 연결된 뇌의 뒤쪽에서 일어난다. 템플턴 프로젝트의 실험에서 갈라서는 지점은 피험자가 이미지를 인식할 때 반응하는 뇌의 부분이다.

지금까지의 내용을 종합하면, **그림 6-4**에서 나타나듯이, GWT와 ITT는 인지 과제가 수행될 때 활성화되는 뇌의 부분을 각각 다르게 지목할 것이다. 즉 GWT는 전두엽을 지목하고 ITT는 후두엽을 지목한다.

이제 다음과 같은 결정적 실험이 성립한다.

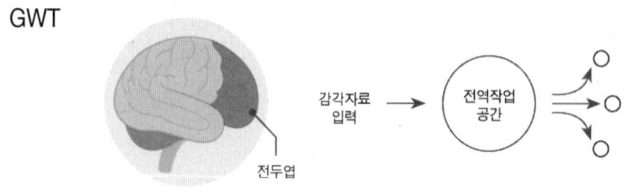

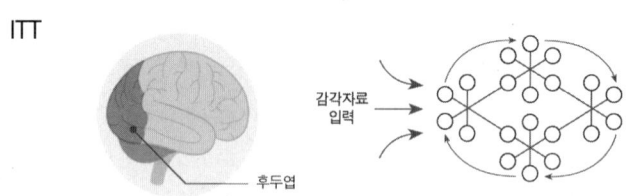

그림 6-4 GWT와 ITT의 차이
자료: Ball(2019)

- GWT: 피험자가 이미지를 인식한다 → 그의 뇌 전두엽이 활성화된다.
- ITT : 피험자가 이미지를 인식한다 → 그의 뇌 후두엽이 활성화된다.

이 결정적 실험이 본래의 목적, 즉 관련된 두 가지 이론의 진위를 판가름하는 목적을 달성할 것인지는 조만간 드러날 것이다. 만약 그렇게 된다면, GWT와 ITT 중 어느 하나는 올바른 의식 이론으로 자리를 잡게 될 것이다. 그러나 그 실험이 어떤 이유로 의도된 목적을 달성하지 못한다고 하더라도, 우리는 그것을 통해 얻은 바가 있을 것이다. 예를 들어, 그 두 가지 이론을 결정적으로 판정하지는 못하더라도 제한된 영역에서 상대적 우월성이 드러날 수 있다. 여기서 얻을 수 있는 교훈은 결정적 실험이 문자 그대로 작동하지 않는다고 하더라도, 의식철학자들은 시험가능성을 갖는 이론을 개발함으로써 철학과 뇌과학 간 평행선을 걷는 대화를 벗어나 호혜적이고 상호진화적으로 대화할 수 있다는 점이다.

2) 개념적 혁명

(1) 행화주의

마음, 의식, 인지에 대한 전통적 이해는 심적 상태는 뇌 안에 존재한다는 기본 전제를 갖고 있다. 이런 이해를 내재주의(internalism)라고 하자. 내성주의, 게슈탈트 심리학, 행동주의, 인지주의는 정도의 차이는 있지만 모두 내재주의에 속한다. 현대 뇌과학의 지배적인 연구 프로그램도 예외는 아니다. 그러나 1990년대 이후로 인지과학에서의 내재주의를 비판하면서 외재주의를 주장하는 이론들이 나타나기 시작했는데, 그중 일부는 '체화된 인지 이론(theory of embodied cognition)'으로 불리고 있다. 체화된 인지 이론에 따르면 인지는 체화적(embodied), 행화적(enactive), 확장적(extended), 분산적(distributed), 상황적(situated) 특징을 갖는다. 나는 그중 행화적 인지 이론, 즉 행화주의(enactivism)를 중심으로 개념적 혁명을 검토하기로 한다.

행화주의는 인지를 뇌 안에서 발생하는 표상 처리 과정으로 보는 기존의 접근을 비판하면서, 인지를 체화된 행동으로 볼 것을 제안한다. 행화주의의 제창자인 프란시스코 바렐라(Francisco Varela)는 '체화'와 '행위'의 의미를 다음과 같이 규정한다.

> **체화된** 마음이라는 용어를 사용함으로써 우리는 두 가지를 강조한다. 첫째, 인지는 다양한 감각운동 능력들을 지닌 몸을 갖는 것으로부터 유래하는 경험의 종류에 의존한다. 둘째, 이러한 개별 감각운동 능력은 그 자체로 더 포괄적인 생물학적, 심리학적, 문화적 맥락에 내재되어 있다. **행위**라는 용어를 사용하여 우리는 다시 감각적이고 운동적인 과정들, 지각과 행위가 근본적으로 살아 있는 인지와 분리할 수 없다는 점을 강조한다(Varela, Thompson and Rosch, 1991: 173, 강조는 원저자).

표 6-3 행화주의의 종류

유형	감각운동 행화주의 (Sensorimotor enactivism)	자기생성적 행화주의 (Autopoietic enactivism)	급진적 행화주의 (radical enactivism)
중심 인물	앨버 노에, 존 리건, 수잔 헐리	프란시스코 바렐라, 에번 톰슨, 에세키엘 디 파올로	대니얼 허토, 에릭 마인
중심 사상	지각은 우리가 하는 것이다	인지는 자기생성적 과정으로부터 창발한다	인지는 광역적이다
초첨	지각의 현상성	마음과 생명의 연속성	기본인지
표상	지각 표상 인정	반표상주의	반표상주의

  앞의 인용문에서 나타나듯이, 인지는 체화된 행위라는 의미에서 행화(行化, enaction)이다. 이처럼 인지를 행위로 보게 되면, 자아, 마음, 의식에 대한 기존의 이해는 폐기되고 다음과 같이 이해되어야 한다. 즉 마음과 의식은 몸을 가진 유기체와 환경 간 역동적 상호작용의 구성물이며, 자아는 역동적 관계의 주체로서 구성된다. 여기서 뇌는 그런 역동적 활동을 수행하는 유기체 몸의 한 부분이다. 비록 짧게 소개되었지만 행화주의 관점에서 보면 뇌만으로 인지, 마음, 의식을 설명하는 내재주의의 한계가 분명히 드러난다.

  바렐라가 행화주의를 주장한 이후로, **표 6-3**에서 볼 수 있듯이, 현재까지 세 가지 종류의 행화주의가 등장했다.

  이 글에서는 감각운동 행화주의와 자기생성적 행화주의에 기반을 둔 신경 현상학을 검토하기로 한다. 감각운동 행화주의에 따르면, 지각은 행위 방식이다. 지각은 우리에게 발생하거나 우리 안에서 발생하는 것이 아니라 우리가 하는 것이다. 시각장애인의 예에서 나타나듯이, 행위자가 된다는 것은 암묵적으로 감각자극에 대한 움직임의 결과를 이해하는 것이다. 지각 능력은 감각운동 지식의 소유에 의존할 뿐만 아니라 그것으로 구성된다. 우리는 지각은 지각체계가 세계에 대한 내적 표상을 구성하는 뇌 안의 과정이라고 보는 내재주의적 견해를 버려야 한다. 지각은 뇌 안에서 발생하는 것에 의존하고, 뇌 안에는 내적 표상이 있을 수 있지만, 그것은 뇌 안의 과정이 아니라 인간의 숙련된 몸에 기반을 둔 활동이다. 이처럼 지각은 감각운동적 규칙성에 관한 암묵적 이해에 기반은 둔 환경에 대한 일종의 설명이므로, 그것은 뇌뿐만 아니라 살아 있는 몸과 세계를 포함하는 것으로 이해되어야 한다. 모리스 메를로퐁티(Maurice Merleau-Ponty)는 의식은 일차적으로 '우리가 그것에 대해 생각하는 것'이 아니라 '우리가 할 수 있는 것'에 관한 문제라고 보았다 (Merleau-Ponty, 194: 159). 존 리건과 앨버 노에(John K. O'Regan and Alva Noë)는 시각에 관한 연구를 통해서, 봄(seeing)은 내적 표상을 구성하기 위한 것이 아니라 행위의 방식이라는 점을 강조한다(O'Regan and Noë, 2001: 939). 봄은 세계를 탐구하는 하나의 특별한 방식이다.

감각운동적 행화주의에서는 의식의 어려운 문제가 발생하지 않는다. 왜냐하면, 의식의 역할은 표상이나 정보의 수용이 아니라 행위를 통해 세계와 상호작용 하는 데 있기 때문이다. 또한 의식 통합의 문제도 발생하지 않는다. 왜냐하면 몸을 가진 유기체는 통합된 행위를 해야만 하기 때문이다. 통합은 체화된 행위이다(O'Regan, 2011: 165). 감각운동적 행화주의는 감각질의 문제를 어떻게 설명하는가? 이와 관련하여, 폴바흐이리타(Paul Bach-y-Rita, 1969)가 고안한 '촉각-시각 치환 장치'를 살펴보자. 이 장치는 시각장애인에게 시각 정보를 촉각 정보의 형태로 전달하는데, 시각장애인은 촉각 정보로부터 시각 경험을 얻는다. 이 사례는 신경가소성을 보여주는 좋은 예로 인용되고 있다. 그런데 내재주의는 촉각-시각 치환에 의한 경험 변화를 자연스럽게 설명할 수 없다는 점에 유의할 필요가 있다. 그 장치는 시각장애인이 이전에는 경험할 수 없었던 환경과의 결속(coupling)을 제공하여 그가 새로운 방식으로 세계를 탐험할 가능성을 확장한다.

(2) 신경현상학

신경현상학(neurophenomenology)은 바렐라가 자기생성적 행화주의에 기반하여 인지과학과 메를로퐁티의 현상학을 결합하기 위해 제시한 이론이다. 바렐라는 신경현상학의 목표와 용도를 다음과 같이 제시한다.

> 신경현상학은 …… 현대 인지과학과 인간 경험에 대한 **학문적** 접근을 결합하려고 하는 탐구이다.…… 나의 주장은 소위 [의식의] 어려운 문제는 …… 의식의 과학을 개발할 수 있도록 해주는 실용적 도구로 무장한 연구 공동체를 규합함으로써 생산적으로 다루어질 수 있다는 것이다(Varela, 1996: 330, 강조는 원저자).

현상적 경험을 설명하기 위해 신경현상학을 개발하려는 바렐라의 목표는 현상학적 방법에 대한 후설의 반(反)자연주의적 해석과 대립한다(이영의, 2013: 21~22). 이런 이유로 바렐라는 메를로퐁티의 현상학에서 자연화의 가능성을 발견했다. 바렐라는 메를로퐁티가 『행동의 구조』(1942)에서 유기체와 환경이 호혜와 선택으로 결속되어 있다는 점을 강조함으로써 자신이 추구하는 자기생성적 행화주의와 신경현상학에 대한 이론적 근거를 제시한다고 평가했다(Petitot·Varela·Pachoud·Roy, 1999: 15).

바렐라가 보기에 어려운 문제는 현상적 경험의 환원 불가능성, 즉 일인칭적이고 살아 있는 특성을 인정하면서 이를 과학적으로 설명하는 문제이다. 마음과 인지는 생명을 가진 살아 있는 유기체의 관점에서 해명되어야 하는데, 환원적 설명은 생명과 관련된 요소를 제대로 고려하지 않는다. 기존의 접근이 안고 있는 문제를 해결하는 길은 생명을 원래의 위치로, 즉 환경과의 결속 관계로 복원하는 데 있다(Varela, 1996: 345). 그런 복원은 구체적으로 현상적 경험을 분석할 수 있는 정교한 방법을 이미 개발된 현상학에 대해 인지과학적 기반을 제공하는 것인데, 이는 역으로 뇌과학을 경험에 관한 현상적 탐구를 할 수 있도록 확장하는 것이기도 하다.

이제 신경현상학의 방법론을 살펴보기로 하자. 이와 관련하여 바렐라는 "경험 구조에 대한 현상학적 설명과 인지과학적 설명은 호혜적 규제(reciprocal constraints)를 통해 상호 관련된다"라는 작업가설을 제안한다(Varela, 1996: 343). 이 가설에 따르면, 신경생리학이 채용하는 호혜적 규제는 피험자의 현상적 경험에 적용되는 일인칭적이고 주관적인 자료와 뇌와 몸의 구조와 기능에 대한 경험적 자료는 동일한 인식적 지위를 갖는다. 호혜적 규제의 방법론은 크게 두 가지로 해석될 수 있다(Lutz, 2002). 첫째, 그것은 현상성과 물리성을 연결하는 교량의 발견법으로서 구체적으로 상관의 발견법이다. 둘째, 그것은 호혜적 인과를 연구하는 방법이다.

먼저, 교량 발견법을 살펴보자. 앤서니 러츠와 에번 톰슨(Antonie Lutz and Evan Thompson)은 호혜적 규제의 방법론에 따라 실험을 수행했는데, 여기서는 그 구체적 내용을 다루지 않고, 구조만을 살펴보기로 한다. 신경생리학은 상관을 발견하기 위해 다음의 세 가지 요소를 결합한다. ① 1인칭적 경험에 대한 뇌과학적 분석으로부터 3인칭적 자료 추출하기, ② 행화주의 관점에서 역동적 체계 이론을 이용하여 현상적 경험 탐구하기, ③ 신경동력학의 대규모적이고 기능적인 통합에 기반을 둔 뇌 활동의 자료 생산하기. 이 방법론을 채택한 실험에서, 피험자들은 자신들이 설정하고 실험하는 동안 잘 유지했던 현상적 범주들을 이용하여 그들의 경험을 범주화할 수 있었다는 점이 드러났다(Lutz and Thompson, 2003: 43). 여기서 중요한 점은 피험자의 현상적 보고가 뇌과학적 자료를 분석하기 위한 지침이 되었다는 것이다. 즉 현상적 범주들은 일종의 발견법으로 사용되었고 그 결과 신경 활동의 역동적 범주들이 탐지되고 본래적 변이 때문에 초래된 뇌 반응에서의 불투명성이 감소했다.

교량 구축을 통해 얻는 것은 무엇인가? 그것은 의식 상태와 신경 상태 간 동일성은 아니며, 현상적 범주와 신경적 기제 간 상관일 것이다. 그러나 3절

"(2) 신경상관자"에서 논의되었듯이 상관을 발견하는 것은 의식의 어려운 문제를 해결하지는 못한다는 점에서 상호 규제의 방법론에 대한 두 번째 해석이 필요하다. 즉 상관의 발견은 양자 간 상호 인과를 발견하기 위한 예비적 단계이다. 바렐라는 실제로 후자의 해석을 선호한 것으로 보인다(이영의, 2013; 2017). 바렐라에 따르면, 인간 뇌는 자기생성적 체계이므로 거기에는 창발적 과정이 나타난다. 뇌 안에서의 창발적 과정은 두 가지 방향을 갖는데 그 하나는 국지적 차원으로부터 전체적 차원으로 진행되는 인과인 상향인과(upward causation)이고, 다른 하나는 전체적 차원에서 국지적 차원으로 진행되는 인과인 하향인과(downward causation)이다. 자기생성적 행화주의의 관점에서 보면, 상향인과와 하향인과는 의식적 사건이 대규모적 뇌역학의 차원 변수로서 이해될 때 신경 상태와 의식 상태 간 성립하는 호혜적 인과이다(Thompson and Varela, 2001: 419). 그러나 하향인과 개념은 논쟁의 대상이다. 예를 들어, 김재권은 수반논변을 통해 하향인과가 성립될 수 없다고 주장했다(Kim, 2005: 54). 행화주의가 어떻게 김재권의 비판에 대응할 수 있는지는 행화주의의 이론적 타당성을 판가름하는 중요한 기준이 될 것이다.[10]

간질 발작은 심적 상태에 심각한 영향을 미친다는 것은 잘 알려져 왔으며 상향인과를 지지하는 하나의 좋은 증거로 보인다. 간질 환자들이 발작으로 이어지는 물리적 조건에 의도적으로 인과적 영향을 행사할 수 있다는 점을 보여주는 실험 보고들이 있다. 예를 들어, 와일더 펜필드와 허버트 야스퍼(Wilder Penfield and Herbert Jasper, 1954)에 따르면 환자들은 발작이 시작할 무렵에 복잡한 계산을 수행하여 측두엽 간질의 발작을 사전에 차단할 수 있었다. 간

---

10 하향인과 개념이 반드시 차원을 전제로 할 필요는 없다. 우리는 그 개념을 클레버와 벡첼(Carl Craver and William Bechtel, 2007)이 주장하듯이 차원 간 인과를 기계론적으로 중재된 효과로 간주함으로써 김재권(1989; 2005)의 비판에 대응할 수 있다.

질 발작과 관련된 뇌 영역은 복잡계의 일부이고 그 복잡계의 상호작용은 다층적이고 대규모로 분산되어 있으므로 상향인과의 결과로 형성된 신경망 패턴은 간질 발작에 관련된 국소적 차원에 하향인과적 영향을 미친 것으로 추측된다. 여기서 우리는 특정 인지 상태가 간질 발작을 차단하는 국소적 활동으로 작용했는지를 확인할 필요가 있다. 이와 관련하여 톰슨과 바렐라는 간질이 진행되는 동안에 기록된 뇌파에서 보이는 패턴이 특정한 인지 과제를 수행하는 도중에 조절될 수 있다는 점을 보고했다. 그들은 이것을 하향인과를 보여주는 좋은 사례라고 보았는데(Thompson and Varela, 2001: 422), 그것이 진정한 하향인과에 해당하는지, 어떤 의미에서 하향인과의 사례인지에 대한 검토가 필요하다.

지금까지의 논의를 정리하면 다음과 같다. ① 어려운 문제를 해결하기 위해 제시된 신경현상학은 방법론으로 호혜적 규제를 제시한다. ② 호혜적 규제 방법론은 교량 구축을 위한 발견법과 호혜적 인과의 발견을 위한 방법으로 작용한다. ③ 교량이 성공적으로 구축되면 현상과 물리적 기제 간 상관이 발견될 수 있지만, 그것만으로는 어려운 문제를 해결하지 못한다. 그러므로 상관으로부터 상호 인과로 나아가는 추론이 필요하다. ④ 상호 인과가 발견될 수 있지만 현재의 과학에서는 그 가능성이 매우 낮다. 이로부터 어떤 결론이 나오는가? 그것은 다음이 될 것이다. 즉, 신경현상학은 현재의 과학에서는 제대로 구현되기 어렵다. 그것은 미래의 의식철학으로 수정되고 발전해야 한다. 이 결론은 바렐라의 생각과 일치한다. 바렐라는 신경현상학을 제안한 논문을 다음과 같은 결론으로 마무리하고 있다. "신경현상학은 의식의 어려운 문제에서 '어려움'의 의미를 두 가지 방식으로 재구성한다(Varela, 1996: 347)". ① 경험을 탐구하기 위해 새로운 방법을 훈련하고 안정시키는 것은 '어려운' 일이다. ② 마음에 관한 연구를 수행하는 것의 의미 변화를 위해서 그리고 후속 세대의 훈련을 위해서 새로운 도구가 필요하다는 점을 수용하도록 과학의 습관을 변경하는 것은 '어렵다'. 여기에서 드러나듯이, 찰머스와 바렐라는 어려움을 각각 다른 의미로 사용하고 있다. 찰머스의 경우, 어려움은 '논리적 불가능'을 의미하지만, 바렐라의 경우 그것은 '경험적 어려움', 또는 쿤의 의미에서 정상과학 내에서 패러다임 전이의 어려움을 의미한다. 물론 '어려움'의 의미 변화가 해결의 본질이 될 수는 없다. 그것은 해결하려는 노력의 산물이다. 그렇다면, 찰머스의 '어려움'은 '주어진 방식'에 따른 문제 풀이의 어려움을 의미하지만, 바렐라의 '어려움'은 문제를 '다른 방식으로 보는 것'의 어려움을 의미한다. 여기서 찰머스가 제시한 '주어진 방식'은 비환원적인 인지과학이었다. 바렐라는 그 주어진 방식에 '현상학적'이라는 추가 조건을 부여함으로써 문제 해결을 시도했는데, 그의 시도는 앞에서 보았듯이, 상관으로부터 인과로의 이행과 하향인과의 수용 등과 같은 현재의 과학에서 수용되기 어려운 개념을 안고 있어서 개념적 혁명을 예고하고 있다.

5. 맺는말

필자는 이 글에서 의식철학과 현대 뇌과학이 각자의 학문적 독립성을 유지하면서도 동시에 상호 발전할 수 있는 대화의 가능성을 검토했다. 나는 그런 호혜적 대화를 위한 방안으로 시험가능성과 과학혁명을 제시했다. 예비적 논의로 검토된 의식철학과 뇌과학의 이론 중 그런 방안을 충족할 수 있는 것이 있고 그렇지 못한 것도 있다. 2019년 템플턴 프로젝트는 그 결과가 아니라 그것을 통해 의식과학이 발전할 수 있다는 점에서 두 분야 간 진정한 대화를 위해 그와 같은 시도가 계속되어야 한다.

참고문헌

이영의. 2013. 「의식의 어려운 문제와 신경현상학」. ≪인문학연구≫, 제45권, 7~42쪽.

_____. 2015. 「체화된 인지의 개념 지도: 두뇌의 경계를 넘어서」. ≪Trans-Humanities≫, 제8권. 101~139쪽.

_____. 2017. 「이원론적 뇌과학은 가능한가」. ≪동양문화연구≫, 제27권, 7~28쪽.

Baars, Bernard J. 1988. *A Cognitive Theory of Consciousness.* Cambridge: Cambridge University Press.

_____. 1997. "In the Theatre of Consciousness: Global Workspace Theory, A Rigorous Scientific Theory of Consciousness." *Journal of Consciousness Studies*, Vol.4, No.4, pp.292~309.

_____. 2005. "Global Workspace Theory of Consciousness: Toward a Cognitive Neuroscience of Human Experience." *Progress in Brain Research*, Vol.150, pp.45~53.

Bacon, Francis. 1620. *Novum Organum.* New York: P. F. Collier.

Ball, Philip. 2019. "Neuroscience Readies for a Showdown Over Consciousness Ideas." *Quanta* Vol.6.

Bennett, Max and Peter Hacker. 2003. *Philosophical Foundations of Neuroscience.* Oxford: Blackwell.

Block, Ned. 1990. "Inverted Earth." *Philosophical Perspectives*, Vol.4, pp.53~79.

_____. 1995. "On a Confusion about the Function of Consciousness." *Behavioral and Brain Sciences*, Vol.18, No.2, pp.227~247.

Botvinick, Matthew and Jonathan Cohen. 1998. "Rubber Hands 'Feel' Touch that Eyes See." *Nature,* Vol.391(6669)756.

Byrne, Alex. 2001. "Intentionalism Defended." *Philosophical Review*, Vol.110, No.2, pp.199~239.

Carnap, Rodolf. 1932. "Psychology in Physical Language." *Erkenntnis*, Vol.3, pp.107~142.

Carruthers, Peter. 2003. *Phenomenal Consciousness: A Naturalistic Theory.* Cambridge: Cambridge University Press.

Chalmers, David. 1995a. "Facing up to the Problem of Consciousness." *Journal of Consciousness Studies*, Vol.2, No.3, pp.200~219.

_____. 1995b. "The Puzzle of Conscious Experience." *Scientific American*, Vol.273, No.6, pp.80~86.

_____. 1996. *The Conscious Mind: In Search of a Fundamental Theory.* Oxford: Oxford University Press.

_____. 2000. "What is a Neural Correlate of Consciousness?" in Thomas Metzinger(ed.). *Neural Correlates of Consciousness,* pp.17~39.

_____. 2004. "The Representational Character of Experience." in Brian Leiter(ed.). *The Future for Philosophy*. Oxford: Oxford University Press. pp.153~181.

Chomsky, Noam. 1959. "A Review of Skinner's Verbal Behavior." *Language*, Vol.35, pp.26~58.

Churchland, Patricia. S. 1986. *Neurophilosophy: Toward a Unified Understanding of the Mind-Brain*. Cambridge, MA: MIT Press.

_____. 1996. "The Hornswoggle problem." *Journal of Consciousness Studies*,. Vol.3(5–6), pp.402~408.

_____. 2002. *Brain-Wise: Studies in Neurophilosophy*. Cambridge, MA: MIT Press.

Crane, Tim. 2001. *Elements of Mind*. Oxford: Oxford University Press.

_____. 2009. "Intentionalism." in Brian McLaughlin and Ansgar Beckermann(eds.). *Oxford Handbook to the Philosophy of Mind*. Oxford: Oxford University Press. pp.474~493.

Craver, Carl and William Bechtel. 2007. "Top-down Causation without Top-down Causes." *Biology and Philosophy*, Vol.22, pp.547~563.

Crick, Francis. 1994. *The Astonishing Hypothesis: The Scientific Search for the Soul*. New York: Scribner's.

Crick, Francis and Christof Koch. 1990. "Towards a Neurobiological Theory of Consciousness." *Seminars in the Neurosciences,* Vol.2, pp.263~275.

_____. 2003. "A Framework for Consciousness." *Nature Neuroscience,* Vol.6, pp.119~126.

Damasio, Antonio. 1999. *The Feeling of What Happens: Body, Emotion and the Making of Consciousness*. London: Heinemann.

_____. 2010. *Self Comes to Mind: Constructing the Conscious Brain*. New York: Pantheon Books.

Davidson, Donald. 1970. "Mental Events." in L. Foster and J. W. Swanson(eds.). *Experience and Theory*, pp.207~224. London: Duckwort.

Dehaene, Stanislas. 2009. "Neuronal Global Workspace." in T. Bayne, A. Cleeremans, and P. Wilken(eds.). *The Oxford Companion to Consciousness*, pp.466~470. Oxford: Oxford University Press.

_____. 2014. *Consciousness and the Brain: Deciphering how the Brain Codes Our Thoughts*. New York: Viking Penguin.

Dehaene, Stanislas, Jean Pierre Changeux, Lionel Naccache, Jérôme Sackur, and Claire Sergent 2006. "Conscious, Preconscious, and Subliminal Processing: A Testable Taxonomy." *Trends in Cognitive Sciences*, Vol.10, No5, pp.204~211.

Dennett, Daniel C. 1991. *Consciousness Explained*, London: Allen Lane.

Dretske, Fred. 1995. *Naturalizing the Mind*. Cambridge, MA: MIT Press.

Duhem, Pierre. 1914/1954. *The Aim and Structure of Physical Theory*. Princeton, NJ: Princeton University Press.

Eccles, John. 1951. "Hypotheses Relating to the Brain–Mind Problem." *Nature*, Vol.168, pp. 53~57.

Jackson, Frank. 1982. "Epiphenomenal Qualia." *Philosophical Quarterly*, Vol.32, pp.127~136.

Kim, Jaegwon. 1989. "The Myth of Nonreductive Materialism." *Proceedings and Addresses of the American Philosophical Association*, Vol.63, No.3, pp.31~47.

_____. 2005. *Physicalism, or Something Near Enough*. Princeton, NJ: Princeton University Press.

Koch, Christof. 2004. *The Quest for Consciousness: A Neurobiological Approach*. Englewood, CO: Roberts & Company.

Koch, Christof·Marcello Massimini·Melanie Boly and Giulio Tononi. 2016. "Neural Correlates of Consciousness: Progress and Problems." *Nature Reviews Neuroscience*, Vol.17, No.5, pp.307~321.

Levine, Joseph. 1983. "Materialism and Qualia: The Explanatory Gap." *Pacific Philosophical Quarterly*. Vol.64, pp.354~361.

Libet, Benjamin. 1985. "Unconscious Cerebral Initiative and the Role of Conscious Will, in Voluntary Action." *Behavioral and Brain Sciences*, Vol.8, No.4, pp.529~566.

_____. 1999. "Do We Have Free Will?" *Journal of Consciousness Studies*, Vol.6, pp.47~57.

Loar, Brain. 1990. "Phenomenal States." *Philosophical Perspectives*, Vol.4, pp.81~108.

Lutz, Antoine and Evan Thompson. 2003. "Neurophenomenology: Integrating Subjective Experience and Brain Dynamics in the Neuroscience of Consciousness." *Journal of Consciousness Studies*, Vol.10(9-10), pp.31~52.

Lutz, Antoine. 2002. "Toward a Neurophenomenology of Generative Passages: A First Empirical Case Study." *Phenomenology and the Cognitive Sciences*, Vol.1, pp.133~167.

Lycan, William G. 1996. *Consciousness and Experience*. Cambridge, MA: MIT Press.

McGinn, Colin. 1989. "Can We Solve the Mind-Body Problem?" *Mind*, Vol.98, pp.349~366.

Merleau-Ponty, Maurice. 1965. *The Structure of Behavior*. Boston, MA. Beacon Press

Metzinger, Thomas(ed.). 2000. *Neural Correlates of Consciousness*. Cambridge, MA: MIT Press.

Metzinger, Thomas. 2003. *Being No One: The Self-Model Theory of Subjectivity*. Cambridge, MA: MIT Ptress.

_____. 2009. *The Ego Tunnel: The Science of the Mind and the Myth of the Self*. New York: Basic Books.

Nagel, Ernest. 1961. *The Structure of Science: Problems in the Logic of Scientific Explanation*. New York: Harcourt, Brace, and World.

Nagel, Thomas. 1974. "What Is It Like to Be a Bat?" *Philosophical Review*, Vol.83, pp.435~450.

Noë, Alva and Evan Thompson. 2004. "Are There Neural Correlates of Consciousness?" *Journal of Consciousness Studies*, Vol.11, No.1, pp.3~28.

O'Regan, John Kevin. 2011. *Why Red Doesn't Sound Like a Bell: Understanding the Feel of Consciousness*. Oxford: Oxford University Press.

O'Regan, John Kevin. and Alva Noë. 2001. "A Sensorimotor Account of Vision and Visual

Consciousness." *Behavioral and Brain Sciences*, Vol.24, pp.939~1031.

Penfield, Wilder and Herbert Jasper. 1954. *Epilepsy and the Functional Anatomy of the Human Brain*. Boston: Little Brown

Place, Ullin T. 1956. "Is Consciousness a Brain Process?" *British Journal of Psychology*, Vol.47, No.1, pp.44~50.

Pockett, Susan. 2004. "Does Consciousness Cause Behaviour?" *Journal of Consciousness Studies*. Vol.11, No.2, pp.23~40.

Popper, Karl and John Eccels. 1977. *The Self and Its Brain*. Berlin: Springer-Verlag.

Quine, Willard. V. O. 1951. "Two Dogmas of Empiricism." *Philosophical Review*, Vol.60, No.1, pp.20~43.

Ramachandran, Vilayanur Subramanian. 2011. *The Tell-Tale Brain: A Neuroscientist's Quest for What makes Us Human*. New York: W. W. Norton & Co.

Reardon, Sara. 2019. "'Outlandish' Competition Seeks the Brain's Source of Consciousness." *Science* News, (Oct. 16). https://www.sciencemag.org/news/2019/10/outlandish-competition-seeks-brain-s-source-consciousness (검색일: 2021.3.30).

Rosenthal, David. 1986. "Two Concepts of Consciousness." *Philosophical Studies*, Vol.49, pp. 329~359.

Rosenthal, David. 2005. *Consciousness and Mind*. Oxford: Oxford University Press.

Schaffner, Kenneth. 1992. "Philosophy of Medicine." in M. H. Salmon et al.(eds.). *Introduction to the Philosophy of Science*. pp.310~345. Englewood Cliffs, NJ: Prentice Hall.

Searle, John. 2004. *Mind: A Brief Introduction*. Oxford: Oxford University Press.

Sheinberg, David. L. and Nikos. K. Logothetis. 1997. "The Role of Temporal Cortical Areas in Perceptual Organization." *Proceedings of the National Academy of Sciences of the United States of America*, Vol.94, No.7, pp.3408~3413.

Sherrington, Charles. 1942. *Man on His Nature*. Cambridge: Cambridge University Press.

Smart, John J. C. 1959. "Sensations and Brain Processes." *Philosophical Review*, Vol.68, No.2, pp.141~156.

Spence, Sean A. 1996. "Free will in the Light of Neuropsychiatry." *Philosophy, Psychiatry, & Psychology*, Vol.3, No.2, pp.75~90.

Sperry, Roger. 1969. "A Modified Concept of Consciousness." *Psychological Review*, Vol.76, No.6, pp.532~536.

Tallon-Baudry, Catherine. 2003. "Oscillatory Synchrony as a Signature for the Unity of Visual Experience in Humans." in A. Cleeremans(ed.). *The Unity of Consciousness: Binding, Integration and Dissociation*. pp.153~167. New York: Oxford University Press.

Thompson, Evan and Francisco Varela. 2001. "Radical Embodiment: Neural Dynamics and Consciousness." *Trends in Cognitive Sciences*, Vol.5, pp.418~425.

Tononi, Giulio. 2008. "Consciousness as Integrated Information: A Provisional Manifesto." *The*

Biological Bulletin, Vol.215, No.3, pp.216~242.

Tye, Michael. 1986. "The Subjectivity of Experience." *Mind*, Vol.95, pp.1~17.

_____. 1995. *Ten Problems of Consciousness*. Cambridge, MA: MIT Press.

Varela, Francisco. 1996. "Neurophenomenology: A Methodological Remedy for the Hard Problem." *Journal of Consciousness Studies*, Vol.3, No.4, pp.330~349.

Varela, Francisco, Evan Thompson and Eleanor Rosch. 1991. *The Embodied Mind: Cognitive Science and Human Experience*. Cambridge, MA: MIT Press.

Watson, John B. 1930. *Behaviorism, Revised ed.* New York: W W Norton & Co.

Wegner, Daniel. M. 2002. *The Illusion of Conscious Will*. Cambridge, MA: MIT Press

Wood, Charles C. 1985. "Pardon, Your Dualism is Showing." *Behavioral and Brain Sciences*, Vol.8, pp.557~558.

제 4 부

현대 정보과학과
정보철학의 대화

정보와 지능의 재발견

제7장

정보의 의미

물리학의 관점

최무영 | 서울대학교 물리천문학부

1. 들어가는 말

　현대사회는 흔히 정보사회라고 일컬어진다. 특히 20세기 후반부터 정보의 중요성이 두드러지면서 정보는 우리 일상 곳곳에 깊숙이 들어와 있다. 심지어 정보혁명이라는 용어의 등장에 걸맞게 정보는 인간의 삶을 총체적으로 변화시켜 가고 있으며, 이른바 정보혁명 시대에 인간의 삶을 구성하는 조건들인 자연, 생명, 사회, 문화의 존재 양식이 정보 중심으로 구조화되고 있다(최무영 외, 2017). 과거에 전혀 경험하지 못했던 정보 중심의 존재 양식과 함께 진행되는 사회변동은 인간과 문화에 대한 근원적인 성찰을 요구하며 과학과 인문학을 포함한 통합적 학문 영역에서 정보의 적절한 이해를 모색해야 할 필요성을 제기한다. 이 글에서는 과학, 특히 물리학의 관점에서 정보의 의미를 간단히 살펴보려 한다.[1] 여기서 '정보의 의미'란 '정보란 무엇인가?'와 '정보의 의미는 무엇인가?'를 모두 가리킨다. 곧 정보의 정의(definition)와 의미론(semantics)을 포함한다. 그리고 '물리학의 관점'이란 보편지식 체계를 추구하는 이론과학의 관점을 뜻한다.

정보는 먼 천체에서 오는 빛처럼 자연적인 것도 있고 인간이 만든 인공적인 것도 있다. 이러한 정보는 실로 우리 주위에 넘쳐나며, 세계의 필수 구성요소라 할 수 있다. 그런데 이상하게도 물리학에서는 그동안 정보를 진지하게 고려한 적이 별로 없다(von Baeyer, 2004). 그 이유로 첫째는 자연현상의 기술에 정보는 불필요하다는 생각을 들 수 있다. 하지만 우리가 일상에서 경험하는 현상을 이해하려면 사실상 모든 경우에 거시적 기술이 필요하고 여기서 엔트로피의 구실이 매우 중요하다. 정보는 엔트로피와 동전의 앞뒷면인 셈이며, 자연현상의 이해와 해석에서 정보의 중요성은 이제 잘 알려져 있다. 또한, 요즘 널리 쓰는 T자 돌림 용어들인 정보기술(information technology: IT), 생물기술(biotechnology, BT), 양자기술(quantum technology: QT) 따위를 생각해 보면 정보기술에서 'I'는 아예 정보를 뜻하고 생물기술과 양자기술은 각각 생물계의 유전정보(genetic information)와 양자정보를 다루므로 이 세 가지 모두 '정보'가 핵심이라고 할 수 있다. 실제로 일상에서 중요한 통신과 전산은 정보를 보내고 처리하는 과정이니 과학 자체뿐 아니라 그 응용에서도 정보는 매우 중요하다. 둘째로 정보는 개념이 모호하고 정확한 정의가 없다는 생각을 들 수 있다. 사실 다소 모호하고 정확한 정의가 없다는 지적은 일

---

[1] 양자정보(quantum information)는 제외하고 고전정보(classical information)에 대해서만 기본적인 수준에서 논의하며, 정보의 의미에 중점을 두되 바탕 개념으로서 확률과 엔트로피(entropy)에 대한 설명은 장회익 외(2015)에 실린 필자의 글에서 따왔다.

리가 있다. 그런데 이러한 지적은 에너지에도 해당한다. 실제로 에너지도 추상적인 개념이고 본원적으로 정의하기 어려우며, 정확하게는 조작적 정의(operational definition)만 있을 뿐이다.[2] 그런 형편인데도 불구하고 에너지는 물리적으로 실재성이 있다고 인정하며, 물리학에서 매우 중요한 구실을 하고 있다. 따라서 이러한 점 때문에 정보를 다루지 않는 것은 타당하지 않다고 생각된다. 한편 이와 반대로 정보는 마치 시간과 공간처럼 너무나 명백하므로 군이 고려할 필요가 없다고 생각할 수도 있다. 그런데 현대물리학에서는 시간과 공간도 에너지 및 물질과 관련되어서 중요한 구실을 한다. 더욱이 흥미롭게도 동역학에서 다루는 운동학적(kinematic) 물리량, 예컨대 위치와 속도는 결국 정보이다. 그러니 정보는 처음부터 물리학에 들어와 있는 셈이다. 그런데 물리학에서는 흔히 정보를 에너지의 관점에서 보고 정보와 밀접한 관련이 있는 열이나 퍼텐셜(potential)로 바꿔서 해석하는 경우가 많았다.[3]

한편 물리학을 비롯한 자연과학에서 가장 기본적인 요소는 물질이라고 할 수 있다. 일반적으로 모든 자연현상의 실체로서 물질을 상정하며, 물질의 구성원과 그들 사이의 상호작용으로 모든 현상이 일어난다는 이른바 물리주의(physicalism)를 전제하므로 물리학을 비롯한 자연과학은 물질에 관한 학문이라고 간주되어 왔다.[4] 한편 정보는 자연현상에 관한 자료로서, 물질과 달리 본질적이라기보다 부차적인 구실을 한다고 여겨져 왔다. 그런데 일반적으로

---

2 정보와 에너지뿐 아니라 생명이나 복잡성도 본원적 정의를 생각하기 어렵다. 이러한 상황은 원래 한정할 수 없는 개념을 군이 논리적으로 규정해서 고착화하는 서양철학, 특히 형이상학의 전통이 물리학의 바탕으로 자리 잡은 데에서 비롯된 듯하다.

3 두 계 사이에 에너지를 전달하는 방법은 크게 일과 열, 두 가지로 나눌 수 있는데 그 차이는 바로 정보에 있다. 곧 에너지로 보면 차이가 없으나 정보 (또는 엔트로피) 내용에서 매우 다르며, 흔히 에너지 문제란 정확히 말하면 에너지가 아니라 정보의 문제이다.

4 여기서 '실체(substance)'란 현상을 일으키는 경험적 대상으로서 이원론에서 현상(phenomenon)과 대척점에 있는 (초월적이고) 불변의 본체(noumenon)와는 구분된다.

어떠한 대상에 대해 정보가 있다는 것은 상관관계(correlation)가 있음을 뜻하며, 이는 상호작용을 통한 정보의 교류에서 비롯한다. 다시 말해서 측정을 통한 정보의 획득은 관측자와 대상이 서로 작용해서 상관관계가 구성되는 현상이다. 상호작용의 매개 수단으로서 상정된 마당(field)이 물질을 대체하는 실재성을 부여받게 되었듯이, 결국 상호작용으로 생성되는 정보도 앞으로는 자연현상을 기술하고 이해하는 데 물질보다 오히려 중요할 수 있지 않을까 생각된다.[5]

이러한 관점에서 정보와 깊은 관련이 있는 확률과 엔트로피를 간단히 살펴보고, 정보의 속성과 의미를 정리하려 한다.[6] 모든 자연현상의 실체로서 물질을 상정한다고 하는데, 사실 생명이나 인간도 자연의 한 부분이라는 점에서 물질현상뿐 아니라 생명현상이나 사회현상도 자연현상에 포함하면 이들을 모두 물질의 관점으로 통합해서 보는 것보다는 정보의 관점으로 통합하는 것이 더 자연스럽다고 할 수 있다. 따라서 정보의 의미와 지평을 확장하면 인문학을 포함하여 통합 학문의 가능성을 제시하는 데 도움이 되리라 기대한다.

2. 확률

정보는 확률과 밀접한 관련이 있다. 확률이 할당되면 정보량이 결정되고,

---

5   이와 관련해서 물질을 알갱이들로 표상하는 "모든 것은 알갱이다"와 파동으로 표상하는 "모든 것은 마당이다"를 거쳐서 결국 "모든 것은 정보다"라는 존 휠러(John Wheeler)의 언명이 널리 알려져 있다.

6   전통적으로 결정론적 동역학에 바탕을 둔 고전물리학에서는 확률이 쓰이지 않았으나 통계역학 및 양자역학의 성립에 따른 근대물리학에서는 확률 개념이 매우 중요하다(Ambegaokar, 1996; Sklar, 1993; Beisbart and Hartmann, 2011).

이어서 엔트로피도 정해진다고 할 수 있다. 확률은 일상에서도 널리 쓰이는 기본적인 개념이지만 확률이란 무엇인가를 답하기는 쉽지 않다. 특히 확률에서 주관성과 객관성의 문제는 아직 논란이 있으며, 이는 바로 정보의 주관성과 객관성 문제와 연결된다. 사실 확률이란 무엇인지, 어떻게 해석할 것인지 명백하지 않은 상황이라면 정보나 엔트로피가 무엇인지 잘 모르는 것은 당연하다고 할 수 있다. 대체로 확률의 정의에 관해서 크게 고전적 정의, 빈도주의(frequentism), 베이즈확률(Bayesian probability), 그리고 성향(propensity) 해석의 네 가지로 구분한다.[7]

고전적 정의 또는 선험적 정의는 기본적인 확률의 전제로서 가능한 모든 상태에 대한 확률은 서로 같다고 가정한다.[8] 이러한 가설적 정의에서 어느 한 경우의 확률 p는 경우의 수 W의 역수가 되어서 $p = 1/W$로 주어지며, w가지 경우의 확률은 $p = w/W$가 된다. 예컨대 주사위를 던져서 3을 얻을 확률은 6분의 1이며, 윷놀이에서 윷가락 네 개를 던졌을 때 도가 나올 확률은 $W = 2^4$ = 16과 $w = {}_4C_2 = 6$으로부터 $p = 6/16 = 3/8$이라는 말이다. 그런데 정말로 그럴까? 사실 명확한 근거는 없다. 가능한 경우들 사이의 대칭을 고려해서 자연스럽다고 생각하고 그렇게 믿을 뿐이다.

다음에 빈도주의란 시행한 결과에 따라 확률이 정해지는 후험적(a posteriori)

---

7   고전적 정의와 빈도 해석은 17세기에 블레즈 파스칼(Blaise Pascal), 크리스티안 하위헌스(Christiaan Huygens), 야콥 베르누이(Jacob Bernoulli)와 피에르시몽 라플라스(Pierre-Simon Laplace) 등에 의해 논의되었고, 베이즈확률은 18세기에 이에 기여한 토머스 베이즈(Thomas Bayes)의 이름을 따서 지어졌다. 20세기에 들어와서 안드레이 콜모고로프(Андрей Н. Колмогоров)에 의해 공리적(axiomatic) 해석이 이루어지면서 확률은 논리의 확장으로서 수학의 영역으로 확립되었다. 성향은 칼 포퍼(Karl R. Popper)가 제안한 양자역학의 성향 해석에 따라서 대상의 경향으로서 확률을 가리킨다.

8   이를 '동등한 선험 확률(equal a priori probability)의 가정' 또는 '무차별의 원리(principle of indifference)'라 하며 이에 따라 주사위를 던져서 어떤 값, 예컨대 4가 나올 확률은 6분의 1이라고 믿는다.

또는 경험적 정의로서, 예컨대 주사위를 N번 던지고 그중에 3이 몇 번 나왔는지 빈도(frequency)를 조사해서 3이 나올 확률을 정하는 방법을 뜻한다.[9] 그러나 실제로 6번 던지면 보통 그중에 한 번 3이 나오지는 않는다. 시행 횟수 N이 충분히 커야 제대로 확률을 정할 수 있는데 그중에 x가 나온 횟수를 $n(x)$라 하면 이상적으로는 x의 확률을

$$p(x) \equiv \lim_{N \to \infty} \frac{n(x)}{N}$$

로 정의한다.[10] 여기서 문제는 시행 횟수 N을 무한대로 하는 것이 현실적으로 불가능하다는 점이다. 더욱이 이러한 해석은 매우 제한적이다. 예를 들어서 내일 비가 올 확률이 30%라는 말을 어떻게 해석해야 할까? 빈도 해석을 따르면 내일과 꼭 같은 날이 100번 있었고 그중에 30번은 비가 왔다는 뜻이겠는데 이것은 성립하기 어렵다. 따라서 빈도 해석을 따른 확률의 정의는 일반적이지 않고, 그리 적절하지 않음을 알 수 있다.

그래서 요즘 대체로 베이즈확률을 현대적인 해석으로 받아들인다. 여기서는 어떤 대상에 대한 확률을 그 대상에 대한 지식 상태의 척도로 간주한다. 이러한 확률은 논리의 연장으로서 합리성과 일관성을 유지하며 연산(computation)이 가능하므로 객관성을 지녔다고 할 수 있다. 하지만 지식의 상태란 결국 개인의 믿음, 곧 신빙성(credence)과 연결된다는 점에서 주관적인 속성도 분명

---

9   주사위 하나를 잇달아 N번 던지는 대신에 N개의 주사위를 한꺼번에 던져도 된다. 이 두 경우의 결과는 같다고 믿어지며, 이는 통계역학에서 에르고드계(ergodic system)에 해당한다.

10   이러한 극한이 존재한다고 전제해야 하는데, 이를 수학적으로 증명할 수는 없다.

히 있다. 실제로 아무런 정보도 주어지지 않은 조건에서는 베이즈확률은 고전적 정의로 환원된다. 정보가 전혀 없으면 모든 가능성을 동등하게 여길 수밖에 없기 때문이다.[11] 그러나 정보를 얻으면 우리의 지식 상태가 바뀌므로 결국 확률도 바뀌게 되는데 이를 베이즈추론(Bayesian inference)이라 부른다. 예컨대 오늘 비가 올 확률이 60%라고 했는데 실제로 비가 온다면 (베이즈)확률은 0.6에서 1로 바뀌게 된다.[12]

한편 성향이란 특정한 결과가 얻어질 경향을 뜻하며, 양자역학의 성향 해석에서는 측정과 관련하여 확률을 대상의 물리적 성질로 여긴다(Popper 1982; 1983). 이러한 성향으로서의 확률은 인과적 연결의 정도를 가리키며 객관적이지만, 한편으로는 형이상학적 성격을 지닌다고 할 수 있다.

3. 엔트로피와 정보

엔트로피는 이른바 거시적(macroscopic) 기술에서 매우 중요한 구실을 한다(최무영 2019a; 2019b). 일상에서 우리가 경험하는 물질은 매우 많은 수의 구성원으로 이루어진 뭇알갱이계(many-particle system)이다. 이는 원자나 분자들로 이루어진 일반 물질뿐 아니라 세포들이 모인 생명체, 그리고 개인들이 모여 이루어진 사회의 경우도 해당한다. 예컨대 방 안의 공기는 $N = 1025$

---

[11] 주관적이라도 여러 사람이 공통으로 받아들이는 경우는 상호주관적(intersubjective)이라 부르는데, 대체로 과학의 객관성도 이것이 담보한다고 여겨진다.

[12] 이러한 베이즈확률의 관점에서 확률분포를 추정하는 방법으로 최대 엔트로피 방법(maximum entropy method)이 널리 알려져 있다(Jaynes, 1957; 2003). 열역학 둘째 법칙에 따라서 일반적으로 주어진 계의 정보엔트로피가 가장 큰 상태가 평형상태에 해당하는데 주어진 정보가 있으면 그에 해당하는 구속조건이 있게 되므로 이를 만족하는 확률분포 중에서 엔트로피를 최대로 만드는 것이 합당하고 '객관적 확률'로 여길 수 있다.

가량의 질소와 산소 분자들로 이루어졌다고 할 수 있다. 그런데 고전역학이든 양자역학이든 동역학은 미시적(microscopic) 기술로서 구성원 하나하나의 상태를 다룬다. 각 분자의 상태는 고전역학의 경우는 위치와 운동량, 그리고 양자역학에서는 상태함수로 나타내며, 따라서 N개의 구성원이 있을 때 고전역학은 모두 $6N$개의 변수를 다루어야 하는데 N은 엄청나게 큰 수이므로 현실적으로 연산은 불가능하다. 쓰는 것만 생각해도 매초 100개씩 쓴다면 이를 다 쓰는 데 우주의 나이 이상의 시간이 걸릴 정도니 불가능함은 명백하다.[13]

따라서 동역학이 아닌 다른 방법이 필요한데 이것이 바로 거시적 기술을 적용하는 통계역학(statistical mechanics)이다(Sethna, 2006; 최무영, 2019a). 계의 구성원 하나하나를 모두 고려해서 동역학적 (미시)상태를 다루는 미시적 기술과 달리 거시적 기술은 몇 가지의 거시변수로 규정되는 계 전체의 거시 상태에 관심을 둔다. 예로서 방 안에 있는 공기의 경우에 널리 쓰이는 거시변수는 압력이나 부피, 온도 등인데, 뭇알갱이계의 상태를 규정하는 이러한 거시변수는 구성원들 전체의 집단적 자유도(collective degree of freedom)를 나타낸다고 할 수 있다.[14]

일반적으로 주어진 하나의 거시상태에 대응하는 미시상태, 이른바 접근가능상태(accessible state)의 수는 매우 많다. 예를 들어 압력과 부피 등이 같은

---

13   정확히 말하면 인간의 능력이 모자라서 현실적으로 불가능한 것이 아니라, 적어도 우리가 알고 있는 우주에서는 원리적으로도 불가능하다고 할 수 있다. 정보의 관점에서 보면, 이러한 엄청난 양의 정보는 우리 두뇌에서 처리할 수 없음이 명백하며, 이뿐만 아니라 역시 유한한 전체 우주에서 보더라도 이러한 양의 정보 처리는 본원적으로 불가능하다고 할 수 있다.

14   사회를 개인이라는 구성원들로 이루어진 뭇알갱이계라 생각하면 각 개인의 (미시)상태를 다루는 것이 미시적 기술이고, 거시적 기술은 적절한 사회변수, 예를 들어서 지역의 넓이나 인구밀도, 사회의 하부구조, 기술의 수준과 조직 등의 거시변수를 다루는 것에 비유할 수 있다.

두 방 안의 공기는 같은 거시상태에 있다. 그러나 두 방에서 같은 위치에 같은 속도의 분자가 있을 까닭은 없으므로 두 방의 공기가 같은 미시상태에 있지는 않다. 이러한 접근가능상태들은 어떠한 거시상태에 대응하는가에 따라 정해지니 그들의 수 W는 거시상태를 규정하는 거시변수 x의 함수로 주어진다. 뭇알갱이계를 탐구할 때 보통 거시상태를 고려하는데 이 경우 우리는 계가 접근가능상태 중에 실제로 어떠한 미시상태에 있는지 알 수 없다. 계에 관해 모르는 부분이 있는 것이고, 정보가 부족하다고 할 수 있다.

접근가능상태의 수 W는 뭇알갱이계의 거시적 성질을 결정하는 데에 중요한 구실을 한다. 앞서 언급한 이른바 '동등한 선험 확률의 가정'에 따라 거시상태 x에 있을 확률 $p(x)$는 상태 x에 대응하는 접근가능상태의 수 $W(x)$에 비례해서 $p(x) \propto W(x)$라고 여길 수 있다.

접근가능상태 수는 일반적으로 계의 크기 N에 지수적(exponential)으로 늘어나서 매우 클 뿐 아니라 두 계를 함께 생각할 때 곱으로 주어지므로 다루기 불편하다. 따라서 로그를 택하면 대체로 N에 비례하게 되므로 편리한데 이를 '엔트로피'라고 부른다. 따라서 엔트로피는

$$S \equiv k \log W$$

로 정의되며 W와 마찬가지로 엔트로피 S도 거시상태의 함수로 주어진다.[15] 이러한 정의는 양자 개념을 도입한 막스 플랑크(Max Planck)에 이어서, 원자의

---

15 원칙적으로 엔트로피는 계의 거시상태에 대해서 정의할 수 있다. 한편 계의 미시상태가 주어져 있다면 정보는 완전하므로 엔트로피는 없다고 할 수 있다. 그러나 때로는 미시상태의 엔트로피를 그 미시상태를 접근가능상태로 포함하는 거시상태의 엔트로피와 같게 정의하기도 한다.

개념을 정립하고 통계역학을 만들어낸 루트비히 볼츠만(Ludwig Boltzmann)이 제안했다. 여기서 k는 엔트로피의 단위를 주는데 열역학(thermodynamics)에서 루돌프 클라우지우스(Rudolf Clausius)의 엔트로피 정의에 맞추어 정하면 $k = 1.38 \times 10^{-23}$ J/K의 값을 가진 볼츠만 상수가 된다. 일반적으로 처음에 주어진 거시상태에 있던 계가 시간이 충분히 지나면 더는 변하지 않는 거시상태, 곧 평형상태에 도달하게 된다. 이러한 평형상태는 확률이 가장 큰 값을 가지는 상태이고 따라서 접근가능상태 수가 가장 크고, 결국 엔트로피가 최대인 상태라고 할 수 있다. 이를 요약한 것이 외떨어진 계(isolated system)의 엔트로피는 저절로 줄어들지 않는다는 열역학 둘째 법칙이다. 이 법칙은 그동안 많은 오해를 불러일으켰는데 널리 알려진 오해는 외떨어진 계라는 조건과 관련되어 있다. 예컨대 생명현상을 보이는 생명체는 평형상태가 아니고 엔트로피가 매우 낮은 상태로 유지되지만, 외떨어진 계가 아니므로 둘째 법칙을 위배하지 않는다. 도리어 이 법칙에 따라 외떨어진 계는 생명현상을 보일 수 없음이 명백하다.[16] 또한, 둘째 법칙의 확률적 성격에 관련된 오해도 흔하다.[17]

이제 엔트로피의 의미를 정리해 보자. 엔트로피의 의미에 대해서는 매우 다양한 견해가 존재한다. 대체로 엔트로피는 무언가의 척도(measure)라고 생

---

[16] 해와 지구를 합한 계는 어림으로 거의 외떨어진 계라 할 수 있으나 평형상태가 아니라 그로부터 먼 상태에 있으므로 온생명이 존재할 수 있다(장회익, 2012; 2014).

[17] 원래 열역학에서 현상론적으로 기술되었던 둘째 법칙에는 이러한 확률적 성격이 나타나지 않는다. 이와 달리 볼츠만의 원자 개념과 통계역학에 따른 둘째 법칙은 확률적 성격이 명백하다. 실제로 둘째 법칙에 따르면 상태의 확률 $p \propto W = e^S$로부터 엔트로피 변화가 ΔS가 되도록 상태가 변화하는 과정과 그 반대 과정의 확률의 비는 $e^{\Delta S}$로 주어진다. 엔트로피는 계의 크기에 비례하므로 거시계에서는 엔트로피가 감소하는 ($\Delta S < 0$) 과정이 일어날 확률이 사실상 0이지만 그리 크지 않은 계에서는 엔트로피가 감소하는 상황이 나타날 수도 있다. 이러한 가능성은 요동정리(fluctuation theorem)로 기술되며 최근에 많은 관심을 끌고 있다(Marconi et al., 2008).

각할 수 있다. 먼저 어떤 가짓수(multiplicity)를 들 수 있다. 예컨대 접근가능 상태의 수, 가능한 배열(arrangement)의 수 등이며, 이는 바로 볼츠만의 정의에 해당한다. 둘째로 마구잡이(randomness) 또는 무질서(disorder)의 척도라고도 한다(구성원이 누리는 자유의 척도라고 기술하기도 하는데, 이는 엔트로피를 사회현상에 적용한 경우에서 재미있는 표현이다). 또 다른 의미로는 균질성 (homogeneity)의 척도라고 하며, 이는 퍼짐(diffusion)과 삼투현상을 해석하는데 적절하며, 저절로 변화가 일어날 수 있는 경향으로서 바로 못되짚기의 척도로 생각할 수 있다. 우리 일상에서 친숙한 에너지와 연결하면 에너지 흩어짐(energy dispersal) 또는 에너지의 등급 낮아짐, 곧 일의 형태로 전달할 수 없는 에너지가 얼마나 많아지는가의 척도에 해당한다. 열기관을 비롯해 "에너지가 비싸다" 또는 "에너지가 모자란다" 따위의 익숙한 표현이 이와 관련되어 있다. 엄밀하게 말해서 에너지는 보존되므로 아무리 써도 없어지지 않으며 중요한 것은 쓸 수 있는 에너지, 곧 일로 전달할 수 있는 에너지인데 이는 사실 엔트로피의 문제이다. 따라서 '에너지의 위기'가 아니라 '엔트로피의 위기'라는 표현이 더 정확하다. 또 다른 의미로 엔트로피를 무지(ignorance), 불확정성(uncertainty), 또는 변이성(variability)의 척도라고도 한다.

여기서 한 가지 유의할 점으로 각각 의미가 모든 경우에 타당한 것은 아니고 어떤 경우에는 적절하지 않을 수 있다. 예컨대 때로는 더 무질서해 보이는 상태가 엔트로피는 도리어 낮을 수도 있다. 따라서 이러한 척도를 엔트로피의 정의로 간주하는 것은 그리 타당하지 않다.

마지막으로 엔트로피의 의미를 정보와 관련지을 수 있다. 흔히 잃어버린 정보(missing information) 또는 지식의 부족함(lack of knowledge)의 척도라고 표현한다, 그런데 이를 뒤집어서 엔트로피를 정보를 저장할 수 있는 능력의 척도라고 할 수도 있는데 이렇게 보면 왠지 긍정적인 느낌을 주는 듯하다. 엔트로피가 많으면 정보가 많이 부족하므로 그만큼 새로운 정보를 많이 저장할 수 있다는 뜻이다.[18] 같은 현상을 서로 반대 관점에서 본 셈인데 이는 엔트로피를 주관적인 관점에서 보는가 아니면 객관적인 관점에서 보는가의 문제와 관계가 있다.

정보와 관련해서 간단한 예를 살펴보자. 대학수학능력시험을 비롯한 여러 시험에서는 몇 가지 보기를 주고서 그 가운데서 답을 고르게 하는 이른바 선다형 문제를 흔히 볼 수 있다. 그런데 공부를 열심히 하지 않아서 정보를 부족하게 지니고 있으면 문제를 제대로 풀 수 없다. 보기 중에서 답이 아닌 것을 제외하고 W가지가 남는다, 곧 W가지 중에서 어느 것이 답인지 모른다고 하자. 이렇듯 W가지의 가능성이 있는 경우에 정보의 부족분 또는 잃어버린 정보는

$$S(W) = k \log W$$

로 주어지고 이는 바로 볼츠만의 엔트로피에 해당한다. 앞에서 언급했듯이 열의 형태로 에너지가 전달되는 경우에 관여하는 열역학적 엔트로피와 맞추려면 k를 볼츠만 상수로 택해야 하지만 정보의 관점에서는 간단히 $k \equiv 1$로 놓으면 편리하다. 그리고 로그의 밑수 a를 e로 택해서 자연로그를 쓰는 경우가 일반적이지만 정보를 다루는 경우라면 밑수를 간단히 2로 택하는 것이 편리하다. 스무고개 놀이에서 알 수 있듯이 모든 정보는 결국 '예'와 '아니오'라는 두 가지 가능성, 곧 $W = 2$의 조합으로 나타낼 수 있으므로 $a = 2$로 택하면 $S(W = 2) = 1$이 되어서 정보의 단위가 간단해지는데 이를 1비트(bit)라 부르며 b로 표기한다.[19]

---

[18] 이러한 엔트로피의 적극적 의미는 기능의 척도로서 빔(虛)을 연상시킨다(김용옥, 2020). 곧 비움 없이 꽉 차면 엔트로피가 최대인 종말에 해당한다고 볼 수 있다.

그러면 정보의 변화에 대해 생각해 보자. 처음에 W가지의 가능성 중에 아무것도 모른다면 정보가 없으니 정보량 $I = 0$이고 잃어버린 정보, 곧 부족한 정보량이 최대로서 바로 $\log W$라고 할 수 있다. 만일 자료를 조사해서 답이 어느 것인지 알았다면 정보는 완벽하고 잃어버린 정보는 없게 된다. 이러한 과정에서 잃어버린 정보가 줄어든 양은 정보의 증가, 곧 얻은 정보량에 해당한다. 곧 얻은 정보량은 바로 $\triangle I = \log W$로 주어지며 이러한 자연스러운 해석을 받아들이면 정보 I와 엔트로피 S 사이의 관계가 명확해진다. 식으로 다음과 같이 쓸 수 있다.

$$I = -S + I_0$$

여기서 I_0는 엔트로피, 곧 잃어버린 정보량이 0일 때의 정보량으로서 최대 정보량에 해당한다.

이러한 정의를 일반화해서 확률로 나타내 보자. 일단 주어진 계가 미시상태 i에 있을 확률을 p_i라고 하자. 가능한 상태의 수를 W라 하면 $1 \leq i \leq W$이며 모든 확률을 합하면 1이 되어야 하므로 [수식]이 성립한다. 식으로 쓰면 다음 식이 성립한다.

$$\sum_{i=1}^{W} p_i = 1$$

이렇게 확률이 주어져 있는 계에서 조사이어 기브스(Josiah W. Gibbs)의 기브

---

19 이는 정보의 최소량에 해당한다. 이보다 더 작은 정보량은 없다는 뜻에서 정보는 양자화 (quantization)된다고 할 수 있다.

스 엔트로피 또는 클로드 섀넌(Claude E. Shannon)의 정보엔트로피[information (-theoretic) entropy]는

$$S = -\sum_{i=1}^{W} p_i \log p_i \, ,$$

곧 확률의 로그의 평균값으로 정의되는데(Shannon and Weaver, 1949; Cover and Thomas, 1991), 이는 볼츠만의 엔트로피로부터 얻어낼 수 있다. 이러한 확률분포는 정보와 밀접한 관련이 있다. 정보가 완벽하다는 것은 계가 어느 상태에 있는지 안다는 뜻이고 따라서 그 상태의 확률만 1이고 나머지 상태에 대한 확률은 모두 0이라는 뜻이다. 알고 있는 계의 상태를 1이라 하면 $p_i = \delta_{i1}$로 쓸 수 있고, 이를 정보엔트로피식에 넣으면 $S = 0$이 쉽게 얻어진다. 다시 말해서 잃어버린 정보 또는 정보의 부족분은 없고, 엔트로피는 최소로서 0이 된다. 반대로 정보가 전혀 없는 경우에는 W가지의 각 상태에 대한 확률이 모두 같다고 할 수밖에 없으므로 $p_i = W^{-1}$이며, 이를 역시 정보엔트로피 식에 넣으면 $S = \log W$가 되어서 바로 볼츠만의 엔트로피가 얻어진다.

이로부터 얻어지는 교훈은 자연현상이란 대상 자체의 성격만이 중요한 게 아니라 대상에 대한 정보가 우리에게 얼마나 전해질 수 있는가도 중요할 수 있다는 사실이다. 일반적으로 자연현상에서 측정이란 정보를 얻는 과정을 말하는데, 이와 함께 정보를 제거하는 과정도 매우 중요하다는 사실이 알려졌다. 이를 처음으로 지적한 맥스웰의 악마(Maxwell's demon)를 간단히 생각해 보자(Leff and Rex, 2003; 최무영, 2019a). 내부에 칸막이로 두 부분으로 나누어진 상자에 기체가 들어 있는데 빠른 분자들과 느린 분자들이 고르게 섞여 있어서 평형상태를 이루고 있다. 그런데 칸막이에 문이 있고 문지기가 문을 여닫는데, 빠른 분자가 상자의 왼쪽 부분에서 오른쪽 부분으로 가려 하면 문을

열어주고, 오른쪽에서 왼쪽으로 가려 하면 문을 닫아서 가지 못하게 한다. 이와 반대로 느린 분자는 오른쪽에서 왼쪽으로 가려 하면 문을 열어주고, 왼쪽에서 오른쪽으로 가려 하면 닫아서 가지 못하게 한다. 처음에는 양쪽이 온도가 같았으나 이렇게 해서 한참 지나면 결국 오른쪽에는 빠른 분자들이 모여서 뜨거워지고 왼쪽에는 느린 분자들이 모여서 차갑게 될 터인데, 이러한 현상은 열역학의 둘째 법칙을 위배한다. 이에 대해 마리안 스몰루크홉스키(Marian Smoluchowski)는 문지기가 이러한 작업을 수행하려면 악마처럼 지능이 있어야 함을 지적했다. 그렇지 않으면 열요동(thermal fluctuations) 때문에 문이 제멋대로 열렸다 닫혔다 요동하게 되어서 조절할 수 없음을 지적한 것이다. 따라서 열역학 둘째 법칙을 지키려면 이제 지능을 가져서 분자가 빠른지 느린지 측정을 수행하는 이런 악마를 추방해야 할 것이다.

이 악마의 추방에 레오 실라르드(Leo Szilard)와 레옹 브릴루앙(Léon N. Brillouin)이 크게 기여했다. 구체적으로 악마가 측정하는 과정에서 엔트로피가 필연적으로 늘어나게 되며, 이것은 바로 정보를 얻어서 줄어든 엔트로피와 같으므로 전체적으로 엔트로피는 줄어들지 않았고 따라서 열역학 둘째 법칙을 위배하지 않음을 밝혀냈다. 이는 놀랍게도 관측자가 얻는 정보와 계의 엔트로피가 깊이 연관되어 있음을 시사한다. 종전에는 측정과 관계없이 엔트로피는 계 자체의 성질, 곧 계가 지닌 물리량이라고 여겼는데, 이제는 관측자가 측정을 통해 얻은 정보와 측정 대상인 계 자체의 성질이 무관하지 않음을 깨닫게 된 것이다. 요약하면 측정이란 정보를 획득하는 과정인데, 이는 필연적으로 흩어지기(dissipation)를 동반해서 엔트로피를 증가하게 하므로 결국 열역학 둘째 법칙이 성립한다는 논의가 실라르드와 브릴루앙 해석의 핵심이다.

그런데 이렇게 추방된 악마는 완전히 소멸하지는 않았고 롤프 란다워(Rolf Landauer)와 찰스 베넷(Charles H. Bennett)에 의해서 부활의 조짐을 조금 보였다. 란다워는 연산 과정에서 대부분의 조작을 사실상 흩어지기 없이 수행할 수 있음을 지적했다. 연산에서 측정이란 눈금을 읽는 과정인데 여기서 흩어지기를 임의로 줄일 수 있다. 곧 엔트로피의 증가 없이 읽을 수 있음을 지적한 것이다. 따라서 측정 과정에서 엔트로피가 필연적으로 증가해서 열역학 둘째 법칙이 성립한다는 주장은 일반적으로 타당하지 않다. 이에 따라 악마가 부활할 듯 보였지만 다행히 다시 살아나지는 않았다. 측정이 아니라 기억 지우기(erasure), 엄밀히 말하면 재설정(reset)하는 과정은 되짚을 수 없다. 곧 엔트로피가 필연적으로 증가하므로 결과적으로는 열역학 둘째 법칙이 성립한다고 논의했다. 요컨대 둘째 법칙을 구하는 요소는 측정은 아니고 지우기라는 것이다.[20]

뒤에 베넷은 이 논의를 확장해서 되짚는 연산(reversible computing)이 가능함을 주장했다. 란다워의 지적과 마찬가지로 대부분의 조작이 사실상 흩어지기 없이 수행할 수 있는데 악마의 기억을 지우는 과정을 고려한 전체 엔트로피 변화는 0이다, 따라서 열역학 둘째 법칙을 위배하지는 않지만 되짚을 수 있다는 것이다. 이같이 일반적으로 연산 과정을 되짚을 수 있다면 열역학 법칙을 위배하지는 않지만, 엔트로피를 전혀 늘리지 않으면서 연산을 수행할 수 있으므로 놀라운 사실이다. 흔히 경험하듯이 컴퓨터를 계속 사용하면 뜨거워지는데, 이는 기억장치에 정보를 저장했다가 지우는 과정 때문이다. 곧 연산을 계속하려면 기억의 재설정이 필요한데 이 과정에서 전체 엔트로피의 변화가 0이 아니라 0보다 크기 때문이다. 이렇게 생겨나는 엔트로피를 바깥

---

20 기억을 지우고 재설정하는 과정이 꼭 필요한지 의문을 제기할 수 있다. 상식적으로 생각해서 기억이 점점 쌓인다면 결국 연산을 계속해서 수행할 수 없을 터이므로 기억 지우기가 필요하리라 여겨진다. 하지만 이 문제가 증명되었다고 보기는 어려우므로 악마가 부활할 여지가 아직 남아 있다는 의견도 있다.

환경으로 내보내야 하는데, 이는 열의 형태이므로 결국 뜨거워지게 되고, 이를 식혀야 하므로 적절한 냉각장치가 필요하다. 그런데 되짚는 연산이 가능하다면 컴퓨터가 뜨거워지지 않고 냉각할 필요가 없다. 일상용어로 표현하면 에너지를 쓰지 않는 컴퓨터가 가능하다는 뜻이다.[21]

아무튼 측정이란 근본적으로 계의 상태와 관측자의 마음 또는 기억 사이에 상관관계를 형성할 뿐이고, 반드시 되짚지 못할 이유는 없다는 것이다. 중요한 과정은 역시 지우기와 재설정이라 할 수 있다.[22] 이렇게 정보와 관련해서 엔트로피의 변화를 다룰 때 널리 알려진 논거가 란다워의 원리(Landauer's principle)이다. 단위정보당 최소 엔트로피 변화는 $\triangle S = k \log 2$이다, 곧 lb의 정보를 다룰 때 적어도 $k \log 2$의 엔트로피 증가가 수반된다는 주장이다. 열로 나타내면 $Q = T \triangle S = k T \log 2$에 해당한다. 이러한 원리는 몇몇 경우에 실험적으로 확인이 되었으나 언제나 성립하는지는 아직 확실하지 않다. 원래는 정보를 지울 때 엔트로피 증가가 수반된다고 생각했으나 보다 일반적으로 재설정과 측정을 포함하여 정보를 다루는 경우로 확장하여 생각하는 편이 적절하다. 이 원리를 전제하면 일반적으로 열역학 둘째 법칙이 성립하게 된다.

이러한 논의를 바탕으로 엔트로피의 본성을 살펴보자. 볼츠만을 따라서 엔트로피를 대상의 거시상태에 대응하는 미시상태, 곧 접근가능상태 수의 로그로 정의하면 이는 거시상태의 함수로서 대상이 지닌 성질이라 할 수 있다. 따라서 엔트로피는 존재론적인 물리량으로서 우리가 대상에 대해 알고 있는 정

---

21 물론 이는 논리의 측면에서 본 이상적인 경우이고 실제로 구현하려면 물질이 결부되어야 하므로 실제로는 에너지를 쓰지 않을 수 없다. 현실에서는 대부분 경우에 이 에너지가 이상적으로 정보 처리에 수반되는 에너지보다 크다.

22 최근에는 계와 관측자 사이의 상호정보에 주목하면 측정과 지우기를 포함해서 일반적으로 논의할 수 있다는 사실이 지적되었다(Sagawa and Ueda, 2009). 상호정보에 대해서는 뒤에서 논의한다.

도와는 관계없이 객관적으로 정해지는 듯하다. 한편 정보의 관점에서 엔트로피를 정보의 부족이나 우리의 무지의 척도라고 해석하면 주관적이라는 느낌이 든다. 이에 따르면 어떤 대상의 엔트로피란 대상의 속성이 아니라 우리가 대상에 대해서 얼마나 알고 있는지 말하는 것이 되므로 주관적이고 인식론적이라 할 수 있다. 이러한 두 가지 관점을 어떻게 조화시킬 수 있을까?

앞선 논의에서 보면 정보의 관점이 더 일반적이라고 생각된다. 그런데 누구나 알듯이 일상에서 얼음은 0°C에서 열을 받으면 녹아서 물이 된다. 온도를 올리지 않고 얼음을 녹이는 구실을 하는 이러한 열을 숨은열(latent heat)이라 하는데, 이는 엔트로피의 증가와 관련되어 있다. 곧 얼음보다는 물이 엔트로피가 높은 상태이다. 그런데 엔트로피가 무지의 척도라고 하면 우리가 H_2O 집단에 대해 잘 알면 엔트로피가 낮으므로 얼음에 해당하고 잘 모르게 되면 엔트로피가 높으므로 물이 된다는 말인가? 이러한 해석은 선뜻 받아들이기 어려우니 엔트로피를 어떻게 이해할 것인가, 정확한 의미가 무엇인가에 대해 의문이 든다.

이 의문에 대해 고찰해야 할 문제는 거시변수이다. 뭇알갱이계를 기술할 때 (미시적인) 동역학변수 대신에 적절한 거시변수를 써서 거시적으로 기술하는 경우에 엔트로피가 등장한다. 거시변수가 정해지면 거시상태가 규정되고 그에 따라 접근가능상태, 그리고 엔트로피가 정해진다. 압력이나 부피, 온도 따위가 대표적인 거시변수인데 이는 원리적으로 각 구성원(분자)의 위치와 운동량 따위 동역학변수들 전체 집단에 의해 정해진다. 그런데 구성원의 수만큼 되는 동역학변수들을 가지고 불과 몇 가지의 거시변수를 정하는 방법은 당연히 아주 많으므로 그중에 어떤 조합을 택해서 거시변수를 정할 것인가가 문제이다. 인식론적 관점으로 해석하면 거시변수란 우리가 관심이 있고 또한 실제 실험에서 측정할 수 있는 양으로 정했다고 생각할 수 있다. 그러면 거시변수는 임의성이 있고 주관적인 성격을 지니게 된다. 이와 달리 거시변수는 우리가 마음대로 정한 게 아니라 자체가 물리적인 의미가 있다고 생각할 수도 있다. 다시 말해서 거시변수는 측정 기구를 포함한 주위 환경과 어떻게 결합했는가에 따른 상호작용으로 정해지게 되고 실제 물리적 영향을 끼치며, 그 시간펼침(time evolution)을 기술하는 자체의 동역학을 구축할 수 있다는 주장이다. 이러한 관점으로 보면 거시변수는 존재론적 속성을 지녔고 따라서 객관적인 물리량이라고 생각할 수 있다. 우리 일상에서 널리 쓰이는 열기관을 이용하여 일을 계산하고 실제로 얻어내는 과정을 보면 거시변수는 실제로 객관적 성격을 지녔다고 여겨진다.

결론적으로 엔트로피란 주관적인 성격과 객관적 성격의 양면성을 지닌 것으로 보인다. 그렇지 않다면 받아들이기 어려운 문제들이 생겨난다. 만일 엔트로피가 순전히 객관적이고 물리적이라면 거시변수들은 임의성이 없이 정해지고 따라서 거시적 기술도 한 가지만 있어야 할 것이다. 그러나 실제로는 서로 다른 거시적 수준에서 뭇알갱이계를 기술하는 여러 거시적 기술이 가능하다. 어떠한 설정의 상호작용을 고려해서 그 수준의 거시적 기술을 선택할 것인가 여지를 보면 엔트로피는 순전히 객관적인 것은 아니고 주관적 성격도 지니는 것으로 보인다. 엔트로피와 정보는 동전의 앞뒷면이라는 사실에서 이러한 속성은 엔트로피뿐 아니라 정보에도 해당한다고 할 수 있다.

4. 정보의 속성

일상에서 정보는 서로 다른 여러 가지 용례로 쓰이므로 혼동을 주며, 본원적인 정의는 아직 없다고 생각된다. 다만 정보의 핵심적인 속성은 구분가능성(distinguishability)이라고 할 수 있다. 그래서 모든 정보는 결국 '예'와 '아니오', 숫자로 표시해서 0과 1의 조합으로 나타낼 수 있고, 앞 절에서 지적했듯이 이에 해당하는 정보의 단위가 비트(b)이다. 플라톤 이후로 지금까지, 특히 데카르트 이후에 널리 알려진 서양철학의 핵심 문제로서 물질과 정신의 이원론을 들 수 있는데 '예'와 '아니오'의 두 가지로 나뉜다는 점에서 정보가 이원론을 뒷받침한다는 지적도 있다. 그러면 정보는 물질인가, 정신인가? 정보는 짜임(organization)을 구성해서 대상에 물리적이고 구체적인 형상을 부여하며 물질로 이루어진 그릇, 이른바 나르개(carrier)에 담겨 있으나 나르개 자체와는 무관한 추상적인 존재라는 점에서 실재와 관념의 접점을 이룬다고 할 수 있다. 따라서 정보는 물질적 속성과 정신적 속성을 함께 지녔다는 점에서 이러한 이원론을 새롭게 해석하는 실마리를 줄 수 있지 않을까 기대하게 된다. 정보의 물질적 측면은 정보기술에서 나타나고, 정신적인 측면은 정보의 의미에서, 특히 사람마다 그 의미가 다를 수 있다는 주관성에서 드러난다.[23] 이는 엔트로피의 객관성 또는 주관성과 같은 맥락이라 할 수 있다.

물질인 나르개가 달라도 담겨 있는 정보는 같을 수 있으며, 실제로 주어진 정보를 유지하면서 그것을 담은 나르개는 바꿀 수 있다. 정보를 나르개에 담기 위해서는 적절한 부호(code)로 표현해야 하는데,[24] 정보를 이루는 부호와 의미 중에서 의미와 관계없이 부호 자체를 다루는 분야가 정보기술이다. 부호는 결국 0과 1로 환원할 수 있는데 정보기술에서는 이를 잘 저장하고, 처리하고, 보내는 방법을 다룬다.

한편 정보의 의미를 결정하려면 정보의 환경이 전제되어야 한다. 확률이

---

23 정보를 다루는 인문학 분야, 예컨대 문헌정보학(information science)이나 해석학(hermeneutics)에서 이러한 성격이 잘 드러난다.

24 이러한 부호화(coding)를 잘하면 때로는 정보량을 효율적으로 줄여서 나타낼 수 있다. 그런데 이는 연산을 통해 이룰 수 없다. 곧 형식논리(formal logic)로 기술할 수 없는, 이른바 창조적 능력이고 바로 창의성이라 할 수 있을 듯하다. 물리학에서 보편지식 체계를 구축하는 과정이 부호화를 바꾸는 보기라 할 수 있다.

할당되면 정보가 결정되므로 정보의 환경이란 확률공간을 뜻한다. 예컨대 '정보'라는 글씨의 의미는 무엇인가? 한글을 아는 사람이면 물론 이 글씨의 뜻을 이해한다. 그러나 한글을 모르는 외국인이 보면 아무런 의미가 없고, 알 수 없는 기호에 불과할 것이다. 요컨대 정보의 의미는 그것을 관측하는 사람이 부여한다는 말이 성립한다. 인식주체로서 관측자가 의미를 부여하는 과정에서 관측자에 따라 이같이 차이가 나는 이유를 물리학의 관점에서 보면 관측자의 두뇌에 어떠한 정보환경, 곧 확률공간에 차이가 있기 때문이라고 생각할 수 있다. 이른바 "아는 만큼 보인다"가 성립하는 셈이다.

주어진 대상의 확률공간을 정하려면 그 대상의 (미시)상태를 기술하는 위상공간을 적절히 분할해야 한다. 여기서 대충갈기(coarse-graining) 눈금의 문제가 생겨난다. 예컨대 어떤 세밀한 그림을 확대해서 보면 확대하기 전보다 많은 정보량을 볼 수 있다. 다시 말해서 눈금만 바꾼 것뿐인데 정보량에 차이가 얻어진다. 따라서 대충갈기의 눈금이 바뀌면 위상공간의 분할, 곧 확률공간이 바뀌게 되고, 정보는 서로 다른 확률공간에 저장된다고 할 수 있다. 결론적으로 엔트로피나 정보는 여러 가지로 정의할 수 있고, 특히 이러한 확률공간에서 서로 다른 수준으로 저장할 수 있는 것이다. 널리 알려진 예로서, 동역학에서 확률분포함수의 시간펼침을 기술하는 리우빌 정리(Liouville theorem)에 따르면 위상공간에서 척도가 일정하므로 (정보)엔트로피는 변화하지 않는다는 사실을 쉽게 보일 수 있다. 그러나 물론 열역학적 엔트로피는 늘어난다. 이러한 차이가 나는 이유는 확률공간에서 서로 다른 수준으로 엔트로피를 정의하기 때문이다. 대충갈기 눈금에서는 세밀한 상관관계를 볼 수 없으므로 결국 서로 다른 상태 사이의 의존성을 무시하게 되고, 결국 정보량이 줄어들게 되며, 따라서 엔트로피가 늘어나는 것이다.

서로 다른 상태 사이의 의존성은 상호정보(mutual information)로 편리하게 기술할 수 있다. 상태집합 X와 Y의 상호정보란 한쪽 X를 알면 다른 쪽 Y에 대해서도 얼마나 더 알게 되는지 말해주며, 사건 x와 사건 y가 함께 일어날 연계확률 $p(x, y)$가 각 사건 확률의 곱 $p(x)p(y)$와 얼마나 다른가에 해당한다. 따라서 상호정보 $I(X; Y)$는 다음 식과 같이 $p(x)p(y)$에 대한 $p(x, y)$의 상대엔트로피(relative entropy)로 주어진다.[25]

$$I(X; Y) = \sum_{x \in X} \sum_{y \in Y} p(x, y) \log \frac{p(x, y)}{p(x)p(y)} \equiv D_{\mathrm{KL}}(p(X, Y) \| p(X)p(Y))$$

특히 계와 관측자에 대해 상호정보를 생각하면 측정과 지우기의 물리적 의미가 명확해진다. 곧 상호작용을 통한 측정이란 바로 계와 관측자 사이의 상호정보를 늘리는 과정이고 지우기는 상호정보를 줄이는 과정이라 할 수 있다. 또한, 대충갈기란 바로 상호정보를 무시한다는 뜻이고, 따라서 엔트로피는 각 상태 엔트로피의 합으로 주어지며, 이 때문에 일반적으로 늘어나게 되어 열역학 둘째 법칙이 성립한다.

그러면 대상과 관측자의 관점에서 정보를 검토해 보자. 대상, 곧 정보의 공급원의 관점이란 정보를 관측자와 관계없이 객관적으로 보자는 뜻이다. 사건 x의 집합 X와 확률척도 $p(x)$가 주어져 있을 때 사건 x에 포함된 자체정보(self-information)를 다음과 같이 정의한다.

$$I(x) \equiv -\log p(x)$$

이는 사건 x가 실제로 일어난 경우의 정보에 해당한다. 확률 $p(x)$가 매우 작

---

25 상대엔트로피를 흔히 쿨백-라이블러 발산(Kullback-Leibler divergence)이라고 부르며 D_{KL}로 표시한다.

은데 그 사건 x가 정말로 일어났다면, 얻어진 정보량이 매우 많다는 뜻이다.[26] 반면에 확률이 극단적으로 1인 사건이라면 당연히 일어나므로 일어났다는 사실을 알아봤자 아무런 정보가 없다고 할 수 있다. 여기서는 대상, 곧 사건 자체가 그런 정보를 가지고 있다고 해석한다. 확률이 작은/큰 사건은 정보를 많이/적게 가지고 있는 셈이다. 이를 평균하여 X의 자체정보를

$$\bar{I}(X) \equiv \sum_x p(x)\,I(x) = -\sum_x p(x)\log p(x) \equiv S(X)$$

로 정의하는데 이는 다름 아닌 엔트로피이다. 그러니까 이러한 관점에서는 자체정보가 바로 엔트로피로서 정보를 잃어버린 엔트로피로 보는 관점과 반대인 셈이다. 이는 엔트로피 및 정보를 주관적으로 관측자의 관점에서 보는가, 또는 객관적으로 대상의 관점에서 보는가의 차이이다.

이제 관측자의 관점에서 보면 이미 논의했듯이 엔트로피는 잃어버린 정보에 해당한다. 그 사이의 관계를 다시 쓰면 $S(X) \equiv -\sum_x p(x)\log p(x) = -\bar{I}(X) + I_0$ 인데 관측자가 이용할 수 있는 가용정보를 $I(x) \equiv \log p(x) + I_0$라 정의하고, 평균가용정보

$$\bar{I}(X) \equiv \sum_x p(x)\,I(x) = \sum_x p(x)\log p(x) + I_0$$

를 X의 정보내용(information content)이라 부른다. 여기서 가용정보 $I(x)$ 와

---

26 확률이 작은 사건이 일어나면 놀라운 경우라 할 수 있으므로 놀라움의 척도라는 뜻에서 자체정보를 '놀람(surprisal)'이라고도 부른다.

대상의 관점에서 본 자체정보 $I(x)$는 $\log p(x)$ 항의 부호가 양과 음으로 서로 반대로 정의된다. 양인 경우는 관측자의 관점에서 쓸 수 있는 정보량으로, 음인 경우는 대상이 지닌 정보량으로 보자는 것이다. 이렇듯 관측자의 관점에서 (주관적으로) 보면 X의 정보내용이란 X로부터 관측자가 얻을 수 있는 정보량이고, 만일 정보를 얻으면 그만큼 엔트로피가 줄었다고 할 수 있다.

5. 정보의 의미론

물질과 정신, 주관과 객관이라는 정보의 양면성에 비추어서 의미(meaning)의 근원에 대해 생각해 보면 의미를 정량적으로 기술할 수 있는가, 곧 의미를 연산으로 나타낼 수 있는가에 대해 상반된 견해가 가능하다. 의미는 연산을 통한 떠오름(emergence)이라는 견해와 의미는 개인 경험에 내재하며 존재론적 환원이 불가능하다는 견해이다.[27] 앞의 견해는 우주나 인간의 정보들이가 그 구조에 담을 수 있는 정보들이보다 훨씬 크다는 추정에서 출발한다.[28] 이에 따른 정보의 생성은 연산에서 떠오름에 기인한다는 관점이다. 반면에 뒤의 견해는 과학에서 쓰는 분석적 방법은 본원적으로 의미를 배제한다는 전제에 바탕을 두고 있다.

이러한 견해의 차이는 과학과 인문학 사회의 분위기도 반영하는 듯하다.

---

27 여기서 떠오름도 속성의 환원을 인정하지 않으며, 따라서 존재론적 구성에 대한 환원이 논점이다. 또는 약한 총체론(holism)과 강한 총체론(장회익, 2007.12.7; 최무영, 2020) 관점의 차이라고 생각할 수 있다.

28 인간의 두뇌에서 정보는 신경세포(neuron)들 사이의 접합인 시냅스(synapse)에 저장되는데 그 구조의 정보들이는 10^{16}b로 추산된다. 이는 인간의 정보들이로 추산되는 10^{30}b보다 훨씬 작다. 물론 추산 방법에 따라 편차가 크지만 두 가지 정보들이가 매우 다르다는 점은 대체로 일치한다. 우주의 정보에 대해서는 Lloyd(2002) 참조.

과학자 집단에서는 대체로 상호주관성(intersubjectivity)을 받아들이며, 이로부터 과학의 객관성을 논할 수 있다. 이에 반해 인문학자 집단에서는 상호주관성이 상대적으로 희박하며, 협동 연구가 드물다. 하지만 이것이 과학과 인문학, 또는 연산과 의미의 본원적 차이를 뜻하는 것은 아니라고 생각된다.[29] 구체적으로 과학에서 큰자료(big data)를 분석해서 모형을 수립하는 과정은 결국 연산을 통해서 의미를 부여하는 과정이라 할 수 있다. 더욱이, 일반적으로 과학에서는 분석적 방법, 곧 방법론적 환원은 받아들이나, 정보를 주로 다루는 통계역학, 특히 복잡계 물리에서는 속성에 대해서 환원론이 아닌 (약한) 총체론을 전제한다. 이러한 관점에서 정보의 의미론에 대한 몇 가지 정량적 시도를 소개하려 한다.

의미 있는(meaningful) 정보란 정량적으로는 결국 확률의 변화로 표현된다. 널리 알려진 시도로 정보의 흐름과 확증에 의거한 논의가 있다(Dretske, 1981). 베이스 추론에 따르면 "x는 c이다"라는 정보를 받으면 x가 c일 확률이 바뀌게 된다. 그런데 원래 주어진 조건 s에서 x가 c일 확률 $p(x = c | s)$는 일반적으로 1보다 작겠지만 (의미 있는) 정보가 담긴 신호(나르개) r을 받으면, 곧 조건 r이 더해지면 확률 $p(x = c | r, s) = 1$이 된다. 결국 "x는 c이다"라는 의미 있는 정보는 관측자의 "x는 c이다"라는 앎을 가져온다는 설명이다.

상대정보에 기반을 둔 논의에서는 x의 확률 $p(x)$가 정보를 담은 신호, 곧 조건 r이 주어지면 조건확률 $p(x|r) \equiv p_r(x)$로 바뀌는 상황을 관측자가 x에 대해 가진 (가용-)정보 $I(x)$의 변화로 해석한다(Skyrms, 2010; Isaac, 2016). 곧 가용정보 $I(x) = \log p(x) + I_0$ 가 $I(x|r) = \log p(x|r) + I_0$ 로 바뀌므로 정보의 변화는 다음과 같이 주어진다.

---

29   예컨대 반증(falsification)도 연산적 성분을 지닌다고 할 수 있다.

$$\triangle_r I(x) \equiv I(x \mid r) - I(x) = \log \frac{p(x \mid r)}{p(x)} = \log \frac{p_r(x)}{p(x)}$$

이를 모든 사건 x에 대해 평균하면 정보내용의 변화,

$$\triangle_r \overline{I}(X) \equiv \sum_{x \in X} p_r(x) \triangle_r I(x) = \sum_x p_r(x) \log \frac{p_r(x)}{p(x)} \equiv D_{\mathrm{KL}}(p_r \| p)$$

가 얻어지는데 이는 바로 상대정보/상대엔트로피 또는 쿨백-라이블러 발산에 해당한다. 따라서 신호정보의 의미는 그로 인한 확률 변화로 얻어지는 상대 정보로 나타내진다.

마지막으로 생존 가능성에 주목한 논의가 있다(Wolpert and Kolchinsky, 2016; Rovelli, 2016). 일반적으로 뭇알갱이계에서 생명현상이란 매우 특별한 거시상태이므로 그에 대응하는 접근가능상태의 수는 상대적으로 매우 적어서 엔트로피는 낮다(장회익, 2014). 따라서 생명체는 엔트로피가 낮은 비평형 상태를 유지해야 생존할 수 있는데 이를 위해서는 자유에너지, 곧 정보가 필요하다. 지구에서 그 근원은 결국 해인데 식물은 광합성을 통해서 햇빛의 자유에너지를 직접 이용하며(Zhang and Choi, 2018), 동물은 먹이에서 자유에너지를 얻는다. 이러한 대사(metabolism)뿐 아니라 짜임이나 번식, 응답, 변화를 비롯한 생명의 모든 속성의 핵심은 바로 정보라고 할 수 있다(김민수·최무영, 2013). 요컨대 생명체는 주위 환경으로부터 의미 있는 정보를 얻어서 살아가며, 정보의 가치는 생존 가능성을 높이는 것으로 결정된다고 할 수 있다. 간단한 보기로서 시각 $t = 0$에 생명체와 환경의 상태 x_0와 y_0의 확률을 각각 $p(x_0)$, $p(y_0)$라 하자. 시각 t에서 생명체의 상태가 x가 될 확률은

$p(x;t|x_0, y_0; t=0)$ 으로 주어지며, 그 상태의 엔트로피를 $S(x)$로 쓰기로 한다. 생명을 유지하기 위한 엔트로피의 문턱값을 S_c라 하면, 이 생명체가 생존할 확률은

$$P \equiv \int dx\, dx_0\, dy_0\, p(x;t|x_0, y_0; t=0)\, p(x_0)\, p(y_0)\, \theta\, [S_c - S(x)]$$

로 쓸 수 있다. 한편 시각 $t = 0$에 생명체가 환경에서 y_0에 대한 정보를 얻어서 상태 x_0의 확률이 $p(x_0)$에서 조건확률 $p(x_0|y_0)$로 바뀌었다고 하자. 이에 따라 연계확률 $p(x_0, y_0)$는 각 확률의 곱 $p(x_0)p(y_0)$와 달라지며 생명체와 환경 사이에 상호정보 $I(X; Y)$가 생겨난다. 이 경우에 시각 t에서 생존확률은

$$P_I \equiv \int dx\, dx_0\, dy_0\, p(x;t|x_0, y_0; t=0)\, p(x_0, y_0)\, \theta\, [S_c - S(x)]$$

로 주어지며 생존확률의 변화 $\triangle P_I \equiv P_I - P$가 정보의 중요성 M에 해당한다. 요약하면 정보 $I(X; Y)$가 의미 있다는 언명은 $M \equiv \triangle P_I \neq 0$을 뜻한다고 할 수 있다.

정보의 의미를 정량적으로, 곧 연산으로 나타내려는 이러한 시도들은 흥미롭고 중요한 시사점을 제기한다. 하지만 아직은 가능성을 모색하는 단계로서 여러 문제점을 안고 있다. 먼저 순전히 물리적으로 의미를 규정하므로 예컨대 식물이나 원생생물에도 적용할 수 있는지 의문이 생기며, 궁극적으로는 범심론(panpsychism)으로 귀결되지 않을까 하고 생각하게 된다. 마찬가지로 의도성(intentionality)의 여부나 참과 거짓의 구분, 그리고 의미 복잡성과 관

련해서 간접의미 등의 문제점을 들 수 있다. 이들은 정신과 무관하게 의미를 규정하려는 시도에 공통으로 나타난다고 여겨지며, 결국은 그 한계를 보여주는 듯하다.

6. 맺는말

과학은 인간의 활동이고, 인간을 탐구하며, 인간의 행복한 삶을 추구한다는 점에서 인문학과 다르지 않다(최무영, 2020). 물론 인문학과 달리 과학에서는 주로 객체로서의 인간을 탐구하지만, 주체로서의 인간으로 다루는 경계 분야도 있고,[30] 더욱이 주체와 객체란 앞서 지적한 주관성과 객관성처럼 하나의 실체의 다른 측면에 해당한다고 보는 편이 적절하다(장회익, 2019).

단지 자연현상의 실체로서 상정한 물질이라는 대상이 과학과 인문학의 차별성을 극명하게 드러낸다고 여겨진다. 물질은 시공간과 서로 얽혀 존재하고 질량을 지니고 있는데, 본원적으로는 에너지의 한 형태라 할 수 있다. 이에 반해 정보는 현상의 실체는 아니고 다만 해석에 결부된다고 생각해 왔으나 지난 세기에 통계역학이 정립되어서 엔트로피의 속성이 연구되었고, 맥스웰의 악마에 관련된 논의를 통해 정보의 구실이 주목을 받았다(장회익 외, 2015; 최무영, 2019a). 21세기에 들어서면서 정보의 중요성이 인식되면서(Röderer, 2005; Davies and Gregersen, 2010) 과학의 근본 개념으로서 물질의 필요성이 약해지고 있다.[31] 특히 란다워는 "정보는 물리적이다"라는 선언을 통해 정보

---

30 보기로서 과학의 의미, 이론의 구조, 과학기초론 등을 다루는 메타과학(장회익, 2012)이나 인지과학을 들 수 있다.

31 현상의 실체로서 상정된 물질은 매우 강력한 도구이나 너무 연장하면 정확한 의미를 잊

의 존재론에 새로운 의미를 제시했고(Landauer, 1961), 이제 정보는 과학의 언어로서 조명을 받기 시작했다(Aguirre et al., 2015).

전통적인 관점에서는 자연이 초월적인 수학적 구조로 되어 있고, 이에 의해 물질이 출현하며, 다시 이러한 물질을 통해 정보가 떠오른다고 본다.[32] 이른바 플라톤적 또는 초월적 시각이라 할 수 있다. 그런데 이를 뒤집어서 정보가 먼저 존재하고, 이 정보를 통해서 수학적 물리법칙을 포함한 짜임이 떠오르고, 이에 따라 물질이 생성된다고 생각하면 어떨까?[33] 일단 초월적인 관점과 관련된 문제점은 없겠고, 물리주의는 물론이고 현상의 실체가 물질이라는 전제를 굳이 고수할 필요가 없을 듯하다.[34] 그대신에 정보의 물리적 실재성을 받아들이고 이로부터 우주에 내재하는 물리법칙이 함께 떠오른다는 시각이다. 특히 세계에 대한 앎이 물질을 통해 얻어지는 것이 아니라 관계의 소통으로서 정보에 근원을 둔다고 보면 자연과학과 사회과학 및 인문학 사이의 장벽을 허무는 데 도움이 되리라 기대한다.[35] 특히 정보가 생명의 본질과 깊이 관련되어 있다는 사실을 고려하면 인간 자체가 근본적으로 정보라

고 매몰되기 쉽다. 그 귀결로서 현상을 해석하는 수단인 물질을 목적으로 오해하는 경향이 두드러진다(최무영, 2020).

[32] 앞서 언급한 휠러의 언명에서 알갱이 모형의 동역학에 대한 "모든 것은 알갱이다"와 파동 모형의 마당이론에 대한 "모든 것은 마당이다"가 이에 해당한다.

[33] 이에 해당하는 "모든 것은 정보다"라는 언명은 엔트로피와 정보를 다루는 통계역학의 관점에 가깝다.

[34] 이는 "무명 천지지시; 유명, 만물지모(無名 天地之始; 有名, 萬物之母)"라든지 "유물혼성, 선천지생(有物混成, 先天地生)" 등의 구절에서 무형(無形)의 혼돈에서 정보를 통해 유형(有形)의 질서가 떠오름을 지적하는 노자(老子) 『도덕경(道德經)』의 사상과 상통한다(김용옥, 2020).

[35] 자연의 해석에서 대칭성이 매우 중요한 구실을 하는데, 최근에 물질 자체의 성질이 아니라 수학적 기술 방법의 잉여분에 기인하는 게이지대칭성(gauge symmetry)이 근원적이라는 견해가 제기되었다. 이는 자연현상의 기술에서 인간의 해석이 근원적이고 물질보다 정보가 우선함을 암시하는 듯해서 흥미롭다.

고 여길 수 있는데, 이는 자연과 사회, 그리고 인간을 객관적 대상으로서 탐구하는 과학이 주체로서의 인간과 그 성취를 다루는 인문학과 만남에 중요한 시사점을 준다. 나아가 전통적인 물질과 정신의 이분법을 넘어서 존재론과 인식론의 통합적 사고, 그리고 생명과 문화에 대한 새로운 해석의 가능성을 기대하게 된다. 이에 따라 새로운 보편지식 체계를 구축하는 시도로서 통합적 사고를 통해 궁극적으로 통합학문을 지향하는 데 정보는 핵심적인 구실을 할 것이다.

참고문헌

김민수·최무영. 2013. 「복잡계 현상으로서의 생명: 정보교류의 관점」. ≪과학철학≫, 제16권 2호, 127쪽.

김용옥. 2020. 『노자가 옳았다』. 통나무.

장회익. 2007.12.7. 「환원론과 전체론의 구분은 정당한가」. 『환원론과 전체론』. 인문과 자연 제3회 심포지엄. 서울대학교.

_____. 2012. 『과학과 메타과학』. 현암사.

_____. 2014. 『생명을 어떻게 이해할까?: 생명의 바른 모습, 물리학의 눈으로 보다』. 한울엠플러스.

_____. 2019. 『장회익의 자연철학 강의: 철학을 잊은 과학에게 과학을 잊은 철학에게』. 추수밭.

장회익·양형진·이상욱·이중원·이충형·최무영·이정민·김재영·김명석·김민수. 2015. 『양자·정보·생명』. 한울엠플러스.

최무영. 2019a. 『최무영 교수의 물리학 강의: 전면개정판』. 책갈피.

_____. 2019b. 『최무영 교수의 물리학 이야기: 찾아가는 강의실』. 북멘토.

_____. 2020. 『과학, 세상을 보는 눈: 통합학문의 모색』. 서울대학교 출판문화원.

최무영·최인령·장회익·이정민·김재영·이중원·문병호·홍찬숙·조관연·김민옥. 2017. 『정보혁명: 정보혁명 시대, 문화와 생명의 새로운 패러다임을 찾다』. 휴머니스트.

Aguirre, Anthony·Brendan Foster and Zeeya Merali (eds.). 2015. *It from Bit or Bit from It?: On Physics and Information*. Springer.

Ambegaokar, Vinay. 1996. *Reasoning about Luck: Probability and Its Uses in Physics*. Cambridge.

Beisbart, Claus and Stephan Hartmann (eds.). 2011. *Probabilities in Physics.* Oxford.

Cover, Thomas M. and Joy Aloysius Thomas. 1991. *Elements of Information Theory* .Wiley.

Davies, Paul and Niels Henrik Gregersen (eds.). 2010. *Information and the Nature of Reality.* Cambridge.

Dretske, Fred I. 1981. *Knowledge and the Flow of Information.* Oxford.

Isaac, Alistair M. C .2016. "The Semantics Latent in Shannon Information." Paper presented at Philosophy of Science Association. Atlanta, U.S.A.

Jaynes, Edwin Thompson. 1957. "Information Theory and Statistical Mechanics." *Physical Review.* Vol.106, No.4. 620; 108, 171.

_____. 2003. *Probability Theory: The Logic of Science.* Cambridge.

Landauer, Rolf. 1961. "Irreversibility and Heat Generation in the Computing Process." *IBM Journal of Research and Development.* Vol.5, No.3.

Leff, Harvey S. and Andrew F. Rex (eds.). 2003. *Maxwell's Demon 2: Entropy, Classical and Quantum Information, Computing.* IOP.

Lloyd, Seth. 2002. "Computational Capacity of the Universe." *Physical Review Letters.* Vol.88 (237901)

Marconi, Umberto Marini Bettolo·Andrea Puglisi·Lamberto Rondoni and Angelo Vulpiani. 2008. "Fluctuation-Dissipation: Response Theory in Statistical Physics." *Physics Reports,* Vol.461, pp.111.

Popper, Karl Raimund. 1982. *Quantum Theory and the Schism in Physics.* Rowman and Littlefield.

Popper, Karl Raimund. 1983. *Realism and the Aim of Science.* Routledge.

Röderer, Juan. 2005. *Information and Its Role in Nature.* Springer.

Rovelli, Carlo. 2016. "Meaning = Information + Evolution." arXiv: 1611.02420

Sagawa, Takahiro and Masahito Ueda. 2009. "Minimal Energy Cost for Thermodynamic Information Processing: Measurement and Information Erasure." *Physical Review Letters.* Vol.102(250602).

Sethna, Jams P. 2006. *Statistical Mechanics: Entropy, Order Parameter and Complexity.* Oxford.

Shannon, Claude E. and Warren Weaver. 1949. *The Mathematical Theory of Communication.* Univ. Illinois.

Sklar, Lawrence. 1993. *Physics and Chance: Philosophical Issues in the Foundations of Statistical Mechanics.* Cambridge.

Skyrms, Brian. 2010. *Signals: Evolution, Learning, and Information.* Oxford.

von Baeyer, Hans Christian. 2004. *Information, The New Language of Science.* Harvard.

Wolpert, David H. and Artemy Kolchinsky. 2016. "Observers as systems that acquire information to stay out of equilibrium." in Physics of the Observer Conference, Banf, Canada.

Zhang, Hwe Ik and MooYoung Choi. 2018, "Generalized formulation of free energy and application to photosynthesis." *Physica A: Statistical Mechanics and its Applications*. Vol. 493, pp.125.

제8장

디지털 전환, 구글 글래스 & 포스트코로나를 향하는 인간의 눈

이종관 l 성균관대학교 철학과·미래인문학소셜앙트레프레네십 융합전공

1. 들어가는 말

디지털 전환을 촉발시킨 IT 출현 이후 세계는 엄청난 변화의 소용돌이에 휩쓸려 들어갔다. 초기 단순한 계산기에 불과하던 컴퓨터가 네트워크를 형성함으로써 인간의 삶 자체가 지금까지 그들이 실존을 누리던 공간에서 이탈해 디지털공간으로 이주하기 시작했다. 그리고 그곳에서는 모든 것이 지금까지와는 다른 방식으로 전개되었다. 이 변화는 우리 삶의 심층에서는 기존 형이상학의 완성과 붕괴의 아이러니를 촉발하며 삶의 표층에서 경제생활의 위기로 치달아 인간을 절망으로 빠뜨렸다. 그러나 그 절망에서 새로운 희망으로 전환할 수 있는 싹도 자라고 있다. 그 와중에 인간이 디지털공간에 스스로를

두 가지 모습으로 투영하며 자신의 미래를 그리고 있다. 이제 IT의 출현 과정에서 일어나는 파장을 형이상학에서부터 추적해 보도록 하자.

2. 디지털 전환에서 투영되는 미래를 향한 두 비전: 테크노퓨처리 즘과 인문적 미래주의

IT의 혁신성은 어디에 있는가. 다 아는 이야기지만 IT에서 모든 존재 사태는 0과 1의 이진수와 그에 상응하는 on/off 전기신호의 상호 변환을 수행하는 디지털화 과정으로 처리된다. 그리고 이 과정을 제어하는 것이 컴퓨터프로그램이다. IT가 혁신적인 이유는 그 기저에 이렇게 이진수의 상태와 전자 상태를 상호 변환시키는 고도의 기술적 조작인 디지털화의 과정이 진행되고 있기 때문이다. 이러한 고도의 기술적 과정의 발전은 하루아침에 이루어진 것은 아니다. IT의 출현은 20세기 이후에 본격화했지만 그 역사는 적어도 시공간을 이해하는 패러다임이 혁명적으로 변화한 시점으로 거슬러 올라간다. 시공간의 패러다임의 혁명적 변화는 근대과학에서 출발한다. 이렇게 IT의 발전 역사를 심층적으로 추적하면, IT는 세계를 0과 1의 이진수 논리로 계산하려는 철학적 이념이 그것을 전류의 흐름을 변환하여 제어하는 기술의 발전과 이를 물질적으로 구현하는 물질의 발견, 즉 실리콘의 발견이 상당 기간의 역사를 거쳐 합류하면서 실현된 성과라는 점이 분명해진다. 이제 IT의 발전을 통해 데카르트나 라이프니츠와 같은 근대 철학자자 기대하듯 모든 존재 사태가 디지털이라는 동일한 방식으로 처리될 수 있다면, IT는 여러 가지 기술 중의 하나가 아니라 여러 가지 기술을 담아내는 플랫폼의 역할을 하게 될 것이다. 그리고 그렇게 되면 IT가 수행하는 '플랫폼' 기능은 하나의 양식 안에 모든 것을 담아내려는 수렴의 이념을 실현하는 것이다. IT의 발전은 결국 동일성의 형이상학이 디지털 컨버전스의 방식으로 완성되어 가는 과정이다. 이를 증언하듯 IT의 선도자 니콜라스 네그로폰테는 IT의 발전으로 모든 것이 디지털이라고 선언한다.

그런데 0과 1을 포함한 모든 수는 어떤 장소에 존재하며 연속적인 존재방식을 갖는 자연적 존재자들과는 달리 어떤 장소에도 귀속되지 않는 자유로운 존재자이다. 또 자연적 존재자는 자유롭게 분할되지 않는 연속적(continuous) 특성을 갖지만 수는 분할의 자유로움에서 보이듯 단속적(discrete)이다. 이러한 수의 존재론적 특성은 배열의 무한한 변양을 허용한다. 이 때문에 이제 이진수로 환원된 존재자들은 자연적 본성의 구속을 벗어나 자유로운 수적 변양 속에서 가변적 존재자로 현실화된다. 또 그렇게 현실화된 것은 또 다시 그 존재를 결정했던 배열의 변양을 통해 다른 존재양상으로 출현할 수 있는 잠재력 그 자체가 된다. 이는 결국 존재자의 경계가 자유자재로 해체되면서 결합, 혼종, 대립 혹은 새로운 것으로 창발하는 현상을 출현시킨다. 이는 분명한 하나의 역설이다. 컨버전스(수렴)가 다양성(발산)을 생산하기 때문이다. IT의 디지털 환원은 존재론적으로 이질적인 것들을 오로지 배열이 자유로운 수적 존재로 동질화함으로써 오히려 배열의 무한한 변양의 과정을 통해 하이브리드적 결합들을 낳는다. 물론 이 모든 수렴과 변양의 과정은 프로그램에 의해 제어된다. 그리고 프로그램은 불확실성, 부정확성이 제거된 정확한 알고리즘과 엄청나게 빠른 처리 속도를 본질로 하는 고효율의 논리적 처리 양상을 구현한다. 따라서 프로그램으로 운영되는 IT는 엄청나게 다양한 변양의 가능성을 갖지만 이 과정이 정확하고 빠르게 제어된다.

한편, 모든 것을 디지털로 환원하는 IT는 단순히 우리가 사는 공간 속에 위치를 갖고 거기서 사용되는 도구가 아니다. 오히려 그것은 다른 도구와는 달리 새로운 공간을 출현시킨다. IT는 존재하는 사태를 디지털 상태로 변환하고 또 디지털 상태를 물리적 상태로 재현하는 전자 매개 기기들, 즉 디지털

미디어들로 구성된다. 이 기기들이 디지털화된 데이터를 전하 값으로 변환하면, 그 데이터들은 전류나 전파 상태로 송수신될 수 있고 이 전류나 전파 상태는 그 속성상 송수신 속도가 광속에 근접한다. 이렇게 디지털기기들이 데이터를 광속으로 서로 송수신하도록 연결되면서 새로운 공간이 출현한다. 이른바 '디지털공간'이 그것이다. 디지털공간은 디지털화와 광속의 연결로 인한 거리와 시간의 증발로 연장(extension)이 부재하는 상태로 펼쳐진다. 따라서 디지털공간은 연장공간의 논리 법칙인 모순율이 지배력을 상실하는 공간이다. 이렇게 IT 기기들이 서로 네트워킹되어 디지털공간을 출현시킴으로써 IT의 기기들이 개별 단위로서 갖고 있던 특징, 즉 불확실성이 제거된 고효율의 논리적 처리 양상이 관철되지 않는다. 오히려 디지털공간은 논리 법칙을 위반하며 모순이 끊임없이 혼재하는 아이러니(부조리) 공간으로 펼쳐진다. 그리고 모순의 혼재 속에 디지털공간에 존재하는 모든 것은 끊임없는 변화 그 자체로 존재하는 불안정적이고 불확정적인 역동성의 양상을 노출한다. 때문에 디지털공간은 이러한 변화의 역동성 속에서 항상 무엇인가 일어날 수밖에 없는 이벤트 공간이다.

이제 인간을 포함한 모든 존재자는 언제 어디서든지 이러한 공간성을 갖는 디지털공간으로 접속되어 그곳에서 존재를 실현하는 상황으로 접어들고 있다. IT의 발전은 따라서 한편으로는 IT를 통한 디지털화의 과정이 존재하는 모든 곳에 스며들어 편재하는 유비쿼티(ubiquity)의 실현 과정으로 구현된다. 동시에 다른 한편으로 존재하는 모든 것이 언제 어디서든지 중지되지 않고 디지털공간으로 접속되어 존재를 현실화하는 모빌리티(mobility)의 과정으로 실현된다. 이렇게 모빌리티와 유비쿼티라는 두 양상으로 진행되는 IT의 발전은 결국 유비쿼터스 모바일(ubiquitous mobile) 컴퓨팅 시대를 연다. 물론 이런 과정은 자연적 과정이 아니며 따라서 자연적 존재자를 디지털화하는 각종의 모바일 유비쿼터스 디지털기기를 통해서만 가능해진다. 그간 이 디지털기기는 우선적으로 디지털화를 허용하는 존재자로부터 복잡한 과정을 통해 디지털화를 허용하는 존재자 등 그 존재방식에 따라 용이하게 개발될 수 있는 것과 상당한 시간적 지체 후에야 비로소 개발될 수 있는 것으로 편차가 심하게 구분되어 있었다. 그러나 이제 이 모든 것을 통합할 수 있는 디지털 플랫폼이 완성되어 감에 따라 이러한 디바이스의 여러 편차가 조정되면서 존재하는 모든 것이 디지털로 수렴되는 과정에 들어섰다.

　IT를 디지털화라는 그 기저에서부터 심층 추적해 본 결과 IT에 의한 디지털화는 수렴과 발산이라는 양상으로 전개되며 이러한 디지털화에 의해 출현하는 디지털공간은 잡종 변이의 급변 공간으로 드러난다. 그리고 이러한 공간으로 인간의 삶이 끊임없는 접속 상태여야 하는 현시대의 인간 실존 방식은 현실을 혼합 현실화한다. 이러한 실존 방식은 자아의 정체성은 물론 자아와 타자의 소통과 인간관계, 그리고 그로 인한 라이프스타일의 변화를 유발한다. 그리고 그것은 인간의 미래에 관한 상반된 자화상을 그려내고 있다. 우선 첨단기술이 가져올 미래를 낙관하며 기술에 의한 새로운 인간의 탄생을 환영하는 '테크노퓨처리즘(Techno futurism: TF)'의 출현이 그것이다. 그러나 다른 한편 이렇게 새로운 기술문명이 가져올 급격한 변화에 저항함과 동시에 다시 한번 '인간 존재'의 문제를 생각하며 기술적으로 구현될 수 없는 인간적 측면에서 미래를 비전을 그려보는 '인문적 미래주의(Humanistic futurism: HF)'도 등장한다. TF은 인간 이후의 존재자, 즉 포스트휴먼의 도래라는 상황 앞에서 이제 인간과 인공생명의 결합으로 출현할 새로운 모습의 존재자를 형상화하고 이미지화하고 나노테크놀로지를 통해 물질화하는 작업에 몰두한다. 반면 HF는 IT가 시뮬레이션할 수 없는 인간적 부분들을 긍정적으로 해석한다. 즉 인간의 합리성을 저해하는 요소로 취급되던 예술적 몰입, 죽음에 대한 불안 등이 인간을 인간으로서 존재하게 하는 심급으로 해석되면서 인간보다 월등한 합리성으로 무장한 인공지능 문명에 도전하는 거점을 형성한다.

TF는 첨단기술에 의해 출현할 여러 새로운 상황을 긍정적으로 수용하며 표현하려 할 것이다. 특히 디지털공간이 여러 근대적 이항 대립이 와해되는 혼성 잡종의 공간이기 때문에 이를 표현하고 형상화하는 작업이 TF의 중심 내용을 이룰 것이다. TF는 인간보다 훨씬 과학기술적 성능 증강의 원리에 충실한 인간 이후의 존재자, 즉 포스트휴먼의 도래라는 상황 앞에서 이제 인간과 인공생명의 결합으로 출현할 새로운 모습의 존재자를 형상화하고 이미지화하고 나아가 나노테크놀로지를 통해 물질화하는 작업에 몰두할 것이다. 실재 공간과 디지털공간에 걸쳐 있으며, 이 두 공간을 가로지르는 존재자의 예측 불가능한 모습을 형체화하는 것은 기존 인간의 모습을 기형화하거나 극대화하거나 역전시키는 방식 등으로 시도될 공산이 크다.

또 인간의 몸에 대한 다양한 변형과 훼손, 왜곡 등을 통해, 또 신체의 물질성과 정신의 비물질성을 인공생명과 인간 신체의 융합으로 번역하며 물질과 비물질성의 융합을 유체적·액체적인 신체 이미지를 통해 표현할지도 모른다. 나아가 몸 자체는 더 이상 존재의 기반으로써의 의미를 상실할 것이다. 인간 개개인에게 그의 몸은 대체가 불가능한 유일한 몸이다. 그러나 사이보그나 포스트휴먼에서는 몸은 인공생명의 외부를 둘러싸는 껍질이나 표피, 나아가 장식물에 불과하다. 그것은 여러 가지 다른 물질로 또 다른 모습으로 대체가 가능하다. 이런 포스트휴먼에게 몸과 의상의 구별은 더 이상 의미가 없을 것이다. 따라서 몸에 대한 자유자재의 다양한 디자인이 활성화될 것이다. 이러한 미래 비전은 실로 우리 시대의 최고의 미래학자이며 첨단 기술자로 평가받고 있는 레이 커츠와일(Ray Kurtweil)이나 인지과학자 한스 모라벡(Hans Moravec)에 의해 주장되고 있다. 또 포스트휴먼 예술의 대표 주자로 인정받고 있는 스텔락(Stelarc)도 동조자이다.

다른 한편 포스트휴먼에 대한 열광은 인간의 도태를 의미하며 인간존재의 미의 허무화를 초래한다. 따라서 인간의 전면적 도태라는 상황에서 인간의 존재 조건을 재검토하며 인간존재의 의미를 확보하기 위한 HF가 등장한다.

HF는 인간의 실존적-존재론적 허무화에 직면해 인간존재의 의미를 재확보하려는 철학적 움직임을 일컫는다. 이러한 HF 역시 아직 구체적 내용을 가진 사상으로 현실화되어 있지 않지만 첨단 과학과 기술의 발전이 현재와 같이 진행될 때 인간이 처할 역사적 운명을 고려해 보면 그 등장이 충분히 예견된다. HF 역시 근대 휴머니즘(Modern Humanism)의 변종이다.

근대 휴머니즘은 르네상스를 선도한 인문주의자들에 의해 등장하기 시작했다. 초월적 신과 보이지 않는 천국을 동경하던 중세적 세계관으로부터 인문주의자(humanist)들은 인간을 세계의 중심으로 설정하는 사상적 패러다임 전환을 시도했다. 물론 이러한 인본주의적 전환은 당시 상당한 저항을 불러일으켰지만 데카르트에 이르러 견고한 철학적 지반을 획득함으로써 근대와 현대 문화의 모태가 되었다.

"나는 생각한다, 고로 존재한다"라고 하는, 더 이상 의심할 수 없는 데카르트의 명제 발견 이후 근대는 사유하는 인간에게 모든 존재하는 것의 진리를 근거시켰다. 그리하여 인간은 모든 것의 주체가 되었으며 또 그 진리로부터 인간의 자아와 주체성의 실현을 갈망하는 휴머니즘을 잉태시켰다. 다가오는 모든 것의 진리 근거며 동시에 자신의 존재 근거인 인간 자아의 출현, 이제 이러한 인간 자아의 영역은 점차 무의식과 욕망으로까지 확대되며, 자아를 억압하고 구속하고 있는 모든 자연적·정치적·윤리적 구속으로부터 벗어나 이렇게 무의식과 욕망의 차원으로까지 풍요로워진 자아는 해방되어야 했던 것이다.

그런데 중요한 것은 바로 세계를 대상화하며 주체로서의 지위를 구가하는 인간 자신 또한 더 이상 주체가 아니라 자기를 탈취하는 방식으로 실현되는 그 존재 사건의 한가운데로 휘말려 들고 있는 것이다. 인간을 이해하는 데에서 자연과학에 근거한 접근, 예컨대 유전공학적 인간 이해에서 그리고 그것의 실용화에서 인간이 사물에 대해 맺는 관계와 동일한 방식으로 실현되는 인간 주체의 전복된 모습이 폭로된다.

근대 휴머니즘과 인간이 오늘날 맞고 있는 운명을 이러한 방식으로 성찰하면, HF는 인간의 이성을 중심으로 한 근대 휴머니즘이 과학기술과 공모 관계를 형성하며 결국 인간 스스로를 도태시키는 역설적 상황 속에서, 근대 휴머니즘과는 다른 방향으로 전개될 수밖에 없다. 우선 수학적 합리성에서 절정을 보이는 이성은 더 이상 인간 실존의 본질적 근거로 주장되지 않을 것이다. 오히려 인간의 유한성, 또 근대 이성에 의해 비합리적 부분으로 치부되던 인간의 다른 측면들에 대한 새로운 성찰이 이루어질 것이다. 특히 인공지능이 시뮬레이션할 수 없는 인간적 부분들을 긍정적으로 해석하는 철학적 작업이 이루어질 것이다. 즉 인간의 합리성을 저해하는 요소로 취급되던 예술적 몰입, 죽음에 대한 불안 등이 인간을 인간으로서 존재하게 하는 심급으로 해석되면서 인간보다 월등한 합리성으로 무장한 인공지능 문명에 도전하는 거점을 형성하게 될 것이다. 또한 TF가 인간을 탈육체화하고 몸을 외피로 전락시켜 장식화하는 방향으로 전진하는 데 비하여 HF에서는 바로 그 인간의 몸이 인간인 몸 담고 사는 세계가 구성되는데 그리고 거기서 인식활동을 수행하는 데 있어 구성적 역할을 하고 있음을 존중하게 될 것이다. 특히 탈육체화로 나아가는 TF의 방향을 완만하게 역전시키는 흐름이 첨단기술 내부에서도 조심스럽게 출현하고 있다.

결국 HF는 인간을 디지털화함으로써 능가하려는 TF를 거스르며 인간의 고유한 가치를 죽음, 몸, 예술적 몰입 등에서 발견한다. 이러한 HF에 단초를 만들어준 철학자는 마르틴 하이데거(Martin Heidegger)와 모리스 메를로퐁티(Maurice Merleau-Ponty)이다. HF는 바로 몸의 지배자이며, 그리고 나아가 세계의 중심인 이성을 근간으로 하는 근대 휴머니즘과는 달리 이제 존재의 중심에서 인간이 비켜서는 방식으로 인간을 이해하려 할 것이다. 이것은 세계와 존재를 인간의 이성에 의해 꿰뚫어 볼 수 있는 균일한 법칙들의 총체로 보려는 사고에서 벗어나 세계의 비밀을 인정하는 방향으로 전개될 것이다. 세계는 인간이 그의 이성적 활동에 의해 그 진리를 고갈시킬 수 없으며, 따라서 인간에게 끊임없이 새로이 해석해야 할 비밀을 던져주는 영역으로 존중된다.

3. 디바이스로 구현되어 삶에 침투하는 두 미래 비전

디지털 전환으로부터 투영되는 미래를 향한 두 비전은 우리의 일상을 변화시키는 디바이스에 드리워 있다. 그 대표적인 두 기기가 구글 글래스와 애플의 아이패드이다.

구글의 기업 운영 철학은 비교적 테크노퓨처리즘에 가까운 경향을 보인다. 이는 구글의 미래 비전을 그리는 데 트랜스휴머니즘의 선구자인 레이 커즈와일이 참여하고 있다는 사실, 그리고 구글을 이끌었던 에릭 슈미트(Eric Schmidt)의 발언에서 목격된다. 애플이 아이폰과 아이패드를 통해 시장의 판도를 바꾸며 전대미문의 수익을 창출하자 애플과 함께 디지털경제의 맹주를 자처하는 구글은 애플의 디바이스를 넘어 애플 이후의 미래를 열기 위한 여러 첨단 프로젝트를 서둘러 추진하기 시작했다. 그 결과 탄생한 IT 기기가 '구글 스마트글래스'이다. 아이패드가 출시된 다음 해(2011) 발표된 구글 글래스는 아이패드가 처음 출시되었을 때 받았던 혹평과 달리 미래를 여는 새로운 기기로 큰 찬사를 받으며 세인의 주목을 받았다. 그러나 그 미래는 아직 성급했는지 구글 글래스는 아이폰이나 아이패드를 밀어내며 모든 사람이 상시 착용하는 기기로 우리 일상에 스며들지는 않았다. 그 이유가 과연 시간이 성숙되지 않았다는 데만 있을까?

1) 구글 글래스와 인간의 눈

구글 글래스 프로젝트는 애플을 능가하려는 야심 찬 계획의 산물이다. 이 계획은 우선 애플의 기기들이 특히 인간과 컴퓨터의 상호작용(Human Computer Interaction: HCI)의 관점에서 어떤 문제점이 있는가를 파악하려 한다. 그 결과 애플의 IT 기기들은 인간이 몸에 항시 지니고 다니는 범용 기기로서의 역할을 하고 있지만, 우리 몸과는 여전히 상당한 거리를 두고 있는 기기일 수밖에 없었다. 또 기기를 사용하는 데 여전히 손을 사용해야 하기 때문에 인간과 컴퓨터의 관계가 더 이상 매끄러워지지 못하고 손과 눈이 항시 기기에 구속되는 문제점이 있다. 따라서 미래의 컴퓨터는 몸에 최대한 밀착되어 몸과 컴퓨터가 거의 구분되지 않는 상호작용 관계를 구현해야 한다. 이러한 상호작용을 구현할 수 있는 효과적 방법은 궁극적으로 몸에 컴퓨터를 이식하여 몸과 컴퓨터의 기계적 일체성을 구현하는 것이다. 그러나 이 목표는 현재로는 실현이 요원하다. 따라서 차선의 방식으로 채택된 것이 오래전부터 연구되어 온 '웨어러블 컴퓨터(Wearable Computer)'이다.

웨어러블 컴퓨터는 몸에 컴퓨터를 착용함으로써 몸과 컴퓨터의 물리적 거리를 가능한 한 최소화하여 몸과 컴퓨터 상호작용의 시간적 간극을 최소화하면, 몸의 행동과 컴퓨터의 반응을 동조화할 수 있다는 착상에 기초하고 있다. 그런데 우리 몸과 가장 밀착한 거리에서 상시 착용되는 도구가 있을까? 더구나 이 도구는 조작할 때 손을 사용할 필요가 없어 도구를 향한 시선과 세상을 바라보는 시선이 일치해야 한다. 이러한 도구가 있다면 우리는 세상을 외면하지 않고 세상과 직접적으로 순조롭게 상호작용 할 수 있을 것이다. 다행스럽게도 우리가 사용하는 도구 중에는 이미 이러한 조건을 만족시키는 도구가 있다. 그것은 바로 안경이다.

구글은 안경에서 애플의 기기를 능가할 수 있는, 그리고 그 기기들이 가지고 있는 문제점을 극복할 수 있는 웨어러블 컴퓨터의 미래를 보았다. 그리하여 안경에 컴퓨터를 심는 것을 웨어러블 컴퓨터의 출발점으로 삼았다. 새로운 미래를 기약하는 이 프로젝트가 언제 시작되었는지는 정확히 알 수 없으나, 컴퓨터를 심은 안경의 시제품이 완성된 것은 2011년 말이었다.

물론 구글 글래스가 전에 없던 새로운 기술만으로 만들어진 것은 아니다. 하지만 기존의 첨단기술들을 이전에 없었던 방법으로 융합하고, 특히 안경이라는 소형 기기에 탑재할 수 있도록 그것을 최소화함으로써 구글 글래스는 탄생할 수 있었다.

구글 글래스는 인간과 컴퓨터의 관계를 더욱 밀착시키고 자연스럽게 하여 궁극적으로 디지털 문명의 새로운 차원을 열기 위한 것이었다. 물론 구글 글래스는 소형 안경에 불과하기 때문에 물리적으로 큰 스크린을 제공할 수 없다. 물리적 크기에서는 오히려 스마트폰보다도 스크린이 작다. 그럼에도 불구하고 구글 글래스는 시각공학과 광학 및 영상기술을 최적으로 융합한 '아이탭(Eyetap)' 기술을 적용하여 8피트 거리에서 25인치 화면을 보는 듯한 효과를 만들어냈다. 또한 이 기술은 사용자가 보는 외부의 상(像)에 '구글 클라우드'와 연결된 가상현실 혹은 정보를 덧씌워 혼합현실을 제공한다. 구글 글래스는 이렇게 촉각을 축소하고 청각, 음성, 시각 상호작용을 효과적으로 활용하기 때문에 기기를 눈과 귀에 가까이 둠으로써 즉각적인 반응과 상호작용이 가능하다. 이렇게 볼 때 미국 시사주간지 ≪타임(TIME)≫이 구글 글래스를 '2012년 최고의 혁신 제품'의 하나로 선정한 것은 충분히 납득할 만하다.

그런데 이렇게 인간-컴퓨터 사이의 미시 상호작용을 가능하게 하는 구글 글래스를 HCI 관점, 특히 우리 눈과의 인터페이스 차원에 살펴보면 다음과 같은 생각을 엿볼 수 있다. 구글 글래스에서 인간의 눈은 렌즈와 똑같은 원리에 의해 작동하는 카메라와 같다. 구글은 눈을 이렇게 물리적인 렌즈와 같은 것으로 취급하기에, 사실상 투명 모니터인 구글 글래스를 눈에 씌우고, 또 눈이 물리적으로 마주하는 물체에 대한 정보를 눈 곧 망막에 입력한다는 발상을 할 수 있었다. 이렇게 하여 눈은 원하건 원치 않건 눈 바로 앞에 뜨는 정보를 입력받는다. 구글이 이러한 방식으로 우리 눈을 이해하는 근거는 당연히 우리의 눈에 관한 과학 기술적 이론이다. 구글은 인간의 눈을 테크노퓨처리즘에 가까운 비전에서 파악하고 있다.

2) 과학이 말하는 눈의 지각

모든 과학적 설명은 물리적 객관주의를 바탕으로 한다. 즉 존재하는 모든 것은 물체이며 눈 역시 물리적 객체라는 것이다. 그리고 모든 물리적 객체에서 일어나는 현상은 외부에 그 원인이 있다. 눈에 사물이 비치는 현상도 마찬가지이다. 외부에 물체가 있고 이 물체로부터 반사된 빛이 우리 눈에 들어옴으로써 시지각이 일어난다는 것이다. 이제 과학에서 거의 공식으로 통하는 시지각의 진행 과정에 대한 설명을 들어보자.

눈의 맨 앞에는 빛의 통로인 각막과 홍채, 그리고 수정체가 있고, 안구의 나머지 외벽에는 가장 바깥쪽에 공막이 있으며, 그 안쪽에는 혈관성 맥락막과 망막이 있다. 홍채는 빛의 양을 조절하는 카메라의 조리개 역할을 하며 수정체는 렌즈에 해당한다. 수정체는 모양근에 의해 두께가 이완·수축하는데 이를 통해 눈의 초점이 조절되는 것이다. 외부의 빛은 각막과 수정체를 통과하며 굴절된다. 이 굴절에는 물리적인 이유가 있다. 외부 세계는 공기이고 눈은 주로 액체 상태여서 외부 세계와 눈이 접하는 부분 즉 계면(界面)에서 빛의 굴절이 일어나는 것이다. 각막에서 굴절된 빛은 수정체를 통과할 때 수정체의 두께 조절에 따라 다시 굴절된다. 이렇게 이중으로 굴절된 빛은 망막에 거꾸로 된 상(像)으로 맺힌다. 이 망막에 맺힌 상은 2차원이다. 이 2차원 상은 다음과 같은 복잡한 생화학적 과정을 거쳐 3차원의 지각으로 바뀐다.

외부의 빛이 2차원의 상으로 맺히는 망막은 시신경으로 이루어져 있는데, 이 시신경에는 시세포라는 세포가 분포하고 있다. 시세포는 두 종류의 세포로 구분된다. 간상세포(桿狀細胞, rod cell)와 원추세포(cone cell)가 그것이다.

시세포에는 이렇게 간상세포와 원추세포라는 두 종류의 세포가 있어서, 비로소 사물의 색과 명암에 대한 정보가 처리된다. 이 정보들은 간상세포와 원추세포의 외절에서 전기신호(신경 전압펄스)로 전환되어 시신경으로 전달된다. 동공을 통과한 빛은 신경절에서 원추세포와 간상세포의 시신경층을 향해 나아가고, 간상세포와 원추세포의 외절에서 이 빛이 최종적으로 흡수되어 빛에너지가 신경 전압펄스로 전환되는 것이다.

이제 신경 전압펄스는 대뇌피질로 전달되어 본격적인 인지 작용이 일어나는데 그 과정은 다음과 같다. 먼저 신경펄스는 앞서 말한 신경절 세포들에서 나온 신경축삭들을 따라 그 축삭들이 다발로 모여 있는 망막의 맹점을 통과한다. 이렇게 신경펄스 다발이 맹점을 통과하며 만들어진 시각 신경로는 다시 시상침(視床枕)[1]에서 외측 슬상핵(膝狀核)으로 연결되는데, 이 외측 슬상핵의 핵은 망막으로부터 후두엽의 1차 시각피질로 이어지는 신경 경로를 중계하는 영역으로 시각 처리 과정에서 상당히 중요하다. 왜냐하면 이 외측 슬상핵에서 1차 시각피질 영역인 V1으로 신호가 방사되면서 처음으로 외부 세계의 상이 만들어지기 때문이다. V1은 단순세포, 복합세포, 초복합세포로 구성되어 있는데, 단순세포는 점, 막대, 모서리 같은 윤곽의 일부를, 복합세포는 막대의 움직임을, 초복합세포는 각진 부분들의 정보 처리를 담당한다고 한다. 이렇게 V1에서 단순한 형태로 조합된 외부 세계 상은 다시 V2, V3, …… V7으로 전달되면서 두정엽과 측두엽의 두 영역으로 나뉘어 각기 다른 시각

---

[1]   각종 감각 기능을 수행하는 간뇌의 시상(thalamus)에서 후핵을 구성하는 베개(침) 모양의 부분. 근처의 외측 슬상핵과 함께 시각정보 처리에 관여한다.

정보를 처리한다. 두정엽으로 가는 경로(where 경로)에서는 움직임과 속도, 위치 등 공간적인 것들(spatial vision)이, 측두엽으로 가는 경로(what 경로)에서는 형태, 색깔, 방향 같은 것들(object vision)이 처리된다. 그리고 이 측두엽에서 시각 정보가 비로소 의식으로 통합된다. 결국 망막에 맺힌 2차원의 상은 이렇게 동공에서 대뇌의 시각피질로 이어지는 복잡한 과정을 거쳐 최종적으로 측두엽에서 3차원 사물로 지각되는 것이다.

3) 살아 있는 몸의 눈

그렇다면 과학에서 설명하는 눈의 지각은 그대로 수용할 만한가? 앞에서 살펴본 시각에 대한 과학적 설명은 메를로퐁티가 그의 주저 『지각의 현상학(Phenomenologie de la perception)』에서 밝혀낸 '몸의 지향성'에 입각해 보면 근본적인 문제점이 있음을 알 수 있다. 우선 메를로퐁티가 제시한 '지각의 현상학'의 핵심 내용을 정리해 보자.

메를로퐁티의 철학이 과학에 의해 구성된 이론으로부터 우리가 경험하는 세계로 되돌아가려는 모색이라면, 그가 '지각'에 우선권을 부여하는 이유는 자명하다. 자연스럽게 이루어지는 지각은 과학적 구성물의 매개를 거치지 않고 세계와의 직접적인 접촉을 제공하는 통로이기 때문이다. 그런데 지각은 틀림없이 몸과 함께 이루어진다. 지각은 정신에 의해서만 이루어지는 탈육체화된 명상이 아니다. 그것은 우리가 부단히 눈동자를 움직이고, 손을 대보며, 냄새를 맡고, 대상의 주변을 돌아다니는 가운데 이루어진다. 따라서 세계와의 직접적인 접촉을 가능하게 하는 지각을 해명하기 위해, 현상학적 탐구의 초점은 몸에 맞추어져야 한다. 메를로퐁티에 따르면, 몸에 관한 기존의 이론은 경험론과 지성주의로 대별할 수 있다. 경험주의는 몸이 수행하는 행위의 원인을 외부 대상에 귀속하며 외부로부터의 자극과 몸의 반응 사이에 균일한 일대일 대응관계가 성립한다는 가설, 요컨대 인과론과 항상가설(Konstanz hypothese)에 입각하고 있다. 반면, 지성주의는 의식의 자발적 지향성을 기반으로 몸을 의식의 명령에 따라 움직이는 도구에 불과한 것으로 파악하고 있다. 메를로퐁티는 철학사를 양분해 온 이 거대한 두 조류와 동시에 대결하며 두 이론에 의해 감추어진 몸의 존재방식을 현상학적으로 드러내는 작업에 착수한다. 한편에서는 경험주의, 그리고 다른 한편에서는 지성주의라는 두 개의 전선으로 펼쳐지는 이 작업은, 메를로퐁티의 출세작『지각의 현상학』에서 보듯 엄청난 밀도의 복잡한 내용으로 구성되어 있다. 『지각의 현상학』에는 이 방대한 논의 전체를 거론할 것 없이 몇 가지 대표적 현상만으로도 기존 이론들의 허구성을 밝히고 몸의 존재방식을 드러내는 기술이 나온다. 습관화된 숙련 기술에 대한 현상학적 기술이 그것이다.

메를로퐁티는 타이핑, 운전, 악기 연주와 같은 숙련 기술이 습관화되고 실행되는 과정 역시 경험론과 지성주의로는 결코 설명할 수 없음을 보여준다.

우선 경험주의자들은 그들이 기본 원리로 삼고 있는 인과론과 항상가설에 따라, 이러한 기술의 습득이 특정 자극과 몸의 특정 반응 사이의 연결을 반복적으로 학습한 결과라고 설명할 것이다. 경험주의 논지에 따르면, 기술적 숙련은 유사한 외부 상황에 의해 발생하고 결정된 일련의 행위들이 반사적으로 실행되는 것을 말한다. 메를로퐁티는 이러한 경험주의적 주장을 다음과 같은 예를 통해 반박한다. 수준급 오르간 연주자의 경우 페달이나 건반이 지금까지와는 전혀 다른 형태로 배치된 오르간으로도 한 시간 정도만 연습하면 능숙하게 연주할 수 있다고 한다. 이 새로운 오르간을 연주하기 위해서 요구되는 몸의 물리적 운동은 경험주의자들이 이전에 습득된 것으로 생각하는 기술과는 전혀 다를 것이다. 그럼에도 숙련된 오르간 연주자는 새 오르간을 한 시간가량 연습하면 연주를 해낼 수 있다. 만일 여기서 경험주의자들의 설명 방식을 계속 고수한다면, 그토록 짧은 시간에 전혀 새로운 일련의 조건화된 반응을 학습했다는 것을 어떻게 설명할 수 있을까? 다시 말해서 오르간 연주자가 기존의 연주 습관을 단시간에 새로운 오르간에 적합하게 전환하는 것이 어떻게 가능할까?

그것이 가능한 이유는 이전에 획득한 기술이 경험주의자들이 주장하듯 외부의 구체적 상황이 발생시키고 결정하는 몸의 반응을 그대로 반복 학습하여 그 상황에 반사적으로 대응하는 양태와는 다른 방식으로 벌어지기 때문일 것이다. 즉 애초에 습득한 기술은 각각의 개별 상황들을 어느 정도 일반적 전형(典型)으로 구조화한 것으로서, 그 일반 전형과 유사한 여러 상황들을 마주칠 때마다 몸에 전형화된 반응 양식을 적절히 가변적으로 응용하는 몸의 능력이라는 양태를 띤다는 것이다. 메를로퐁티는 이것을 다음과 같이 표현한다.

이렇게 개별 상황들을 일반적인 전형으로 체현해 내는 몸의 자기 구조화 능력은, 숙련 기술에 대한 지성주의적 설명 역시 오류임을 보여준다. 지성주의적 설명 방식에 따르면, 연주자는 낯선 오르간을 세심하게 관찰하고 각 기관의 위치를 숙지하고 그것이 어떻게 배치되어 있는지 머릿속에 그리는 등의 의식적 인지 활동을 한 후 그 결과를 연주에 적용한다고 할 것이다. 그러나 실제로 오르간 연주자가 하는 일은 "의자에 앉아 페달을 밟고 건반을 두드리며 악기의 곡조와 자신을 맞추고 자신 안에 적절한 차원과 방향을 흡수하면서 집에 정착하듯 오르간에 정착한다. 연주가는 건반과 페달의 객관적 공간적 위치를 탐색하고 기억하는 것이 아니다"[Merleau-Ponty, 1966: 175(169/170[2])].

새로운 춤을 배우는 과정을 돌이켜보면 한층 더 명확하게 지성주의적 설명 방식의 한계가 드러날 것이다.

---

2   메를로퐁티의 도서는 괄호 안에 프랑스어 원전의 쪽수를 함께 표기했다.

새로운 춤의 형식이 일반적 동작의 어떤 요소들을 흡수할 수 있기 전에 말하자면 그것에 우선 운동의 직인이 찍히게 해야 한다. 이미 여러 번 언급한 바와 같이 동작을 이해하는 것은 몸이다. 습관의 획득은 실로 의미를 파악하는 것이지만, 그것은 운동의 의미를 이해하는 운동이다[Merleau-Ponty, 1966: 172(166/167)].

이러한 사례들은 결국 다음과 같은 사태를 밝혀준다. 몸은 외부 자극과 신체적 반응 사이의 일대일 대응 관계로 해소될 수 없는 그 이상의 능력이다. 이 때문에 몸은 외부 세계의 자극을 수동적으로 기다리는 것이 아니라 이미 세계로 다가가 적극적으로 참여하는 방식으로 존재한다. 몸에 다가오는 세계는 그 형태가 이미 완결된 상태로 몸에 다가오는 것이 아니라, 그 이전에 먼저 그것에 다가가는 몸의 참여를 통해 그 다가옴이 완성된다. 이러한 의미에서 메를로퐁티는 우리의 몸은 세계 안에 물리적으로 위치해 있는 물체와 같이 그냥 세계 안에 있는 존재가 아니라 "세계를 향해 가는" 존재라 부른다. 그리고 몸은 이렇게 존재하는 세계 안에 있는 존재가 아니라 이미 항상 세계를 향한 존재인 이상, 세계에 대해 제한적인 의미의 선험적 활동을 수행한다. 몸은 외부 세계의 형태에 의해 전적으로 각인되고 형태를 부여받는 것이 아니라 세계가 그렇게 형태화되는 데에 이미 적극적으로 참여하고 있다는 것이다.

4) 렌즈로 전락한 눈

이렇게 몸을 육화된 지향성으로 이해하는 메를로퐁티의 지각 이론은 컴퓨터와 인간의 상호작용, 특히 웨어러블 컴퓨터의 미래로 기대를 모았던 구글 글래스의 어떤 문제를 밝혀줄 수 있을까. 메를로퐁티의 지각 이론이 밝혀낸 바를 통해 구글 글래스의 HCI를 검토해 보면, 구글 글래스가 시지각의 본질적 특성을 놓치고 있음을 알 수 있다. 요컨대, 구글 글래스는 눈을 통해 이루어지는 행위, 곧 본다는 것을 제대로 이해하지 못하고 있다. 인간의 눈은 어떻게 존재하며, 눈으로 바라본다는 것은 무엇일까.

우선 눈은 그 자체로 독립해서 존재하는 기관이 아니라 몸의 일부로서 존재한다. 따라서 눈은 몸과 같은 방식으로 존재하며, 이렇게 몸의 일부로서 존재하는 눈이 몸에서 적출되어 몸과 같은 존재방식을 공유하지 못하면 더 이상 눈으로 존재할 수 없게 된다. 즉 몸에서 벗어난 눈은 보는 활동을 수행할 수 없는 그냥 물체로 존재할 뿐이다. 눈, 그리고 눈으로 본다는 행위는 눈에서만 일어나는 사건이 아니라 그 눈이 눈으로서 존재하는 몸이 이미 항상 세계로 나아가는 육화된 지향 활동의 일환으로 존재하는 것이다. 따라서 눈을 이러한 몸 전체의 육화된 지향 활동 아래 조명하지 않는 한, 우리는 본다는 행위를 이해할 수 없다. 이제 눈에 초점을 맞추고 이 점을 좀 더 쉽게 기술하면 다음과 같다.

우리의 눈은 삶과 죽음 사이에서 몸으로 살아가는 인간의 눈이다. 메를로퐁티의 『지각의 현상학』에서 밝히고 있는 몸과 사물의 상호 교직 관계를 눈에 적용하면 이러하다. 몸에 달린 눈을 통해 수행되는 시지각은 몸의 지향적 활동의 일환이며, 그러한 한 그것은 이미 앞에 객관적으로 존재하는 세계에 대한 단순한 응시가 아니라 세계가 그렇게 나를 감싸는 데 참여하는 활동이라는 사실이 분명해진다. 그리고 동시에 그것은 표현이다. 눈동자는 그냥 유리구슬 또는 수정으로 만들어진 물체처럼 외부의 빛을 받아 빛나는 것이 아니다. 그것은 3차원이나 다차원의 물리적 공간에 위치하고 있는 물체가 아니다. 다시 한번 강조하지만, 눈을 눈으로 있게 하는 인간의 몸은 세계 안에 있는 물체가 아니라 이미 항상 세계로 나아가는 활동하는 존재로서 세계가 형성되는 데 참여하고 있는 활동성이다. 그러한 한 그 몸에 있는 눈동자 역시 물리적 세계 안에 위치하고 있는 말 그대로의 '수정체'가 아니라 이미 항상 세계로 향해 나아가는 활동적 존재이다. 따라서 눈동자를 움직인다는 것은 물리적 운동과 같이 외부의 자극이나 힘에 의해 그 결과로 야기되는 물리적 운동이 아니다.

이와 더불어 잊지 말아야 중요한 사실이 있다. 메를로퐁티의 현상학이 구글 글래스에 교훈을 던지는 또 하나의 지점은, 몸이 단순한 수용체나 단순한 주체로서의 존재방식만 갖는 것이 아니라는 점이다. 몸은 세계의 통일성을 가능하게 하는 체험의 주체이긴 하지만, 몸이 가진 애매성에서 유래하는 이중적 존재방식 때문에 그런 활동을 할 수 있다는 것이다. 살아 움직이면서 세계를 지각하는 몸은 그것을 중심으로 비로소 세계가 조직되는 주체적 활동이지만, 한편 세계와 타자에 대해서는 그의 지향성이 물질적·생동적으로 실현되는 활동, 즉 객관적 표현 활동으로서 제공된다. 따라서 메를로퐁티에게 지각이란 근본적으로 표현이다. 표현은 몸으로 수행되는 지각이 몸짓으로 분절되어 시각화되는 비전이다. 나아가서 이러한 몸은 지각과 표현의 장소일 뿐만 아니라 지각을 표현으로, 또 표현을 지각으로 순환시키는 활동을 수행한다. 그리하여 "모든 지각은 대화 혹은 교호작용이다"[Merleau-Ponty, 1966: 370 (369/370)]. 몸은 지각과 표현을 동시에 주관적이고 객관적인 양상으로 순환시키며 살아 움직이고 있는 것이다.

그러므로 살아 움직이는 몸은 그저 둔중하고 무의미한 단백질 덩어리가 아니다. 특히 몸에서 나타나는 표현은 몸이 지향적 활동의 주체로서 파악되는 한, 그 자체가 의미 현상으로서의 격위를 갖는다. 메로를퐁티는 "모든 지각, 그리고 지각을 전제하는 모든 행위, 요컨대 인간적인 몸의 사용은 이미 근원적으로 표현이다"(Merleau-Ponty, 1964: 67)라고 강조한다. 이렇게 몸은 몸으로서 살아가는 한 항상 의미에 젖을 수밖에 없는 표현적 존재이다. 이 때문에 메를로퐁티에게 우리의 몸은 물체적인 것이 아니라 의미를 창조하며 살아가는 "예술품"과 같다[Merleau-Ponty, 1966: 106(96/97)].

몸이 이렇게 육화된 지향 활동을 하기에 물체가 아니라 예술품과 같은 것이라면, 그 몸에 존재하는 눈은 무엇일까. 당연히 몸에서 공간과 세상을 조형해 내는 눈의 운동 역시 예술적 표현 행위와 같은 차원일 것이다. 눈은 그렇게 스스로 세상을 밝히면서 의미 있는 것이 등장할 수 있는 비전의 무대를 창조하는 것이다. 그리고 눈은 능동적으로 세상을 의미 있는 것들이 드러날 수 있는 비전으로 창조해 내기 때문에 눈이 어떠한 방식으로 어떤 의미를 추구하는가에 따라 눈빛의 의미가 다양하게 나타난다.

지금까지 밝혀진 눈에 대한 현상학적 관점은 과학적 언어가 아니라 예술적 언어로 기술되어야 할 것이다. 따라서 눈에 대한 현상학적 논의를 예술적 언어를 도입하여 정리하면 다음과 같다.

① 눈은 자극에 단순히 반응하는 수용체가 아니며, 또 세계 공간 내에 위치하고 있는 물체도 아니다. 눈은 세계를 스스로 밝히며 몸이 사는 공간을 몸을 중심으로 몸이 살 수 있는 공간으로 조형한다. 동시에 그 조형하는 눈은 표현하는 존재이다. 눈은 외부의 자극이 없거나 외부의 정보가 침투해 들어오지 않으면 텅 빈 유리 덩어리에 지나지 않는 렌즈나 수정구슬과 같은 것이 아니다. 그것은 항상 이미 눈빛과 시선을 통해 그 눈으로 사는 사람이 수행하는 육화된 지향 활동이며, 그 활동은 근원적으로 표현 활동이다. 이 표현의 구체적인 운동이 시선의 움직임이며 그때 발하는 것이 눈빛이다. 따라서 눈빛은 언어이다. 우리는 문어나 구어보다 눈동자의 움직임과 눈빛에서 더 진실한 의미를 눈으로 발견하며, 눈의 움직임과 눈빛으로 표현되는 이 의미들은 언어적 소통에서도 마찬가지로 소통의 근원적 토대가 된다.

② 그런데 이런 눈의 움직임은 이미지를 조형해 낸다. 눈은 몸의 육화된 지향 활동의 일환으로 한시도 쉬지 않고 움직이면서 그 눈으로 살아가는 사람이 세계로 향하는 비전을 열어놓으며, 그 비전에 드러나는 것들을 그 눈이 수행하는 지향

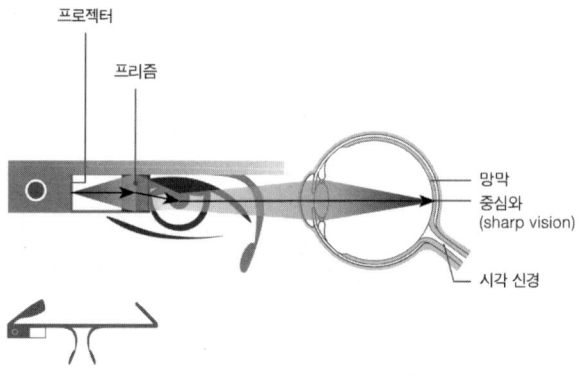

プロ젝터
프리즘
망막
중심와
(sharp vision)
시각 신경

그림 8-1 아이탭 기술 작동방식

성으로 붓질하고 조형해 낸다. 인간의 눈은 이미 화가의 붓질이고 터치인 것이
며 조각가의 조형 활동과 같은 것이다.

③ 따라서 눈은 매우 자율적이고 표현적이며 적극적인 시선을 가지며, 이 시선이
다른 것에 의해 방해받는 것을 견딜 수 없어 한다. 자신의 자율적 표현이 방해받
을 때 실로 눈만큼 예민해지는 감각도 없다.

그렇다면 눈에 대한 이 같은 현상학의 이해에 비춰볼 때 구글 글래스의 문
제는 무엇인가? 구글 글래스는 이렇게 적극적으로 무엇인가를 표현함으로써
세상을 그려내고 조형하는 눈의 역할을 방해하는 데 일차 아이디어를 두고
있다는 것이다. 구글 글래스는 눈이 움직이며 향하는 시선의 허락 없이 눈과
물리적으로 가장 밀착된 위치에서 눈 깊숙이 침투하여 망막에 그 눈과 물리
적으로 마주하고 있는 것의 정보를 띄운다. 조금 더 상세히 설명해 보면 이러
하다. **그림 8-1**에서 보듯 구글 글래스는 시각 정보(visual layer)를 띄워주는
프리즘, 사진과 비디오를 촬영하는 카메라, 음성을 받아들이는 마이크, 음성
을 들려주는 골전도 스피커, GPS를 내장한 중앙처리장치(CPU), 배터리 등의

요소를 안경 형태로 구현한 것이다. 이것을 다른 기기와 비교해 미래적이라 평가하는 이유는 그 안경에 부착된 미니 프로젝터와 프리즘으로 만들어낸 혼합현실을 사용자에게 가져다주기 때문이다.[3] 여기서 중요한 역할을 하는 기술이 '아이탭(Eyetap)' 기술이다. 구글 글래스 상단 오른쪽에는 아주 작은 프로젝터가 내장되어 있다. 이 프로젝터는 따로 부착된 카메라를 통해서 들어오는 빛이나 또는 구글 클라우드에 저장된 데이터를 광학적으로 디지털화하여 변형하고 다른 데이터와 합성한 후 사용자의 눈 정면 방향에서 동공과 가장 가까운 거리에 부착된 프리즘에 투사한다.[4] 이때 프리즘은 투사된 광학 디지털데이터들을 직각으로 굴절시킴과 동시에 정확한 비율에 의해 퍼트림으로써 눈동자 안의 망막에 직접 주입시킨다. 그럼으로써 망막은 실제보다 크게 맺히는 상에 의해 거리에 대한 시각 인지 및 크기 인지를 조작당하여 바로 눈앞에 있는 상을 2.4미터의 거리에서 25인치 화면을 보는 듯한 착시에 빠진다.

여기서 주목해야 할 사실은 이 경우 눈이 이제 아이탭 기술 개발자들이 정확히 지적하듯 렌즈와 모니터의 역할을 하도록 조작된다는 점이다(Mann et al., 2005). 즉 눈은 '아이탭'에 의해 처리된 데이터들이 투사, 통과하는 렌즈에 불

---

3   이런 점에서 구글 글래스는 시각적으로 '증강현실(augmented reality: AR)'를 구현했다고 할 수 있다.

4   아이탭 기술의 발명자 스티브 맨은 아이탭의 작동 과정을 다음과 같이 설명한다. "눈에 들어오는 광선은 굴절장치 곧 반사 또는 반(半)반사 물질로 양면 코팅되어 있는 광학렌즈에서 굴절되어 카메라와 같은 감지장치에 투사된다. 이렇게 굴절된 광선은 감지장치에서 디지털화된 후에 컴퓨터 처리과정을 거친다. 이처럼 디지털 처리를 거친 시각 데이터는 다시 'AREMAC'을 거쳐 출력되는데, 이것은 일종의 초미세 프로젝트로서 처리된 광선을 다시 굴절장치로 보내서 눈에 빛을 쏘이도록 하는 장치다. 여기서 중요하게 짚어야 할 점은, 디지털 자료와 조합된 빛이 처음에 들어온 자연광선과 같은 경로를 취함으로써 '환각의 투명화 효과'라고 하는 가상광선과 자연광선의 합체를 만들어낸다는 것이다"(Mann et al., 2005: 2).

과하며, 망막은 그렇게 조작된 데이터들이 디스플레이 되는 모니터로 전락한 다는 것이다. 그 결과 렌즈나 모니터가 아니라 육화된 지향 활동을 하는 우리 의 살아 있는 눈과 시선의 움직임은 불행하게도 이런 기술적 조작의 상황에 서 방해를 받고 산란된다.

이런 방식으로 강제된 인간과 컴퓨터의 상호작용 상황에 대해 육화된 지향 활동으로 존재하는 눈이 대응할 수 있는 길은 다음 둘 중의 하나이다. 눈은 적극적으로 구글 글래스의 이러한 작동을 거부하거나, 아니면 인간의 눈으로 서 육화된 지향 활동을 포기하고 한낱 렌즈로 전락하거나를 택할 수 있을 뿐 이다. 즉 눈이 인간의 살아 있는 눈으로 존재하기 위해서는 글래스를 벗어던 지든지, 아니면 자신의 눈이 눈이기를 포기하고 멍청한 렌즈가 되어 그냥 앞 에서 뜨는 정보를 수동적으로 입력받아야 한다. 물론 그 눈으로 살아가는 사 람이 눈앞에 뜨는 정보를 이미 적극적으로 그 삶의 의미로 추구한다면, 오로 지 그런 한에서는 구글 글래스도 그의 눈을 도와주는 도구가 될 수 있다. 그 러나 오직 그럴 때뿐이다. 구글 글래스가 상시 착용하는 범용 디바이스로 쓰 일 경우 눈은 그것이 발휘하는 표현적이고 적극적인 시선에 방해를 받아 불 편함과 괴로움을 피할 수 없을 것이고, 결국 구글 글래스에 예속되어 글래스 가 띄워주는 정보만을 따라다니는 멍청한 렌즈가 될 것이다. 멍청한 눈, 무언 가를 자신의 삶에 의미 있는 것으로 밝혀내려는 눈빛이 없는 그런 눈은 매력 이 없다. 그리고 그것은 결국 사람의 눈이 아니다. 따라서 구글 글래스의 미 래는 다음과 단언될 수 있을 것이다. 구글 글래스는 아이폰처럼 엄청난 수요 를 창출하는 범용 디바이스와 같은 성공을 기약할 수 없다.

5) 아이패드, 인문적 미래주의에 가까운 기기?

촌각을 다투며 신제품을 쏟아내고 있는 현재의 IT 개발 상황을 거슬러 IT 발전의 역사를 세심하게 살펴보면, 이미 1990년대 초 '패드(Pad)'라는 새로운 개념의 디지털기기가 거론된 사실이 목격된다. 그리고 이 '패드'라는 새로운 개념의 컴퓨터가 출생한 곳은 애플이 아니라 엉뚱하게도 스탠퍼드대학 인근 팰로앨토에 위치한 복사기 회사 연구소 제록스 파크(Xerox PARC)라는 사실이 포착된다. 당시 시점으로 돌아가 디지털기기로서 '패드'라는 용어가 처음 등장한 텍스트를 읽어보자. 그 텍스트가 발표된 것은 1991년으로, 21세기를 이끌어갈 새로운 개념의 컴퓨터를 예측하는 논문이었다. 「21세기를 위한 컴퓨터」에서 우리는 다음과 같은 주장을 읽을 수 있다.

유비쿼터스 컴퓨터는 목적에 따라 여러 가지 크기로 만들어지는데 나와 나의 동료는 탭(Tab), 패드(Pad), 보드(Board)라 불리는 것을 만들었다(Weiser, 1999: 3~11).

이 논문의 저자는 당시 제록스 파크 연구소에 재직하던 마크 와이저(Mark Weiser)이다. 여기서 우리는 '패드'라는 단어와 마주친다. 아울러 이 '패드'라는 컴퓨터는 한때 우리나라에서 거의 국시처럼 거론되던 바로 그 새로운 기술을 구현하는 핵심 기기로 제시되었음을 확인할 수 있다. 그 새로운 기술은 한때 거의 매일 들어야 할 정도로 상투어가 된 유비쿼터스 컴퓨팅(Ubiquitous Computing: UC)이다. 그런데 이 'U'의 시대는 어느 순간부터, 정확히 말하면 아이폰이라는 스마트폰이 등장한 이후부터 갑자기 '스마트'라는 용어에 잠식당하기 시작하더니 언어로서의 생명력을 급격히 잃고 말았다. 이제는 '스마트'라는 용어가 'U'를 추방하고 모든 것을 지배하게 되었으며, 모든 것에 스마트란 말이 붙고 있다. 그러나 '유비쿼터스 컴퓨팅'이라는 개념을 좀 더 잘 살펴보았더라면 이미 아이폰이나 아이패드가 다 같이 그것을 출생지로 하고 있다는 사실을 놓치지 않았을 것이다. 나아가 어쩌면 애플보다 더 먼저 스마트 패드를 출시했을지도 모를 일이다.

그런데 UC란 대체 무엇인가. 우리가 흔히 쓰듯 그냥 '언제 어디서나'라는 뜻일까. 결론부터 말하면, '패드'라는 용어와 함께 컴퓨터공학에서 '유비쿼터스'라는 개념에 시민권을 부여한 마크 와이저의 논문을 보면, 그 개념은 우리가 단어를 듣고 바로 연상하는 뜻과는 다소 다른 내용을 갖는다. 이 개념은 인간-컴퓨터 간의 상호작용, 즉 HCI의 기존 양상에 파격적인 변화를 꾀하는 것으로서 구상되었다.

HCI의 관점에서 보면 UC는 1세대인 메인프레임 컴퓨터, 2세대인 퍼스널 컴퓨터(PC)를 거쳐 도달한 3세대 HCI라 할 수 있다. 와이저는 이 UC를 "스며 있는 기술(pervasive technology)", "조용한 기술(calm technology)" 혹은 "눈에 띄지 않는 기술(invisible technology)"이라고 부른다. 와이저가 UC에 대해 '눈에 띄지 않는 조용한 기술'이라고 칭한 이유는 무엇일까? 유비쿼터스의 사전적 의미는 모든 곳에 편재한다는, 즉 '언제 어디서나'를 뜻하는 것 아닌가. 그런데 왜 와이저는 유비쿼터스 컴퓨터에 '보이지 않는', '조용한', '스며드는' 등의 정의를 부여했을까. 이 점을 이해하기 위해서는 와이저가 유비쿼터스 컴퓨팅을 창안한 배경과 동기를 추적하는 것이 필요하다. 와이저가 구상한 UC는 앞에서 말한 대로 IT 기술을 눈에 띄지 않게 모든 곳에 스며들게 해서 사용자가 사는 세계와 구별되지 않게 만들려 한다.

그런데 와이저가 이렇게 통념적 유비쿼터스 개념을 벗어나고자 한 이유는 무엇일까? 당시 PC가 구현하던 HCI에서 그가 포착한 문제점은 무엇일까? 당시의 PC는 책상 위에 고정된 데스크탑의 형태였으며 마이크로소프트의 도스(DOS)라는 운영프로그램을 기반으로 하고 있었다. 그런데 이 프로그램은 상당히 복잡한 명령어로 구성되어 있어 컴퓨터를 사용하기 위해서는 꽤 오랜 시간 동안 컴퓨터를 조작하기 위한 학습을 받아야만 했으며, 사용할 때도 상당한 집중력을 갖고 컴퓨터를 조작해야 했다.

그리하여 컴퓨터가 일상의 필수품이 되어 도처에 존재할수록 컴퓨터가 인간에게 도구로 사용되는 것이 아니라, 오히려 인간의 자연스러운 행위를 가로막으며 항상 인간의 의식과 사고를 자신에게 붙들어 매는 격이 되었다. 컴퓨터로 무언가를 할 때마다 우리는 일 자체보다 (끊임없이 모니터를 주시하면서) 컴퓨터 조작에 주의를 빼앗기곤 한다. 컴퓨터는 이런 방식으로 우리를 가상현실로 끌어들인다.

이러한 상황을 타개하기 위해 와이저는 유비쿼터스 컴퓨팅의 개념을 창안함으로써 인간과 컴퓨터의 새로운 상호작용 양상, 즉 눈에 띄지 않고 스며드는 기술로 나아가고자 한다. 유비쿼터스 컴퓨팅에서 구현되는 인간과 컴퓨터의 관계는 가상현실의 양상으로 펼쳐지는 인간-컴퓨터 관계와는 전혀 다르다는 것이다. 가상현실은 그것에 접근할 수 있는 여러 장비를 통해야만 우리가 체험할 수 있는 것이다. 그런데 이런 가상현실이 현실과 같은 현실감을 만들어내거나 현실보다 더 현실적으로 사용자를 몰입시키기 위해서는 사용자가 살고 있는 실제의 세계를 배제해야 하며, 또 사용자가 실제 세계에서 관계를 맺고 있는 타인들을 배제해야 한다. 한마디로 가상현실은 사용자를 그가 몸 담고 있는 세계로부터 이탈시켜 컴퓨터가 만들어낸 세계 속으로 여러 장비를 통해 인간을 집어넣는 기술인 것이다.

이렇게 인간을 그가 살고 있는 구체적 현실로부터 이탈시키는 가상현실과는 달리 와이저가 제안하는 유비쿼터스 컴퓨팅은 컴퓨터를 다시 인간이 사는 세계로 귀환시키려 한다. 이를 위해 컴퓨터는 인간과 도구 본연의 관계를 회복해야 하며, 따라서 새로운 HCI에서 컴퓨터는 이제 눈에 띄지 않는 기술로 인간 삶의 배경으로부터 물러나야 한다. 즉, 컴퓨터는 곳곳에 위치한 모니터의 형태와 노트북의 형태로 인간 앞에 당당히 서서 인간을 그의 세계와 단절시키고 심지어 가상현실에서처럼 컴퓨터 속의 세계로 끌어들일 것이 아니라, 인간이 사는 세계의 모든 곳에 스며들어 오히려 그 현실을 고양시키는 데 기여해야 한다는 것이다.

6) 인간-도구의 존재론: 유비쿼터스 컴퓨팅의 철학적 배경

그런데 와이저가 이러한 새로운 구상을 하게 된 그 심층에는 어떤 동기가 숨어 있을까? 놀라운 것은 컴퓨터공학자인 그가 자기 직업과는 전혀 상관없는 하이데거의 실존주의적 존재론 위에서 기존 HCI가 지향하는 가상현실의 문제점을 통찰했다는 사실이다. 와이저는 하이데거의 『존재와 시간(Sein und Zeit)』(1927)에 등장하는 인간 실존 분석에서 인간과 도구의 본연적 관계 양상을 포착한다. 그리고 이를 IT기술의 영역에 겹쳐놓음으로써 가상현실을 향해 발전하고 있는 HCI를 인간과 도구의 본연적 관계로 회복시키려 했다. 따라서 유비쿼터스 컴퓨팅의 핵심을 이해하기 위해서는 하이데거의 철학을 깊이 음미하는 작업이 필수적이다.

하이데거는 인간을 실존하는 존재자라고 부른다. 여기서 실존이란 다른 존재자, 예컨대 물체 혹은 생명체와 같이 그냥 존재하거나 생존하는 것이 아니라, 언젠가는 결국 죽을 수밖에 없다는 미래의 사실을 미리 자신의 현재 삶에 개입시키며 항상 무엇인가를 해나가는 존재자라는 뜻이다. 그런데 인간이 항상 무엇인가를 해나가는 존재라 해도 아무것도 없이는 그것을 해나갈 수 없다. 따라서 인간에게 모든 것은 우선 도구로서 다가와 도구로서 사용된다. 도구가 없을 때는 심지어 자신의 몸마저 도구화하여 그것을 사용하며 살아간다. 역으로 말하면 인간은 자신의 몸을 최초의 도구로 만난다. 그런데 중요한 것은, 항상 도구를 사용하며 이뤄지는 인간의 실존 상황에서 도구는 그것에 의탁해 펼쳐지는 인간의 실존에 거리 없이 밀착해 있기 때문에, 우리에게 눈에 띄지 않는(unauffällig) 방식으로 있다는 것이다.

그러나 전통적 견해에 따르면, 우선 사물은 이미 우리 앞에 서 있는 것, 즉 대상으로 나타나며 이것을 토대로 다른 가치가 첨가됨으로써 도구가 된다. 달리 표현하면 사물은 우선 객관적으로 인식 가능한 이러저러한 형태와 속성을 갖는 대상으로 우리에게 먼저 주어진다는 것이다. 그리고 이 기본적인 사실 위에서 대상이 어떤 목적을 위해 사용되거나 가공된다는 이차적 사실이 나온다. 하지만 하이데거는 『존재와 시간』을 통해 바로 이러한 질서를 전복시키려고 한다. 그 출발점이 되는 것이 인간의 존재방식이다. 인간이라는 현존재는 그냥 존재하고 있는 물체와는 달리, 존재하면서도 그 존재가 문제되는 독특한 존재방식을 보여준다는 것이다. 이 때문에 현존재는 늘 존재론적 심려(sorge)로 존재한다. 따라서 현존재의 존재 사실성, 즉 '지금 여기에 실제로 있음'을 근원적으로 구성하는 것은, 현존재가 존재하는 순간마다 늘 무슨 행위(pragma)를 하면서 어떤 일상의 일에 개입 혹은 빠져 있다(verfallen)는 상황이다.

하이데거가 이 대담한 전복을 통해 보여주려 한 것은 다음과 같이 요약될 수 있을 것이다. 현존재의 보다 근원적 존재방식은 행위를 통한 사물과의 실천적 만남이며, 따라서 세계는 대상이 우리 앞에 우리의 시선을 끌며 지각과 인식의 대상으로 서 있는 것이 아니라, 사물의 지시 연관 관계 혹은 기능 연관 관계로 열리는 것이다. 그리고 사물이 형태적으로 지각되어 객관적으로 규정될 수 있는 속성을 지니고 나타나는 것은 현존재가 이러한 사물과의 근원적 관계로부터 떨어져 나와 거리를 취할 때이다. 하이데거는 다음과 같이 술회한다. "이론적 태도의 결정에 결정적인 것은 실천(praxis)의 실종이다"(Heidegger, 1976: 357). 그리하여 하이데거는 존재의 질서에 있어서 행위에서 사용되는 도구적 존재자가 지각에서 대상화되는 존재자보다 우선적이라는 것을 보여주려 했다. 그리고 그는 다시 어원학적으로 이에 대한 전거를 제시하려 한다. 하이데거는『존재와 시간』에서 이제는 아득해진 기억을 상기시킨다. 그리스인들은 원래 사물을 '프라그마타(Pragmata)' 즉 '행위에 다가오는 것'이라 불렀다는 것이다(Heidegger, 1976: 68 참조).

이제 이러한 하이데거의 논의를 정리해 보자.

① 도구가 눈에 띄는 존재양식을 가지면 가질수록 도구라는 존재방식을 상실하는 것이며, 따라서 인간의 실존적 행위를 왜곡하는 것이다. 도구적인 것이 더욱 도구적이기 위해서는 눈에 띄지 않는 존재방식을 구현해야 한다. 이렇게 '눈에 띄지 않음'이라는 도구의 존재방식 속에 포함된 또 다른 중요한 사실은 도구가 독립적으로 존재하지 않는다는 사실이다. 하나의 도구는 항상 다른 것과의 연관 안에서 도구로서 존재한다.

② 도구는 단절적으로 존재하는 것이 아니라, 항상 다른 도구를 지시하는 어떤 맥락에서만 도구로서 존재한다.

③ 도구들의 맥락 관계는 도구들 간의 관계만이 아니라는 점이다. 도구의 맥락은 도구를 사용하고 있는 인간을 위해 인간으로 수렴하면서 펼쳐져 있는 것이다.

하이데거의 인간 실존과 도구에 관한 논의에 비춰보면, 결국 마크 와이저의 유비쿼터스 컴퓨팅은 인간 실존의 행위에서 다음의 세 가지 사실을 HCI에 흡수하는 사건이었다는 점이 분명해진다.

① 컴퓨터가 인간 실존에 기여하는 도구인 이상 그것은 전면에 나서지 말고 배경으로 물러서 눈에 띄지 않아야 한다. 즉 컴퓨터는 인간이 실존하는 세계 속에 스며들어 인간의 실존 행위와 구별되지 않아야 한다. 이런 이유로 와이저는 유비쿼터스 컴퓨팅을 "누구도 그것의 현전을 알아차리지 못하는"(Weiser, 1999: 1) 기술 혹은 "조용한 기술(Calm Technology)"로 칭하기도 한다.

② 도구는 홀로 존재하는 것이 아니라 다른 것을 지시하면서 맥락을 형성하며 존재한다. 따라서 도구로서 존재하는 컴퓨터는 하나의 컴퓨터로 존재하는 것이 아니라 다른 컴퓨터들과 네트워크를 형성함으로써만 인간 실존에 기여하는 컴퓨터로서 존재할 수 있다.

③ 나아가 컴퓨터는 이제 단순히 주어진 정보를 처리하는 것이 아니라 맥락 인식을 할 수 있는 컴퓨터여야 한다. 그리하여 이제 개발되어야 할 것은 맥락 인식 컴퓨터(Context aware computer)이다.

이제 와이저가 꿈꾸었던 유비쿼터스 컴퓨팅은 다음 세 가지 핵심 기술을 발전시키는 방향으로 나아가는 것이 당연했다.

① 컴퓨터가 인간 삶의 전면에 등장하여 가로막고 서 있으면서 인간을 컴퓨터가 발생시키는 가상현실로 끌고 들어가는 것이 아니라, 배경으로 물러서서 보이지 않게 인간 삶에 기여해야 한다. 그러기 위해서는 인간이 사는 세계의 모든 사물에 컴퓨터를 스며들게 해야 한다. 이 기술은 이른바 '심는 기술(Embedding Technology)'로 구체화되어 개발되고 있다.

② 컴퓨터가 도구로서 존재한다면, 항상 복수로 존재하며 서로 연결되어야 한다. 따라서 인간이 실존하는 세계의 사물에 스며들어 간 컴퓨터들을 '서로 연결시키는 기술(Interconnecting Technology)'이 요구된다.

③ 도구는 항상 맥락 안에서만 도구로 존재한다. 따라서 컴퓨터는 단순히 연결되는 것이 아니라 그것이 속하고 있는 맥락을 이해하고 있어야 한다. 이는 '맥락 인식 기술(Context Aware Technology)'로 개발되고 있다. 그런데 도구가 맥락 안에 위치해 있고 또 그 맥락은 도구를 사용하는 인간을 위해 인간으로 수렴되면서 펼쳐지기 때문에, 맥락 인식 기술에서는 도구가 맥락 안에 처한 위치와 사용자의 정체를 알아내는(identify) 것이 필요하다. 따라서 현재 맥락 인식 기술은 두 가지 정보

에 의존한다. 그것은 컴퓨터가 스며들어 있는 위치와 사용자가 누구인가에 관한 정보이다. 전자는 유비쿼터스 센서 네트워크(Ubiquitous Sensor Network: USN)을 통해서 가능하고, 후자는 곧 무선주파수 식별(Radio Frequency IDentification: RFID)를 말한다.

지금까지 논의한 것 모두를 요약한다면, 이 요약은 유비쿼터스 컴퓨팅의 출현을 예고한 와이저의 기념비적인 논문 「21세기를 위한 컴퓨터」의 첫 문장으로 대신할 수 있다.

유선, 무선, 적외선 등과 같은 것에 의해 연결된 하드웨어·소프트웨어들은 모든 곳에 편재하여 누구도 그것이 눈앞에 현전하고 있음을 알아차리지 못할 것이다 (Weiser, 1999: 1).

7) 컴퓨터: 실존하는 인간의 도구?

그렇다면 이제 UC를 실행하는 기기로서 패드가 어떠한 기기가 되어야 하는지 분명해진다. 우선 그것은 눈에 띄지 않는 데에 기능이 최적화된 컴퓨터가 되어야 한다. 그런데 패드를 이렇게 눈에 띄지 않는 컴퓨터로 구현하는 과정에서 불행한 사건이 발생한다. 이 불행한 사건은 와이저가 UC를 "보이지 않는 컴퓨터" 혹은 "사라지는 컴퓨터"라고 부른 바로 그 점으로 인해 벌어진 것이었다.

와이저가 "사라지는 컴퓨터"라는 마법적인 수사학을 창안한 다음 와이저의 뒤를 이은 많은 공학자들은 그 마력에 끌려들 듯 사라지는 컴퓨터의 개발에 매진한다. 그러나 여기서 공학자들은 와이저의 UC를 탄생시킨 하이데거의 도구 존재론을 이해하지 못한 채 '사라진다'는 말을 문자 그대로 해석하고 말았다. 자신들의 과제가 컴퓨터를 곳곳에 숨겨 물리적으로 사라지게 만드는 것에, 즉 보이지 않게 만드는 데 있다고 이해한 것이다. 그들이 가장 중요하게 여긴 일은 앞에서 언급한 '심는 기술'의 개발이었다. 어떻게 컴퓨터를 보이지 않게 곳곳에 매립하여 숨길 것인가. 하지만 이렇게 심는 기술을 개발하고 매립하는 가운데 두 가지 커다란 실수가 일어난다. 첫째는 UC를 실행하는 핵심 기기로서 와이저가 개발하고자 하는 '패드'가 관심 밖으로 밀려났다는 것이다. 둘째는 보이지 않는 컴퓨터에서 '보이지 않음' 혹은 '사라짐'을 물리적이고 시각적인 부재로 오해했다는 것이다.

그러나 와이저의 UC 개념이 하이데거의 도구 존재론에서 촉발되었다는 사실을 주목한다면, 이때 컴퓨터는 물리적으로 비가시화되거나 없어진다는 뜻이 아님이 분명하다. 하이데거가 말하는 도구의 비가시성은 도구가 우리의 주의를 끄는 대상이 아니라 우리의 행위와 일체가 되어 눈에 띄지 않는다는 점을 말하는 것이었다. 바로 이 점에서 애플의 기술자들은 다른 컴퓨터공학자들과 구별되는 점이 있었다. 우선 그들은 유비쿼터스 컴퓨팅이 실행되기 위해서는 패드와 같은 기기가 반드시 필요하다는 것을 잊지 않았다. 그리고 이 패드는 행위와 일체가 되는 컴퓨터, 혹은 하이데거식으로 표현하면 용재자(用在者, Zuhandenes)로서의 도구의 존재방식을 구현해야 한다는 것을 정확하게 이해하고 있었던 것으로 추정된다. 이것이 추정일 수밖에 없는 것은 애플의 기술개발 과정이 철저히 비밀리에 이루어졌기 때문이다. 그러나 아이패드의 사용자 경험(User Experience: UX)은 아이패드가 눈에 띄지 않는 용재자의 존재방식을 성공적으로 구현하고 있음을 증언한다. IT 전문지로서 최고의 권위를 인정받고 있는 ≪와이어드(Wired)≫의 딜런 트웨니(Dylan Tweney)는 2010년 4월 1일 자 기사 "우리는 왜 아이패드에 열광하는가"에서 아이패드의 사용자 경험을 한 단어로 요약하고 있다. "아이패드의 특성은 사라지는(disappear) 데 있다"(Tweney, 2010.4.1). 그런데 이렇게 눈에 띄지 않는, 사라지는 컴퓨터가 되기 위해서 아이패드를 구동하는 프로그램은 어떻게 구현되어야 할까?

우선 사라지는 컴퓨터가 도구의 존재방식을 진정으로 구현하려면 손으로 직접 운영할 수 있어야 한다. 즉 손에 의한 터치만으로도 조작이 가능해야 한다. 하이데거가 도구의 존재방식을 "손 안의 존재자"라고 표현한 바와 같이 도구는 원초적으로 손과 직접적 관계를 맺고 있다. 최적의 도구는 손으로 조작하는 도구이다. 또 도구가 도구로서 최적의 존재방식을 구현하면 할수록 도구는 사용자에 대하여 대상의 특성을 잃는다. 다시 말해서 사용자에게 도구는 시각적 인지의 대상으로 분리되지 않는다. 이 때문에 사용자가 그 도구를 다루는 신체 부위와 인지적으로도 일체감을 형성하게 된다. 특히 인간의 인지 활동 중에는 대상과 분리되어 수행될 수 없는 인지 활동이 있다. 바로 촉각이다. 촉각은 항상 몸의 동작과 행위를 수반하기 때문이다. 아이패드는 바로 이 부분을 정확히 컴퓨터와 사용자의 관계를 형성하는 데 적용하고 있다. 아이패드가 도구로서의 최적화된 존재방식을 구현하기 위해서는 손의 동작으로 수행되는 촉각에 기반하여 작동되어야 한다. 실로 아이패드의 OS는 이를 구현할 수 있도록 개발되었다.

이 점은 아이패드의 사용자가 모니터와 맺는 상호작용의 관계에서 분명하게 목격된다. 아이패드 이전에 모니터는 항상 시각적으로 주시되는 인지 대상이었다. 그러므로 모니터는 가능한 한 깨끗하게 유지되어야 했고, 그것을 손으로 만지는 것은 사실상 금지되어 있었다. 모니터에 띄운 내용들을 움직이거나 삭제하고 싶으면 모니터와 엄격히 분리된 키보드를 가지고 수행하고 싶은 행위를 컴퓨터가 이해할 수 있는 명령어로 변환시켜 입력해야 했다. 1980년대 PC 운영체제로 쓰인 MS-DOS가 대표적인 경우이다. 그런데 이 과정은 상당한 인지 수준과 복잡한 숙지 과정을 필요로 하기 때문에 90년대부터 마우스라는 입력장치를 사용하여 좀 더 단순하게 모니터상의 내용에 수행하고 싶은 행위를 처리할 수 있게 되었다. 하지만 마우스 역시 모니터에 손을 대지 않고 아이콘이나 커서를 이동시킬 목적으로 개발된 것이다. 마우스가 도입된 이후에도 컴퓨터는 입력장치인 키보드와 마우스, 그리고 디스플레이 기능을 수행하는 모니터라는 두 가지 엄격히 분리된 기기로 구성되어야 했다. 그것은 특히 모니터 때문이었는데, 사용자에게 모니터는 시각적 인지의 대상으로 사용자와 주객의 분리를 일으키는 주요인이었다.

반면 아이패드는 처음부터 이런 컴퓨터의 기본 구성 방식을 무너뜨리는 것이었다. 감히 모니터에 직접 손을 대어 거기 나타난 내용들에 대해 행위를 수행하도록 허락했던 것이다. 아이패드에서 모니터는 말 그대로 사용자의 시각적 주시의 대상으로 그치는 것이 아니라, 손가락의 행위로 일어나는 촉각에 직접적으로 관계하며 모니터에 나타나는 내용들을 처리하도록 행위를 유발한다. 앞에서 하이데거의 도구 존재론으로 살펴본 바와 같이, 우리와 관계 맺는 존재자가 우리 앞에 주시의 대상으로 출현하는 것은 우리의 자연스러운 행위가 어떤 장애를 만나 행위를 방해받고 따라서 자연스런 실존 상황으로부터 이탈될 때이다. 모니터가 사용자와 주시의 대상으로 관계를 맺는 것은 결국 순조롭게 진행되는 행위의 상황이 아니라 문제가 발생하고 장애가 있는 상황이다. 이러한 상황에서 행위는 부자연스러워질 수밖에 없으며 원래 행위가 하려던 것 역시 방해받을 수밖에 없다. 따라서 모니터가 사용자의 행위가 목적하는 대상이 아니라 그 행위와 행위의 목적을 매개하는 도구라면, 그것은 주시의 대상이 되어서는 안 된다. 하이데거식으로 말하면, 내 앞에서 서 있는 대상이 아니라 손 안의 존재자가 되어야 하는 것이다.

아이패드는 모니터의 존재방식을 눈앞의 존재자(Vorhandensein)에서 정확히 손 안의 존재자(Zuhandensein)로 혁신하여 사용자에게 진정한 도구로 다가온 기기였다. 그것이 사용자들에게 급속히 수용될 수 있었던 이유도 이렇게 도구의 존재방식을 최적으로 구현하는 기기였기 때문이다. 실로 아이패드의 운영프로그램은 MS-DOS와 같이 그것을 다루는 데 상당한 지적 수준의 학습이 필요했던 초창기 PC와는 확실히 차별화된다. 아이패드는 의식적 학습이나 훈련이 거의 필요 없을 정도로 자연스럽게 손의 행위에서 일어나는 촉각을 인지하는 것으로 충분히 다룰 수 있다. 아이패드가 복잡한 명령어로 구성된 MS-DOS와 같이 고도의 의식적 인지 학습은 물론, 윈도같이 다소 덜한 의식적 인지 학습조차 따라잡기 어려운 고령의 노인이나 유년기 어린아이까지 사용할 수 있는 이유가 여기에 있다. 아이패드를 작동하는 행위는 의식의 인지 능력이 아니라 도구와 인간의 자연스런 실존적 관계 위에 서 있기 때문에, 사용자는 실존적 인간으로서 손의 운동 능력만으로도 충분히 컴퓨터를 사용할 수 있는 것이다. 좀 더 부연하면, 아이패드는 사용자가 수행하려는 행위에 자연스럽게 친숙화되어 상호작용 하기 때문에 사용자는 수행하는 행위를 멈추거나 변형시킬 필요 없이 순조롭게 기기를 다루면서 수행하는 행위에 몰입한다.

애플은 이렇게 모니터를 손과 관계시키고, 손으로 하여금 모니터에 나타난 내용을 직접 다룰 수 있게 하는 프로그램을 'iOS'라는 이름으로 개발한다. 이미 언급한 바와 같이 아이패드가 입력기기인 키보드와 마우스, 처리기기인 본체, 출력기기인 모니터로 구분되는 컴퓨터의 기본 구성을 훼손했을 때 일단의 전문가들은 컴퓨터 구성의 기본 공식을 위반하는 것으로 판단하여 회의적인 평가를 내렸다. 하지만 아이패드를 실질적으로 사용해 본 후 평가는 급반전되었다. 그 반전은 아이패드 사용자 경험, 즉 UX에 대한 다음과 같은 중언에서 확인할 수 있다.

아이패드의 특성은 사라지는(disappear) 데 있다. 아이패드는 너무나 단순하고 쉽고 직관적이어서 사용자가 소프트웨어를 조작하고 있다는 점마저 잊어버리게 한다. 마치 텔레비전 스위치를 켜거나 책장에서 책을 꺼낼 때 아무런 의식적 판단이 필요 없는 것처럼 말이다. 그로 인해 사용자는 아이패드가 소프트웨어를 통해 작동하는 기계임을 잊어버리고 웹사이트, 사진, 영화, 게임 자체를 손에 들고 있는 듯한 착각에 빠진다. 컴퓨터의 경우, 내용물을 관리하고 통제하는 하드웨어/소프트웨어적 장치가 두드러지지만, 아이패드의 경우는 이런 인터페이스(UI)가 드러나지 않기 때문이다. 예컨대 아이패드에서 웹 브라우저를 열면 웹사이트 전체가 화면을 채운다. 컴퓨터와 달리 웹사이트를 둘러싼 각종 틀, 메뉴, 버튼 등은 찾아보기 어렵다(Tweney, 2010.4.1).

이렇게 아이패드는 출시되었을 당시의 우려를 불식시키고 폭발적인 수요를 일으키며 이른바 새로운 시대의 컴퓨터로 자리매김한 것이다.

이제 마지막으로 이러한 사용자 경험과 마크 와이저의 다음 발언을 연결시켜 보면, 사라지는 컴퓨터로서의 아이패드가 와이저의 UC와 갖는 관계, 그리고 UC가 하이데거 철학과 갖는 관계를 더 명확히 이해할 수 있다.

좋은 도구는 보이지 않는 도구이다. 보이지 않는다는 말은 도구가 우리의 의식에 침범하지 않는다는 뜻이다. 사용자가 도구 자체가 아니라 과제에 집중한다는 말이다. 안경은 좋은 도구이다. 안경을 착용한 사람은 안경을 바라보는 것이 아니라 세계를 바라본다. 시각장애자는 지팡이를 느끼는 것이 아니라 도로를 느낀다. ……
균형이 잘 맞는 좋은 망치는 목수의 손에서 사라져서 목수가 더 큰 장면에 집중하도록 하는 것처럼, 우리는 컴퓨터가 마치 마술처럼 사라지는 행위에 참여할 수 있기를 바란다(Weiser·Gold·Brown, 1999).[5]

---

5   망치는 하이데거가 도구의 존재방식을 논의할 때 빈번히 언급하는 대표적인 예이다.

물론 아이패드의 사용자 경험을 통해 아이패드에 배어 있는 현상학적 측면을 밝히는 이 논의는 애플의 아이패드 개발 과정이 공개되지 않는 한 한낱 추측에 불과할 뿐이라는 비판이 제기될 수 있다. 그러나 다행스럽게도 애플이 아이패드에 이어 아이패드 II를 출시하면서 만든 TV 광고는 이 추측이 사실로 입증될 수 있음을 암시한다. 애플은 아이패드의 성공에 자신을 얻은 듯, 아이패드 II를 선전하는 TV 광고에서 하이데거와 와이저의 어휘를 빌려 다음과 같이 고백하고 있다.

여기에 당신이 믿는 것이 있습니다. 기술만으로는 충분치 않습니다. 빠르고, 얇고, 가볍고, 이 모든 것은 좋은 것입니다. 그러나 이러한 기술이 뒤로 물러서 있을 때 모든 것은 더 기쁘고 마법적이기까지 합니다.

8) 아이패드, 교훈과 한계

지금까지의 논의를 통해 우리가 알게 된 사실은 다음과 같다. 애플 아이패드는 사용자를 하이데거의 실존론적 존재론에 근거하여 실존적으로 존재하는 인간으로 이해하고 있다. 애플의 i 시리즈가 시장에서 성공을 거둘 수 있었던 이유는 사용자를 실존적 인간으로 파악하여 인간과 도구와의 관계를 실존적으로 실행할 수 있는 HCI를 구현했기 때문이다. 이는 컴퓨터 사용자의 존재방식에 대한 기존의 패러다임을 혁신함으로써 이룬 성공이다.

사실 HCI(인간-컴퓨터 상호작용)라는 분야가 성립할 때부터 인간과 컴퓨터의 관계를 연구하는 지배적 패러다임은 '휴먼 프로세서 모델(Human Processor Model)'이었다. 이 모델에 따르면 인간은 컴퓨터와 동일한 방식으로 작동하는 존재자이다. 즉 인간은 인지적 존재자로서 컴퓨터를 사용하는데, 이러한 인간의 인지 활동은 인지 기관, 예를 들면 두뇌에 내장된 합리적 규칙에 따라 입력된 자료를 처리하는 방식으로 이루어진다는 것이 휴먼 프로세서 모델의 기본 입장이다. 이 모델은 최근까지 여러 가지 변형을 거쳤지만 그 입장에 숨어 있는 기본 전제, 즉 인간이 컴퓨터의 프로세서처럼 공학적으로 작동한다는 전제는 구글 글래스에서 보듯 여전히 지배력을 행사하고 있다.[6]

이러한 사실과 함께 애플 아이패드에 관한 지금까지의 논의를 보충하는 사실을 마지막으로 짚어보고자 한다.

HCI의 측면에서 볼 때 아이패드에 숨겨진 철학이 하이데거의 실존론적 존재론이라는 것은 의심의 여지가 없다. 이런 점에서 디지털 기술과 그 기술에 대해 비판을 가해온 현상학이 반드시 대립적 관계에 서 있는 것은 아니며 화해적 관계로 들어설 가능성도 희미하게나마 있음을 알 수 있다. 그러나 이 화해가 더욱 성숙되기 위해서는 애플이 마크 와이저를 거쳐 하이데거의 실존론적 존재론을 흡수하는 과정에서 그 요지를 망각하거나 일부만 편취하여 불충분하게 이해한 점이 없는지 다시 한번 살펴볼 필요가 있다.

가장 심각한 문제는 와이저가 하이데거의 실존론적 존재론을 컴퓨터공학에 끌어들이면서 매우 중요한 점을 간과했다는 것이다. 즉 그의 유비쿼터스 컴퓨팅 이론에 결정적 역할을 한 하이데거의 도구 존재론은 인간의 실존 문제와 깊은 관계가 있는데, 이 실존은 인간이 사는 장소의 문제와 분리하여 논할 수 없다는 점이다. 와이저 역시 도구와 인간의 삶, 그리고 장소가 어떤 관계를 갖는지 어렴풋이 알고는 있었던 것 같다. 와이저의 다음 언급을 보면 특히 그렇다. "조용한 기술의 결과는 우리를 집으로, 친숙한 장소로 되돌려 놓는 것이다"(Weiser and Brown, 1995). 하지만 그는 이처럼 유비쿼터스 컴퓨팅의 궁극적 목표가 인간을 그가 사는 곳으로 귀환시키는 데 있다고 주장하면

---

6   구글 글래스가 공학적 인간모델에 집착함으로써 초래한 결과는 이 글의 마지막 절에서 다룬다.

서도, 인간 실존의 문제와 실존하는 인간이 어디에 사는가 하는 문제는 다루지 않았다. 그리고 이러한 문제는 아이패드에 그대로 전이되어 원래 유비쿼터스 컴퓨팅이 목표했던 바를 망각한 채 세상에 선을 보이게 되었던 것이다. 보이지 않는 컴퓨터를 사용하는 지금 과연 우리는 와이저가 유비쿼터스 컴퓨터로 꿈꾸었던 것처럼 집 또는 친숙한 장소로 돌아갔는가? 이러한 문제를 논의하기 위해서는 공간, 집, 장소의 문제를 실존론적 현상학을 통해 해명하는 작업이 더 필요하다.

실존, 나아가 탈존하는 자로서의 인간은 자신의 피부라는 물리적 한계에 밀폐된 생리학적 고깃덩어리도, 아니면 그 안에 마음이라는 내면을 갖고 있는 자폐적 자아도 아니다. 인간의 삶은 프로그램의 구동도, 동물적 생존도, 또 그 내면에 온갖 내적 심상과 관념이 떠도는 심리적 활동도 아니다. 인간의 삶은 그 삶을 넘어서 존재하는 것들의 의미가 밝혀지는 '터'인 것이다. 따라서 인간이 사는 장소 역시 만유인력이나 질량분포의 법칙에 따른 운동이 일어나는 공간이 아니다. 또 모든 것이 디지털화되어 광속의 속도로 순환되는 가상 공간도 아니다. 인간은 탈존적 존재라면, 그리하여 인간 자신이 존재하는 것들의 의미가 밝혀지는 터로서 존재한다면, 그가 사는 곳은 사물들이 그 존재론적 의미를 드러내는 풍경인 것이다. 풍경은 경관이라는 용어로 오해하듯이 우리가 물리적 자연에 감성적으로 착색하는 주관적 심상이 아니다. 오히려 물리적 자연과 공간은 설령 그것이 아인슈타인의 자연과 공간이라 해도, 풍경을 이념화한 기하학적 공간의 논리적 구조를 형식화하여 반복적으로 적용할 때 구성되는 수학적 집합인 것이다. 풍경은 그 자체로 이미 존재의 근본적인 아우라이며, 하늘과 땅, 죽을 운명의 인간과 신성이 서로에게 융화되며 상호 창조적으로 이루어내는 사건이다. 그리고 여기서 인간은 죽을 운명의 존재자로서 본래 모든 의미의 원천을 발견한다. 인간 거주의 흔적이 발견되는 모든 곳에서 자연은 그저 우리 앞에 나타나는 대상세계도, 또 우리가 생존을 위해 개발해야 하는 자원의 저장소도 아니다. 그것은 본래 존재의 의미를 밝히며 인간에게 말을 걸어오는 풍경이었다. 이 때문에 인간의 거주가 시작된 곳에는 항상 이야기가 탄생하며, 또한 사물들은 이 이야기를 담으며 작품으로 빚어진다. 인간과 기술, 그리고 삶의 공간은 이렇게 자연이 실존하는 인간에게 그 의미를 드러내고 그 의미를 현실적으로 실현하는 인위적 행위, 즉 도구, 나아가 과학기술을 통해 물적 현상으로 존재하게 된다.

4. 맺는말: 미래의 인간은 누구인가?

지금까지 존재의 총체적 디지털 전환이 가져온 변화를 특히 세계금융위기로 경제가 난파당한 2010년 전후 우리의 삶을 직접적으로 변화시키고 있는 디지털기기를 HCI 관점에서 탐색해 인간의 존재방식을 밝혀보았다. 물론 존재의 총체적 디지털화는 난파당한 경제와는 상관없이 오히려 그 경제를 번영으로 이끌 것이라는 테크노퓨처리즘의 지배 아래 중단 없이 진행되고 있다. 그 과정에서 우리는 2016년 새로운 혁명이 발발했다는 것을 목격해야 했다. 그것은 4차 산업혁명이었다. 2016년 이후 존재의 총체적 디지털화는 인공지능이 지휘하는 4차 산업혁명으로 호명되며 가속화의 단계에 들어섰다. 이 격변의 도정에서 2020년 코로나바이러스의 침공은 이 4차 산업혁명을 급속화의 단계로 진입시키고 있다. 인간은 코로나바이러스를 피해 디지털공간으로 급히 피난갈 수밖에 없기 때문이다. 그러나 이 인공지능이 지휘하는 4차 산업혁명이 코로나 위기 이후 실존하는 인간을 어떤 미래로 인도할 것인가.

이에 대한 전망을 얻기 위해서는 사실상 디지털 전환과 4차 산업혁명이란 구호에 가려진 경제구조를 잘 살펴보아야 한다. 근대 경제체제가 21세기 현재에 이르기까지 최근 유행하는 용어로 표현하면 1차에서 4차에 이르는 혁명을 겪었지만, 그 변혁을 관통하며 근저에 자리 잡고 있는 경제구조가 있다. 그것은 선형 경제(linear economy)이다. 사실상 근대 산업혁명 이후 오늘날에 이르기까지의 경제는 사실상 선형 경제라는 점에서 변혁도 혁명도 없다고 해도 과언이 아니다. 선형 경제의 작동 양상은 다음과 같다. 이 경제에서는 자연의 모든 것은 자원으로만 존재할 가치가 있으며 따라서, 자연으로부터 최대한 효율적으로 자원을 채굴한다. 그러나 자원은 그 자체 존재가 가치가 있는 것이 아니라 상품으로 제조될 때만 존재한다. 그리고 자원으로부터 제조된 상품은 인간에 의해 소비됨으로써만 존재가치를 실현한다. 이 과정에서 인간은 인간이 아니라 소비자로서 활동하도록 유혹받으며, 제품을 소유하고 소모함으로써 결국 폐기물을 양산해 낸다. 이 선형 경제는 따라서 우리의 소비 욕망을 무한으로 증식시키고 이는 자연으로부터 채굴한 물질의 과잉소비로 이어지며, 이 소비는 자원의 소모에 불과한 것이기 때문에 선형 소비경제는 실질적으로 폐기물을 양산하는 시스템이라고 할 수 있다. 그 결과 우리 삶의 근간이 되고 있는 자연이 폐기물로 가득 차게 되는 상황이 된다. 이로써 모든 생명체들을 사로잡고 있었던 환경들의 경계가 깨지며 일대의 혼란이 생겨난다. 이는 인간의 세계와 동물의 환경이 뒤섞이는 존재론적 카오스(chaos)로 귀착되고 새로운 인수공통 감염병이 출현하며 글로벌 노마딕 생활양식을 통해 팬데믹으로 창궐하게 되는 것이다. 이러한 전염병이 출현하는 상황은 단순히 공중보건의 문제가 아니라 현대인의 삶과 생명체의 삶 전반을 파멸로 몰아넣는 상황이다. 이는 역으로 다시 선형 경제의 작동을 마비시키는 역습으로 되돌아오고 선형 경제의 굴레 안에서 그 경제에 의존하여 삶을 살아가는 인간들의 경제생활 자체를 위기에 몰아넣는다. 따라서 코로나 팬데믹은 보건이나 의료 영역의 문제가 아니라 기후, 경제, 생명 공동체 전반의 존재론적 파멸의 상황으로 봉착하고 있는 것이다. 그러한 의미에서 코로나 팬데믹은 복합적인 존재론적 위기(Onto-Syndemic)라 해야 할 것이다.

그런데 이 존재론적 위기를 급속한 디지털 전환으로 극복할 수 있을까. 사실 문명에 잠복하고 있는 야만은 과학기술로 극복해 낼 수 없다. 과학기술 자체는 수단일 뿐, 야만에 의해서도 사용될 수 있는 것이기 때문이다. 테오도어 아도르노(Theodor Adorno)의 말처럼, 과학기술은 죽음을 생산해 내는 효율적인 수단이 될 수 있다. 가치중립성을 표방하고 있는 과학기술은 가치판단에 있어서 무기력하다. 더구나 인간 삶의 세계의 급격한 디지털 전환을 견인하는 디지털 기술은 노드와 노드가 연결될 때 각 노드들이 활성화되면 그 연결망이 거듭제곱의 속도로 증폭 확산되는 네트워크 효과를 갖는다. 그렇기 때문에 디지털 네트워크는 그 증폭에 어떠한 사태가 실리는지에 따라 급속히 성장을 이룰 수도, 급속히 파멸로 치닫게 될 수도 있는 특성이 있다. 따라서 디지털 기술이 지금은 일종의 탈출구를 제공했지만 팬데믹의 근본적인 원인이 되었던 야만이 네트워크 효과를 통해 증폭되는 상황으로 치달을 수 있다는 것을 간과해서는 안 된다.

20세기 후반부터 본격화된 문명의 디지털 전환에 잠복해 있는 야만은 다음과 같이 두 가지로 증폭될 수 있다. 첫째는 초격차 사회의 도래이다. 이미 21세기의 출발부터 악화의 기로에 들어섰던 경제적 불평등이 인공지능이 지휘하는 디지털 전환의 급속화로 비약적으로 증폭되고 있었다. 코로나 침공에 의한 디지털 전환의 급속화 직전에도 경제적 불평등의 비약적 악화는 여러 가지 경제지표로 경보를 울리고 있었다. 실로 디지털 테크놀로지의 최첨단에 있는 AI와 로봇에 의해 매우 빠른 속도로 자동화가 이루어지고, 그럼으로써 인간이 하는 일의 가치가 급격하게 하락하고 있다. 따라서 디지털 전환을 AI와 로봇에 기대어 추진할수록 인간의 일이 의미를 잃고 천문학적 부가 디지털 전환을 견인하는 극소수의 과학기술자와 자본가에게 집중되는 탈노동·초격차 사회로 인간들은 휘말려 들어간다. 이러한 '탈노동·초격차 사회'에서는 과학기술과 자본의 융합에서 소외된 대다수의 인간들은 가속적으로 증폭되는 미래에 대한 불안에 시달린다. 이는 심각한 결과를 초래한다. 실존적 시간으로서의 미래를 사는 인간은 지금까지 일을 통해 미래를 설계하고, 일을 통해서 미래에 대한 불안을 극복해 왔다. 그러나 인간의 일의 가치가 하락하게 되면 일은 미래를 대비할 수 있는 인간의 활동이 되지 못한다. 따라서 인간은 이 사회에서 미물로 전락하지 않기 위해 단박에 대박을 이루어야 한다는 망상 속에서 미래를 대비할 수밖에 없게 된다. 그 결과, 인간들은 자신이 하는 일보다는 대박의 망상 속에서 미래를 설계한다. 그리고 이 대박의 망상을 투기로 실천한다. 이러한 상황이 계속 진전된다면 미래의 경제는 대박의 망상 속에서 투기라는 행위를 통해 운영이 될 것이다. 그러나 그 사회의 미래는 경제적으로 파멸이다. 투기는 99%의 패자와 1%의 승자로 이루어진 것이기 때문이다.

두 번째, 디지털 전환의 역습 리스크는 코로나 침공으로 급속화된 디지털 전환이 스마트 선형 경제의 성장과 팽창을 더욱 가속화함으로써 결과적으로 폐기물 무한 양산 체제에 의한 기후위기와 팬데믹이 반복적으로 악화되는 미래이다. 단적인 예는 디지털 테크놀로지를 통해 우리는 손가락 하나로 전 세계의 제품을 순식간에 구매하고 소비할 수 있는 마법을 갖게 되었다. 그러다 보니 어마어마한 폐기물들이 생산된다. 그리고 이는 코로나 팬데믹으로 거의 모든 소비 행위가 온라인 손가락 쇼핑으로 실행됨으로써 상상을 초월하는 수준의 폐기물이 양산되고 있다. 이는 앞서 언급한 복합적 존재론적 위기를 급속히 증폭시킬 것이다. 만일 코로나 팬데믹으로부터 벗어나기 위해 실행한 디지털 전환이 선형 소비경제를 AI의 지휘 아래 궁극의 효율성으로 스마트화하는 상황으로 진전될 경우 기후 위기는 기후 극단 위기로 귀착되고 또 다른 팬데믹이 반복 침공해 오는 미래가 될 것이다.

공공적 가치 창출에 대한 인식이 없는 경제성장과 과학기술 발전은 시장 이익극대화에 매몰된 삶의 양식으로 비화한다. 이 사실을 우리 사회는 최근

몇 년간 체험으로 확인했다. 그것은 2008년 세계경제 파탄의 주범인 신자유주의적 자본주의의 기술적 해독제가 되고자 탄생했던 비트코인이 시장 이익 극대화, 즉 대박을 향한 투기 수단으로 변질된 사건이다. 그리고 또 최근 전 사회적 문제로 등장하고 있는 갭투기 역시 공공적 가치가 창출되지 못하는 사회는 최고의 첨단 건설·토목 기술을 갖고 있다고 할지라도 거의 모두가 고통받는 갈등의 도가니로 전락할 수밖에 없다는 것을 경고한다.

미국의 사례는 또 다른 반면교사이다. 거의 모든 것을 시장가치 중심으로 거래하는 미국 사회에서는 세계 최고의 부를 축적하고 첨단기술과 세계 최고 병원을 보유하고 있음에도 시민들은 코로나바이러스의 창궐로 인한 공공보건의 파탄에 신음하며 죽어가고 있다.

과학기술은 어느 시대에나 가장 중요한 삶의 도구이다. 이런 과학기술은 20세기 들어서는 그야말로 가속적으로 발전하며 상상초월의 강력한 힘을 발휘하고 있다. 그러나 이미 언급한 바와 같이 과학기술은 가치를 판단하는 데 있어서는 무기력하다. 과학은 이미 그 연구 방식 자체가 가치중립적이다. 가치중립성은 어떤 면에서는 객관성으로 미화되지만, 바로 여기에 과학기술이 가치를 판단하는 데 무기력할 수밖에 없는 이유가 있다. 이렇게 과학기술 그 자체만으로는 가치 있는 미래를 향한 결단이 불가능하다.

그러면 우리는 과학기술에 절망해야 하는가? 아니다. 과학기술을 연구하는 과학기술자는 물질도 아니고 기계도 아니고 인공지능도 아니기 때문이다. 과학기술자는 바로 인간이다. 그들은 바로 보다 나은 가치를 향해 결단할 수 있는 능력의 인간, 즉 살로 된 영혼이다. 그리고 현대 과학기술은 문자 그대로 최첨단이기 때문에 그 분야에서 실질적으로 연구개발을 수행하는 과학기술자가 아니면 아무리 영민한 천재라고 할지라도 첨단 과학기술에 몽매한 백치에 불과하다. 따라서 그 과학기술이 단순히 기능적 성능의 비약적 증강과 과잉 소비경제의 팽창 동력에 머물지 않고 역사를 어떤 가치를 갖는 미래로 이끌어갈지를 가장 잘 성찰할 수 있는 능력은 과학기술자에게 부여된다. 역사가 보다 가치 있는 미래로 발전하기 위해 과학기술, 정치, 그리고 자본이 새로운 양상으로 융합하기 위해서 가장 중요한 역할과 책임은 바로 과학기술자들의 몫이 되는 것이다. 그래서 과감하게 단언한다.

아직 오지 않은 미래 인간의 도래는 역사와 미래를 성찰할 줄 아는 과학기술자로부터 시작될 것이다! 그리고 그 미래의 인간은 현대인과는 다르게 성찰하고 행동해야 한다. 오스카 와일드(Oscar Wilde)는 〈윈더미어 부인의 부채〉(1892)라는 희극의 한 대사에서 현대인을 다음과 같이 묘사한다. "모든 것의 가격을 알지만, 어떤 것의 가치도 모르는 인간(A man who knows the price of everything and the value of nothing)!"

결국 현대인을 극복한 미래 인간은 포스트휴먼이나 슈퍼인텔리전스가 아니다. 미래의 인간은 모든 것에서 가치를 발견하는 인간이다. 그리고 이러한 미래인이 도래할 때 경제는 모든 것을 자원화하고 가공하여 소비함으로써 결국 폐기물을 양산하는 디지털 선형 경제(linear economy)를 혁신하고 모든 것이 가치로운 존재로 순환하는 디지털 순환 경제(circular economy)로 진보할 수 있다. 정녕 인간에게 미래의 새로운 가치를 향해 진보하는 의미로운 결단의 자유가 있을까?

오늘날 인간의 자유에 대해 뇌과학이나 양자역학 등으로 논하기도 하고 생명공학, 유전공학의 입장을 그대로 수용하며 인간의 역사를 이해하려는 흐름이 대세가 되고 있다. 진화론적 윤리학, 진화론적 역사철학 등이 이에 속한다. 이러한 물리주의 생물학주의에서 인간에게 결단의 자유를 논하는 것은 철 지난 잡설에 불과할 것이다. 그러나 나치 시대 유대인 수용소라는 역사적 현실에서 인간의 생생한 삶을 적나라하게 체험한 신경생리학자 빅토르 프랑클(Viktor Frankl)의 철학적 고백은 어떤 실험실의 연구보다도 더 신뢰할 수 있는 인간이 존재방식을 정면으로 대면하게 한다. 나치에서 모든 것을 빼앗

겼던, 심지어 자신의 몸까지 나치에게 빼앗긴 그 처절한 수용소의 삶을 살아
온 후 그는 다음과 같이 고백했다.

인간으로부터 모든 것을 빼앗아 갈 수는 있다. 그러나 마지막 한 가지 자유는 빼
앗아 갈 수 없다. 그것은 바로 어떠한 상황에 놓이더라도 그 상황에 대해 어떤 태도
를 취할 것인가를 선택할 수 있는 자유이다(Frankl, 2006).

참고문헌

Frankl, Victor. 2006. *Man's Search for Meaning.* Bacon Press.
Heidegger, Martin. 1976. *Sein und Zeit.* Tübingen.
http://www.ubiq.com/hypertext/weiser/calmtech/calmtech.htm (검색일: 2021.4.25).
Mann, Steve·James Fung·Daniel Chen. 2005. "Designing EyeTap, Digital Eyeglasses for
    Continuous Lifelong Capture and Sharing of Personal Experiences." p.2. http://eyetap.
    org/ papers/docs/Eyetap.pdf (검색일: 2021.4.25)
Merleau-Ponty, Maurice. 1964. "Indirect Language and the Voices of Silence." Richard C.(Signs,
    trans.). McCleary. Northwestern University.
_____. 1966. *Die Phänomenologie der Wahrnehmung.* Rudolf Böhm(trans.). Walter de
    Gruyter.
Tweney, Dylan. 2010.4.1. "Why We Are Obsessed With the iPad." *Wired.*
Weiser, Mark. 1999. "Computer for 21 Century." *Mobile Computing and Communication Review.*
    Vol.3, No.3(July 1999), pp.3~11.
Weiser, Mark and John Seely Brown. 1995. "Designing Calm Technology." Xerox PARC.
Weiser, Mark·R. Gold·J. S. Brown. 1999. "The origins of ubiquitous computing research at PARC
    in the late 1980s." http://www.cs.cmu.edu/~jasonh/courses/ubicomp-sp2007/papers/03-
    weiser-origins.pdf (검색일: 2021.4.25)

제 5 부

현대 과학과
동양철학의 대화

동양철학의 재발견

제9장

앎과 진실에 관한 동양철학 연구와 현대 과학의 상호 연관에 대한 모색

스펜서-브라운의 구분-지시-재진입의 관점에서

유권종 | 중앙대학교 철학과

1. 들어가는 말

노자의 『도덕경』에 "무명천지지시 유명만물지모(無名天地之始 有名萬物之母)"라고 말한다. 이 말은 원래 어느 것도 이름이 정해지지 않은 상태인데 명명 작용을 통해서 세상의 모든 것이 존재하게 된다는 노자의 세상 읽기를 보여준다. 명명 작업은 혼돈의 세계에 선을 그어서 구분하는 것이다. 그로써 앎이 탄생하고 진실이 확정된다. 조지 스펜서-브라운은 이를 구분-지시-재진입이라는 형식으로 법칙화했다. 여기서 구분이란 혼돈의 세계에 선을 그어서 앎을 구하는 것이고, 지시는 허위로부터 구분되는 진실을 가리킴과 진실로부터 허위를 가리킴을 구분하는 것이고, 재진입이란 구분된 진실 영역으로 들어가는 것, 즉 진실에 대한 인식을 말한다. 이러한 진실에 관한 형식의 법칙은 세상의 모든 학문 활동에 적용되는 것이다. 이렇게 보면 학문이란 분야별로 자신들의 개념/명칭을 사용하여 만물의 현상을 구분하고 지시하고 그렇게 구분한 영역 내부로 다시 들어가서 자신의 진실을 인식하고 주장하는 것이다. 동양철학 연구들이 경계선을 그어서 주장하는 진실들은 현대 학문들이 내놓는 앎과 진실이 설정하는 영역과 어떻게 관련되는 것일까? 이 글에서는 동양철학을 통해서 내놓는 앎과 진실에 대해서 돌아보고, 그것을 현대 과학에서 내놓는 앎과 진실과 상호 연관을 지어보는 것이 어떻게 가능하고 또 왜 필요한가에 대해서 살펴보고자 한다.

제목에서 언급한 앎이란 일차적으로 개인이 내놓는 인지적 활동의 소산이며, 이것이 집단마다 구성원들 간의 상호 조정 작업을 거치면서 집단이 공유하는 앎으로 자리 잡는다. 진실이란 개인들의 앎이 서로 조정되고 소통되면서 소통의 준거로 자리 잡은 것이다. 따라서 모든 앎이 진실이 되는 것은 아니지만, 대체로 학문 활동을 통해서 내놓는 앎은 일정한 자격 조건을 갖추어 학문적으로 진실로 승인되고 통용된다는 가정하에 논의를 진행하고자 한다. 이렇게 앎과 진실을 다르게 칭하는 이유는 학문 활동을 통해서 내놓는 앎이 학계 혹은 사회의 승인을 얻어야 진실로 확정되는 점을 고려했기 때문이다. 이러한 진실은 어느 한정된 시기와 집단 혹은 사회에 의해서 실재로 간주되는 것이지만, 시간이 지나고 사람이 바뀌고 또 그들이 내놓는 앎에 변화가 발생하면서 그 실재도 무시되고 다른 것으로 대체되는 것이다. 그리고 또 한 가지 고려해야 하는 점은 어느 한 분야의 학문이 내놓는 진실이 다른 분야의 학문 연구자들에 의하여 진실로 인정되어 그 분야로 확장되는 경우이다.

프리드리히 발너(Friedrich Wallner)는 그것을 어느 한 학문 분야에서 진실로 확정된 것을 다른 분야로 확장하고 전이하는 작용을 뜻하는 'strangification (Verfremdung)'이라고 개념화했다(Stiller, 2016). 이 개념을 정확히 번역하기 어려우나 여기서 '전이 효과'라고 번역하고자 한다. 하나의 분야에서 확정된 진실이 새로이 다른 분야로 전이된다면 원래의 것이 변형되거나 변성된 진실이 될 가능성이 크다. 그러나 그에 의하면 어떻든 그것은 학문 세계가 진화하는 과정의 법칙이 된다고 할 수 있다. 이 전이 효과가 한국의 동양철학계와 과학계 사이에는 드물게 발생하는 상황이다. 그것은 근대과학의 지식이 물질세계에 집중된 것이었던 까닭에 정신세계를 다루는 철학과는 무관하거나 거리가 멀었던 것이 이유가 될 수 있다. 하지만 현대 과학의 지식은 물질과 정신을 한 덩어리 혹은 하나의 연결망 속으로 집어넣었다. 그러한 변화는 정신세계를 다룬다고 하는 철학에서도 정신을 물질로부터 분리해서 다루는 방법을 더 이상 고집할 필요가 없음을 시사한다.

이 글은 현대 과학의 진실을 동양철학 연구자들의 사회에 전이하고 확장하는 시도가 될 듯하다. 몇몇 저술을 통해서 확보한 현대 과학의 진실은 동양철학 연구의 틀과 방식에 근본적 변화를 가져올 수 있다고 판단된다. 그러한 점에서 현대 과학의 진실이 동양철학의 진실을 확장하는 유용한 준거틀을 제공할 것으로 믿는다.

현대 과학이 이룬 성과는 대단히 혁신적인 것이라서 그것은 단지 몇몇 특징적인 과학적 발견 혹은 앎의 산출에 한정 지어서 논의할 성질은 아니다. 사물의 실재에 관한 궁극적인 기술이 가능한 학문을 물리학으로 간주했던 근대 과학의 입장을 부정하는 한편 인간을 포함한 세계를 정신과 물질로 이분(二分)했던 사고방식을 '데카르트식 오류'라고 보는 것이 현대 과학의 관점이다. 근대과학이나 근대철학이 설정한 물질과 정신의 이분법적 구도를 벗어나서 현대 과학의 시스템 이론은 물질이든 정신이든 그것은 사실상 구별되지 않는 하나의 거대한 연결망의 작용임을 실재화하고 있다. 또 근대의 학문들은 수학이든 철학이든 혹은 물리학이든 자신의 언어로써 모든 것을 명징하게 기술할 수 있다는 자신감이 팽배했지만, 현대의 수학과 철학, 물리학은 자신들의 언어로 기술하는 진실의 세계가 완벽하지 않다는 데 인식을 함께하고 있다. 또 암묵적 지식에 대한 주목은 언어로 명시할 수 없는 영역에서도 인간의 앎은 발생하고 축적되며 사실상 그것이 인간이란 생명체가 지속적으로 변화하는 중요한 기반임을 보도록 한다. 아울러 존재와 앎을 구별하여 양자를 각자 독립된 영역으로 놓았던 근대적 관점은 존재와 앎이 실은 동일한 기제에서 산출되는 작용임을 보여주는 사고에 의해 대체되는 중이다. 이러한 까닭에 삶과 앎, 그리고 세계는 동일한 시스템의 흐름 속에서 함께 표류하는 과정이며, 이를 산티아고학파는 "우리가 하는 것은 모두 다 공존의 무용각본에 따른 구조적 춤이다"(마투라나·바렐라, 2007: 278)라고 표현한다. 이러한 사고는 학자들이 스스로 학문 또는 진실의 방향과 실질을 조절하는 데 자각적으로 참여하는 일이 당위임을 깨닫도록 한다.

이러한 변화들은 패러다임의 차원에서 근본적 전환이 있었고, 그 때문에 사고방식의 변화는 물론, 진실을 내놓고 확정하는 학문 활동의 방식에도, 나아가서 삶에 대한 인식과 삶의 방식에도 변화가 필수적임을 알려준다. 이러한 패러다임의 변화와 관련하여 동양철학 연구는 '어떠한 앎과 진실을 내놓을 수 있는가'라는 물음을 던지고 그에 대한 소박한 답을 해보려는 것이 이 글의 목적이다. 이러한 목적에 도달하도록 도와줄 자료들을 찾아보면 다음과 같다.

현대 과학과 동양철학의 진실과의 관계에 대해서 비교적 친화적인 프리초프 카프라(Fritjof Capra)는 초기의 저술에서 동양철학적 사유, 특히 역경(易經)의 음양적 패턴에 입각한 사물 인식이 현대 과학과 통할 수 있는 것임을 언급했지만 이후에는 깊이 있는 고찰은 있었는지 잘 모르겠다. 다른 한편으로 카프라가 시스템적 생명이론으로 지칭하는 산티아고학파의 자기생성(Autopoiesis; self-organization, self-production 등) 이론은 생물학에 기반을 두고 성립된 후 사회학, 법학, 경제학의 새로운 이론으로 발전하는 등 응용 분야가 확산 중이다(Mingers, 1995). 이 이론은 사회학에서는 니클라스 루만의 사회체계이론을 탄생시키는 데 일조했고, 법이론과 경제학 이론 등에도 새로운 설명 가설을 제공했다. 산티아고학파의 프란시스코 바렐라는 자신의 인지생물학 연구를 구성주의(enactivism)로 발전시키고 나아가서 신경현상학의 틀을 제공했다. 주목할 점은 그의 학설이 발전하는 과정에 불교 교설의 연구와 수행 경험이 그의 연구를 이끌어주었다는 사실이다. 그러한 사정은 그가 에번 톰슨(Evan Thompson) 등과 공동 저술한 『몸의 인지과학(The Embodied Mind: Cognitive Science and Human Experience)』에 잘 반영되었다. 이후 바렐라는 '윤리적 노하우'라는 주제의 강연집을 내놓으면서 그의 연구 범위에 유교와 도가까지도 포함했다. 또 바렐라의 동료이자 공동 연구를 수행했던 에번 톰슨은 우파니샤드(Upaniṣad)에 관한 연구를 수행하여 저서 *Waking, Dreaming, Being: self and consciousness in neuroscience, meditation, and philosophy*를 냈다. 이러한 사례에서 보듯이 현대 과학계에서는 동양철학 고전에 담긴 진실로부터 연구의 동력을 얻었던 사례가 있었고, 또 그들이 조성한 새로운 생명 이론이 동양철학 연구의 새로운 장을 열고 있음을 보여주었다.

반면에 한국의 동양철학 연구자들은 현대 과학의 진실에 근거하여 연구의 동력이나 자산을 확보한 사례가 많지 않다. 일부 연구들이 인지언어학 혹은 언어철학의 최근 이론을 가져와서 한국 유교의 재해석에 적용하거나, 일부 연구자가 뇌과학의 성과를 유교 연구에 도입하는 경우가 있으나 아직 주목할 만한 성과는 없는 것으로 보인다. 필자는 바렐라의 강연집 『윤리적 노하우(Ethical Know-How: Action, Wisdom and Cognition)』를 번역했고, 그와 관련된 소논문 두어 편을 발표한 바 있다. 아직까지 동양철학계에서 현대 과학의 성과를 동양철학 연구에 응용하는 사례는 드물다. 그러나 현대 과학의 진실을 동양철학 연구에 끌어들이게 된다면, 그동안 연구의 사각지대에 놓여 있었던 것들이 중요한 연구 주제로 주목을 받게 되고 나아가서 동양철학 연구의 방향과 틀 자체도 변화가 불가피할 것으로 보인다. 만약 그러한 시도가 꾸준히 지속된다면 동양철학 연구들이 내놓은 진실이 현대 한국의 여러 학문 분야와 연결망을 더 긴밀하게 형성하면서 학계 공동의 진실을 내놓는 데 진일보한 효과를 내는 길이 될 수도 있을 것이다.

그런데 한국의 동양철학계가 연구의 방법을 현대화했던 전통이 없었던 것은 아니다. 대략 1970년대 혹은 그 이전부터 서양철학의 틀을 차용하거나 그 영향을 받아서 이론적 구도를 갖추어 동양철학을 연구하는 흐름이 뚜렷하게 나타났다. 당시에는 그것이 동양철학 연구를 현대화하는 작업이었다고 평가될 수 있는데, 이는 그 당시 중국 현대신유가로 칭하는 학자들이 취했던 연구 스타일과 매우 흡사한 것이다. 그것이 대만이나 한국 혹은 유럽 등에서는 지금까지도 지속되는 상황인 듯하다. 그러나 이에 대해서 한 가지 중요한 질문을 던져본다. 이러한 방식의 연구에 의해서 생산해 온 동양철학의 진실은 과연 동양철학의 고전에서 제기했던 인간과 삶, 나아가서 사회의 문제 해결에 대한 적절한 해석이었다고 할 수 있을까? 그리고 서구 근대철학이 추구했던 존재 또는 인식에 관한 이론 구성의 진실 영역이나 그 방법과 부합하는 것을 똑같이 구성하려 하다 보니 동양철학이 지향했던 문제 해결의 구도와 실질적 효과와는 거리를 벌렸던 것은 아닐까? 또 삶과 앎이 별개의 과정이 아니라는 자각을 통해서 삶(인격체 형성)과 앎(의 실천)을 하나의 과정으로 엮으라고 가르쳤던 동양철학 고전의 내용에 대해서 얼마나 진지한 물음을 던지고 그것을 현대사회에 응용하고 실천할 수 있는 길을 열려고 했을까? 또 해석의 방법이나 패러다임에 대한 고민이 결여되거나 부족한 채 동양철학 고전을 열심히 해독·해석하고 있는데, 그럴 경우에 동양철학의 고전에 담긴 진실들은 현대의 사회체계에 부합하도록 가감(加減) 내지 번안(飜案)하는 작업이 없어도 그대로 적용 가능한 것일까?

현대 과학의 새로운 패러다임은 동양철학 연구에도 기존의 사각지대를 좁히는 정도의 효과를 내는 것에 그치지 않고, 음양이 뒤바뀌듯 전혀 새롭게 해석할 수 있는 방법을 제공할 것으로도 보인다. 어떻든 이 글은 서양철학의 틀을 동양철학에 가져오는 것과는 다르게 현대 과학의 성과를 동양철학 연구에 반영할 방법을 정리해 보고자 하는 것이다.

2. 현대 과학 패러다임의 전환과 그 의미

현대 과학에서 내놓고 있는 진실은 근대과학의 그것과 근본적으로 다른 것이다. 그 이유는 진실을 내놓는 패러다임의 변화에 있다. 20세기 전반부터 시작된 현대 과학의 발전 과정과 그에 의한 패러다임의 전환에 주목하여 보도록 한다. 카프라의 견해에 의하면 이 전환의 과정에서 과학의 발전을 주도하는 중심 분야가 물리학에서 생물학으로 바뀌었고, 시스템 사고가 세계를 연결망으로 이해하는 사고 방법을 제공하고, 테크톨로지(tektology) 및 소산구조 이론 등이 특히 생명의 계통과 비생명의 계통 사이의 구별을 명확하게 해주었고 사이버네틱스의 소통이론에 의해 인지와 마음에 관한 새로운 관점을 얻었다. 물론 최근 물리학에서도 새로운 이론들이 정립되고 있어서 현대 과학은 늘 그래 왔듯이 앞으로도 이질적 이론들 간의 길항 작용이 발전의 실질적 동력을 지속적으로 제공할 것으로 생각된다. 또 학문의 주도 분야라는 표현이 각 분야의 과학자들에게는 어색한 말이 될 수 있을 터이나 카프라의 관점은 지난 20세기의 과학 발전 과정에서 지속된 변화의 동력이 생물학과 깊은 관련이 있음을 시사하는 것이다. 이러한 과학의 변화 과정에서 중요한 내용을 요약하고 그것이 동양철학 연구와 관련되는 점을 살펴보도록 한다.

패러다임 전환의 내용에 주목하는 이유는 그것이 사람의 앎 및 학문적 진실을 새로운 방식으로 내놓도록 해주기 때문이다. 동양철학 연구자들이 자신의 패러다임에 대해서 각각 깊은 성찰을 했으리라 생각하지만, 동양철학계에서 이러한 패러다임의 중요성에 관한 공개적인 논의가 흔한 것은 아니었던 것으로 보인다. 그렇더라도 동양철학 연구를 통해서 진실을 내놓는 과정에 일정한 패러다임이 작용하는 것은 물론이다. 그러한 까닭에 연구에 작용하는 패러다임에 대해 성찰하는 일은 자신이 내놓은 앎/진실에 대한 앎을 구하는 일이다. 그로써 자신이 내놓은 앎과 진실에 대해서 더 진지하고도 책임 있는 태도를 취하게 될 것이다. 그러면 현대 과학의 패러다임은 어떠한 앎의 생산 방식을 제안하는지 살펴보기로 한다.

카프라는 현대 과학의 흐름을 거시적 안목으로 포착하여 중요한 변화 내지 전환을 잘 설명했다. 그의 견해를 취하여 그 중요한 전환의 내용을 정리해 보면 다음과 같다. 그에 의하면 20세기의 학문 발전 과정에서 패러다임의 전환이 진행되었고, 그 전환의 내용은 다음 다섯 가지다. 첫째, 부분에서 전체로의 전환, 둘째, 구조에서 과정으로의 전환, 셋째, 객관적 학문에서 인식론적 학문으로의 전환, 넷째, 건물에서 그물로 전환하는 지식의 체계, 다섯째, 절대치에서 근사치로의 전환 등이다. 이러한 전환의 내용은 매우 포괄적이지만 앎과 진실을 다루는 방향과 방식에 근본적 변화가 필요함을 알려준다. 이에 맞추어서 동양철학 연구의 대체적 방식에 대한 성찰과 변화의 방향을 논의하는 것이 가능하다고 본다(카프라·슈타인들-라스트·매터스, 2014: 20~25).

첫째, **부분**에서 진체로의 전환은 환원론석 사고의 틀로부터 벗어나서 전체를 실재로 간주하는 사고이다. 시스템 사고에 의하면, 전체는 부분이 지니지 않는 창발된 속성을 지니고 실재가 되며, 부분은 전체의 속성에 의해 규정되고 통제되는 것이다. 그렇게 볼 때 다소 추상적인 표현이긴 하지만 동양철학 연구에도 환원론적 방법을 벗어나서 전체와 부분이 형성하는 관계에 주목하는 것이 필요하다고 할 수 있다. 예를 들면 지엽적 개념의 분석에 초점을 맞추는 분석철학적 연구 방법에만 치중하지 않고 전체의 시스템도 함께 살피는 균형 잡힌 연구 태도가 필요하다. 이때 중요한 것은 연구에서 설정해야 하는 전체의 범위를 어떠한 수준에서 할 것이냐 하는 점이다. 왜냐하면 전체와 부분은 어느 한 수준에 고정된 것이 아니고 시스템의 내부에도 시스템이 작동하고 외부에도 그것보다 더 큰 규모의 시스템이 작동하기 때문이다.

둘째, 구조에서 과정으로의 전환은 과정에 선행하는 모종의 (선험적) 구조의 존재를 상정하고 그것에 기초해서 작용이 이루어진다고 보는 근대적 방법은 본말이 전도되었음을 말한다. 오히려 이에 의하면 전체가 역동하는 과정 속에서 구조는 형성되고 변화된다는 것이 맞는 원리다. 이럴 경우 동양철학 연구에서도 과정을 선행 요인으로 삼고 구조를 종속 요소로 삼아서 보는 관찰법이 필요하게 될 것이다. 예를 들면, 불교든 유교든 또는 도가 역시 수양을 매우 중요시한다. 이러한 수양에 의해서 변화하는 과정과 변화의 단계마다 나타나는 앎과 세계의 구조의 변화를 연결시켜 보는 것은 매우 중요한 연구의 내용이 될 수 있다.

셋째, 객관적 학문에서 인식론적 학문으로의 변화는 다음과 같다. 카프라에 의하면 근대과학의 패러다임에서는 관찰자나 지식을 획득하는 과정과 상관없는 객관적 관찰이 이루어진다고 믿었으나, 현대 과학에서는 (지식이 어떤 과정을 거쳐 획득되는지를 연구하는) 인식론도 자연현상을 기술하는 데 명시적으로 포함되어야 한다고 믿는 차이이다. 양자역학의 불확정성 원리에서 관찰자와 대상과의 상호 관계가 관찰의 결과를 내놓는다는 것처럼, 현대 학문에서는 관찰 혹은 관찰자의 요소가 앎에 중요한 변수로 자리 잡았다. 이러한 인식은 이제 보편화되었다. 이와 관련하여 뒤에서 표상주의적 관점에서 구성주의적 관점으로 전환하여 앎을 이해하는 방법에 관해 논의할 것이다.

넷째, 건물에서 그물로 전환하는 지식의 체계란 다음의 의미이다. 근대 철학자 데카르트가 전체 학문의 관계를 하나의 나무에 비유하여 철학을 근본에 두었던 방식이 카프라가 말하는 건물로 지식의 체계를 비유하는 것과 같다.

이러한 사고에 따라 어느 학문에든 적용될 수 있는 기초로서 보편 학문의 설정이 가능했던 것이다. 그러나 하이젠베르크의 양자역학에 의해 이는 본격적으로 부정되었고, 이에 따라서 학문들은 그물처럼 상호 복잡다단한 관계로 얽혀서 진행되는 가운데 각자 나름의 독특한 양식을 내놓으며 서로 영향을 주고받는다고 보는 관점으로 변화했다. 그렇다면 철학 혹은 동양철학이 모든 학문의 보편적 근거를 제공한다고 보는 사고, 그래서 철학자들은 철학만 잘 연구하면 된다는 사고, 즉 철학적 지식의 절대성은 주장할 수 없게 된다. 이 것은 이미 대학 교육의 편제나 연구지원 등과 관련된 현실에서 분명히 나타나는 것이기 때문에 더 말할 나위는 없는 것이다. 달리 말하면 철학적 지식이 다른 학문들의 지식에 비해 우월하다거나 더 보편적·일반적이라고 주장할 수 있는 근거는 없다는 것이며, 역으로 다른 학문도 그에 해당한다는 것이다. 그래서 학문 간의 협력이나 교류가 중요하다는 의미가 된다.

다섯째, 절대치에서 근사치로의 전환은 다음과 같다. 데카르트식 패러다임은 과학적 혹은 수학적 지식 그리고 철학에서의 형이상학적 지식 등은 절대적이고 최종적(궁극적)인 확실성을 얻을 수 있다는 믿음에 토대를 둔 것이다. 그러나 현대 과학에 따르면 과학은 실상을 온전히 이해하는 절대적 진리가 결코 아니며, 어떤 현상과 이에 대한 기술은 정확하게 일치하는 것도 아니므로 과학자는 진리의 절대치를 다룬다기보다 실상을 제한된 범위에서 근사치로 표현하고자 하는 것이다. 괴델이 불완전성 정리를 통해서 수학에는 참이면서도 증명할 수 없는 명제가 있음을 입증함으로써 수학적 지식의 불완전함을 밝혔다. 이로써 근대까지 믿었던 수학적 지식의 절대성은 부정되고 있다. 철학 연구도 이와 관련하여 성찰이 필요하다. 예를 들면 철학 연구에서 형이상학 지식의 절대성에 대한 믿음을 가진다면 이와 같이 부정될 수 있을 것이다. 아울러 각 학문에서 사용하는 언어의 본질과 한계에 대한 성찰이 필요하다.[7]

3. 자기생성과 앎의 윤리

이상에서 언급한 패러다임의 내용은 대강의 변화를 말하는 것이라서 이와 더불어 세부적으로 철학 연구와 관련해 중요하다고 보이는 새로운 이론들을 검토해 보도록 한다. 여러 이론들이 각각 철학 연구와 관련이 있을 수 있다고 생각되지만, 여기서는 현대 과학의 최근 이론으로서 패러다임 전환에 획을 그었다고 간주되는 산티아고학파의 자기생성 이론을 집중적으로 검토한다. 이 이론은 20세기 전반에 시작된 현대 과학의 발전이 종합 귀결되고, 동시에 새로운 학문적 진화의 본격화에 기반이 되는 것으로 보인다. 또 이 이론은 생물학적 연구를 바탕으로 인간의 정신(마음)과 사회적 과정에 해당하는 내용들을 일관된 논리로 설명하는 가설이 되었으며, 또 그 내용은 기존의 철학이나 사회과학 등에서 취했던 인식론적 구도와 전혀 다른 구도를 내놓기에 이르렀다. 아울러 인간의 윤리에 대해서도 새로운 견해를 제안하고 있다.

자기생성이란 움베르토 마투라나와 프란시스코 바렐라가 공동으로 창안한 'autopoiesis' 개념인데, 영어로 'self-organization/self-producing' 등 다양하게 번역된다.[8] 이 개념이 의미하는 바는 '자기 스스로 자기조직을 조직하기'이다(마투라나·바렐라, 2007: 290). 이 개념은 생명체(즉, 살아 있는 시스템)를 다

---

7   이상의 내용은 카프라·슈타인들-라스트·매터스(2014)의 내용을 활용하면서 필자의 소견을 덧붙인 것이다.

8   이들의 자기생성 이론이 정립되는 과정에서 이런 이론들을 함께 추구한 다른 학문적 움직임이 있었다. 예를 들면 프리고진의 소산구조 이론, 하인츠 폰 푀르스터의 자기조직에 대한 체계이론적 접근 연구(마투라나 참여), 아이겐의 상위순환(Hypercycle) 이론, 생태계가 평형을 유지하는 안정성 외에도 환경의 큰 변화에 직면해 불연속 변화하는 진화적 적응력 또는 탄력성(resilience)을 밝힌 홀링의 연구, 엘리취가 내놓은 생물과 환경의 공진화 개념 등이 그것이다. 이에 관해서는 마투라나·바렐라(2007: 291~292, 옮긴이의 말) 참조.

음 세 가지로 정의한다. 첫째, 조직의 패턴인데 이는 시스템의 본질적인 특성을 결정하는 관계들의 구성을 가리킨다.[9] 둘째, 구조인데, 이는 시스템의 조직 패턴의 물리적 구현(embodiment)을 가리킨다. 셋째, 생명 과정인데, 이는 시스템의 조직 패턴의 지속적인 구현 속에 포함된 활동을 뜻한다(카프라, 1998: 213). 중요한 것은 이 세 가지 기준은 완전히 상호 의존적이라는 점이다. 즉 그 조직 패턴은 그것이 물리적인 구조로 구현될 경우에만 인식될 수 있고, 살아 있는 시스템 속에서 이 구현은 계속 진행 중인 과정이며, 따라서 구조와 과정은 불가분한 상태로 얽혀 있는 것이다(카프라, 1998: 213).

이 이론에 따르면 생명체 여부를 가리는 기준은 곧 자기생성인데, 중요한 것은 생명의 과정을 의미하는 자기생성의 과정이 곧 인지(認知, cognition)라고 이해하는 관점이다. 이는 그레고리 베이트슨을 거쳐 마투라나와 바렐라에 의해 제안된 것이다(카프라, 1998: 214). 즉 이들에 의하여 자기생성과 인지는 생명이라는 동일한 현상의 두 가지 다른 측면, 모든 살아 있는 시스템은 인지 시스템이며, 인지는 항상 자기생성의 연결망의 존재를 함축하게 되었다고 카프라는 설명한다(카프라, 1998: 214).

여기서 주목되는 것이 있다. 현재 철학계에서 많은 쟁점이 얽혀 있는 심신 관계 이론에 대해서 이 이론은 인지를 생명 과정과 동일시함으로써 마음에 대한 혁신적 개념을 함축한다. 이는 데카르트 이래로 현대 분석철학/심리철학에 이르기까지 변치 않는 정신과 육체/물질의 이분법적 구도, 및 마음을 존재(물질 혹은 비물질)로 간주하여 탐구하는 오래된 관점을 벗어나는 방법을 제시한다(카프라, 1998: 228).[10] 위에 언급한 생명체의 세 가지 핵심적 기준들 모

---

9 카프라는 자기제작/자기생성 이론에 입각하여 생명체와 비생명체를 구분하는 기준을 다름 아닌 생명의 패턴이라는 이름으로 규정한다(카프라, 1998: 215).
10 이 이분법 구도는 과정이 아닌 존재에 초점을 맞춘 것이다.

두가 인지와 깊은 관련이 있는 것이며, 그것이 곧 마음에 관한 새로운 관찰법과 전망을 제공한다. 이는 곧 존재라는 관점으로 풀어보려고 했던 심신 관계를 생명이라는 차원에서 보아 '하나이면서 둘이고 둘이면서 하나라는 관계'로 다룰 수 있음을 의미하는 것이다. 그리고 이는 고정되고 객관화된 존재로서 마음이나 물질을 다루는 것은 오류이며 양자를 생명의 과정을 창출하면서 유동하는 통합적 실체의 양면으로 다루는 것이 적절함을 말하는 것이다.

카프라는 이에 대해 다음과 같이 설명한다. "살아 있는 시스템에 대한 이론에 따르면, 마음은 물질이 아니라 과정, 즉 생명의 과정 그 자체이다. 다시 말하자면, 모든 수준의 생물에서 나타나는 생물 시스템의 조직 행동은 정신적인 행동이다. 생물(식물, 동물, 인간)과 그 환경 사이에서 일어나는 상호작용은 인지적, 또는 정신적 상호작용이다. 따라서 생명과 인지는 떼려야 뗄 수 없이 밀접하게 연결되게 되었다. 마음(또는 좀 더 정확하게 이야기하자면, 정신적 과정)은 생명의 모든 수준의 물질 속에 내재해 있는 것이다"(카프라, 1998: 228). 이 이론은 생물학적 관찰에 의한 것이지만, 사실은 인간(내지 생명체 모두)의 앎에 대한 전혀 새로운 앎을 제공한다.

마투라나와 바렐라의 공저『앎의 나무: 인간 인지능력의 생물학적 뿌리』의 후기에서 바렐라는 자기생성 이론을 제시하는 두 가지 근본 입장을 밝히고 있다. 이 입장을 보면 이들의 생물학적 연구가 결국은 철학을 비롯한 모든 분야의 학문이 추구하는 앎과 진실에 대해서 새로운 대안적 사고를 제안하는 것을 알 수 있다.

우선 완벽을 기하기 위하여 인식의 생물학에 대한 이 책의 두 가지 근본 입장을 다시 정리하고자 한다. 이것은 아직까지도 학계에서 대표적이지 않은 견해이다. 첫째로 우리는 이 책에서 표상주의(representationalism)에 근거하지 않은 지식관을 제시했다. 표상주의는 여러 형태를 띨 수 있지만 모두 동일한 가정을 공통분모로 공유하고 있다. 곧 주요 부분들로 자연스럽게 분석될 수 있는 어떤 세계가 지식에 앞서 존재하며 지식이란 이런 세계의 주요 특징들을 획득 또는 입수하는 과정에 근거한다는 가정이다. 신경과학자들은 이런 과정을 가리켜 흔히 '신호에 담긴 정보를 되찾기' 또는 '적응적인 방식의 작용' 따위 표현을 쓴다. 이런 태도는 지식의 짐을 이미 존재하는 세계의 사물들에게 떠넘기는 것이며 나아가 생명체의 자율성에 적합한 의미와 중요성이 이해될 여지를 없애버리는 것이다. 그러나 우리가 생명체의 자율성에 다시 주목함으로써 도달한 결론은 표상주의의 단순한 부정이 아니었다. 곧 우리는 유기체가 자신의 세계를 제멋대로 발명 또는 구성하는 것이 아니라 생명체와 환경이 한 동전의 양면이라는, 다시 말해 인식자와 인식된 것이 서로를 규정하고 있다는 흥미로운 결론에 도달하였다. …… 표상주의에 대한 대안으로 생물의 자율성에 주목하는 것이 이 책을 떠받치는 첫 번째 중심 기둥이라면, 두 번째 기둥은 이런 관점의 논리적 귀결을 추구하는 것이다. 다시 말해 생물학적 영역에서부터 인간적 영역에 이르기까지 자율성의 궤적을 뒤좇는 것이다. 그리고 이 인간적 영역에는 우리와 같은 과학자들의 활동도 포함되어 있다. 그렇기 때문에 인간 관찰자 자신의 활동과 경험은 이 책에 제시된 지적 탐험의 출발점이자 목표이며, 그럼으로써 하나의 완전한 순환관계가 형성된다. …… 생물의 영역에서 발견되는 것과 우리의 마음과 경험의 영역에서 발견되는 것 사이에 철저한 일관성이 유지되어야 한다는 요구는 현대 인지과학에서 거의 제기되지 않는데, 이것을 다시 전면적으로 제기할 필요가 있다(마투라나·바렐라, 2007: 284-286).

이 인용문에서 주목되는 것은 두 저자가 생물학적 관찰 결과와 인간의 마음과 경험에 관한 관찰 결과를 일관성 있게 설명하는 가설을 구성했다는 점이다. 아마도 인간의 마음과 경험에 관한 관찰은 인지과학적 관찰을 말하는 것으로 보인다. 그 결과 표상주의의 대안으로서 구성주의(enactivism)[11]를 발전시켰던 것이다. 중요한 것은 이 구성주의가 유아론과는 다른 것임을 강조하는 점이다. "유기체가 자신의 세계를 제멋대로 발명 또는 구성하는 것이 아니라 생명체와 환경이 한 동전의 양면이라는, 다시 말해 인식자와 인식된 것이 서로를 규정하고 있다"는 표현이 바로 그것이다. 이 생명체와 환경의 관계를 그는 구조적 연결이라고 표현하고 있다. 그리고 여기서 환경에는 타인이 포함되므로 환경과의 관계는 바로 개인이 타인과 맺는 관계가 포함되는 것이다.

또 이 인용문에서 "인식자와 인식된 것이 서로를 규정하고 있다"는 것은 생명체와 환경이 구조적으로 결합해 있음을 말하는 것이며, 동시에 사람의 인식은 인식하는 행위와 인식된 것(앎) 사이에 근본적으로 벗어날 수 없는 순환성이 있음을 의미한다. 즉 인식된 것은 인식자가 인식하는 행위를 통해서 내놓는 세계를 가리키며 그러한 세계가 역으로 인식자를 규정한다는 것은 양자가 서로 상대를 규정한다는 의미이다. 바렐라는 그것을 근본적 순환성(radical circularity)이라고 규정함으로써 앎(인식된 것)과 생명 활동(인식 행위)은 불가분의 관계로 결합하여 세계를 산출한다고 보는 것이다(Varela, Thompson and Rosch, 1999: 9~11). 인식자와 인식된 세계가 사실은 동일한 시스템 내에서 작동하기 때문에 어느 인식자도 근본적 순환성을 벗어나서 객관적 위치를 확보할 수는 없다. 이는 달리 말하면 객관적 관찰이란 어불성설임을 말한다.

바로 이러한 앎(인식)에 관한 이론이 귀결하는 것은 바로 앎에 관한 윤리이다. 객관적 관찰이 가능하다는 관점에서는 주관성을 철저하게 배제하는 것이 앎의 윤리가 되었다면, 근본적 순환성에 따라서 환경과의 구조적 연결 상태에서 추구하는 앎의 태도에는 또 다른 윤리가 필요하다는 것이다. 다음과 같은 언급을 통해서 그 윤리의 성격을 살펴본다.

---

11   이 용어는 연구자에 따라 발제주의 혹은 행화주의 등으로 번역하는데, 매우 어색한 한자어라고 생각되어서 좋은 번역어가 나올 때까지 구성주의라고 번역한다.

우리는 인식 과정을 생물학적 현상으로 보고 과학적으로 연구하면서 앎의 나무의 열매를 먹는 자리에 독자들을 초대했다. 이 책의 논리를 좇아오면서 결과들을 내면화한 독자라면 그 결과들이 피할 수 없는 것임을 인정할 것이다. 앎을 알면 얽매인다. 앎의 앎은 확실성의 유혹에 대해 늘 깨어 있도록 우리를 얽어맨다. 또한 우리가 가진 확실성이 진리의 증거가 아님을 누구나 다 아는 이 세계는 오직 한 세계가 아니라 우리가 타인과 함께 산출한 어느 한 세계임을 깨닫도록 우리를 얽어맨다. 그것은 우리가 다르게 살 때만 이 세계가 변할 것이라는 것을 알도록 우리를 얽어맨다. 앎의 앎은 우리를 얽어맨다. 왜냐하면 우리가 안다는 것을 알면 더 이상 우리 자신이나 타인 앞에서 마치 우리가 모르는 것처럼 행동할 수 없기 때문이다. 그러므로 우리가 이 책에서 말한 모든 것에는 (우리가 안다는 것을 알기 때문에) 피할 수 없는 윤리가 담겨 있다. 이 윤리의 준거는 인간의 생물학적 사회적 구조에 대한 깨달음이다. 이것은 인간의 성찰에서 출발하는 윤리이며, 또 사람다움의 본질인 성찰을 핵심적인 사회적 현상으로 간주하고 중심으로 삼는 윤리이다. 우리의 세계가 타인과 함께 산출한 세계임을 알게 되면, 타인과 다투더라도 그들과 계속 공존하고자 하는 한 우리에게 확실한 것을 (어떤 절대적인 진리를) 고집할 수 없게 된다. 왜냐하면 그들은 그것을 부정할 것이기 때문이다. 타인과 공존하고 싶으면 그들에게 확실한 것 또한 (그것이 아무리 마땅찮게 보인다 해도) 우리 것만큼 정당하고 타당함을 깨달아야 한다. 우리의 확실성이 그렇듯이 타인의 확실성 또한 한 존재영역에서 (그것이 우리에게 아무리 매력 없게 보인다 해도) 그들이 보존한 구조접속의 표현이다. 따라서 공존하려면 더 넓은 관점을 가져야만 한다. 곧 양쪽이 만나 공동의 한 세계를 내놓은 존재영역을 찾아야만 한다. 다툼이란 언제나 상호 부정이다. 다툼은 양쪽이 서로 자기 것을 '확신'하는 한 다툼이 생긴 영역에서는 결코 풀리지 않는다. 다툼을 극복하려면 공존할 수 있는 다른 영역으로 옮겨가야만 한다. 이 앎에 대한 앎이야말로 사람다움에 바탕을 둔 모든 윤리의 사회적 명령이다(마투라나·바렐라, 2007: 275~276)

이러한 사고는 '모든 인간적 행위는 윤리적인 의미를 지닌다'는 사고로 귀결된다. 이에 대해서 저자들은 다음과 같이 강조한다.

모든 인간적 행위는 언어 안에서 벌어지고 언어 안에서 벌어지는 각각의 행위가 한 세계를 산출한다. 타인과 공존하면서 만들어내는 이 세계는 우리가 사람다운 것이라 부르는 것을 산출한다. 그러므로 모든 인간적 행위는 윤리적인 의미를 지닌다. 그것은 세계를 산출하는 데 이바지하는 행위이기 때문이다. 사람들 사이의 이 연결이야말로 궁극적으로 타인의 존재의 정당성에 대한 성찰인 것이다(마투라나·바렐라, 2007: 276).

결국 이 두 저자가 생물학적 관찰에 기초해서 결론으로 내는 것은 '사랑' 혹은 '일상생활에서 내 곁에 남을 받아들이는 일'이 생명의 역사가 지시하는 방향이자 삶의 태도라는 것이다. 그들에 의하면 사랑은 뿌리 깊은 생물학적 역동성의 하나며, 유기체의 한 역동적인 구조 양식을 규정하는 감정으로서 사회적 삶의 작업적 응집성을 낳는 상호작용들로 나아가는 결정적 단계라고 매우 중요하게 평가한다(마투라나·바렐라, 2007: 277~278).

4. 진실에 관한 형식의 법칙

이러한 구성주의 관점은 과연 다른 학문들에서 지지하는 것인가? 아직 그에 대한 지지가 넓게 확산된 것 같지는 않다. 그렇지만 철학 외의 분야에서는 오히려 구성주의의 관점이 통용되거나 당연시되는 분야도 있고, 최근 이에 관한 철학적 논의도 많이 축적되고 있는 상황이다. 다만 국내의 상황은 그렇지 않은 것으로 보인다. 그런데 한 가지 반드시 주목해야 할 논의가 수학 분야에서 이루어졌다. 조지 스펜서-브라운은 비수리적 수학의 방법에 입각하여 인간의 앎과 진실에 관한 구성주의적 산법을 세웠다. 이로써 산티아고학파의 이론이 단지 돌출적 현상이 아니라는 점을 이해할 수 있다. 스펜서-브라운은 학계에 잘 알려지지 않은 수학자이며 그의 학설 역시 현재 많은 후속 연구를 발생시키는 것은 아닌 듯하다. 하지만 그의 『형식의 법칙』은 사회체계이론을 세운 니클라스 루만이 참조하고 수용했다. 이 책의 본문은 주로 형식의 법칙을 설명하는 비수리 수학의 법칙과 그것에 대한 해설로 채워져 있으므로, 이 글에서는 그의 서문을 위주로 살펴보도록 한다.

스펜서-브라운은 수학이란 "일상적 기술의 범위를 넘어 세계를 향해 가기 위한 열쇠", "일상적 존재를 너머 모든 창조물이 함께하는 구조의 어떤 것을 보여주는" 학문이라고 정의한다. 그런데 대부분의 수학 교재들은 그러한 구조가 이미 생성된 다음에 전개되는 과정의 중간 어느 지점에서 이야기를 시작하는데, 그와 달리 그는 우리가 아는 세계의 출발점, 즉 모든 창조물이 생성되는 구조에 수학적 탐구의 초점을 맞춘다. 모든 창조물이 생성되는 구조가 곧 그의 관심이 집중된 '형식의 법칙'인 것이다. 그에 의하면 이때 형식이란 모든 우주를 가능하게 하는 것을 말하며, 법칙이란 그런 모든 우주들을 가능하게 하는 형식들에 공통적인 것이다.[12] 바로 이 형식은 우주를 내놓는 우리의 앎의 작용을 말하는 것이며, 천문학에서 말하는 우주의 탄생도 어찌 보면 과학자들의 상상이 내놓는 사건일 수 있을 것이다. 그러므로 그의 형식의 법칙은 사람마다 앎의 작용이 각자의 형식을 사용하여 각자의 세계를 내놓는다고 하더라도 실은 그 형식 자체는 일반적인 법칙이 있다는 것을 말한다.

---

12 조지 스펜서-브라운 지음, 박상우·조은하 옮김, 「수학적 접근에 대한 주석」, 『형식의 법칙 (Laws of Form: The new edition of this classic with the first-ever proof of Riemans hypothesis)』. 한국에서는 미출간된 도서이다.

스펜서-브라운이 이러한 형식의 법칙을 다루게 된 것은 이른바 과학적 이원론이라고 부르는 것의 오류를 바로잡기 위한 것이다. 과학적 이원론이란 외양과 실체가 다르다고 주장하는 것을 일컫는다. 이 실체는 근대과학이 절대시한 실재 내지는 전통적 형이상학에서 추구했던 실재와 연관이 있다. 스펜서-브라운의 이 사고는 앞에서 살핀 시스템적 생명이론 혹은 자기생성 이론이 시스템적 사고를 바탕으로 객관적 실재를 인정하지 않았던 입장과 상통한다. 그렇더라도 그가 수학적 사고에 입각한 형식의 법칙을 세워서 부정하는 입장을 세운 것은 주목되는 점이다.

실체를 연구함에 있어 외양 이외의 어떤 수단도 없기 때문에 정의상 양자는 동일하다. 하지만 과학자들은 그들이 서로 다르고, 한쪽을 통해 다른 한쪽을 "점차적으로 발견해 나간"다고 주장할 뿐만 아니라, 실체-외양에 대한 인식(awareness)[과학자들은 '의식(consciousness)'과 혼동하는 실수를 하지만] 역시 이들과 다른 어떤 것이라 주장한다. 그래서 무엇이 일어나는지에 대한 완전한 무지 속에서도 세계는 '수백만 년 동안' '존재'할 수 있었다고 말한다. 이를 과학적 삼원론이라고 부르고자 한다. 다시 한번 말하지만 정의상, 외양에 대한 인식이 아닌 외양은 존재하지 않고, 인식의 외양이 아닌 인식도 있을 수 없다. (예를 들어 실제 군인과 장난감 군인 사이를 구별할 수 있는 것 같은) 실제적인 것-비(非)실제적인 것의 척도를 외양 일반에는 적용할 수 없기 때문에, '외양으로서' 나타난 모든 것은 동등하게 실제적인 것이며 비실제적인 것이다(스펜서-브라운, 1994: 서문).

이 인용문에서 말하는 과학적 삼원론이란 인식의 삼 요소를 지칭하는데, 외양, 실체 그리고 실체-외양에 대한 인식을 말한다. 스펜서-브라운이 내세우는 형식의 법칙은 이 삼원적 요소를 사실상 동일한 것으로 보는 삼중적 동일성이다. 외양과 실체에 대한 구별은 실체, 외양 그리고 (그에 대한) 인식의 세 가지가 함께 연결되어 있는 상태인데, 그것들은 표현만 다를 뿐 실제로는 동일한 것임을 나타내는 개념이 삼중적 동일성이다. 바로 이 개념이 그의 형식의 법칙의 새로운 사고가 출발하는 중요한 지점이다. 그 점을 그는 다음과 같이 설명한다.

이런 잘못된 구별들을 뒤집어 보면, 우리는 삼중적 동일성이라 부를 수 있는, 실체, 외양 그리고 인식의 정의에 따른 동일성에 도달하게 된다. 존재의 모든 '벽돌들'이 어떻게 삼위일체로 나타나는지는 놀라운 일이다(이는 기독교의 '신성한 삼위일체'와 비견할 수 있다. 이 삼위일체는 어떻게 모든 것이 만들어지게 되었는가에 대한 우리 지각의 요약일 뿐이다). 그 모든 것이 정말로 거기에 있는 것처럼 보이게 하는 마법의 팽창 원리를 제공해 주는 건 분명히 이 삼위일체다. '거기에'라는 말이 하나의 속임수를 제공한다. 실제로는 '거기'가 존재하기 위한 '어딘가'는 존재하지 않는다. 어떠한 '때'도 존재하지 않는다. 이 모든 것은 명백한 외양에 대한 상상적 구성물이자, 매우 안정적인 형식의 발명품들이다. 여기에 삼중적 동일성의 다른 표현이 있다. 상상력(imaginability), 가능성(possibility) 그리고 실재(actuality)의 동일성. …… 사물은 그것이 상상되지 않는 한 가능하지 않다. 그리고 우리는 그것이 실제로 나타나지 않는 한 가능하다고 확신할 수 없다. 그래서 가능한 것은 언제나 존재한다는 것이 발견될 것이고, 그것의 실제 존재(예를 들어 헬륨이나 카본 60)는 가능성이 상상되자마자 발견될 것이다. 존재하는 것은 그것을 인식하기 위한 가설적 존재를 상상하게 됨으로써 형식적으로 구성되고, 그리고 다른 (가설적) 존재들은 다른 존재에 대한 구성을 낳는다. 완전히 다른 (가설적) 존재는 완전히 다른 존재를 구성할 것이다(스펜서-브라운, 1994: 서문).

삼중적 동일성이라는 사고는 그의 비수리적 수학에서 정립된 것인데, 저서 『형식의 법칙』 본문 첫 페이지에 노자의 '무명천지지시(無名天地之始)'를 표방한 것과 1994년 한정판 서문에서 석가모니 붓다의 연기설을 설명하는 데에서 동양의 전통 사상이 중요한 참조 사항이 되었음을 짐작할 수 있다. 또 동일한 서문 말미에서 주장한 내용도 무(無) 혹은 공(空)을 중심에 두는 도가 혹은 불교의 관점에 그가 접근하고 있음을 보인다. "내가 가르치려는 모든 것은 어떤 것도 존재하지 않는다는 결과에 대한 것이다. 서구 철학자들의 영원한 오류는 어떤 정당화도 없이 무는 어떤 결과도 낳을 수 없다고 가정한 점이다. 반대로 그것은 가능하고, 그래야만 한다. 아무것도 존재하지 않는다는 것의 귀결 중 하나가 '이 모든' 것의 필연적 나타남이다. 문제는 없다!"(스펜서-브라운, 1994: 서문).

스펜서-브라운의 형식의 법칙은 지시의 산법이다. 그는 붓다의 연기설[그의 표현에 의하면 조건적 상호생산의 연결들(the links of conditioned coproduction)[13]]에 대해서 지시의 산법이라고 부르고 사실상 그의 형식의 법칙의 핵심으로 삼는다. 그에 의하면 역사상 삼중적 동일성이라는 법칙을 발견했던 유일한 저자가 바로 석가모니 붓다이다. 그런데 붓다는 "존재는 이중성(duality)이다. 비존재는 비이중성(nonduality)이다"라고 말했는데, 그는 붓다의 이중성이 그가 말하는 삼중적 동일성을 의미한다고 설명한다(스펜서-브라운, 1994: 서문). 붓다가 말하는 이중성이란 '어떤 것과 그것이 아닌 것'을 말한다. 붓다가 모든 존재란 이중성이라고 말하는 이유는 어떤 것(존재)을 가리킬 때 그것이 아닌 것을 동시에 구분하기 때문이다. 반면에 비존재는 아예 존재에 대한 인식이 일어나지 않은 것이므로 이중성이 있을 수 없는 것이고 그 때문에 비이중성이라고 말한 것이다(스펜서-브라운, 1994: 서문). 이러한 붓다의 이중성과 삼중적 동일성을 똑같다고 보는 이유는 그가 붓다의 이중성 '어떤 것, 그것이 아닌

---

13   이 표현은 에드워드 콘즈(Edward Conze)의 번역을 따른 것이다.

것'의 사이에 '이들 사이에 놓인 경계'를 첨가했을 뿐이기 때문이다. 붓다의 이중성으로부터 삼중적 동일성을 이끌어낸 것은 그의 형식의 법칙이 붓다의 사고를 응용하고 발전시킨 것이라고 보도록 한다.

따라서 이 설명에 의하면 모든 이중성은 삼중성을 의미한다. 여기서 그는 모든 지시(즉 어떤 존재를 가리키는 것)는 두 가지 상태(어떤 것과 그것이 아닌 것)를 규정해야만 하고, 그 두 가지 상태를 규정하기 위해서는 세 가지 요소를 만들지 않으면 안 된다고 말한다. 이 세 가지 요소는 문맥상 외양, 실체, 인식이라고 보이는데, 그의 지시 산법을 따라서 말하면 구분-지시-재진입이라고 할 수 있다. 구분은 외양을 바탕으로 존재와 비존재를 구분하는 것이고, 지시는 실체 혹은 진실을 지시하는 것이고, 재진입은 그러한 실체 혹은 진실을 인식하는 작용을 말한다. 중요한 것은 바로 이러한 구분-지시-재진입의 세 가지 요소에서 구분과 지시가 동시적으로 발생하는 것인데, 그가 그것을 개념적으로 구별하여 보았다는 점이다. 이 점이 그가 수학을 사용하여 모든 형식의 법칙을 설명하려는 노력이 도달한 모든 형식의 일반적 법칙이며, 모든 (인간의) 창조물이 함께하는 구조인 것이다.

이러한 스펜서-브라운의 지시 산법을 사회학에서 다룬 학자가 니클라스 루만(Niklas Luhmann)이다. 원래 생명체에 초점을 맞춘 산티아고학파의 자기생성 이론을 사회로 옮겨 적용한 것이 루만의 사회체계 이론이다. 사실 사회는 개인보다 큰 생명체라고 할 수 있으므로 이러한 적용이 문제가 되는 것은 아니며, 우리는 이를 통해서 발녀가 말하는 '전이 효과'를 관찰할 수 있다. 루만의 이론은 사회라는 전체 체계와 사회가 기능적으로 분화하면서 형성되는 하위 체계들을 중요한 구도로 삼는다. 그에 따르면 근대 이후 전체의 사회체계는 각각의 기능에 따라 분화된 경제, 법률, 학문, 교육 등의 하위체계들로써 구성되며, 전체 체계와 하위체계들 간에는 각각의 코드에 따른 소통이 진행된다. 그에 의하면 전체의 사회체계와 하위의 학문 체계 사이에는 진리/허위라는 코드에 의한 소통이 진행된다. 이런 소통에서 전체의 체계 안에서 진행되는 학문 체계(학문 활동)는 (환경 혹은 자신의 입지로부터) 자유로운 세계 관찰자를 인정하지 않는다. 이는 학문 체계가 전체의 사회 체계와 소통하는 가운데 진실/허위를 구별하는 준거를 생산하고 제공하는 역할을 하기 때문이다.

진실/허위의 코드를 다루는 체계로서 학문의 체계는 그 자체도 복잡한 것이어서 체계의 세부적인 작동에 관한 많은 설명이 제공되지만, 여기서는 스펜서-브라운의 형식의 법칙과 관련하여 루만이 말하는 학문 간의 소통의 출발점에서 작용하는 관찰의 성격에 대해 고찰한다. 루만은 과학이 작동하는 것은 어느 경우든 관찰함이며 텍스트가 작성되면 기술함이 된다고 간주하고, 지식은 사회의 일반적인 실행에서 그리고 과학에서도 오직 관찰의 결과로서만 성립될 수 있음을 말한다(루만, 2019: 89). 그래서 그는 그 관찰함이 어떠한 과정과 방법을 통해서 작동하는지에 대해서 고찰한다. 이 점이 스펜서-브라운의 지시 산법이 반영되는 것이며, 그는 이것을 복잡한 사회적 체계들의 작동 원리의 근원에 대한 접근법으로 삼고 있다. 그는 산티아고학파의 자기생성 이론을 그의 체계이론에 맞게 다시 정의했다. 루만의 사회체계 이론에서 자기생성의 작용이란 바로 관찰하는 작동에 의하여 체계가 자신을 재생산해 나가는 것을 의미한다(루만, 2019: 93). 그에 의하면 체계 내에서 이루어지는 소통이 곧 자신을 스스로 관찰하는 작동인데, 소통이란 하나의 구별(정보와 통보의 구별)을 처리하고, 후속 소통을 위한 수신자이자 연결점으로서 통보자를 발견해 내야 하기 때문이다. 이런 발견이 곧 구별이며, 이러한 구별은 모든 지식의 모든 소통적 처리에 유효한 혹은 유의미한 작용이라는 것이 그의 생각이다. 이는 관찰 관계에 관한 사이버네틱스에서 관찰자를 관찰하라는 지시를 따르는 것이며, 초월주의 이론가들(즉 객관적 관찰자의 존재를 상정하는 이론가들)이 존재함과 사고함을 분리시켜 상정하는 것과 다른 것이다. 그에 의하면 관찰작동은 언제나 세계 안에서 실행되어야 하며, 그럼으로써 그 자체가 스스로 관찰의 대상이 되는 것이다. 이러한 관점에 의하여 그는 관찰함을 관찰하는 것에 대해서 다음과 같이 기술한다.

> 관찰함의 작동은 항상 (그리고 그것은 누가 그 작동을 관찰하든, 자신의 구분의 두 면을 구분해야 한다) 구별함 그리고 지시함이라는 두 가지 구성 요소의 (차이)동일성이다. 이 '구별함-그리고-지시함'은 '과잉생산-그리고-선택'으로 표현할 수 있을 훨씬 일반적인 기제의 적용 사례이다(루만, 2019: 93).

그에 의하면 '구별함-그리고-지시함'의 특수 형식이 관찰함의 작동이다. 이러한 관찰이라는 작동은 역설을 포함하는데 역설이란 이원성(구분함에서 발생하는 것)을 (차이)동일성(Einheit)으로 단번에 현재화한다는 점이다. 이 (차이)동일성이란 인식이 지니는 특징이다. 예를 들면 나무에 대한 관찰에서 나무를 주변 사물들과 형태적으로 구별하지만 동시에 나무 외의 다른 것들과 함께 관찰함으로써 나무에 대한 인식이 발생하는 것이다. 이것이 (차이)동일성이다.

스펜서-브라운의 지시 산법과 루만의 (차이)동일성 개념이 주는 메시지는 매우 의미심장하다. 사람은 누구나 자신의 방식으로 세계를 구분하고 인식한다. 이 두 학자의 이론을 함께 엮어보면 앎에 관한 구성주의가 성립 가능하다. 스펜서-브라운과 루만은 공통적으로 누구나 앎과 세계를 내놓는 방식에 공통의 형식이 있음을 보여준다. 또 그 근본 취지는 자신의 앎이 가져다주는 확실성의 유혹에 넘어가지 않도록 경계하는 것이 바로 사람다움의 출발점이라는 바렐라의 관점과 상통하는 것이다.

5. 동양철학 연구의 전망

동양철학 연구가 현대 과학의 패러다임과 연결되면 어떠한 변화가 가능할까? 지금까지 언급한 내용은 인간의 앎의 근원과 본성의 해명에 치밀하게 도전했던 현대의 과학들이 이룩한 진전 사항이다. 근대과학이나 근대 철학이 가정했던 핵심적 전제들은 붕괴되고 새로운 앎에 관한 진실이 자리 잡아 가고 있다. 따라서 앎에 관해서 현대 과학이 내놓은 새로운 진실에 대해서 (동양)철학계는 화답하고 논의해야 할 상황이 조성된 것이다. 루만의 관점에서 본다면, 이는 현대 과학과 철학 사이의 소통이고, 전체 사회체계와의 소통을 위한 진실/허위의 코드를 새롭게 조정하는 작업이다. 만약 동양철학 연구자들이 이러한 소통에 무관심하다면 사회에 대해서 학계가 공동으로 제공해야 하는 진실/허위의 코드를 재구성하는 작업에서 이탈하는 것을 의미하고, 그로써 동양철학의 진실은 세상의 진실/허위 구분과는 상관없는 내용으로 남게되는 것이다. 또 카프라가 지적했듯이 모든 학문들이 사실은 거대한 연결망속에서 진실을 공동으로 생산하는 것이며, 산티아고학파 학자들이 강조하듯이 모든 학문들은 공존의 무용각본에 따라 함께 춤을 추고 있는 것이다. 여기서 동양철학 연구도 예외가 아니다. 더 나아가서 바렐라의 언명을 따르면 특히 진실을 내놓는 작업의 전문가들이 학자들인데, 이들은 자신의 앎에 대한 윤리적 책임이 누구보다 더 큰 것이다. 그 윤리적 책임이란 공존의 태도와 관련된 것인데, 그것이 학문 연구에서는 타인의 앎을 존중하고 그것과 함께 더 큰 진실을 만들어가려고 하는 태도여야 하는 것이다. 동양철학 연구자들이 내놓는 진실을 타인에게 공유하도록 하려면 자신이 먼저 타인이 내놓는 진실을 적극적으로 수용하고 이해하려는 태도가 요청되는 것이다. 그것이 연구자들이 보여야 하는 사람다움이자 사랑이기 때문이다.

이러한 우리의 앎의 본성에 주목할 때 카프라가 『생명의 그물(The web of

life)』의 서두에 심층생태학과 사회생태학 및 에코페미니즘 등을 결합한 생태학적 사고를 통해서 강조하는 내용을 기억할 필요가 있다. 그 내용은 다름 아닌 인간은 생태계 연결망의 한 부분이며 따라서 학문 활동 역시 생태중심적 가치와 불가분의 관계를 지닌다는 것이다. 생태중심적 가치란 다름 아닌 '미래 세대의 번영을 파괴하지 않으면서 자신들의 요구를 만족시키는 사회'를 정립하는 것이다(카프라, 1998: 19). 즉 우리가 내놓는 앎이란 지구의 생명 체계의 지속가능성 여부와 직간접으로 연결된다는 것을 깨닫는 것이다. 그러한 이해에 의하면 지구의 생명 체계를 살리는 것과 관련된 진실/허위를 구분하는 준거를 생산하는 데 학문 활동의 초점을 맞추는 것이 필요할 것이다. 동양철학 연구들이 지구의 생명 체계의 지속성과 관련된 내용을 많이 담아내고 있지만, 폭넓은 학문 생태계에 적극 참여함으로써 그 효과를 확대하는 것이 중요하다.

지구 생태계의 문제는 비단 환경에 한정된 문제가 아니라 최근 문제가 되는 국가나 사회의 안전, 더 나아가서 지구촌 전체의 안전과도 긴밀한 관련을 맺는 문제이다. 사실 이 문제는 가치, 윤리, 도덕, 경제, 정치, 문화, 과학기술, 안보 등등의 인간의 삶의 영역이 개인 및 사회의 다양한 삶의 방식과 서로 복잡하게 얽혀 있는 가운데 분출하는 것이라서 모든 학문 분야들의 협력 없이 어느 한 분야 전문가들의 능력으로써 해결될 성질의 것이 아님이 잘 드러난다. 그러한 까닭에 학문들 역시 생태계를 형성하여 함께 문제를 풀어가는 것이 필요하다. 좋은 예가 고령사회 혹은 초고령사회를 대비하는 노년학과 같은 융합적 연구이다. 여기에 동양철학적 진실이 들어갈 자리를 마련하는 것도 동양철학 연구자들의 몫이라고 할 수 있다.

또한 범위를 좁혀서 인간의 사회에 한정하더라도 역시 심각한 문제가 관찰된다. 이를테면 바렐라는 인간 사회의 도덕에 관해서 허무주의의 만연 현상을 심각하게 경고한다. 그가 이런 경고를 한 때가 1990년대 초반인데, 2020년 현재 지구촌 대부분 사회는 지역에 관계없이 위선의 가면을 쓴 온갖 허위와 기만 및 폭력에 시달리고 있다. 그가 말하는 도덕에 관한 허무주의란 도덕에 관한 지식은 흘러넘치도록 많이 가지고 있음에도 불구하고 현실에서는 부도덕(不道德)한 자아들, 심지어는 무도덕(無道德)한 자의식 덩어리 같은 존재들이 온갖 무도한 짓을 행하는 세상이 되었고 또 그것을 통제하고 수정할 수 있는 사회적 역량도 점점 감소하는 현상을 지칭하는 것으로 볼 수 있다. 루만의 방식으로 말하자면 그것은 사회체계가 진실/허위, 도덕/부도덕의 코드와 관련된 소통이 왜곡된 상태이고, 바렐라식으로 말하면 공존의 춤을 포기하는 것임을 의미한다. 즉 개인들 및 사회 전체가 도덕의 체계를 유지하는 장치의 기능을 점점 상실해 가고 있음을 말한다.

바렐라는 도덕에 관한 허무주의 경향의 극복을 위해서 동양의 전통적 지혜로부터 답을 구하고 있다. 그것이 바로 볼로냐대학에서 행한 강연 '윤리적 노하우'에 잘 드러났다. 그는 동양의 현자로부터 그러한 지혜의 모델을 구하고 있는데 그 지혜란 바로 숙련된 윤리의 실행 능력, 즉 윤리의 노하우에서 오는 것이다. 그가 윤리적 실천의 핵심적 능력을 노하우라고 규정하는 이유는 자발성을 중시했기 때문이다. 즉 윤리적 행위가 즉각적으로 요구되는 모종의 상황에 직면했을 때 그것에 능숙하게 자발적으로 대처하는 능력이 윤리적 노하우다. 반면에 기존의 도덕 교육은 윤리적 규범에 관한 앎과 그것에 입각한 이성적 판단, 즉 노왓(know-what)에 치중했는데, 그것이 실제 사회생활에서 효과를 내지 못하는 것으로 그는 이해한다. 이러한 관점에 따라서 그는 윤리적 노하우의 모델을 유교, 도가, 불교로부터 구하고 있으며, 그 가르침들은 오랜 기간 숙련의 과정을 거쳐서 가능한 경험 구조의 개발을 통해서 그런 노하우가 숙련되고 성취됨을 설명한다. 이는 데이비드 칼루파하나(David Kalupahana)가 석가모니 붓다의 성취가 명상과 체험의 과정을 거쳐서 확보한 직관의 능력이라고 설명하는 관점과도 통한다. 즉 칼루파하나와 바렐라는 서로 유사하게 과정사고를 통해서 변화의 과정에 의해서 인지의 구조가 지혜롭게 변화되는 과정에 주목했기 때문이다.

또 이들은 유교, 도가, 불교에서 형이상학 이론들을 체계화하는 것이 그 가르침들이 지시하는 진실이라고 보는 입장에 반대한다. 형이상학의 개발 혹은 체계화는 그들의 가르침에 관한 객관적·절대적 지식을 구축하려는 것이다. 오히려 두 학자는 그로부터 벗어나서 유교, 불교 등의 가르침은 진실들이 개인과 사회를 실질적으로 변형시키는 과정과 방법에 관한 내용을 담고 있으며, 동양에서는 그러한 가르침을 실천했던 오랜 전통이 살아 있음에 주목하고 있다. 그들의 그러한 관점과 관심을 따르면 동양철학 연구에서 그동안 관심 밖에 있었거나 소홀하게 다루었던 주제들, 즉 과정과 변화를 현대 과학의 관점에 입각하여 새롭게 조명하는 것이 필요할 것이다. 그렇게 되면 음지에 가려졌던 동양철학 연구의 분야가 양지로 나오게 되는 결과를 보일 수도 있을 것이다. 예를 들어 이황의 성학십도(聖學十圖)를 통해서 그것을 설명해 보자. 성학십도 제9도 경재잠도(敬齋箴圖)와 제10도 숙흥야매잠도(夙興夜寐箴圖)가 제안하는 것은 일상생활의 과정에서 경(敬)의 마음 상태를 상시 생성하는 심신의 시스템을 구성하라는 명령이라고 볼 수 있다. 그리고 그 시스템의 작동이 제1도 태극도(太極圖) 및 제2도 서명도(西銘圖)의 형이상적인 원리에 대한 신념을 확립하고 인류 내지 우주 전체에 대한 인(仁)의 마음을 스스로 양성하라는 가르침을 보이고자 했던 것이라고 해석할 수 있다. 그러한 가르침에서 왜 예실천을 중시했는가 하는 물음은 예가 심신의 시스템 건립과 유지에 어떠한 작용을 하는가에 대한 더 긴밀한 연구를 하도록 해준다. 또 심신의 관계를 존재의 문제로 다루지 않고 생명 및 앎의 발전과 성취의 과정으로 다루는 것이 이 원리를 더 깊이 있게 이해할 수 있도록 해줄 것이다. 그리고 그로써 어떤 유형의 앎과 삶을 성취하게 되는지도 역시 연구의 대상인 것이다.

이와 달리 특히 20세기 후반부터 한국뿐 아니라 중국의 연구자들은 동양철학의 추상적 관념적 사고방식과 그에 입각한 형이상학적 진실을 구성하고 그것을 통해서 동양철학적 진실의 객관적이고 절대적 영역을 구축하려고 노력해왔다. 앞에서 살핀 바에 따르면 이 노력의 성과는 이제 성찰과 비판의 대상이 되어야 한다. 하나의 실례로 중국의 현대신유가의 대표 학자인 모종삼(牟宗三)의 학문 태도를 돌아보기로 한다. 모종삼은 서구 근대철학의 틀을 차용하여 그것에 중국의 유교, 불교, 도가 등을 대입하여 중국철학을 이해하는 틀을 창안했다. 현대 중국 또는 대만의 연구자들 및 그들과 연결된 한국, 유럽과 미국의 중국철학 연구자들이 동양철학을 형이상학적 체계화 같은 관념적 연구로 천착하게 하는 태도에 정당성을 제공하는 학자들 중의 한 사람이 모종삼이다. 모종삼은 자신의 학문적 틀로서 '도덕형이상학'을 구축했는데, 이는 서구 근대의 관념철학의 기반을 확립하고 계몽주의를 정점에 올려놓은 이마누엘 칸트를 모방한 틀이다. 그가 칸트를 선택한 이유는 칸트가 서구철학의 완성자로 인식되었기 때문이다. 또 그는 칸트에게는 부족한 '도덕에 관한 형이상학'이 유교 사상에 내재한다는 점을 중국철학의 위대함으로 내세운다(청충잉·버닌, 2005: 385~389쪽 참조). 이로써 그는 중국인들에게는 중국인의 자긍심을 높이는 데 기여하려 했다고 볼 수 있고 또 동아시아나 유럽 등지에서 중국철학 연구를 강화하는 데 기여한 것이 사실이다. 그러나 그것이 현대 사회의 진실을 확장하는 데 참여하도록 동양철학의 전도(前途)를 계속 열어줄 지는 의문이다. 특히 우려되는 것은 그의 도덕형이상학을 세운 학문적 동기에는 서구에 눌린 역사를 치욕으로 간주하는 중국인의 자존심에서 비롯된 승심(勝心)이 작용한 듯 보이는 점이다. 이것이 진정한 협력이나 공존을 위한 학문보다는 동양철학/중국철학의 우월성과 그에 의한 앎을 절대적 진실로 끌어올리려는 경쟁심을 촉구한다면 경계가 필요한 것이다(유권종, 2020: 55~56).

이와 병행하여 한국에서도 많은 연구자들이 동양철학을 서구 근대철학의 틀에 맞추어 이론 구조를 갖춘 사상으로 다듬는 작업을 지속하고 있다. 예를 들면 한국 철학에서는 조선시대 유학자들의 수양 과정에서 발생하는 심적 작동과 구조의 이해에 관한 문제를 정(情), 심(心), 혹은 성(性)의 관념적 분석과 이해에 초점을 맞춘 철학 논변으로 변화시켜서 다룬 연구들이 뚜렷한 주류를 형성하고 있다. 이같이 사단칠정논변, 인심도심설논쟁, 인성물성동이에 관한 논쟁 등에 연구를 집중하면서 심성론(心性論)을 유교 연구의 중심으로 삼는 경향이 이미 30~40년 동안 이어지는 상황이다. 그런데 이 연구 경향은 삶과 일상생활에서의 예절 실천이 사유, 의지, 감정 등과 함께 군자라는 인격체를 창발시켜 가는 인격체의 발전 과정에 대한 접근을 배제하거나 일상생활에서 창발해 가는 인격체의 변화와 성숙 과정에 대해서는 깊이 파고들지 않는 듯하다. 그 반면에 마음(정신) 또 마음 가운데서도 정(情) 혹은 성(性)으로 환원시켜서 개념적 앎의 체계화를 중시하는 경향을 형성했다. 앞의 현대 과학 고찰 내용에 의하면 이와 달리 인격의 성숙을 위한 수양 방법이 어떠한 심신연결망을 역동시키는 것이며, 그 과정에서 중시되는 마음과 의례 실천이 어떠한 심신 상관성에 의하여 인격 전체의 상승 효과를 가져오는지에 관한 관심으로의 전환이 필요한 것이다(유권종, 2020: 56).[14] 또 그것이 학문 체계, 나아가서 전체 사회체계와 어떠한 소통이 가능한지도 성찰해야 하는 것이다.

더 크게 사회체계라는 수준에서 보면 동양철학의 전통적 가르침이 설정했던 사회의 구조에 대해서도 성찰이 필요한 것이다. 전근대 사회에 맞추어 구성된 동양철학 고전들이 읽어내는 사회의 체계는 현대의 사회체계에 어떠한 적합성을 가질 것인가? 왕조시대에서 벌써 오래전에 민주사회로 전환된 상황에서 개인 자유의 존중, 나아가서 개인의 존엄을 무엇보다 높이 평가하는 것

---

14 사실 이황도 제자들에게 이러한 논변에 시간을 허비하지 말고 수양 공부를 열심히 할 것을 권했다.

이 현대사회이다. 이러한 현대사회에서 삶과 앎을 병행하는 동양철학 연구자들은 고전을 독해하면서 스스로 내놓는 세계가 과연 현대사회와 어울리는 체계인가에 대한 성찰이 필요한 것이다. 자신의 앎에 대한 앎, 그러한 성찰은 단지 개인에 시선을 한정하는 동양철학 연구에서 그쳐서는 아니 됨을 말한다. 자신의 앎에 대한 앎은 현대사회의 체계를 어떻게 바라보고 그것과 공존할 수 있는 사회적 삶의 방식을 동양철학 고전으로부터 내놓을 것인가에 대해서 깊은 성찰이 필요함을 의미한다. 그것이 카프라가 강조하는 학문의 연결망에 적극적으로 뛰어들어 협력하는 연구이며, 바렐라가 강조하듯이 사회의 타인들과 공존의 춤을 추는 것이 될 것이다. 아마도 이러한 모든 내용들은 동양철학 연구자들이 마투라나가 강조하는 있음(being)에서 함(doing)으로의 전환을 스스로 추구할 때 가능할 것이다. 있음이란 존재에 대한 탐구를 의미한다면 함이란 스스로 행동하면서 자신을 변화시키는 것을 의미한다. 삶과 앎이 하나의 과정임을 동양철학 연구자들이 구현한다면 그것은 현대 과학이 가리키는 방향에 일단 참여했다고 볼 수 있을 것이다.

이상에서 언급한 것을 결론 짓자면 다음과 같다. 동양철학 연구자들은 원래 동양철학이 구분하려고 했던 진실과 허위의 경계를 관찰하고, 그것을 현대 사회 내지 현대 학계에 내놓을 수 있는 방법을 찾아야 한다. 단순히 현실에서 철학을 주도한다고 보이는 서양철학의 진실-허위의 경계를 추종하여 그 경계 안에 들어가는 것을 동양철학 연구의 성취로 간주해서는 안 된다. 또 현대 학문과 동양철학 연구가 융합 내지 협력을 할 경우에 새롭게 내놓게 될 진실이 있는지, 만약 그러한 진실이 있다면 그러한 진실의 경계는 어떻게 설정할 수 있는지에 대해서도 진지한 탐구를 시작해야 할 것이다.

참고문헌

루만, 니클라스(Niklas Luhmann). 2019. 『사회의 학문』. 이철 옮김. 이론출판.

마투라나, 움베르토(Humberto R. Maturana)·프란시스코 바렐라(Francisco J. Varela) 2007. 『앎의 나무: 인간 인지능력의 생물학적 뿌리』. 최호영 옮김. 갈무리.

스펜서-브라운, 조지(George Spencer-Brown). 「수학적 접근에 대한 주석」. 『형식의 법칙(Laws of Form: The new edition of this classic with the first-ever proof of Riemans hypothesis)』. 박상우·조은하 옮김.

유권종. 2020. 「시스템적 생명이론과 동양철학 연구: 프리초프 카프라의 학문관을 중심으로」. ≪철학탐구≫ 제60권.

청중잉(成中英)·니콜라스 버닌(Nicholas Bunnin) 엮음. 2005. 『현대 중국 철학』. 정인재·이임찬·박경숙·허윤영 옮김. 서광사. 385~389쪽 참조.

카프라, 프리초프(Fritjof Capra). 1998. 『생명의 그물』. 김용정·김동광 옮김. 범양사출판부.

카프라, 프리초프(Fritjof Capra)·데이비드 슈타인들-라스트(David Steindl-Rast)·토머스 매터스(Thomas Matus). 2014. 『그리스도교의 아주 큰 전환』. 김재희 옮김. 대화문화아카데미.

Mingers, John. 1995. *Self-Producing Systems: Implications and Applications of Autopoiesis*. , New York, Plenum Press.

Stiller, Joachim. 2016. "Friedrich Wallner: Leben und Werk Materialien zu Leben und Werk von Friedrich Wallner." https://docplayer.org/171125796-Friedrich-wallner-leben-und-werk.html. (검색일: 2021.5.6)

Varela, Francisco J.·Evan Thompson and Eleanor Rosch. 1999. *The Embodied Mind: Cognitive Science and Human Experience*. MIT Press.

제10장

사단칠정론은 철학이론인가?

정재현 | 서강대학교 철학과

---

1. 들어가는 말

이 글에서 나는 사단칠정론(四端七情論)[1]이 현재 적절하게 철학이론[2]으로 작동하고 있지 않다는 주장을 하려고 한다. 이것은 사단칠정론이 한국의 전

---

*   이 글은 ≪유교사상문화연구≫(2021), 제83권 , 7~29쪽에 수록된 「사단칠정론은 철학이론인가」를 이 책의 취지에 맞게 수정한 것이다

1   사단칠정론은 사단과 칠정 간의 관계를 둘러싸고 벌어진 퇴계와 고봉, 우계와 율곡 간의 논쟁들은 물론이고 이후 거의 모든 유학자들 그리고 수많은 현대 학자들에 의해 이루어진 사단과 칠정 간의 관계에 대한 논의를 가리킨다. 물론 특정 인물들 사이에 벌어진 구체적 논쟁을 가리킬 때는 "사단칠정논쟁"이라는 표현도 사용한다.

2   여기서 철학이론이란 하나의 '이론'이나 '입장'을 가리키는 것만이 아니라, 다양한 이론이나 입장이 철학적으로 논의되고 있다는 의미의 '철학적 논의'도 아울러 가리킨다.

통에서 대표적 철학이론이라고 여겨온 정황을 생각하면 다소 과격한 주장이라고 할 수 있다. 사단칠정론이 철학이론이 아니라면 도대체 무엇이 철학이론이 될 수 있을지 물을 수 있고, 이러한 물음은 나아가 한국 전통에는 철학이론이 없었다는 한국 철학 부재론까지 몰아갈 가능성이 있기 때문이다.

물론 나의 이런 과격한 듯 보이는 주장은 사실 철학이나 철학이론에 대한 나의 가정에 기초해 있다. 나는 나의 주장의 의미를 좀 더 명료히 하기 위해 철학이론에 대한 나의 가정을 제시하고, 그 후에 왜 사단칠정론이 적절한 철학이론이 아닌지, 그리고 사단칠정론이 적절한 철학이론이 되기 위해서는 무엇이 필요한지를 차례대로 말하려고 한다.

2. 철학이론이란 무엇인가?

철학이론은 기본적으로 철학 문제를 다루는 이론이라고 할 수 있을 것이다. 김재권은 「한국철학이란 가능한가」라는 한글로 쓴 짧은 논문에서 하나의 상상적 상황 설정으로 '인간의 본성' 혹은 '인간의 동일성 문제'라는 보편적인 철학 문제를 예시하면서, 그런 철학 문제의 특성에 대해 다음과 같이 말했다.

첫째로, 그 문제는 일군의 심리학자들이나 생리학자들의 연구를 통해 해결할 수 있는 경험적 문제가 아니라고 여겨지기 때문이다. 그것은 어떤 교묘한 과학적 실험을 거쳐 그 결과를 주의깊게 관찰함으로써 해결될 수 있는 문제가 아닌 것이다. 아무리 감도가 높고 복잡한 새로운 과학기구라도 그 문제를 푸는 것을 도와줄 수는 없을 것이다. 필요한 것은 사람·물질·생존이라는 개념들을 주의 깊게 반성해 보고 그것들을 지배하는 원리들과 그것들에 관한 암묵적인 가정들을 주의 깊게 반성해 보는 것이다. 이 원리들과 가정들 중 어느 것이라도 문제 삼을 수 있고 음미될 수 있다. 둘째로 그 문제는 중요한 것으로 우리가 누구이며 무엇인가를 이해하려면 인간이 무엇인가를 이해할 필요가 있기 때문이다. 이것은 우리가 자신을 이해하고자 할 때 중점적으로 대두되는 문제이다(김재권, 1986: 86~87).

이 인용문에서 중요하게 보이는 것은 '인간의 본성'이나 '인간의 동일성'과 같은 철학 문제가 과학과는 다르지만, 분명히 특정한 방식으로 해결을 모색하는 것처럼 보인다는 것이다. 흔히들 생각하듯이 그저 각자의 생각이나 의견을 이야기하고, 그것을 상호 이해시키려고 하는 것에서 만족하는 것이 아니라는 것이다. 우리는 이것을 '철학적 활동이나 철학이론은 단순히 어떤 이론이나 상황을 해명·설명하는 것이 아니고, 어떤 사실을 확립하기 위한 것, 즉 인식 정당화의 과정이다'라고 표현할 수 있다.[3]

문제의 제시와 해결을 구분한다든지, 해명, 설명과 인식 정당화를 구분한다든지, 나아가 이런 구분들의 짝 중에서 특별히 후자의 것과 철학이론을 연결하려는 나의 동기는 다른 것이 아니다. 그저 말장난 혹은 공리공론과 같이 어떤 결론도 내릴 수 없는 성격의 논의들을 철학이론이라 말하고 싶지 않기 때문이다. 즉 나는 우리에게는 보편적이고 일반적인 철학 문제들이 있는데, 철학이론이라면 적어도 이런 문제들을 그저 제시하는 데 그치는 것이 아니라, 그것들을 해결하려는 시도를 보여주어야 한다고 생각한다. 즉 '진리개연성 (truth conduciveness, 진리에 도움이 되는 성질)'을 가져야 한다고 본다. 예컨대 경험주의자 베이컨(Francis Bacon)[4]이나 초월적 관념론자인 칸트(Immanuel

---

3 믿음의 정당화는 믿음의 '진리개연성(truth conduciveness: 진리에 도움이 되는 성질)'에 기초한다. 이에 관해서는 이병덕(2017.12) 참조.

4 베이컨은 현상을 강조하는 아리스토텔레스의 자연철학도 심하게 논리에 의해 왜곡되었다고 주장한다(Tiles and Tiles(1993: 85)에서 재인용].

Kant)가 그 이전의 초절적 형이상학(transcendent metaphysics) 혹은 사변적 형이상학(speculative metaphysics)을 독단적(dogmatic) 형이상학체계라고 비판했을 때, 그들이 가지고 있는 철학관이 바로 나와 같은 것이다.[5] 한마디로 베이컨이나 칸트가 보기에 그런 형이상학의 체계들은 철학적 문제들을 해결하기에 적절하지 못했다.

철학이론이 철학 문제의 해결 능력을 갖추고 있다는 것은 무엇을 말하는 것인가? 혹은 초절적 형이상학이 철학 문제의 해결에 무기력한 것은 무엇 때문인가? 그것은 베이컨이나 칸트의 시도에서 알 수 있듯이 아마도 '당대의 경험사실' 혹은 '당대의 과학을 적절히 반영'하지 못한다는 점일 것이다. 여기서 '당대'를 강조한 것은 과거의 철학이론에 엮여 있는 당대의 과학이론을 현재의 과학이론의 관점에서 평가하여 그 과학이론의 경험적 적실성을 폄하하고, 나아가 그와 연계된 철학이론을 부인하는 오류를 범하지 않기 위해서다. 사실 과학의 역사를 살펴보면, 어떤 특정 시대의 과학도 세계를 완벽히 묘사했다고 말할 수 없을 것이다. 현재의 첨단과학도 시간이 지나면 새로운 이론에 의해 대체되는 운명을 겪을 것이 분명하다. 따라서 어떤 과거의 특정 시기의 철학이론을 비판하는 근거로 그 이론이 현재의 과학이론이 그려내는 세계에 기초하지 않았음을 들어서는 안 된다. 그렇게 따지면 어떤 시기의, 어떤 철학이론도 철학이론이 될 수 없을 것이다. 특정 시대의 철학이론은 그 시대의 과

---

5   피터 스트로슨(Peter Strawson)은 칸트 철학의 핵심을 '유의미성의 원리(principle of signifi-cance)'를 통해 초절적 혹은 사변적 형이상학의 부정으로 본다. 이 원리에 따르면, 어떤 개념이 경험적으로 적용되지 않는다면 그 개념은 의미가 없다(Strawson, 1966: 17). 현대의 이른바 '체험주의 철학'(experientialism)을 주장한 레이코프(G. Lakoff)와 존슨(M. Johnson)도 비슷하게 '새로운 철학적 이론은 지금까지 우리에게 주어진 경험적 사실을 포괄하거나 적어도 양립 가능한 방식으로 구성되어야 한다'고 믿었고 그들은 그것을 '경험적으로 책임 있는 철학(empirically responsible philosophy)'이라고 했다. 이에 관해서는 M. 존슨·조지 레이코프(2002) 참조.

학이론을 반영하면 되는 것이다. 따라서 '당대'를 강조한 것은 '세계의 정확한 묘사'보다는 '세계를 정확히 묘사하려는 목표나 지향점들'이 더 중요하다고 믿기 때문이다.[6] 세계를 묘사하려는 목표를 지니고 어느 정도 그 목표를 달성하는 과학이론이라면 얼마든지 유의미한 과학이론으로 받아들여야 한다. 그리고 그런 유의미한 과학이론에 토대를 둔 철학이론만이 적절한 철학이론이 될 수 있다고 믿는다. 아리스토텔레스의 철학이론이 현재의 과학이론이 보여주는 세계관과 다른 세계관에 기초해 있음에도 여전히 의미 있는 철학이론이 될 수 있는 이유이다.

우리는 종종 경험사실로 단순히 인간의 감각기관이나 경험과학에 의해 확인되는 것만을 생각한다. 왜냐하면 이런 경험사실만이 비교적 보편적인 동의가 가능하다고 보기 때문이다. 하지만 나는 이 글에서 그런 경험사실만이 아니라 특별한 수양 과정을 통해 경험되는 개인적 체험의 사실은 물론이고 구체적 정치, 사회제도[7]의 공적 체험도 보편적인 동의가 가능한 경험사실로 받아들이려고 한다.

경험사실이란 앞서 말했듯이 일차적으로 우리의 오관에 의한 감각 경험을 가리킬 것이다. 세계에 대한 우리의 지식이 이런 감각 경험에 의존한다는 것은 굳이 근대의 경험론자가 아니더라도 대체로 수긍할 것이다. 하지만 오관을 통한 인간의 감각 경험은 매우 제한적(단편적)이고, 오류 가능성이 있기에 경험사실은 사실 과학이론에 의해 확보되는 세계에 대한 신뢰성 있는 정보내용을 가리켜야 할 것이다. 감각경험이 우리의 감각기관에 의해 관찰 가능

---

6   이에 관해서는 Lloyd(2004) 참고.

7   이 세 번째의 것이 첫 번째의 것에 포함될 수 있지만, 여기서는 자연과학과 사회과학의 분류를 염두에 두고 나누어보았다. 즉 위의 세 가지 종류의 경험사실, 즉 과학의 경험사실, 수양 과정을 통해 얻게 되는 체험사실, 그리고 구체적 정치, 사회제도의 체험은 각각 자연과학, 인문과학, 사회과학이 각각 바탕으로 삼는 경험사실이다.

한 경험세계를 가리킨다면, 과학이론이 제공하는 경험사실은 감각기관으로는 관찰 가능하지 않는 대상들, 예컨대 '전자', '양성자', '중성자' 등등과 같은 '이론 용어들(theoretical terms)'이 가리키는 대상들을 포섭할 것이다. 이렇게 확장된 경험사실로서의 과학은 근대 이후 사실세계의 정보 제공 수단으로서 그 어떤 영역보다도 우월적 지위를 갖게 되었다. 근대 과학혁명 이후에는 형이상학 체계나 초월적 존재를 다루는 종교가 더 이상 진리의 수호자가 될 수 없었고, 자연스럽게 과학이 그들의 역할을 대체했던 것이다.

> 종교와 형이상학의 영역이 점차 분화되고 있으며, 그것들은 개인적이고 주관적이며 사변적인 것으로, 또한 경험세계에 대한 공적의 객관적인 지식과는 근본적으로 다른 것들로 간주되었다. 믿음과 이성은 이제 완전히 단절되었다(루빈스타인, 2004: 397).

과학이론은 인간의 단순한 감각경험의 집적으로 이루어지는 것이 아니라, 인간의 감각기관의 능력을 확장시킨 다양한 실험기기를 통해 혹은 일종의 수학적으로 단순화된 가설 모형을 사용함으로써 비약적으로 발전해 왔다. 물론 과학이 지향하는 사실이 우리 인간의 주관과 독립된 사실, 즉 형이상학적 실재일 필요는 없다.[8] 사실들은 사실 주관과 독립하여 객관적으로 있는 것이 아니고, 우리 주관의 관심에 따라 얼마든지 변화할 수 있는 그런 사실일 것이다. 따라서 과학이론의 진보는 새로운 사실의 발견이라기보다는 우리의 관심이 달라진 것에 따라 새롭게 구성된 사실이라고 할 수 있다. 따라서 이런 사실은 독립적 사실이 아니라, 어쩌면 주관의 관점에 영향을 받는 그런 상관적

---

8   현대의 형이상학적 실재론에 대해서는 Meillassoux(2008: 1~27) 참조.

사실인데, 문제는 이 사실이 자의적이어서는 안 된다는 것이다. 이 사실은 적어도 다른 입장을 가진 논쟁자들 간의 논쟁을 해결하는 데 있어서 시금석의 역할을 할 수 있는 객관적인 것 혹은 상호주관적인 것이어야 한다.[9]

만약 경험사실이 이런 객관적 기준의 역할을 하는 것이라면, 이 경험사실은 감각 경험처럼 모든 사람에게 접근 가능한 것은 아니지만, 노력을 통해 얻게 되는 경험, 예컨대 불교의 선(禪)과 같은 명상 체험을 통해 갖게 된 체험에까지도 확장되어야 한다.[10] 종래에는 이런 체험은 그저 신비적 체험이라고 해서 과학에서는 의도적으로 언급하지 않았는데,[11] 최근의 인지과학이나 뇌과학은 이런 명상 체험의 객관성에도 눈을 돌리고 있다. 즉 명상 체험을 감각경험처럼 하나의 경험으로 받아들이는 것이다. 불교의 무아나 연기와 같은 주장들을 가능하게 하는 명상체험도 서구의 전통적 인식이론이나 심신이원론 혹은 우리의 감각 경험과는 일견 충돌하지만, 현대의 과학적 세계관에서는 얼마든지 받아들일 수 있는 경험사실이라는 것이다. 하나의 예를 들면, 현대 뇌과학이나 컴퓨터 과학의 발전에 힘입은 인지과학에서의 '외연화된 마음

---

9   묵가가 생각한 기준(法)이 바로 이런 진리인식의 시금석 역할을 하는 것이다(이에 관해서는 『묵자』, 「경상」 "法, 所若而然也" 참조). (기준이란 그것에 의지해서 이견(異見)이 조정되는 것이다) 기준은 논쟁자들이 이미 공인한 개체를 지칭하기도 하지만, 나아가 다양한 개체들에게 적용될 수 있는 공통된 정의(意, definition)를 지칭하기도 한다. 그것이 개체이건, 정의이건 기준은 논쟁을 해결하기 위해 동원되는 객관적인 것이고, 여기에 잘 부합하는 것이 바로 '경험사실'로 내가 의미하는 것이다.

10   모종삼이 말하는 '체(體)'에 대한 지식', 즉 지성적 직관도 이렇게 볼 수 있다. "유학자들이 말하는 '눈앞에서 직접 보다(覿面相當)' 혹은 '몸으로 받아들이다(覿體承當)'라는 말은 바로 진정한 도덕 생활을 통해서 도덕 진리를 직시한 것이다. 이 문제의 확실하고 적절한 의미, 그리고 그것을 이해할 수 있고 설명할 수도 있는 (그러나 경험적인 지식의 의미가 아닌) 것은, 이것이 바로 '눈앞에서 직접 보는' 것을 통해서 파악되기 때문이다"(모종삼, 2012: 168).

11   칸트는 이를 신에게만 허용된 지성적 직관으로 볼 것이고, 결코 지성적 인식으로 보지 않을 것이다.

(embodied mind)'의 개념은 불교의 무아나 연기의 세계상, 즉 선(禪)의 마음 집중의 훈련을 통해 얻은 새로운 세계상을 세계의 실상으로 적극 지지해 준다. 이에 따르면 전통적 심신이원론이나 '육체와 분리된 마음(disembodied mind)'에 의한 외부 사물의 표상, 즉 우리의 통상의 감각경험은 사실상 심각하게 인간의 실제적 경험사실 혹은 인지과정을 왜곡하고 있다고 한다(Varela·Thompson·Rosch, 2016: xxxv-xxxvi). 물론 그런 명상 체험이 단순히 환각이나 착각이 되지 않고, 과학이론이 지지하는 경험사실이 되기 위해서는 그 체험에로의 길이 구체적으로, 그리고 객관적으로 제시되어야 할 것이다.

경험사실은 이처럼 개인의 명상 체험이 가리키는 실상은 물론 우리가 공유하는 정치·사회적 제도로부터 갖게 되는 체험들도 가리킬 수 있다. 이런 경험사실들은 앞서 말했던 논쟁의 시비를 가릴 수 있는 시금석의 역할을 할 수 있을 정도, 즉 단순히 주관적 사태를 넘어서서 객관적 가치를 지니고 있으면 충분하다. 이런 정치·사회적 사실, 문화적 사실들과 같은 경험사실들을 말함에 있어서 우리의 시선을 끄는 것은 모종삼의 내성과 외왕 혹은 '진리(이성)의 내포적 표현'과 '진리(이성)의 외연적 표현'의 구분이다. 모종삼은 동아시아 정치사상 혹은 철학의 문제는 '이성의 내포적 표현'이 풍부한 반면, '이성의 외연적 표현'이 부족했던 것이라고 주장한다. 예컨대 그는 민주주의의 경우, 동아시아에서는 좋은 민주주의의 이념은 있었지만 그 이념을 실현할 제도에 대한 연구가 부족했다고 한다. 이것은 이념과 현실의 관계에 대한 통찰, 즉 이념이 하나의 적절한 기능을 하기 위해서는 구체적 정치 현실에서 작동할 제도의 존재가 필수적이라는 점을 말해주는 것이다.

「천하의 권력」이 「천하의 사람에게 맡겨지는 것」에 이르러 그 객관성을 회복하는 것은 결코 자연스러운 추세가 아니다. 반드시 하나의 인위의 기교가 다양한 영역에 베풀어져서, 하나의 지탱하고 대대(對待)하는 구조를 이루어 그 자연의 단일성을 찢어 열어, 하나의 구조의 통일을 이루어야만 비로소 그 객관성을 회복시킬 수 있고, 진실로 천하의 권력을 이루어 비로소 진실로 천하의 사람에게 맡겨질 수 있다. 이것이 곧 인권운동과 민주주의 정치체제가 형성되는 방식이다. 그러나 과거의 유학자들은 단지 「천하의 권력을 천하 사람에게 맡기는 것」의 공공성을 지향하는 것만 알고, 그들이 어떻게 그것을 실현하는지는 몰랐다. 이 어떻게 그것을 실현하는지의 것이 하나의 정치의식이다. 어떻게 그것을 실현하는지의 구상에 빠지지 않고, 단지 선왕의 덕을 말하거나 이치가 마땅히 이와 같아야 한다만을 말하니 정치의식과 제도의식은 교훈의식 혹은 도덕의식(당연히 정치의 도덕의식)으로 전환된다. 이것이 곧 유학자의 「이성의 내포표현」이고, 유학자들이 부족하였던 것을 보여준다(牟宗三, 2003: 217).

어떤 철학이론이 유효하기 위해서는 그에 상응하는 경험사실이 있어야 한다는 유의미성의 원리가 모종삼에게서는 구체적 정치제도의 강조에서 구현되는 것이다. 동아시아의 민주주의 정치 이념이나 이론이 상응하는 정치·사회적 사실 혹은 제도에 의해 뒷받침되지 않았음을 모종삼은 아쉬워하고 있다.[12]

3. 사단칠정론은 현재 왜 철학이론이 아닌가?

사단칠정론이 현재 철학이론이 아니라는 주장은 바로 현재는 물론이고, 당대의 경험사실이 사단칠정론과 연계되어 있지 않다는 뜻이다. 이러한 주장의

---

[12] 모종삼은 칸트의 영향을 통해 방대한 저작을 남기는데, 그 핵심은 전통적 동양사상의 핵심을 내포적 지식(초절적 형이상학 체계?) 체계로 보고, 이의 보완을 위해 외연적 지식(경험적 지식체계?)을 도입할 것을 제안하는 것이다. 이에 관해서는 牟宗三(1996) 참조.

타당성을 살펴보기 위해 먼저 사단칠정론이란 무엇인지 알아보자. 사단칠정론은 한마디로 사단(四端)과 칠정(七情)의 관계를 이기론(理氣論)을 적용하여 확정 지으려는 논의이다. 사단과 칠정이라는 개념의 유래는 원래는 신유학의 형이상학적 틀인 이기론과 관계가 없었다. 사단은 『맹자』에 나오는 사덕(四德)의 단초로서의 네 가지 감정을 가리키는 개념이고, 칠정은 『예기』「예운」편에 나오는 인간의 일곱 가지 자연감정을 가리키는 개념이다. 사단을 일종의 도덕감정이라고 한다면, 칠정은 일반적인 인간감정이라고 할 수 있다.[13] 이렇게 본다면 사단칠정론이 문제 삼는 사단과 칠정의 관계의 문제란 현대에도 논란이 되는 도덕감정의 존재론적 위격(ontological status)의 문제라고 해석될 수 있다.[14] 도덕감정의 위격에 대한 논의는 현대에서 도덕형이상학, 도덕심리학, 뇌과학, 신경과학 등에서 다루는 주요한 철학적 관심사라고 할 수 있으며(Ivanhoe, 2015: 401), 이런 점에서 사단칠정론의 논의는 중요한 철학적 함의를 가진 것으로 해석될 수 있다.

하지만 현대의 도덕감정에 대한 철학적 논의가 현대 과학 특히 심리학, 뇌과학 등등의 보조를 받아 진행되는 반면, 현재의 사단칠정론은 여전히 이기론이라는 형이상학 체계를 동원해 도덕감정의 위격 문제를 해결하려고 하고 있다. 그런데 문제는 그 주된 이유가 이기론의 체계가 현재의 경험사실 혹은 현대 과학의 세계관과 잘 매치되지 않는다는 것이다.

세계와 존재 혹은 자연의 근본 구조를 해명하는 하나의 형이상학적 도구로서 리

---

13   이명휘는 칸트의 용어를 사용하여 전자를 '도덕감정(moral feelings)', 후자를 '육체적 감정(physical feelings)'이라고 볼 수 있다고 했다(Lee, 2017: 55).
14   혹은 앞서 말했듯이, 사단을 도덕감정, 칠정을 일반 자연감정이라고 한다면 사단과 칠정의 관계 문제는 도덕과 과학 간의 혹은 가치와 사실 간의 관계를 따지는 것이라고 할 수 있다.

기론은 과학의 형이상학이라고 할 수 있는 물리주의 혹은 자연주의와 충돌한다. 자연주의나 물리주의 모두 초자연주의 혹은 초월주의에 대비된다. 자연주의나 물리주의에 의하면 우리가 살고 있는 이 시간과 공간 세계 이외에 존재하는 것은 없다. 따라서 신이나 태극으로서 리는 우리가 살고 있는 이 자연 세계를 해명하는 데 있어서 불필요한 개념인 동시에 별 설명력이 없는 개념이다. 이러한 개념들이 없어도 충분히 물리적 세계의 작용을 인과적으로 설명할 수 있고, 또한 과학의 성공을 설명할 수도 있다. 적어도 이런 의미에서 리기론의 형이상학이 현대 과학이 가능할 수 있는 그 형이상학적이며 존재론적 근거를 적절하게 해명해 줄 수 없다면, 자연 세계와 관련해서 리기론이 보여줄 수 있는 철학적 설명력은 별로 없다고 할 수 있다(김영건, 2009: 368).

한마디로 이기론에 입각하여 사단과 칠정의 관계를 해명하려는 현재의 사단칠정론은 그 경험적 토대를 잃어버린 형이상학에 불과할 수 있다. 그렇다면 이기론에 입각하여 사단과 칠정의 관계를 정하려는 과거의 사단칠정론은 어떠한가? 역시 대답은 긍정적이지 않다. 이기론의 세계관이 아닌 다른 경험 사실을 동원하여 문제를 해결하려 한 흔적이 별로 없기 때문이다. 알다시피 이기론은 대체로 과학의 체계처럼 가설을 세워놓고 그것을 경험에서 확인하려는 체계가 아니었다.[15] 아니 이기론의 세계관은 처음부터 과학적 세계관과는 달리 애초부터 반증 불가능성을 가진 세계관이다. 한마디로 그 세계관은 어떠한 오류 가능성에도 열려 있지 않다. 예컨대 플라톤의 이데아론은 현상보다는 형상의 세계를 실재의 세계라고 보고, "현상은 단지 이 완벽하고 영원

---

15   한정훈은 "과학이라는 행위는 어떤 근사한 가설 하나를 줄에 묶어 천장에 매달아 놓고, 그 아래 부엌에서 과학자들이 그 가설의 옳고 그름을 검증하려고 이런저런 실험과 계산을 해보는 모습에 비유할 수 있다"라고 한다. 이에 관해서는 한정훈(2020: 23)참조.

한 실재의 세계의 모상이다"라고 주장한다. 이러한 형이상학의 이론을 우리가 경험에 의해서 반박할 수 있을까? 어떤 현상의 경험에 의해서도 이런 형이상학의 이론 체계는 반박되지 않을 것이다. 이것은 심지어 현상을 형상과 질료로 분석한 아리스토텔레스에게서도 일정 부분 불가피하게 발견되는 것이다.[16] 오랜 시간 동안 아리스토텔레스의 도그마적 형이상학 체계에 기반한 자연철학이 반증의 가능성이 있는 실험과학을 통해 자연을 이해하기 시작한 경험주의자들에 의해 거부되었던 것은 바로 그 아리스토텔레스의 형이상학 체계나 그에 기반한 자연철학이 근본적으로 검증 불가능한, 그래서 반박 불가능한 사변적 형이상학이었기 때문이다.

이기론의 리(理)는 종종 형상이나 원리에 비견되는데, 문제는 이런 형상이나 원리가 질료나 현상의 숨어 있는 원리라기보다는 그저 현상 자체를 의미한다는 것이다.

사실 리는 주어진 물체나 현상 전체를 한꺼번에 지칭한다. 복잡한 물체나 현상의 리는 그 물체나 현상을 더 간단한 형태로 설명하거나 더 근본적인 차원에서 분석하는데-그에 따라 그것을 더 깊은 차원에서 이해하는 데-사용될 수 있는 어떤 것이 아니다. 주희가 물체나 현상의 리를 언급했을 때, 그것은 그 물체나 현상이 존재하거나 일어날 것임을 보장할 뿐이다. 또한 리의 내용이 더 이상 분석되거나 더 깊게 탐구되는 일도 없다. 그것은 전체적으로 한꺼번에 파악될 뿐이다(김영식, 2005: 56~60).

---

16 하지만 플라톤과 아리스토텔레스에게서는 성리학자들과는 달리 이데아론이나 형상-질료론과 같은 형이상학 이외에 나름의 의존할 수 있는 과학이론 내지 경험사실들이 있었다.

어떤 사물의 존재나 어떤 사실의 발생에 개입되는 리는 그저 그런 사물이나 그런 사실의 리가 있기 때문이다. 즉 리란, 사물의 존재나 사실의 발생이 일어났음을 확인해 주는 역할밖에 할 수 없다. 리를 통해 우리가 그 사물이나 사실에 대해 더 잘 알게 되는 것은 아니다. 예컨대, 배나 수레의 리는 각각 "배를 물에서 갈 수 있게 하고, 수레를 땅에서 갈 수 있게 하지만,"(朱熹, 『朱子語類』, 4.5b3.) 그러나 그 리들은 "배는 물에서 가고 수레는 땅에서 간다는 사실 전체를 가리킬 뿐, 어떤 일반적이고 간단한 원리들-배와 수레의 움직임이 따라야 하거나, 배와 수레의 움직임을 분석하는 데에 사용할 수 있는-을 언급하고 있는 것은 아니다"(김영식, 2005: 61). 한마디로 자연 세계의 현상 이면에 작동하는 어떤 규칙성의 원리를 "리"라고 부르지는 않았다는 것이다. 이와 같은 이기론의 비환원주의적인 현상 긍정성의 특징 때문에 이기론을 통한 사단과 칠정의 관계에 대한 해명은 그저 겉돌 수밖에 없는 것이다. 한마디로 이기론의 체계는 사단과 칠정의 관계의 문제를 해결해 주기에는 너무 무기력한 체계이다.

사실 이기론의 무용성은 단순히 이기 개념이 가진 '단지 현상긍정의 측면'에서만이 아니라 이기 개념의 다의성에서도 그 원인을 찾을 수 있을 것 같다(김영건, 2009: 348, 368). 주지하듯이 리와 기는 이상(이념)과 현실이라는 도덕, 사회 가치의 의미 이외에 원리와 질료라는 자연 사물 구성원리의 의미도 가지고 있었다. 단순히 개념의 다의성 외에도 개념 사이의 위계성도 단일하지 않다. 대체로 이기의 관계를 이기불상잡(理氣不相雜: 리와 기는 서로 섞이지 않는다)이라고 하면 기에 대한 리 우위의 생각이 있게 되고, 이기불상리(理氣不相離: 리와 기는 서로 떨어지지 않는다)라고 하면 이기 평등의 생각이 포함되어 있다. 이러한 리, 기 개념이나 그 개념 간의 위계성을 말하는 데 있어서의 다의성은 사실 엄격히 말하면 기 개념의 다의성에 그 책임이 있다. 즉 기는 리의 실현을 방해하는 측면이 있으면서, 아울러 리의 실현을 완수하기 위해 불가결한 측면도 있기 때문이다. 이처럼 리와 기의 개념 간에는, 혹은 기 개념 자체에는 일견 충돌된 듯이 보이는 생각들이 함유되어 있기에 이러한 다의적 이기 개념을 사단과 칠정에 적용할 때 혼란이 생기는 것은 당연하다는 것이다.

　물론 많은 학자들은 여전히 퇴계와 고봉의 논쟁이 그렇게 오랜 시간 동안 지속된 것이 단순히 이렇게 리기 개념의 다의성을 인지하지 못한 것에서 기인하고 있다고 보지 않았다. 그들은 충분히 퇴계가 고봉이 지적한 것, 즉 사단이 리(理)의 발(發)이라고 할 때와 칠정이 기(氣)의 발(發)이라고 할 때의 발(發)의 의미가 다르다는 점을 알고 있었을 것이라고 주장한다. 퇴계는 분명히 전자의 발은 기원적 혹은 논리적 의미의 발로 발현의 의미이고, 후자의 발은 작동적 혹은 실제 작용적 의미의 발로 발동의 의미임을 알았다고 한다. 그럼에도 퇴계가 사단은 리의 발이고, 칠정은 기의 발이라고 주장한 것은, 아니 굳이 사단을 리의 발이라고 한 것은 도덕적 의지를 강조하기 위함이었을 것이라고 퇴계를 옹호해 준다. 즉 퇴계가 사단이 리의 발이라고 한 것은 이것은 도덕감정이라고 볼 수 있는 사단이 단순히 상황에 의해 촉발된 것이 아니라, 능동적이고 주체적인 도덕적 의지에 의한 것임을 강조하기 위해 그러할 수밖에 없었다는 것이다. 이것은 마치 칸트가 현상에서 인과적 법칙의 필연성을 믿으면서도 도덕적 행동이 자유의지에 의해 결과된 것이라고 주장한 것과 같은 맥락으로 퇴계를 이해하는 것이라고 할 수 있을 것이다. 그러면 퇴계와 고봉의 차이는 둘 다 기의 일원론적 세계관을 받아들이면서도, 좀 더 능동적이고 자발적인 선의지를 믿는(commit) 퇴계와 그런 선의지에 대해 어느 정도 유예하려고 하는 고봉의 차이라고 볼 수 있을 것이다. 그러나 퇴계와 고봉의 논쟁이 현상에 대한 그저 다른 관점이나 강조점의 차이에 불과한 것이라면, 그리하여 둘 다 일리가 있는 입장으로 그저 관점의 차이를 보이기 위해 노력한 것이라면, 퇴계와 고봉의 사단칠정논쟁은 어떤 객관적 사실을 밝히려는 철학적 활동이라고 할 수 없다. 혹은 객관적 사실에 대해서 이전보다 더 나은 이해를 가져왔던 철학적 활동이라고 할 수 없다. 만약에 사단칠정논쟁이 그런 것이었다면, 그것은 그저 각기 다른 입장의 설명이나 변명이지 공동으로 어떤 객관적 사실을 확립하려고 노력하는 정당화의 철학적 활동이 될 수 없기 때문이다. 다시 말해 그냥 퇴계나 고봉이 상대방의 입장을 인정하는 차원에서 종결지어지는 논쟁이나 논의는 결코 철학적 논쟁이나 논의가 아니라는 것이다. 그것이 철학논쟁이 되기 위해서는 다시 말해 어떤 문제를 해결하는 철학이론이 되기 위해서는 퇴계나 고봉 둘 중의 한 사람이 이겨야 했고, 그 이김의 과정 중에 시금석의 역할이 되는 토대적 경험사실이 게재되어 있었어야 한다는 것이다. 그 토대적 경험사실의 하나는 수양의 구체적 체험일 것이고, 퇴계와 고봉은 바로 이 체험을 공유하면서 그것을 시금석으로 삼아 사단과 칠정의 관계를 논했어야 했고, 그리하여 논쟁을 통해 우리 인간의 심성에 대해 새로운 통찰을 가져와야 했을 것이다. 혹은 어떤 정치제도나 사회제도의 유효성을 지렛대로 삼아 사단과 칠정의 관계를 논할 수도 있었을 것이다. 그리하여 공통의 정치 현실, 사회 현실을 지렛대로 삼아 더 나은 정치개혁, 사회개혁을 이루는 논의를 진행했어야 할 것이다. 이러한 경험사실들이 사단칠정논쟁에 분명하게 게재되어 있지 않았기에 우리는 사단칠정론이 현재 철학이론이 아니라는 주장을 펼 뿐만 아니라, 과거의 사단칠정논쟁에서도 그것이 의미 있는 철학논쟁이 아니었음을 주장하는 것이다.

한마디로 사단칠정론이 기반하는 세계관으로서의 이기론은 현대의 우리가 자연세계의 실상을 이해하는 것과 관련해서 커다란 설명력이 없다. 그것은 기껏해야 세계는 하나였으면 좋겠다는 신유학의 유기적 세계관, 즉 세계는 서로 연결되어 있으면 좋겠다는 희망 섞인 세계관 이상도 이하도 아니다.[17] 그런 세계관은 실제 세계에 기대어 있다기보다는 실제 세계에 대한 우리의 주관적 희망을 표현한다. 따라서 그것은 도덕적 감정과 비도덕적 자연감정

간의 관계를 해명하는데, 즉 도덕감정의 위격을 해명하는 데 적극적 역할을 수행하지 못한다고 보아야 한다. 바로 이 지점에서 이기론을 배제하고 사단칠정론을 논하려는 움직임이 나타난다.

4. 사단칠정론은 어떻게 철학이론이 될 수 있는가?

역사적으로 이기론이 사단칠정논쟁의 중심을 차지한 것이 사실이지만, 이러한 우연적 사실이 반드시 사단칠정론의 본질이 이기론을 의미하는 것은 아니라고 주장할 수 있다. 즉, 이기론을 빼고도 얼마든지 사단칠정론을 철학논의로 발전시켜 나갈 수 있다고 보는 사람들이 있다. 사단칠정론에서 이기론을 빼고 사단칠정론을 논하려는 움직임은 먼저 사단칠정론을 현재의 과학과 연결시켜 하나의 철학이론으로 만들려는 시도를 보인다.[18] 그들은 사단칠정론이 다루는 문제가 이성적인 것(사단)과 감성적인 것(칠정), 도덕적 감정(사단)과 비도덕적 감정(칠정)(김영건, 2009: 346~347; 홍성민, 2014: 268), 또는 다른 존재에 대한 관심(사단)과 자신에 대한 관심(칠정)의 관계에 대한 문제[19] 등등이 된다고 본다. 즉 현대철학에서도 문제가 되는 철학 문제를 다룬다고 보는 것이다. 하지만 사단칠정론이 보편적인 철학 문제를 다룬다고 과연 사단칠정론을 현대의 철학이론으로 받아들여야 하는 논거가 될 수 있을까? 앞

---

17 아이반호는 이러한 성리학의 세계관을 "단일성 가설(oneness hypothesis)"이라 부른다 (Ivanhoe, 2015: 149).

18 생리학, 신경과학 등과 같은 현대 과학의 성과를 통해 동아시아 윤리학을 옹호하려는 시도가 있다.

19 "특별히 전자(사단)는 타인에게 향하는 감정과 관련되고, 반면 후자(칠정)는 모두 개별적 자아와 그 요구 사항들에 정확하게 초점을 맞춘다"(Ivanhoe, 2015: 421).

서 말했듯이, 어떤 문제가 철학적으로 중요한 문제를 다루고 있음을 지적하는 것만으로 그것이 철학이론이 되는 것이 아니다. 그 문제를 해결하는 나름의 해결 방안을 제시할 수 있어야 의미 있는 철학이론이 된다고 할 수 있다. 사단칠정론이 의미 있는 철학 문제를 다룬다는 이야기는 할 수 있지만, 그렇다고 아직은 철학이론이라고 하기 어려운 이유이다. 물론 어떤 문제를 문제로서 제기하는 가운데, 그 문제를 해결할 실마리가 주어질 수 있지만 모든 경우에 그런 것은 아니다. 따라서 나의 입장은 그저 철학 문제를 제기하는 논의로서의 사단칠정론을 긍정할 수 있지만, 철학이론으로서의 사단칠정론은 부정하는 것이다. 즉 사단칠정의 논의가 현대 서양철학 전통의 도덕심리학 내지 도덕철학 등등의 논의와 유사하다고 해서 이것이 과연 의미 있는 철학이론인가 하는 것은 또 다른 문제인 것이다. 왜냐하면 설사 사단칠정론이 서구의 도덕감정과 비도덕적 감정의 관계에 대한 논의와 관련이 있다고 하더라도, 적어도 이러한 사단칠정론이 현대 서구의 논의에 대해 어떤 특유의 관점을 새롭게 제시할 수 없는 것이라면 이것이 현대의 철학이론이 될 수는 없다는 것이다.[20]

사실 이기론이 사단칠정론에 완전히 불필요한 것은 아니다. 이기론은 사단칠정론이 철학 문제를 다루고 있다는 점을 명확히 해준다. 사실 원리와 질료 혹은 이상과 현실을 뜻하는 리와 기의 개념들을 통해 우리는 사단과 칠정의 관계에 대한 논의를 감정에 관한 아리스토텔레스의 현실주의와 스토아학파

---

[20] 아이반호는 그의 논문에서 기본적으로 사단칠정론의 '역사적 의의(historical significance)' 와 '현대적 관련성(contemporary relevance)'을 말하는데, 사단칠정론은 신유학 전통에서 역사적 유의미성을 가지고 있으며 (참여자들이 심각하게 논쟁을 할 이유가 있었으며), 서구철학 전통과 비교했을 때 철학적 유의미성을 가지고 있다고 주장한다[이에 관해서는 Ivanhoe(2015) 참조]. 그러나 그의 철학적 유의미성은 그저 사단칠정론이 철학적 문제를 다루고 있음을 말하는 것일 뿐, 사단칠정론이 철학이론임을 말하는 것까지 함축하는 것은 아니다.

의 이상주의, 인성에 관한 아퀴나스의 낙관주의와 아우구스티누스의 비관주의, 그리고 칸트의 물리적 현상세계와 도덕적 물자체의 세계 사이의 갈등이라는 철학 문제와 연결할 수 있게 되었다(Ivanhoe, 2015: 414~415). 아니 앞서 말한 이성과 감정, 도덕감정과 자연감정 등의 관계에 대한 논의로 사단칠정론을 규정하는 일도 이기론의 적용에 의해 비로소 완성된다고 할 수 있다. 따라서 이런 의미로 사용되는 이기론은 사단칠정론의 해명 혹은 설명의 과정에 도움이 되는 정도가 아니라, 심지어 거의 빠뜨릴 수도 없는 필수불가결한 것[21]임은 물론이다. 당연히 이런 논제 설명의 방식으로 이기론을 사용하는 것은 현대 과학과 충돌하지 않는다. 충돌하는 것은 앞서 말한 대로 이기론을 경험사실을 드러내는 하나의 과학이론으로 삼아, 우리로 하여금 사단과 칠정의 관계를 규정지을 수 있는 잣대로, 즉 진리를 향한 정당화의 방식으로 이기론을 사용할 때이다. 이기론은 이런 의미에서 결코 과학을 대체할 수 없을 것이다.

사단칠정론이 철학이론으로 가능하기 위해서는 이기론도 그리고 현대의 과학도 아닌 제3의 경험사실을 통해야 할 것이다. 앞서 말한 대로 그것은 퇴계와 고봉의 감정이론에 호소하는 방식이다. 즉 '수양의 특정 체험' 혹은 학(學)을 바탕으로 한 감정의 이해이다. 퇴계와 고봉 간에 벌어진 사단칠정논쟁에서는 이처럼 감정에 주목해서 사단칠정논쟁이 진정한 철학이론으로 발전해 가는 길을 가지 못했지만, 나는 퇴계와 고봉에게 그렇게 사단칠정론을 철학이론으로 만들어갈 수 있는 길이 있었다고 믿는다. 왜냐하면 감정은 단순히 내면적이고 사적이며 자의적인 사태가 아니라, 외적인 상황을 포함하고, 공적이며, 객관적인 것이기 때문이다. 퀴리 비락(Curie Virág)이 지적하듯이,

---

21 마치 서양에서의 이성과 감정 혹은 원리와 질료처럼.

정(情)은 동아시아 전통에서 단순히 내면적인 사태, 즉 열정이나 느낌과 같은 감정만이 아니라, 세계 안의 사물들의 조건인 사실을 가리킨다(Virág, 2017: vii 참조). 비락은 이로부터 감정은 우리가 세계의 실상을 이해하는 데 매개가 되는 역할을 수행한다고 주장한다. 즉 감정은 세계를 이해하는 하나의 인지 방식이라는 것이다(Virág, 2017: 24 참조). 이러한 감정은 정적이고, 수동적인 것, 즉 우리가 아무런 노력을 통하지 않고도 갖게 되는 성격의 것이 아니라, 동적이고, 자발적인 것이고, 또한 수양을 통해서 객관적인 것으로 발전시킬 수 있는 것이다. 성인만이 이런 감정에 대한 이해를 갖는 것이 아니고, 모든 사람이 객관적 과정을 거쳐 누구나 이런 감정을 가질 수 있다. 성리학은 성인 됨을 목표로 하는 학문이고, 성인이란 단순히 적절한 행위를 하는 것이 아니라, 적절한 감정을 가지고 적절한 행위를 하는 사람이며, 이 적절한 감정이란 외부적 환경과 조화되는 감정임을 상기한다면, 왜 하나의 경험사실로 적절한 감정이 제시될 수 있는지 이해할 수 있을 것이다. 물론 앞서 말했듯이 수양을 통해 갖게되는 적절한 감정은 그 인지의 과정이 객관적으로 제시되어야 비로소 경험사실로서의 역할을 할 수 있을 것이다. 퇴계는 감정과 성인됨의 관계를 다음과 같이 말했다.

이전의 유학자들은 배움을 논하면서, 반드시 풀린 마음을 거두고 덕성을 기르는 것을 처음 손댈 곳이라 했습니다. 이는 본원에 대한 공부를 이룸으로써, 도를 모으고 학업을 넓히는 기초로 삼았기 때문입니다. 따라서 공부를 시작하는 요점을 어찌 다른 데서 구하겠습니까? 역시 '하나를 오로지 하여 떠남이 없음(主一無適)'과 '삼가고 두려워함(戒愼恐懼)'일 뿐입니다. '하나를 오로지 하는 공부'는 감정의 움직임과 관계가 있고, '삼가고 두려워함'은 오로지 감정이 일어나기 전의 경계 안에 있는 것이니, 두 가지는 하나도 빠뜨려서는 안 될 것입니다(김영두, 2003: 36).

퇴계와 고봉이 이런 주일무적(主一無適)과 계신공구(戒愼恐懼)의 과정을 통해 얻게 되는 감정에 대한 새로운 이해의 체험을 객관적 경험의 사실로 이용했다면, 사단과 칠정의 관계에 대한 논의는 더욱 구체적 성과가 있지 않았을까?[22]

5. 맺는말

이제까지 나는 사단칠정론이 철학이론이 될 수 없는 이유를 제시했다. 사단칠정론이 현대의 철학이론, 특별히 도덕심리학이나 도덕형이상학에서 관심을 갖는 도덕감정의 문제를 다룬다는 것만으로는 사단칠정론을 철학이론으로 확정 지을 수가 없다. 어떤 철학이론이 철학이론이 되기 위해서는 철학적 문제의 해결을 지향해야 하고, 그러기 위해서는 당대 과학에서 제공되는 경험사실들과 연관성을 가져야 한다(Williamson, 2007: 209). 사단칠정론이 철학이론으로 거듭나기 위해서 필요한 경험사실은 당대의 과학이론(뇌과학, 신경생리학과 같은 현대 과학을 포함하여)은 물론이고, 사단과 칠정의 관계를 정하는 데 도움이 되는 수양을 통한 감정경험에 대한 새로운 이해나 통찰, 그리고 그런 감정의 표현과 관련하여 우리가 언급할 수 있는 당대의 구체적 정치현실 내지 정치제도에 관한 경험으로부터 얻을 수 있을 것이다. 조선시대의 사단칠정논쟁이나 논의, 혹은 현대의 사단칠정론에 대한 연구에서 이와 같은 경험사실들의 역할을 적극적으로 찾아볼 수 없었기에 그것을 유효한 철학이론이라 하지 않았던 것이다.[23] 하지만 이런 상황은 우리가 노력만 한다면 지

---

22 이에 대한 논의는 또 다른 글을 필요로 할 것이다.

23 물론 리발의 퇴계나 기발의 율곡의 입장을 절대와 대면하는 신비한 경험과 기의 역동적

금이라도 얼마든지 사단칠정론을 하나의 철학이론으로 만들 수도 있음을 보여주는 것이라고 하겠다.[24]

이제까지 나는 철학이론은 문제 해결의 문제의식과 시도를 보여주어야 하고, 그러기 위해서는 어떤 객관적 경험사실과 연계되어야 한다고 주장했다. 이러한 객관적 경험사실에 대한 강조는 주관에 독립된 경험사실을 인정하는 것처럼 보이거나, 아니면 적어도 대응론적 진리관 혹은 나아가 일종의 토대주의를 받아들이는 것처럼 비칠 수 있다. 그런데 일종의 토대주의는 상관주의(correlationism)의 흐름이 대세가 된 현대철학에서는 그다지 좋은 평가를 받지 못할 것이다. 상관주의는 과학을 포함한 인간의 지식이 단순히 주관과 독립된 사물에 대한 지식이 아니고, 주관과 객관의 상호 연관성에 의해 생겨난다는 생각을 말한다. 이러한 상관주의의 흐름은 아이로니컬하게도 과학의 보편타당성을 굳게 믿었던 칸트의 초월철학에 기원을 둔다. 즉, 칸트는 과학의 보편타당성을 굳게 믿었지만, 그의 초월철학은 그의 물자체의 주장과 함께 점차 과학 지식을 주관적이고 우연적인 것으로 몰아가게 되었다. 그러나 칸트의 초월철학이 함축하는 상관주의는 과학의 보편타당성을 부정하는 것까지 확장되어서는 안 된다. 칸트의 말대로 과학이 주관과 독립하여 성립되는 것이 아님은 분명하지만, 그렇다고 객관성에 반하는 주관적 지식이라고 주장하는 것은 적어도 칸트가 의도했던 것은 아니었다. 우리가 과학에서 원하는 것은 독단성을 비판하는 정도의 과학, 즉 독단적 사변철학을 거부하는

힘의 체험으로 각각 해석함으로써 적어도 사단칠정논쟁에서는 아니지만 사단과 칠정의 논의의 맥락에 있어서는 이기론과 경험적 사실이 서로 충돌되지 않았음을 보이는 해석도 있다. 이에 관해서는 한형조(2018) 참조.

24 앞으로의 사단칠정론이 아니라 조선시대의 구체적 사단칠정논쟁도 그 논변 자체의 글보다 더욱 다양한 출처를 통해 논변 당사자들의 감정론을 구성할 수 있다면, 좀 더 설득력 있는 철학이론을 보게 될 수 있을 것이다.

만큼의, 객관적 시금석의 역할을 수행할 수 있을 만큼의 지식인데, 이것을 과학이 제공해 주는 것은 분명해 보인다. 다시 말해 비록 과학을 비롯한 인간의 지식 체계가 상관적이라는 것은 분명하지만 이 사실이 우리로 하여금 철학이나 과학의 상대주의 경향을 부각시키거나 혹은 반대로 극단적으로 우리 인간의 주관과 독립된 사실, 즉 형이상학적 실재를 긍정하는 길로 나아가게 해서는 안 된다. 그러므로 우리가 칸트를 통해 배워야 하는 것은 적절한 균형감, 즉 주관과 주관 독립적 실재, 상대주의와 절대주의 사이의 균형을 통해 객관성을 확보해 가는 것이다. 그러므로 칸트는 과학만능주의도 아니었고, 철학만능주의도 아니었다. 그에게는 과학이나 철학이나 다 나름의 한계를 가지면서도, 나름의 역할을 가진 학문 체계였다. 그것들은 다 다른 학문으로부터 제한을 받기도 하고, 제한을 가하기도 한다. 그럼에도 부인할 수 없는 것은 그들은 다 객관성 혹은 사실을 추구하는 학문이었다는 것이다. 우리가 철학이나 철학이론에 기대하는 것은 바로 이런 객관성 혹은 사실추구의 정신이 아닐까? 우리의 사단칠정론에는 이런 정신이 결여되어 있다.

참고문헌

김영건. 2009. 『동양철학에 관한 분석적 비판』. 라티오.

김영두 엮음. 2003. 『퇴계와 고봉, 편지를 쓰다』. 소나무.

김영식. 2005. 『주희의 자연철학』. 예문서원.

김재권. 1986. 「한국철학이란 가능한가」, 심재룡 외. 『한국에서 철학하는 자세들: 철학연구 방법론의 한국적 모색』, 집문당.

루빈스타인, 리처드(Richard E. Rubenstein). 2004. 『아리스토텔레스의 아이들』. 유원기 옮김. 민음사.

모종삼. 2012. 『심체와 성체』 1, 황갑연·김제란·이기훈 옮김. 소명출판.

이병덕. 2017. 『현대 인식론』. 성균관대학교 출판부.

존슨, M·조지 레이코프(George Lakoff). 2002.『몸의 철학』. 임지룡·노양진 옮김. 박이정.
한정훈. 2020.『물질의 물리학: 고대 그리스의 4원소설에서 양자과학 시대 위상물질까지』. 김영사.
한형조. 2018.『성학십도, 자기구원의 가이드맵』. 한국학중앙연구원출판부.
홍성민. 2014.「중절의 문제로 고찰한 고봉 기대승의 도덕 감정론」. ≪한국학연구≫ 제48권.

『墨子』
牟宗三. 1996.『牟宗三先生全集』. 臺灣: 學生書局.
_____. 2003.『政道與治道』. 모종삼선생전집 10, 臺北: 聯經出版.
朱熹. 1962.『朱子語類』. 臺北: 正中書局.

Ivanhoe, Philip J. 2015. "The Historical Significance and Contemporary Relevance of the Four-Seven Debate." *Philosophy East & West* Vol.65, No.2.
Lee, Ming-Huei. 2017. "The Four-Seven Debate between Yi Toegye and Gi Gobong and Its Philosophical Purport." David Jones(ed.), *Confucianism: Its Roots and Global Significance*, Honolulu: University of Hawaii Press.
Lloyd, G. E. R. 2004. *Ancient Worlds, Modern Reflections: Philosophical Perspectives on Greek and Chinese Science and Culture.* Oxford and New York: Oxford University Press.
Meillassoux, Quentin. 2008. *After Finitude.* translated by Ray Brassier. New York: Continuum International Publishing Group.
Strawson, Peter Frederick. 1966. *The Bounds of Sense.* New York: Routledge.
Tiles, Mary and Jim Tiles. 1993. *An Introduction to Historical Epistemology.* Cambridge: Blackwell Publishers.
Varela, Francisco J.·Evan Thompson and Eleanor Rosch. 2016. *The Embodied Mind.* revised ed. Cambridge: The MIT Press.
Virág, Curie. 2017. *The Emotions in Early Chinese Philosophy.* New York: Oxford University Press.
Williamson, Timothy. 2007. *The Philosophy of Philosophy.* Malden: Blackwell Publishing.

엮은이

/

한국철학회

한국철학회는 1953년에 창립된 한국 최초의 철학회로, 국내 철학자 대부분이 회원으로 있는 철학 분야 최대의 학회다. 70여 년의 역사와 전통을 이어오고 있는 한국철학회는 동양 전통 철학 사상의 역사적 의미를 계승하고 그 가치를 오늘에 되살려 구현하는 데 앞장서 왔을 뿐 아니라, 서양철학의 학문적 토양이 척박했던 이 땅에 서양철학을 널리 보급하고 양적·질적 수준의 연구 증진을 통해 세계 철학계와 교류하는 철학자 사회를 구축하는 데 기여해 왔다. 또한 우리 사회가 요구하는 시대적 과제들에 동참하면서 시대정신을 선도하는 학문의 사회적 소임도 충실히 수행해 왔다. 나아가 한민족의 통일을 염원하면서 남북을 포함한 전 세계의 한인 철학자들이 하나가 되는 '한민족 철학자 대회'를 비롯해 국내 모든 철학자들이 모이는 철학의 향연인 '한국철학자연합대회'를 지속적으로 열고 있다. 또한 2008년에는 아시아 최초로 국적을 불문한 전 세계 철학자들의 향연인 '세계철학자대회'를 주최했다. 이 외에도 현재 한국연구재단이 인정하는 우수등재 학술지 ≪철학(哲學)≫을 연 4회 발행하고 있으며, 철학을 빛낸 우수한 저서를 선정해 열암 박종홍 선생의 유덕을 기리는 열암철학상을 수여하고 있다. 또한 우리의 미래인 초·중·고 학생들의 철학 교육을 위해 철학 대토론회인 철학올림피아드대회도 꾸준히 개최하고 있다.

지은이(수록순)

/

장회익

서울대학교 물리학과를 졸업하고 미국 루이지애나주립대학교에서 물리학 박사학위를 받았다. 30여년간 서울대학교 물리학 교수로 재직하면서 대학원 '과학사 및 과학철학 협동과정'에서 겸임교수로 활동했고, 현재는 서울대학교 명예교수로 있다. 물리학 교육과 연구 이외에 과학이론의 구조와 성격, 생명의 이해, 동서학문의 비교연구 등에 관심을 가져왔다. 저서로는 『과학과 메타과학』, 『삶과 온생명』, 『물질, 생명, 인간』, 『생명을 어떻게 이해할까?』, 『공부 이야기』, 『장회익의 자연철학 강의』 등이 있고, 지금은 충남 아산에 거주하며 자유로운 사색을 통해 통합적 학문의 모습을 그려보고 있다.

허남진

서울대학교 철학과를 졸업하고 동 대학원 철학과에서 석사학위와 박사학위를 받았다. 한림대학교와 서울대학교에서 교수 생활을 했다. 서울대학교 재직 시 중앙도서관장, 기초교육원장을 역임했다. 저술로는 『조선전기의 성리학』(서울대 철학사상연구소), 『최한기』(공저, 예문서원), 『21세기문명과 동아시아』(공저, 한림대), 『한국사상사대계』(공저, 정신문화연구원) 등이 있으며 논문으로는 「장재의 기일원론과 임성주의 기일분수설」(2008), 「거경과 궁리」(2011), 「성리학에서 다산학으로」(2013), 「關于退溪的四端理發說, 宋代新儒學的精神世界」 등이 있다.

송기원

연세대학교 생화학과를 졸업하고 미국 코넬대학교 생화학 및 분자생물학과에서 분자유전학 전공으로 이학박사 학위를 받았다. 미국 밴더빌트대학교 방문교수와 풀브라이트(Fulbright)재단 Mid-Career Scholar를 역임했다. 현재 연세대학교 생명시스템대학 생화학과 교수로 재직 중이며 대통령직속 국가생명윤리심의위원회 5기 위원으로 활동하고 있다. 생명 과학 연구 외에도 생명과학과 기술에 관련된 사회문제에 관심을 갖고 다양한 활동을 하고 있으며, 연세대학교 언더우드 대학 과학기술정책 전공의 겸직교수를 맡고 있다. 60여 편의 SCI 논문 외에 지은 책으로 『생명』(2013), 『세계 자연사 박물관 여행』(2014), 『호모 컨버전스』(공저, 2016), 『생명과학, 신에게 도전하다』(공저, 2017), 『과학은 논쟁이다』(공저, 2017), 『송기원의 포스트 게놈 시대』(2018) 등이 있다.

최종덕

물리학과 수학 그리고 철학을 공부하고, 독일 기센대학교 과학철학부에서 양자역학의 존재론으로 철학박사 학위를 받았다. 상지대학교 교수로 재직했고, 현재는 독립 학자로 활동하고 있다. 최근 저서로는 대한민국 학술원 과학부문 우수도서로 선정된 『생물철학』 (2014), 『뇌복제와 인공지능 시대』(2020, 번역서), 세종도서로 선정된 『비판적 생명철학』, (2016)이 있으며, 그 외 『의학의 철학』(2020), 『승려와 원숭이』(2016) 등 다수가 있다. 저서와 논문 등의 모든 학술자료는 개인 웹페이지 philonatu.com에 공개되어 있다.

이상훈

서울대학교 심리학과에서 학사 및 석사학위를 취득하고 미국 밴더빌트대학교 시각신경과학연구소에서 인지신경과학으로 박사학위를 받았다. 미국 스탠포드대학교와 뉴욕대학교에서 박사후연구원을 거쳐 현재 서울대학교 뇌인지과학과 교수로 재직 중이며, 서울대 뇌영상센터장 및 뇌인지과학과 학과장 등을 역임했다. 뇌영상방법론, 의사결정의 신경과학, 확률적 두뇌의 이해 등을 강의하고 있으며, 주요 관심 분야는 지각적 정보처리의 뇌기전 및 불확실성 상황에서 의사결정과 관련 문제들이다.

이영의

고려대학교 철학과를 졸업하고 뉴욕주립대학교에서 과학철학을 전공하여 철학박사 학위를 받았다. 강원대학교 교수로 재직했고, 정년 후 현재 고려대학교 철학과 객원교수로 있다. 한국과학철학회, 한국철학상담치료학회, 한국인문치료학회 회장을 역임했고, 현재 한국철학상담협회 회장으로 있다. 베이즈주의, 신경철학, 체화된 인지, 포스트휴머니즘, 철학치료를 연구하고 있다. 2021년부터 K-MOOC(고려대)에서 '사이보그 인문학'과 '출근길 사이보그 인문학' 강좌를 강의 중이다. 주요 저서로 『베이즈주의』(2020, 2판), 『포스트휴먼이 몰려온다』(2020, 공저), 『인공지능의 윤리학』(2019, 공저), 『인공지능의 존재론』(2018, 공저), *Understanding the Other and Oneself*(공저, 2018) 등이 있고, 주요 논문으로 "Being and Relation in the Posthuman Age"(2020), 「죽음의 해로움에 관한 논쟁: 박탈이론을 중심으로」(2020), 「행화주의와 창발 그리고 하향인과」(2018) 등이 있다.

최무영

서울대학교에서 이학사와 이학석사를 취득하고, 미국 스탠퍼드대학교에서 이학박사 학위를 받았다. 미국 오하이오주립대학교와 로스앨러모스 국립연구소 협동연구원을 거쳐 현재 서울대학교 물리천문학부 교수이자 과학사 및 과학철학 협동과정 겸무교수로 재직하고 있다. 이론물리학(통계물리) 전공으로 복잡계, 생명 및 사회현상, 과학기초론, 과학과 문화에 관심이 있다. 이론물리학연구소장, 아시아태평양이론물리연구소 객원교수, 고등과학원 겸직교수를 지냈고, 미국 워싱턴대학교를 비롯한 여러 대학과 연구소에서 초빙교수와 방문연구원을 역임했다. 국내외 여러 학술지의 편집위원을 지냈고, 한국물리학회 학술상과 한국과학상, 그리고 암곡학술상을 수상했다. 주요 저서로 『최무영 교수의 물리학 강의』(개정판, 2019), 『최무영 교수의 물리학 이야기』(2019), 『과학, 세상을 보는 눈: 통합학문의 모색』(2020)이 있고, 연구 논문으로 물질과 생명, 사회와 인문의 다양한 주제에 관해서 250여 편을 여러 학술지에 발표했다.

이종관

성균관대학교 철학과와 동 대학원을 마친 후 독일 뷔르츠부르크대학교에서 수학하고 트리어대학교에서 철학박사 학위를 받았다. 현재 성균관대 철학과 교수로 재직하며 미래인문학이라는 새로운 영역을 개척하여 '미래인문학과 소셜앙트레프레네십' BK 연구단장직을 수행하면서 인간, 과학기술, 경제가 새로운 사회적 가치를 중심으로 상호 창조하는 실천적·사회적 기업가 양성에 매진하고 있다. 주요 연구 관심사는 과학기술의 인식론, 과학기술과 문화, 그리고 경제를 가로지르는 철학적 성찰을 통해 새로운 미래문명을 기획하는 연구와 현실적 실천이다. 주요 저서로 『첩보소설로 읽는 현대 철학: 소피아를 사랑한 스파이』, 『디지털 철학』, 『공간의 현상학, 풍경, 그리고 건축』, *Welt und Erfahrung*, 한국출판문화 학술저술 대상과 롯데문화재단 학술저술 본상을 수상한 『포스트휴먼이 온다』 등이 있다. 주요 논문으로는 「아인슈타인 상대성이론에 대한 현상학적 탐구」, 「가상현실의 형이상학과 윤리학」, "Economic Crisis and Heideggerian Exit", "Urban Aesthetic in the Age of Ubiquitous Computing" 등이 있다.

유권종

고려대학교 철학과에서 학사·석사·박사학위를 받았다. 전공은 한국철학 및 한국 유교다. 현재 중앙대학교 철학과 교수로 재직 중이며, 중앙대학교 인문대학 학장과 한국공자학회 회장을 역임했다. 한국철학사, 한국의 유교, 한국의 불교철학, 등을 강의하고 있으며, 근 20년 동안 인지과학과 동양철학 연구를 접맥하는 방법에 관한 연구를 해왔다. 주요 관심 분야는 예학, 수양론, 및 마음학 등이다. 주요 저서로『한국유교도상의 역사』(2020),『심학과 예학』(2009), 공저로 *Constructive Realism in Chinese Medicine* (2020), *Catastrophe and Philosophy* (2019), *Evaluation of Acupuncture: An Intercultural and Interdisciplinary Approach* (2018),『여헌 장현광의 삶과 사상』(2017),『원전으로 읽는 여헌학: 여헌 선역집』(2016)이 있다. 공역으로『논어』(2016),『대학』(2016),『중용』(2016),『윤리적 노하우』(2009)가 있다. 주요 논문으로「시스템적 생명이론과 동양철학 연구: 프리초프 카프라의 학문관을 중심으로」(2020),「철학과 의학의 통합 패러다임 모색」(2019),「한국철학사연구: 니클라스 루만의 사회체계이론에 의한 검토와 모색」(2017) 등이 있다.

정재현

서강대학교 철학과 학부와 대학원을 졸업하고, 미국 하와이주립대학에서 철학박사학위를 받았다. 박사논문은 고대 중국의 언어철학을 다룬 "Abstraction and Theories of Lei(類, kinds, classification)"이었다. 제주대학교 철학과 교수를 거쳐 현재 서강대학교 철학과 교수로 재직 중이다. 저서로는『덕으로 본 제자백가사상』(2020),『차별적 사랑과 무차별적 사랑』(2019),『고대 중국의 명학』(2012),『묵가사상의 철학적 탐구』(2012) 등이 있고, 논문으로는「AI와 인간의 공진화와 관련해서 본 다산 철학」(2019), "Why is loving a thief not the same as loving all men for the Mohists"(2018),「제자백가 사상으로 구성해본 현대사회의 덕론과 수양론」(2018),「묵가와 유가의 감정 기능주의와 인공지능」(2017)등이 있다.

한울아카데미 2305

한국철학회 총서

현대 과학과 철학의 대화

적극적 소통을 위한 길 찾기

ⓒ 한국철학회, 2021

엮은이 **한국철학회**
지은이 **장회익·허남진·송기원·최종덕·이상훈·이영의·최무영·이종관·유권종·정재현**
펴낸이 **김종수**
펴낸곳 **한울엠플러스(주)**
편집책임 **최진희**
편집 **정은선**

초판 1쇄 인쇄 2021년 5월 20일
초판 1쇄 발행 2021년 6월 10일

주소 10881 경기도 파주시 광인사길 153 한울시소빌딩 3층
전화 031-955-0655
팩스 031-955-0656
홈페이지 www.hanulmplus.kr
등록번호 제406-2015-000143호

Printed in Korea.
ISBN 978-89-460-7305-0 93130 (양장)
        978-89-460-8082-9 93130 (무선)

* 책값은 겉표지에 표시되어 있습니다.
* 이 책은 강의를 위한 학생용 교재를 따로 준비했습니다
  강의 교재로 사용하실 때는 본사로 연락해 주시기 바랍니다.

이 도서는 2020년 유미과학문화재단의 지원을 받아 출간되었음